불안과 환멸의 낮과 밤

일러두기

1. 잡지와 신문은 《 》, 영화, 노래, 그림은 〈 〉, 단행본은 『 』, 단편소설, 시, 논문 등은 「 」로 표기한다.
2. 외국어는 국립국어원 외래어표기법을 따르되, 일부 우리말로 굳어진 것은 관용을 따른다.
3. 서양인 이름은 원칙적으로 한국어와 외국어를 병기하지만 동양인 이름은 한국어로만 표기한다.
4. 작가와 철학자는 한국어와 외국어를 병기하지만 화가, 영화감독, 가수 등은 한국어로만 표기한다.
5. 지명은 한국어와 외국어를 병기하지 않는다.
6. 이 책의 제1부에 실린 글들은 논문 형태의 글이기 때문에 논문 형식을 따른다. 따라서 작품 제목도 한국어와 외국어를 병기하지만 인용문은 한국어로만 표기한다. 등장인물의 이름도 한국어로만 표기한다.

불안과 환멸의 낮과 밤

윤정용 문예비평집

고두미

책머리에

　발터 베냐민Walter Benjamin의 글을 꽤 열심히 읽은 적이 있었다. 누군가는 그의 글을 읽으면 "마음의 떨림이 느껴진다"고 했는데, 실제로 그의 글을 읽어보면 그 말이 결코 췌언이 아니라는 것을 알 수 있다. 그의 글은 촘촘하고 섬세한 텍스트와 같다. 그는 그 유명한 「기술복제시대의 예술작품」(1935)이라는 논문에서 기술복제시대의 가장 두드러진 특징으로 사진기술의 발달과 철도의 발달을 꼽았다. 특히 그는 영상기술의 발달에 따른 예술의 본질적 변화에 대해 주목했다. 그는 사진기술의 발달은 기존에 회화예술이 가지고 있던 '아우라aura'의 붕괴를 초래한다고 설명한다. 아우라는 예술에서 '원작이 갖는 신비한 분위기나 예술의 유일성'을 뜻한다.
　베냐민이 생각하기에 아우라의 붕괴는 오히려 예술의 발달을 가져왔다. 즉 아우라가 가졌던 엄숙하고 기득권적인 소수의 종교적 가치나 제의 가치가 사진기술의 발달을 통해 전시적 가치로 변화하여 예술의 대중성을 이끌었고, 이는 궁극적으로 예술의 민주주의를 가져왔다. 아마도 그는 아우라를 부정적인 맥락으로 사용했을 것이다. 그런데 그의 글을 읽다 보면 왠지 모르게 아우라를 느끼게 된다. 그 이유가 그의 글 때문인지 아니면 그의 삶 때문인지 단언할 알 수 없지만 말이다. 주지하듯 그는 잊혀가는 과거를 재구성하고 그 과거에 어떤 희망이 있었는 가를 탐구하여, 유럽의 미학에 지대한 영향을 끼쳤다.

오늘날 베냐민은 문학평론가보다는 문예비평가 혹은 문예이론가로 불린다. 그 이유는 그의 비판적 글쓰기가 문학뿐만 아니라 음악, 미술, 영화, 역사, 철학 등 다방면에 걸쳐 있기 때문일 것이다. 그는 학문적 분과나 분야를 가리지 않고 많은 분야의 사람들과 다발적으로 교류를 이어 나갔다. 그의 지식에는 초현실적인 것이 많이 섞여 있기 때문에 일관성의 잣대로 재단할 수 없다. 그는 유행, 새로움, 역사적 진보라는 개념에 근본적인 의문을 제기하며 시대와 불화했고, 이는 비극으로 점철된다.

이 책 『불안과 환멸의 낮과 밤』의 원고를 정리하면서 베냐민에 대해 많은 생각을 했고, 예전에 읽었던 그의 글을 다시 읽었다. 두 번째 읽어도 잘 모르기는 마찬가지였지만 그의 글을 읽는 내내 정말 '마음이 떨렸다'. 그리고 용기를 내어 부끄러움을 무릎쓰고 이 책을 문학평론집이나 영화평론집이 아니라 '문예비평집'이라고 명명했다. 이 책이 문학, 영화, 예술, 종교, 과학 등 다양한 주제를 다루고 있기 때문이라고 스스로 다독였다. 물론 그렇다고 부끄러움이 작아지는 것은 아니다.

생뚱맞게 '숭고崇古'라는 단어가 머릿속에 떠올랐다. 숭고는 베냐민의 예술 철학의 핵심과 상반된다. 거리가 멀어도 너무나 멀다. 그런데 한번 머릿속에 들어온 숭고라는 단어는 아무리 해도 나가지 않는다. 컴퓨터 파일을 뒤지니 숭고에 관련된 글 한 편이 있다. 김현돈의 「숭고와 아방가르드, 그리고 포스트모더니즘」이라는 논문이다. 논문의 내용을 간단히 정리하면 이렇다.

원래 숭고의 개념은 고대 수사학에서 최초로 나타났지만 문화적으로는 근대정신의 산물이다. 숭고는 고대 로마 시대 롱기누스Longinus에 의해 처음 미학의 역사에 등장했지만 오랫동안 미학의 관심 영역 밖에 머물렀다. 그러다가 낭만주의 시대에 이르러 근대 미학의 요청으로 새로운 미적 범주로 자리 잡았고, 포스트모던 감수성의 문제와 연계되어 다시금 광범위한 관심을 끌고 있다.

서양 미학의 역사에서 18세기는 '미美와 미적인 것을 둘러싸고 중대한 가치의 전환을 이룬 세기'로 기록된다. 아름다움을 대상의 객관적 성질로 이해했던 피타고라스Pythagoras를 계승하는 객관주의는 경험주의 철학의 세례를 받은 영국 미학자들에 의해 아름다움을 인간의 주관적 심리 현상으로 받아들인 주관주의로 대체되었다. 이러한 전환의 이면에는 18세 들어 유행한 낭만주의 예술의 영향이 놓여 있다. 낭만주의는 엄격한 균형과 비례, 질서에 바탕을 둔 외재적 형식미에 대해 개인의 내재적 정서의 충동과 감정의 표출을 강조했다. 낭만주의는 미적 주관화의 계기를 제공했고 고전적인 예술과 미 개념의 확장을 가져왔다. 숭고는 이러한 배경 속에서 근대 미학의 확장된 미적 범주로 등장했다.

임마누엘 칸트Immanuel Kant는 롱기누스와 에드먼드 버크Edmund Burke의 이론을 비판적으로 계승해 자신의 독자적인 숭고론을 펼쳤다. 그는 숭고를 우리의 상상력과 지각의 능력을 초월하는 크기나 힘의 압도적인 과잉에 대한 이성적 반응으로 파악했다. 크기나 힘에서 압도적인 위력으로 다가오는 자연은 우리의 감각 기준을 초월한 몰형식성으로 나타나 마음속에서 이성의 이념을 환기시키는데, 이 이념의 부정적 표현으로서 표현 불가능한 것을 그 자체로 드러내어 숭고의 감정을 유발한다.

장 프랑수아 리오타르Jean-François Lyotard는 칸트의 숭고론에서 아방가르드 정신의 싹을 발견하고 숭고를 포스트모더니즘 문화의 감수성과 연결 지었다. 그는 숭고를 현전에 대한 '향수'와 '새로움'으로 구분하고, 표현할 수 없는 것을 상실된 내용으로 드러내지만 이미지를 통한 형상화로, 감정표현에 한계를 갖고 숭고적 잠재성을 충족할 수 없는 낭만주의적 '향수'에 대해, 현대 산업의 기술과학적 충격에 따른 변화된 감수성으로 조형적 실험의 무한성을 지향하는 '새로움'의 작업을 모더니스트 감수성의 정점이 아닌 포스트모더니즘의 감수성으로 파악한다. 그에게서 포스트모더니즘은 모더니즘에서 표현할 수 없는 것을 표현 그 자체로 드러내는 것이다. 모든 현실 그 자체가 허구화되고 파편화된 이미지로 분열된 포스트모던한 시대에 숭고가 가진 무한성에 대한 미적 감수성은 이러한 기능을 충족시킨다.

    리오타르의 입장은 포스트모던 문화와 관련해, 숭고의 미적 감수성을 매개로 아방가르드 예술을 정당화하려는 시도로 볼 수 있다. 결국 재현의 위기가 초래한 포스트모더니즘의 등장에서 숭고미의 범주가 유효하고 적절한 논거를 제공했다. 확고부동하게 믿어 온 외부의 실재를 재현해 오던 예술이 눈길을 자기 내부로 돌려 예술 그 자체를 대상으로 예술적 실천의 장을 펼친 아방가르드 개념예술의 자기반영성 또는 자기지시성은 이제 포스트모더니즘의 보편적 실천 규범이 되었다. 포스트모더니즘이 표현할 수 없는 것을 그 자체로 드러낸다는 말은 비결정성의 범주가 지배하고, 구체화된 심미적 대상의 생산 행위가 벽에 부딪힌 곳에서, 예술은 이런저런 퍼포먼스와 이벤트를 통해서 일상의 영역에 틈입하고 이 과정에서 다양한 행위와 의미를 생산해 낸다는 것을 의미한다. 즉 아방가르드 회화가 노리는 비결정성은 표현 불가능한 것을 사건 그 자체로 드러내는 숭고의 미학에서 성취된다.

포스트모더니즘이 과연 아방가르드의 논리를 올바로 계승하고 있는가, 라는 질문을 하지 않을 수 없다. 포스트모더니즘은 아방가르드로부터 예술과 사회적 삶의 통합, 전통의 거부, 고급문화에 대한 반대 등을 계승하지만 아방가르드에 내재한 건강한 정치적 충동은 탈색시켜 버렸다. 포스트모더니즘은 아방가르드가 시도한 예술과 사회생활의 통합을 모방하면서도 그 통합이 지향하는 정치적 내용은 배제했다. 즉 아방가르드 운동은 부르주아 사회를 부정하면서 예술제도 자체의 비판에 머무르지 않고, 세계 변혁의 한 수단으로서 예술을 사회적 삶 속으로 끌어들였다.

리오타르가 옹호하는 아방가르드 예술이 예술에 대한 근본적인 반성을 통해 그 의미와 실천의 영역을 넓힌 것은 사실로 인정하더라도 대중과의 원활한 소통은 여전히 큰 문제로 남는다. 공허해 보이는 몸짓과 텅 빈 캔버스 앞에서 사람들은 절대적인 무한성의 숭고함을 체험할 것인가, 아니면 영원히 다가갈 수 없는 절망의 고독과 소외를 체험할 것인가, 하는 질문이 남는다. 이 질문은 시간이 꽤 흘렀지만 지금도 여전히 유효한 질문으로 다가온다. 이는 아방가르드 예술뿐만 아니라 문학을 포함해 모든 예술이 한 번쯤 고민해야 하는 문제다.[1]

『불안과 환멸의 낮과 밤』이라는 제목의 이 책은 결코 숭고하지 않다. 정반대로 '잡다雜多하다.' 사전적으로 잡다하다는 '잡스러운 여러 가지가 뒤섞여 너저분하다'는 뜻이다. 실제로 이 책에 실린 글들은 크게 보면 문학과 영화에 관한 것들이지만 일관되지 않는다. 형식적으로 분류하면 논문도 있고, 평론도 있고, 이도 저도 아닌 것도 있다. 시간적으로도 거의 이십 년이 넘은 글도 있고 비교적 최근의 글도 있다. 주제도 일관되지 않을 뿐더러 시차가 있고 논리도 엉성하다. 몇몇은 운이 좋아 세상 구경도 했지만 대부분은 꽤 오랫동안 컴퓨터에서 잠자고 있었다. 읽는 내내 부끄러움과 불안과 환멸에 시달리지 않을 수 없었다. 그런데 그 불안과 환멸을 견디기 위해 용기를 내어 글을 묶어 낸다.

---

1) 김현돈, 「숭고와 아방가르드, 그리고 포스트모더니즘」, 《대동철학》 제6집, 대동철학회, 1999, 93~109쪽.

이 책이 나오는데 많은 분들로부터 도움을 받았다. 귀한 지면을 허락해 주신 《충북작가》, 《충북학누리》, 《시방아트》의 여러 선생님들께 감사의 말을 전한다. 함께 책을 읽고 영화를 보며 많은 이야기를 들려준 '바스락연구소' 식구들, '지역작가와의 만남' 회원들, 그 외에도 많은 분들께 마음의 큰 빚을 졌다. 당장 언제 어떻게 갚아야 할지 모르겠지만 잊지 않고 천천히 갚아나가겠다.

열 번째 책인데도 불구하고 부끄러움과 두려움은 여전하다. 밝은 눈과 꼼꼼한 손으로 글을 살펴주신 고두미 유정환 대표님께 고마운 마음을 전한다.

『불안과 환멸의 낮과 밤』이라는 책 제목은 안숭범의 영화평론집 『환멸과 밤과 인간의 새벽』(2019)과 페드로 알모도바르의 영화 〈욕망의 낮과 밤〉(1989)에서 빌려왔다. 끝으로 많은 격려와 질정을 부탁드린다.

2024년 늦은 가을
윤정용

차례

제1부
키츠의 '송시'에 나타난 미와 진리의 연관성 ___ 17
프로스트의 시에 나타난 자연관과 인간관 ___ 54
낭만주의 시인으로서의 '노수부' ___ 86
정지용 시 새로 읽기: 윌리엄 블레이크 논문과 「유선애상」을 중심으로 ___ 107

제2부
지금 당신의 이웃은 어떤가요? ___ 161
'우리'를 탐색하는 환상의 여정 ___ 182
사랑, 주먹 속의 얼음 조각 ___ 212
영향의 불안 뛰어 넘기 ___ 229

제3부
차이와 반복, 반복과 차이 ___ 253
정념으로부터의 자유, 역량을 향한 자유 ___ 269
문학과 영화의 변형적 교류 ___ 294
베르그송의 '기억론'을 통해 본 〈메모리아〉 ___ 317
〈옐로우 멜로디〉: '스밈과 섞임의 미학' ___ 335

제4부

충북영화의 역사적 고찰 ___ 353
영화 속 충북 ___ 368
충북의 영화인 ___ 384
충북의 영화제 ___ 401

제5부

『시네마』에 나타난 들뢰즈의 예술 철학 ___ 425
홍명희의 삶, 문학, 그리고 문학제 ___ 450
현대 문명의 구원, 대칭성의 회복 ___ 469
기후위기 시대 문학의 길 ___ 494

키츠의 '송시'에 나타난 미와 진리의 연관성

1. 들어가기

존 키츠John Keats는 짧은 삶을 살았지만 시적 천재성은 오늘날에도 여전히 높이 평가된다. 그는 어려서 부모를 여의고 동생의 이른 죽음을 보면서 일찍부터 삶의 고통과 슬픔에 천착한다. 할머니 손에서 자란 그는 다니던 학교를 그만두고 약제사 겸 외과 의사의 도제가 된다. 그는 수습생을 거쳐 의사와 약제사 면허를 취득하지만 개업을 포기한다. 대신 그는 세상은 질병, 괴로움, 억압, 죽음 등으로 가득 차 있다고 생각하며 예리한 성찰로 세상을 관조하면서 죽는 순간까지 그 고통을 극복할 수 있는 길을 모색한다. 그가 모색한 방법은 바로 시다. 그는 죽는 순간까지 삶의 고통과 우울, 그리고 이에 대한 해독제로서 사랑과 영원한 미에 대한 시를 쓴다.

키츠는 자신만의 확고한 시인관을 구축했다. 그는 한 편지에서 시인의 자질을 다음과 같이 언급하고 있다. "시인은 독자적인 성질을 갖지 않아야 하고, 훌륭한 시인이란 카멜레온처럼 여러 형태로 변신해야 한다."[2] 이에 따르면 시인은 모든 사색의 대로를 지니고 주체와 객체 사이의 '감정이입'을 통해 자신의 시를 창조해야 한다. 감정이입이란 주체가 자신의 속성을 버리고 객체와 하나가 됨으로써 물질세계 또는 현실세계를 초월해 순수한 정신세계로 진입하는 것을 의미한다. 그의 감정이입은 단순히 자아를 다른 객체에 대체하듯 병합하는 게 아니라 물질적인 세계를 영혼화하는 화학 실험처럼 시적 영혼이 순수하고 자유로운 영혼의 진수로 압축되어 아름다운 시를 통해 살아 있는 진리의 새 요소로 태어나게 하는 일종의 '영혼 침투화'[3]로 요약될 수 있다.

키츠는 인류에게 전승되어온 어떤 철학적 사상도 삶의 고통을 치유하는 데 큰 도움이 되지 않는다고 생각했다. 그는 인간의 영혼이 오직 하나님에 대한 신앙을 통해서만 구원될 수 있다는 기독교적 신정설에 대해서도 회의적이었다. 대신 그는 상상력을 통해서 포착할 수 있는 시적 아름다움을 모든 사물에서 감지하고 이를 통해 행복을 추구하려 했다. 특히 그에게 종교와 다름없는 미는 상상력을 통한 진리 파악의 과정을 설명하는 '영혼 만들기' 이론에 그 본질이 명확하게 드러난다. 그의 영혼 만들기는 사물의 본질 또는 정체를 파악하는 것으로 바로 상상력에 의한 시의 창조 과정으로 귀결된다. 이에 따르면, 먼저 시인은 한

---

2) 윤명옥, 『키츠 시선』, 지식을만드는지식, 2012, 재인용 242~243쪽.
3) 앞의 책, 248쪽.

대상을 택하여 그 객체에 접근하고 적극적인 반응을 통해 아름다움을 감지한다. 대상에 대한 아름다움은 시인의 상상력을 더욱 자극하고 격앙된 상상력에 의해 시인은 객체의 영원한 세계로 몰입하게 된다.

키츠는 객체로의 몰입을 '자아 부정 능력'으로 규정했다. 그의 시론에서 중핵인 자아 부정 능력은 원래 셰익스피어로부터 비롯되었지만 그에 의해서 확대되고 발전되었다. 그는 동생들에게 보낸 편지에서 자아 부정 능력을 "이성과 반대되는 상상력의 형태로 외부 사물의 정확한 정체를 파악하지 않아도 그것의 신비로움이나 오묘함을 쉽사리 수용할 수 있는 능력"[4]으로 설명했다. 자아 부정 능력은 주체가 감정 이입에 의해 자기를 완전히 버리고 객체와 하나가 됨으로써 현실의 세계를 초월하여 순수한 정신세계로 몰입하게 되는 강렬함의 상태이다. 모든 예술의 탁월성으로 설명되는 자아 부정 능력은 미와 비슷한 상태이고 이 세상에서 누릴 수 없는 행복감을 느끼게 하기 때문에 시인은 계속해서 자기를 버리고 객체 속으로 파고든다. 이 경지에서 시인은 객체의 본질을 파악하게 되고 대상의 본질인 미를 진리로 이해하게 된다.

주체를 버리고 객체에 감정이입을 하기 위해서는 기본적으로 자아 부정 능력이 요구된다. 자아 부정 능력을 통해 상상력이 배제되면서 인간의 가변적인 세계와 객체의 영원한 세계와의 이질감을 느끼며 잠시 떠났던 현실과 자아로 되돌아온다. 강렬함의 상태에서 얻은 객체의 본

---

4) 앞의 책, 재인용 248쪽.

질, 즉 아름답다고 감지한 대상의 본질을 시를 통해 상징적으로 표현하게 된다. 이를 '미를 통한 진리의 도달'이라고 말할 수 있다.

주지하듯 키츠의 송시에서 미와 진리는 동일화된다. 이 글에서 필자는 키츠의 송시 가운데 미와 진리의 연관성이 비교적 선명하게 제시된 「프시케에게 바치는 송시」("Ode to Psyche"), 「우울함에 부치는 송시」("Ode on Melancholy"), 「나이팅게일에게 부치는 송시」("Ode to a Nightingale"), 「그리스 항아리에 부치는 송시」("Ode on a Grecian Urn"), 「가을에게」("To Autumn")를 통해 삶의 고통과 절망을 미의 대상으로까지 승화시켜 인간의 유한성을 극복한 키츠의 내적 진실과 영원한 미의 속성을 밝히려 한다. 이를 통해 만물의 상반성과 연속적 시간성에서 우주의 영원성의 대원리를 통해 만물의 무상함을 고통 없이 받아들이는 지혜를 터득한 그의 모습을 엿볼 수 있다.

2. 「프시케에게 바치는 송시」

키츠는 「프시케에게 바치는 송시」를 통해 영혼의 진정한 의미와 그 형성 과정을 설명한다. 그는 인간의 영혼을 나타내는 여신 프시케를 내면화시키면서 창조적 상상력을 완성해간다. 과거 신화에 존재했던 여신을 자신의 마음속에서 재창조한다. 그는 인간의 영혼은 그리스 시대부터 이 세상에 남아 있는 실체라는 것을 암시하고 있다. 그는 프시케가 신이 되기 이전에 겪는 큐피드와의 사랑과 그에 따른 고통의 이야기를 직접적으로 다루지 않는다. 하지만 그는 모든 현실의 고통을 수용하여 마침내 여신의 자리에 오르게 된다는 신화에 크게 고무된다. 즉 사랑으로 인한 고통과 방황을 통하여 프시케가 행복을 찾는 과정은 그가 강조한 고통과 곤경의 세상을 경험의 매개체로 삼아 길들지 않는 지성을 훈련해 영혼을 형성해 가는 과정과 일맥상통한다.

키츠는 영혼을 형성하는데 서로 영향을 끼치는 요소로 '길들지 않은 지성', '인간의 마음', '이 세상' 등을 제시한다. 그는 이 세상을 자신의 자아를 확립하는 영혼의 형성을 위한 마음과 상호 작용하는 터전으로 보고 있다. 즉 고통이나 슬픔에 대한 경험의 직접적인 본체는 인간의 마음이고, 세상은 그러한 감정의 경험을 통한 지성의 훈련이다. 또 훈련받은 지성에 의해 형성된 영혼은 프시케와 큐피드의 결합처럼 마음과 지성이 조화를 이루는 상태다. 이런 조화는 프시케가 연신이 되었을 때, 그녀는 자신 속에 영원한 찰나, 불멸과 사멸, 기쁨과 슬픔의 서로 상반되는 특질을 완전히 수용하는 능력과 같다. 요컨대 그는 이 시에서 프시케의 내면화를 통해 자신이 지향하는 시론과 미학을 구체화하고 있다.

「프시케에게 바치는 송시」는 프시케를 자신의 시의 여신으로 불러내어 시적 영감을 간구하는 것으로 시작한다.

오, 여신이여! 달콤한 강압과 사랑스러운 회상으로 짜인

이 소리 없는 시구를 들어 주십시오. (1-2)[5]

"달콤한 강압"이라는 표현에서는 여러 가지 다른 느낌을 나타내는 상반되고 병치된 감정을 읽을 수 있다. 키츠에게 프시케에 대한 시를 쓰는 작업은 하나의 "강압"인 동시에 "달콤한" 작업이다. 이는 진정한 미는 가장 고통스러운 경험을 통해서만 감지될 수 있다는 것을 전제한다. 그 후 무한한 환상의 세계로 접어든다.

> 분명 나는 오늘 꿈꾸었는가, 아니면
> 잠 깨어 눈을 뜬, 날개 달린 프시케를 보았는가?
> 나는 무심코 숲 속을 거닐고 있었는데,
> 거의 눈에 띄지 않는 시냇가에
> 이파리들과 흔들리는 꽃송이들이 속삭이는 지붕 아래
> 깊숙한 풀 더미 속에
> 나란히 누워 있는 아름다운 두 창조물을
> 문득 깜짝 놀라 기절할 뻔하며 보았네. (5-12)

녹음이 짙은 숲속의 나뭇잎 사이로 꽃들의 모습이 보이고 가는 시냇물이 흐르는 곳에서 그는 무심히 배회한다. 그러다가 서로 포옹한 채 풀

---

[5] 이 글에서 키츠 시의 번역은 윤명옥 번역의 『키츠 시선』을 참고해 필자가 번역한 것이다.

밭에 누워있는 프시케와 큐피드를 보고 자신이 마치 꿈과 실제 사이에 있다고 느낀다. 그가 두 신을 만나게 된 장소는 숲속이다. 숲은 상상력과 현실이 만나는 공간이자 상상력이 가장 활발하게 전개되는 공간이다.

2연에서 키츠는 프시케가 뒤늦게 여신이 되었지만 그녀의 아름다움은 올림포스의 어느 여신보다도 빼어나다고 경의를 표한다.

> 오, 모든 올림포스의 퇴락한 족속들 중에서
> 가장 늦게 태어났으면서 가장 사랑스러운 영상이여!
> 포이베의 사파이어 빛이 나는 별보다
> 하늘의 사랑스러운 반딧불인 베스퍼보다도 더 아름답네. (24-27)

그는 프시케를 "달의 여신"과 "초저녁 하늘에 떠 있는 별"보다 더 아름답다고 말하며 온갖 역경을 딛고 일어선, 보다 인간적인 프시케를 새로운 미의 모델로 제시하고 있다. 프시케는 그가 항상 갈망해 왔던 인간의 삶에 위안과 기쁨을 줄 수 있는 미의 여신으로 격상된다.

3연의 서두에서도 키츠는 프시케에 대해 칭찬을 한 후 단호한 입장을 취한다. 즉 시적 상상의 상징으로 프시케를 택하여 그녀에게 자신의 시를 바침으로써 프시케의 예언자로 행동하기로 결심한다.

> 나는 본다네. 그리하여 나 자신의 눈에 영감 받고서 노래한 다네.

그러니 내가 그대의 합창대가 되어 한밤중에
신음 소리를 내게 해 주십시오. (43-45)

그는 프시케를 영감 받은 눈으로 보며 그녀를 찬양한다. 해럴드 블룸 Harold Bloom은 이를 두고 "프시케를 보며, 그는 그녀를 알고 있고, 그가 신이 되는 결합, 즉 육화의 움직임으로 향한다"고 설명한다.[6] 프시케라는 대상의 본질에 몰입함으로써 그녀와의 융합을 시도한다.

마지막 연에서 키츠는 프시케의 사제가 되어 자신의 정신세계에 그녀를 위한 신전을 짓겠다고 다짐한다.

그렇습니다, 내가 그대의 사제가 되어
내 마음의 어느 인적 드문 곳에 신전을 짓겠습니다.
거기서는 즐거운 고통으로 새로 자란 사상의 가지들이
소나무 대신 바람에 중얼거리고,
멀리 주위에는 저 울창한 나무들로
절벽과 절벽 같은 거친 봉우리의 산들을 깃털 달게 하겠습니다. (50-55)

블룸은 키츠의 다짐에 대해 "그것이 함축하는 바는 그 과정이 발견되지 않은 고장에서 영혼 만들기의 일부라는 것이다. 프시케의 사원을

---

6) Harold Bloom, *The Visionary Company*, Ithaca: Cornell UP, 1971, p. 401.

짓는다는 것은 의식을 넓히는 것이다. 그러나 의식의 증가는 그것과 함께 기쁨 또는 고통을 위한 이중의 수용 능력을 동반한다"고 논평한다.[7]

신전을 짓는 것은 프시케와의 교감을 통해 얻은 시적 영감으로 영원히 살아 있는 새로운 영혼을 창조하겠다는 것을 의미한다. 그러나 예술 창조는 고통 없이는 이루어질 수 없다. 키츠는 의도적으로 "즐거운 고통"이라는 모순어법을 사용하고 있다. 이는 강력한 의지를 수반한 시인의 확장된 상상력의 증거로 남성적인 것과 여성적인 것 등 상반되는 특질을 자신의 능력 속에 완전히 수용하려는 태도다. 그 결과 고통은 곧 행복으로 이어진다.

더 나아가 키츠는 자신이 만든 정신적 자연의 풍경 속에 "장밋빛 성전"을 꾸미겠다고 다짐한다.

그리고 이 광대한 정적의 한 가운데
장밋빛 성전을 나는 꾸미겠습니다,
활동하는 두뇌의 꽃다발 격자 시렁과
꽃봉오리들과 종들과 이름 없는 별들로,
꽃들을 기르지만 결코 똑같은 것을 기르지 않는
공상이라는 정원사가 만들어 내는 모든 것들로, (58-63)

---

7) *Ibid.*, p. 406.

미의 여신을 위해 만든 성전에는 "활동하는 두뇌"의 화환으로 장식되어 있다. "공상이라는 정원사"가 꾸미는 형형색색의 꽃들을 그가 활동하는 두뇌가 받쳐준다. 이 모든 것이 어우러진 전통적으로 사람을 나타내는 장밋빛 성전에는 근심이나 두려움 같은 것은 나타나지 않는다. 그가 만든 상상 속에서 프시케는 이제 자유롭게 활동할 수 있다.

키츠는 마지막 부분에서 지극히 인간적인 사랑으로 프시케와 큐피드를 결합하고 있는데, 이는 자신이 시적 바탕인 상상의 세계가 항상 인간 세계와 밀접한 관계를 맺고 있음을 보여준다.

> 그리고 거기선 그늘진 많은 생각이, 환한 횃불 하나와
> 따스한 사랑이 안으로 들어올 수 있도록
> 밤에 열려 있는 창문 하나를, 얻을 수 있는
> 온갖 부드러운 기쁨이 그대 위해 존재하도록! (64-67)

"온갖 부드러운 기쁨"은 지금까지 나타낸 모든 상반되는 특질을 통합시키겠다는 의지를 나타낸다. "그늘진 생각"과 "환한 횃불"은 서로 대칭을 이루고 있다. 프시케는 "그늘진 생각" 때문에 큐피드가 밤중에 자기 얼굴을 보지 말라는 금언을 깼고 고통에 빠졌지만, "환한 횃불"과 "따스한 사랑"이 들어오도록 창문을 열고 기다린다. 즉 그녀는 고통을 극복하고 행복을 맞이할 준비가 되어 있다. 그는 사랑의 신을 맞이하게 위한 창문을 열어 두어 프시케에게 새로운 사랑의 생명을 불어넣는다.

키츠는 창조적 상상력을 통해 과거의 신화적 세계에 존재한 프시케를 자신의 의식 속에 복원시키고 있다. 그는 과거가 사라지는 것이 아니라 현재 속에 있으며 현재에 새로운 가치를 부여한다는 것을 예거한다. 긍정적인 것을 강조하기 위해 부정적인 것을 제시함으로써 부정적인 것도 긍정적인 것으로 변모시킨다. 인간에게 닥친 고통과 시련을 영혼을 단련하는 요소로 수용해 긍정적인 존재로 전환한다. 그토록 고통을 받던 프시케가 자신의 모든 고통을 기꺼이 수용함으로써 그 고통을 극복했을 때 여신으로 신격화되었듯이, 그도 프시케의 물질적이고 정신적인 결핍으로 인한 고통을 자신이 기꺼이 대신 겪고 그녀의 사제가 됨으로써 인간 영혼으로 승화된다. 나이팅게일과 그리스 항아리를 통해 불멸을 경험한 키츠는 인간 영혼의 세계를 찬미한다. 그는 상상력의 위력을 발휘해 아폴론처럼 강렬한 활력의 능력을 보여준다.[8]

3.「우울함에 부치는 송시」

「우울함에 부치는 송시」는 키츠의 시와 사상을 연구하는 데 좋은 출발점이 될 수 있다. 이 시는 고통과 우울함이 기쁨과 미와 깊이 연관되어 있음을 보여준다. 순간적인 쾌락이나 환희는 변하기 쉽다는 관념, 그

---

8) 윤명옥, 앞의 책, 242~243쪽.

리고 행복 또한 정점에 도달하면 어쩔 수 없이 다른 것으로 변할 수밖에 없다는 생각으로 영혼의 고뇌를 탐색해 간다.

1연에서는 "망각의 강", "독풀", "딱정벌레", "해골 나방"같은 어휘가 나열된다. 이 단어들은 대체로 죽음이나 망각을 상징하는 이미지들로서 슬픔의 극한 상태를 나타낸다. 키츠는 의식이 몽롱한 죽음의 상태에서는 기쁨과 우울함이 공존하고 있다는 사실을 이해하지 못하기 때문에 죽음에 이르는 여러 가지 감각적 마비 상태의 행동을 피할 것을 권한다. 죽음과 망각의 이미지들을 부정한 이유를 마지막 부분에서 충분히 밝힌다.

> 왜냐하면 그림자가 그림자에게 너무나 졸리도록 찾아와
> 영혼의 잠깬 고통을 익사시킬 것이기에. (9-10)

현재를 살아가는 인간에게는 고통, 슬픔, 우울함 등은 늘 함께한다. 이를 피하려 해도 거역할 수 없는 것이 삶의 과정이다. 그는 여기에서 인생은 바로 "영혼의 잠 깬 고통"이라는 진리를 제시한다. 진정한 슬픔은 계속되는 회피의 연속이 아니라 예기치 못한 상황에서 갑자기 찾아오는 것이라고 말한다. 우울함과 슬픔은 기쁨과 공존하고 있음을 2연에서 제시하고 있다.

> 그러지 말고, 고개 숙인 온갖 꽃들을 키우고,

> 4월의 수의로 푸른 언덕을 가리는
>
> 우는 구름처럼, 하늘로부터 갑자기
>
> 우울함의 발작이 쏟아질 때면 (11-14)

"우는 구름", "고개 숙인 꽃들", "4월의 수의"가 장례식의 분위기를 자아내기 때문에 "우울함의 발작"은 죽음을 상징한다. 하지만 죽음을 상징하는 이미지들은 역설적으로 마치 4월의 소나기가 지쳐버린 꽃에 생기를 불어넣어 주듯이 신선한 생명을 가져다주는 효과를 동시에 나타내고 있다. 이어지는 "아침 장미"나 "둥근 작약의 싱싱함"은 활력과 환희에 찬 모습을 나타낸다. 이 같은 표현이 제시하는 것은 이제 슬픔의 상대가 1연에서 보여준 죽음이나 망각이 아니라 아름다움을 갖춘 환희여야 한다는 것이다. 이처럼 키츠는 특유의 모순어법적인 시어를 통해 인생은 그 자체가 복합적이라는 것을 표출하고 있다.

　키츠는 현재의 순간에 변화가 진행되고 있음을 인식한다. 이는 마지막 연에서 그대로 제시된다. 그는 미, 환희, 쾌락을 체험하는 동안에 그들이 곧 사라져 가고 있음을 느낀다.

> 그녀[우울함]는 미와 함께 산다, 죽어야만 하는 미와 함께,
>
> 그리고 작별을 고하느라 항상 그의 입술에 손을 대고 있는 기쁨과,
>
> 그리고 꿀벌의 입이 빨고 있는 사이에도
>
> 독으로 변해버리는, 쑤시는 쾌락 가까이에 서서, (21-24)

미, 환희는 모두 일시적인 것들에 지나지 않는다. 쾌락 역시 너무나 일시적이기 때문에 쾌락 바로 뒤에는 찌르는 것 같은 고통이 뒤따른다. 이런 까닭에 키츠는 진정한 슬픔을 느끼기 위해서는 역설적으로 미, 환희, 기쁨 등을 강렬하게 맛보라고 권한다. 그는 "꿀벌의 입이 빨고 있는 사이에도" 그 꿀은 벌써 독으로 변해 고통과 슬픔을 느끼게 된다고 역설적으로 말한다. 이런 역설은 이 시의 끝부분에 명확하게 드러난다.

> 아, 바로 환희의 신전에
> 베일 쓴 우울함은 그녀의 성단을 갖고 있어,
> 정력적인 혀로 기쁨의 포도를 그의 예민한 입천장에 대고
> 터트릴 수 있는 자를 제외하고는 어느 누구도 그것을 볼 수가 없다.
> 그의 영혼은 우울함의 강력한 슬픔을 맛볼 것이고,
> 그녀의 구름 낀 트로피들 사이에 매달려 있게 될 것이다. (25-30)

키츠는 우울함을 미, 환희, 기쁨 등이 존재하고 있는 "환희의 신전"의 통치자로서 베일을 쓰고 있는 모습으로 묘사하고 있다. 이는 고통과 우울함이 기쁨과 미와 함께 불가분의 관계에 있다는 자신의 생각을 잘 드러낸다. 그런데 환희의 신전에 있는 우울함은 아무나 볼 수가 없다. 우울함의 정체나 권능을 알기 위해서는 "정력적인 혀"로 "기쁨의 포도"를 터트릴 수 있는 사람이어야 한다는 단서가 붙어 있다. 즉 진정한

쾌락을 얻으려는 사람은 우울함의 권능에 속하는 역시 참다운 슬픔을 맛보아야 하며 우울함의 여신의 제물로 희생되어야 한다.

키츠는 시의 마지막 부분까지 미와 우울함이 공존하고 있음을 나타내고 있다. 특히 즐거움의 신전 속에서도 슬픔이 존재한다는 역설과 인간에게 위안을 주는 미도 순간적일 수밖에 없다는 말은 매우 비극적이다. 그러나 키츠가 이 시를 통해 보여준 역설은 '비록 슬픔이 불가피하지만, 그것은 우리에게 커다란 위안을 주는 미의 선행 조건이 될 수 있다'는 사실이다. 이렇게 볼 때 「우울함에 부치는 송시」는 「프시케에게 바치는 송시」와 다르게 고통을 겪은 후의 영혼을 찬미하지 않고 영혼이 겪어야 할 고통스러운 과정을 피하지 않고 직접 경험함으로써 삶의 복합성을 터득하게 하는 방법을 제시하고 있다.

4. 「나이팅게일에게 부치는 송시」

「나이팅게일에게 부치는 송시」는 현실의 인간적 고통에서 벗어나 환상의 세계로 도피하려는 시인의 충동이 극명하게 나타나 있기 때문에 키츠의 송가 중에서 "가장 개인적이며, 자연 발생적이고, 자기 고백적"이라고 평가된다.[9] 이 시는 갈등하는 충동을 토대로 이루어졌고 키츠

---

9) Helen Vendler, *The Odes of John Keats*. Cambridge: Harvard UP, 1983, p. 83.

의 상상력에 의한 감정의 굴곡이 가장 잘 전개되고 있다. 시가 진전됨에 따라 나이팅게일은 그가 공감하고 결합할 수 있는 대상, 그와 다른 세계에 존재하는 대상으로 제시된다. 나이팅게일을 통해 영원의 세계와 생성의 세계가 대립된다. 이 시를 통해 감각적인 노래를 점차 영원한 상징으로 추상화하는 인식 과정을 살펴볼 수 있으며, 자기 발견의 과정을 명료하게 하려는 의도 또한 파악할 수 있다.

1연에서 키츠는 고통스러운 현실 세계에서 벗어나길 열망하다가 나이팅게일의 노래 소리를 듣고 행복감을 느끼며 상상 속에서 황홀경에 빠진다.

> 가슴이 아프고 나른한 무감각이 나를 괴롭힌다.
> 이제 막 독당근을 마신 듯, (1-2)

그는 나이팅게일의 노랫소리가 너무나 아름다워 가슴이 아파 오고 감각은 독을 마신 듯 "나른한 무감각"으로 괴롭다고 말한다. 그는 나이팅게일의 본질에서 감각적인 환희와 아름다움을 마음껏 노래할 수 있기를 염원한다.

2연에서 키츠는 나이팅게일의 노래에 본능적으로 이끌려 새의 행복에 영원히 동참하고자 술의 힘을 빌리려고 한다. 그는 보이지 않는 세계로 새와 함께 사라져버렸으면 하고 갈망한다.

그 포도주를 들이켜고, 몰래 세상을 떠나

네가 있는 어두운 숲속으로 사라졌으면 (19-20)

3연에서도 가변적 현실에서 도피하려는 키츠의 욕망이 지속된다. 그러다가 문득 조금 전의 환희가 넘치는 이상적 세계와 대조되는 인간의 비참한 현실을 회상한다.

멀리 사라져, 육신이 없어지고,

잎새 속의 네가 알지 못하는 것을 잊었으면, (21-22)

미인은 그 빛나는 눈매를 왜 간직 못하고,

내일이면 새로운 사랑으로 그것을 망각하는 이 세상. (29-30)

이러한 대비는 그의 마음의 불완전함을 보여준다. 그는 가변성과 죽음에 대한 고통스러운 인식을 적나라하게 표현함으로써 더욱 구속받지 않는 새의 세계로 몰입을 갈망한다.

4연에서 키츠는 술 대신 시의 힘을 빌려 갑작스럽게 나이팅게일이 나타내는 상상의 세계로 들어선다.

벌써 너와 함께하거늘! 밤은 부드럽고,

다행히 달님이 그 권좌에서

온갖 요정의 별들에 에워싸여 있다;

하지만 여기엔 아무런 불빛도 없다,

우거진 녹음과 이끼 낀 꼬불꼬불한 길 사이로

하늘에서 불어오는 미풍에 실린 불빛을 제외하면. (35-40)

"벌써 너와 함께 있거늘"은 새와의 결합이 갑작스럽게 이루어졌음을 알린다. 그는 나이팅게일과 함께 공유하는 시간은 밤조차도 부드럽다고 말한다. 또 "달의 여왕"이 중심적인 영상으로 작용한다. 그의 감정 이입은 최고조에 달해 있는 상태다.

키츠는 숲속에서 나이팅게일과 함께 동화되어 어둠 속에서도 계속해서 상상의 세계를 묘사한다.

나는 모른다. 어떤 꽃들이 내 발치에 있는지,

어떤 은밀한 방향芳香이 가지 위에 걸려 있는지를,

하지만 향기로운 어둠 속에서, 온갖 즐거움을 어렴풋이 느낀다. (41-43)

충분한 빛이 없기 때문에 시각적 사물들을 직접적으로 묘사하지 못하고 상상 속에서 꽃들의 향기를 통해 사물을 구분한다. 이에 대해 블룸은 "그는 볼 수가 없고 오직 향기, 맛, 소리만이 도움이 될 만한 순서로 그가 들어오고 또한 그가 창조한 세계의 현상을 묘사하기 위해 불린다"고 논평했다.[10] 상상의 세계에 도취되어 있다가 6연에서 갑자기 죽음을 떠올린다.

> 이제 어느 때보다 죽는 것이 풍요롭겠지,
> 네가 황홀의 극치에서 네 넋을 바깥으로
> 쏟아내는 이 한밤에
> 고통 없이 사라진다는 것이! (55-58)

죽음은 절정의 순간뿐만 아니라 어떤 대상과의 결합을 영속하는 수단을 의미한다. 나이팅게일이 황홀경의 상태에서 영혼을 쏟아 내듯이 울고 있는 동안 죽음을 희구하는 것은 고통을 극복하고 강렬한 기쁨을 영속적으로 간직하려는 시도다. 하지만 그는 나이팅게일에게 말한다.

> 너는 계속 노래하나, 부질없는 나의 귀는
> 네 고상한 장송곡을 듣지 못하는 뗏장에 불과할 뿐. (59-60)

이 부분에서 그의 세계와 나이팅게일의 세계는 완전히 분리된다. 그는 죽음이라는 것이 새의 노래와 대등하고 황홀한 경험이라고 생각했다. 하지만 이제 그는 이제 죽음이란 모든 것과의 이별을 의미한다는 것을 깨닫는다. 다시 말해 새와의 영원한 결합을 상정하자 자연히 미래를

---

10) Harold Bloom, *The Visionary Company*. Ithaca: Cornell UP, 1971, p. 409.

투시한 그는 죽음이 더 이상 삶의 귀중한 보상이 아님을 터득한다. 그는 죽음의 인식을 통해 인간의 유한성을 자각하고 나이팅게일을 완전한 불멸의 새로 간주한다.

> 너는 죽기 위해 태어나지 않았으리라, 불멸의 새여!
> 어떤 굶주린 세대도 너를 짓밟지 않았도다;
> 지나가는 이 밤에 내가 듣는 그 음성은 먼 옛날
> 황제와 촌부에게도 들렸으리라: (61-64)

이제 불멸이라는 정체성을 부여받은 나이팅게일은 실체가 아닌 상징으로 작용한다. 나이팅게일의 노랫소리는 시공을 초월해 먼 태곳적부터 모든 사람에게 위안을 준다. 그는 과거에 나이팅게일의 노래를 들었던 사람들에 대해 생각하며, 그 노래의 불멸성을 주장한다. 불멸하는 것은 나이팅게일의 노래고, 그때 예술의 영원성과 인생의 무상함은 서로 대칭을 이룬다.

마지막 연에서 키츠는 "쓸쓸한"이라는 말과 함께 갑자기 고독한 자기를 발견하고 환상에서 깨어나 완전한 현실로 되돌아온다.

> 외롭고 쓸쓸한! 그 말은 내 외롭고 쓸쓸한 처지를
> 되돌아보게 하는 종소리 같구나!
> 잘 있거라! 시의 환상이란 그 명성처럼

> 속일 수가 없구나, 유혹의 요정이여. (71-74)

나이팅게일의 노랫소리가 점차 사라지자 꿈에서 깨어난 것 같은 착각을 일으킨다.

> 그것은 환영인가, 아니면 갓 깨어난 꿈이던가?
> 그 음악은 사라졌네, 나는 깨어나 있는가, 잠든 건가? (79-80)

그는 애매한 태도를 취하기는 하지만 "깨어있는 꿈"은 이 시의 전체적인 순환 과정을 가장 함축적으로 요약한다. 즉 현실과 환상 사이 상충하는 시인의 갈등을 가장 솔직하게 대변하면서 새로운 영원성의 추구를 위한 여백을 남겨 놓고 있다. 클리언스 브룩스Cleanth Brooks는 나이팅게일이 부르는 노래의 영원성과 인간의 무상한 현실과의 대조적인 면에 주목하면서 이 시의 주제를 "상상력의 세계가 실제라는 고통스러운 세계로부터의 출구를 제공하고 동시에 대조적으로 실제 세계를 더욱 고통스러운 것으로 간주한다"고 설명했다.[11]

키츠는 「나이팅게일에게 부치는 송시」에서 룻의 슬픔, 시골 농부의 슬픔, 그리고 왕의 슬픔을 절대적으로 긍정하면서 인간의 슬픔을 긍정

---

[11] Cleanth Brook, *Modern Poetry and the Tradition*. Chapel Hill: The U of North Carolina P, 1983, p. 31

적으로 수용한다. 즉 그는 룻의 슬픔이 나약함으로 변질되었기 때문에 의식을 회피하지 말라고 경고한다. 다른 한편으로 나이팅게일 새의 소리를 객관화하는 능력을 발휘해 그 새와 이별할 수 있는 능력을 갖추게 되었다고 긍정적으로 평가한다. 이 시는 나이팅게일의 노래를 통해 행복과 영원한 상상의 세계를 얻으려는 그의 갈망과 그에 동반되는 마음의 갈등을 형상화한다. 삶의 참된 의미를 깨닫는 궁극적인 진리가 구체적으로 나타나지 않지만 현실과 환상 속에서 나이팅게일의 노래를 불멸의 상징으로 끌어냄으로써 변화와 쇠퇴를 초월할 수 있는 상상력의 가능성을 예거한다.

5. 「그리스 항아리에 부치는 송시」

「그리스 항아리에 부치는 송시」는 미를 종교처럼 생각한 키츠의 신념을 가장 잘 반영하고 있다. 그는 항아리와 극적이고 상상적인 만남을 통해 영원성을 지닌 미의 진가를 발견한다. 그의 상상력에 의해 새롭게 창조된 항아리는 위안을 줄 뿐만 아니라 고통과는 다른 고통 속에 있게 될 후세대에도 같은 삶의 진리를 역설한다. 이 시는 그리스 항아리 표면에 새겨진 장면에 대한 묘사로 시작된다.

그대, 아직 더럽혀지지 않은 정적의 신부여,

그대, 침묵과 느린 시간의 양자여, (1-2)

이 두 행은 1연의 바탕이며 시 전체의 근원인 격렬한 대조의 계기를 제시한다. 즉 완전하고 불변의 항아리와 그곳에 조각된 동적인 행동과의 대조를 보여준다. 특히 "더럽혀지지 않은 신부"로 의인화된 항아리는 비록 속세의 변화하는 상황에서 오랜 세월을 지내 왔지만 현실의 행동에는 전혀 영향을 받지 않음을 암시하고 있다. 정적인 항아리는 곧 "삼림의 역사가"에 이르러 기록자로서 그리고 전달자로서 서서히 움직이기 시작한다.

시보다 더 아름답게 꽃의 이야기를
이렇게 표현할 수 있는 삼림의 역사가여! (3-4)

항아리가 제시하는 "동적으로 정지된 형상들"은 곧 인간의 모습이며 이 세상에서 일어나는 현상이다. 즉 어떤 한순간에 고정되어 있다고 하더라도 그들이 나타내는 것은 모든 숨 쉬는 인간의 열정을 즐기고 있다.

키츠는 1연에서 항아리를 "양자"라고 한 것처럼 2연에서도 "세월이 흘러도 죽지 않는 아름다운 장면의 신선함, 지칠 줄 모르는 매력"[12]을

---

12) Cleanth Brook, *The Well Wrought Urn*, New York: Harcourt Brace Jovanovich P, 1975, p. 157.

강조하고 있다. 그는 항아리의 강렬한 황홀경 속에 빠져들어 현실을 초월해 항아리에 새겨진 변하지 않는 젊음과 사랑과 행복의 세계를 예찬한다.

> 들리는 선율은 아름답지만, 들리지 않는 선율은
> 더욱 감미롭다. 그러나 부드러운 피리들아, 연주하라;
> 육욕의 귀가 아니라, 고귀한 귀를 향해,
> 정신을 위해 소리 없는 노래를. (11-14)

"들리는 선율은 아름답지만, 들리지 않는 선율은"이라는 표현은 상당히 역설적이다. 듣는 노래는 그 노래를 부른 자의 입에서 나와 울리는 순간 사라지지만 조각 속의 인물이 부는 피리 소리는 영원히 들린다. 가변적인 인간 육성은 항아리의 표면에 그려져 있는 자가 부르는 피리 소리로 옮겨져 고정됨으로써 영속화된다. 그는 항아리에 새겨진 연인들의 구애 행위를 통해서도 예술적 미의 영원성과 현실의 유한성을 대비시킨다.

> 용기 있는 연인이여, 가까이 갈 수는 있어도
> 그대 결코 입 맞추지 못하리-그렇지만 슬퍼 마라;
> 그대 행복을 얻지 못한다고 해도, 그녀는 결코 늙지 않으리,
> 그댄 영원히 사랑하며, 그녀는 영원히 아름다우리! (17-20)

감각적이고 뜨거운 현실의 사랑은 끝이 있지만 예술 속에 나타난 사랑은 영원히 아름답다. 바로 이 것이 곧 항아리의 시간성의 초월이며, 고통에 시달리는 인간들을 위로해 주는 불멸의 미다.

 3연에서도 키츠는 그리스 항아리에 묘사된 피안의 세계에 자신의 감정이입을 통해 미가 소멸되지 않음을 확신한다.

> 행복한 사랑을! 더없이 행복한 사랑을!
> 언제나 따뜻하고, 언제나 즐거운
> 언제나 숨차고, 변함없는 젊음을;
> 엄청난 슬픔과 염증,
> 뜨거운 이마, 타는 목마름을 남기는
> 인간의 열정을 초월하는 사랑을. (25-30)

 사랑이 고통으로 변하지 않기 때문에 항상 기쁨만을 주는 미와 함께 이별을 경험하지 않아서 행복하다는 것을 느낀다. 그는 예술의 불변의 세계와 합일을 이루어 현실의 무상함에 따르는 고통을 벗어나 상승하게 된다.

 4연에서 키츠의 상상력은 항아리 위에 새겨진 또 다른 한 면으로 향한다. 제사를 지내는 행렬을 보고 그들이 치르게 될 의식과 그들이 거주했던 마을을 상상하면서 보다 일반적인 삶의 형태를 파악하게 된다.

항아리를 조각한 예술가는 가장 의미심장하고 보편적인 면에서 인간 생활의 아름다운 광경을 포착한다.

> 제사를 지내러 오는 이 사람들은 누구인가?
> 어떤 푸른 제단으로,- (31-32)

> 어느 작은 마을이 텅 비었을까?
> 그 작은 마을의 거리는 영원히
> 침묵하리; 한적한 마을을 말해줄
> 어떤 사람도 돌아오지 않으리. (37-40)

    이들이 보여주는 상징적인 행위들은 천상의 세계를 벗어난 죽음의 세계, 즉 속세의 분위기를 연상시킨다. 즉 영원의 세계에서 현실로 되돌아오는 순환적인 과정을 거친다. 헤아릴 수 없는 적막감에 싸여 있는 "작은 마을"의 풍경은 꿈을 거역하여 부는 현실의 바람을 예거한다.
    키츠는 5연에서 항아리를 객관적인 시각으로 전체적으로 보기 위해 황홀한 세계에서 벗어난다. 이제 항아리는 아름다운 자태를 지니고 있는 하나의 말 없는 형상 즉, 그리스의 한 예술품인 '차가운 목가'로 그려진다. 하지만 동시에 그는 항아리를 다시 시간적 한계를 초월하는 예술품으로 파악한다. 브룩스는 이 시의 중심적인 역설은 "차가운 목가"라는 구절에서 결론을 내리고 '목가'라는 단어는 따뜻함, 자발성, 목가적

이고 단순하고 비공식적일 뿐만 아니라 자연적인 매력을 암시한다고 말한다.13)

결국 항아리는 생명이 없는 차가운 물체로 인식되지만 역설적으로 우리에게 전하고 있는 것은 불변의 영원한 것이기 때문에 그 차가움 속에서 오히려 따뜻함을 느낄 수 있다. 그는 항아리가 영원히 늙지 않고 언제나 위안을 주는 "우리의 친구"로 남을 것이라고 말한다.

키츠는 항아리와의 정신적인 만남으로 과거와 현재와 미래를 동시에 파악한다. 시간의 흐름 속에 음미되는 항아리는 "인류의 축적된 지혜의 본질적 부분을 형성하는 역사적 상상력의 일부"14)로 보존된다. 이제 영원한 존재로서 항아리는 인간에게 다음과 같이 말한다.

> 아름다움은 진리이며, 진리는 아름다움-이것은
> 당신네들이 지상에서 알아야 할, 알 필요가 있는 전부라고. (49-50)

미와 진리의 동일성을 다루고 있는 이 두 행의 해석은 오랜 세월 동안 수많은 양상으로 이루어져 왔다. 그런데 이 둘의 관계를 논리적으로 명증하는 게 쉽지 않다. 객관적 혹은 경험적 통찰에 의해 파악된 아름

---

13) Cleanth Brook, *The Well Wrought Urn*, New York: Harcourt Brace Jovanovich P, 1975, p. 163.
14) Leon Waldoff, *Keats and the Silent Work of Imagination*, Urbana and Chicago: The U of Illinois P, 1985, p. 144.

다움은 예술 작품을 통해 현실로 나타나 정지된 상태로 영원히 남게 된다. 키츠에게는 이러한 원리에 의해 표출된 아름다움은 곧 진리다. 그가 생각하기에 예술은 진리가 미적으로 구현된 대상이다. 다시 말하면 아름다움은 바로 그의 상상 속에서 승화되어 진리로 나타난다. 블룸은 항아리에 나타난 키츠의 미와 진리의 관계를 다음과 같이 설명한다. "항아리의 아름다움은 진리이다. 왜냐하면 세월은 그것을 낭비하지 않고 우리의 근심은 그것을 소비하지 않기 때문이다. 시간 밖에서 존재하는 항아리의 진리는 아름답다. 왜냐하면 그와 같은 자유는 우리에게 아름답기 때문이다."[15]

   키츠는 수천 년 동안 고색창연한 아름다움을 깨뜨리지 않고 간직한 항아리의 모습을 통해 진리를 깨달았다. 예술품에 담긴 인생의 모형인 항아리는 자연과 인생의 재현인 동시에 시간의 부정적 특성들에서 해방된 영원성의 상징이다. 항아리는 모든 시대, 모든 사람들을 초월하여 위안과 기쁨을 준다. 키츠는 영원의 세계 속에서 영원한 것은 미밖에 없다는 진리를 감지했다. 그가 생각하기에 가장 바람직한 예술이란 예술의 영원성과 인간의 유한성을 병치, 조화시키는 것이다. 그리스 항아리는 바로 이를 가장 잘 나타내고 있기 때문에 그는 "아름다움은 진리이고 진리는 아름다움"이라고 역설한다.

   키츠는 「그리스 항아리에 부치는 송시」에서 인간 고통의 신비를 수

---

15) Harold Bloom, *The Visionary Company*. Ithaca: Cornell UP, 1971, p. 419.

용해 유한의 고통을 영원의 아름다움으로 극복한다. 그에 따르면 인간의 모든 고뇌는 유한한 삶의 절대적인 가치의 인식에서 나오기 때문에 유한성의 한계에서 발생하는 고통을 적극적으로 수용할 때 인간의 영혼화가 가능하다. 인간은 항아리를 매개로 사랑과 아름다움의 세계로 진입하고 그 안에서 지상과 천상, 빛과 암흑, 시간과 영원, 사멸과 불멸이라는 이원적인 요소가 합체되는 객관적인 마음의 융화를 경험한다. 바로 그 순간 "아름다움은 진리이고 진리는 아름다움"이라는 영혼의 각성을 자각하게 된다.

6.「가을에게」

키츠는「가을에게」에서 자신이 이룩한 시인으로서의 높은 의식과 자질을 유감없이 보여준다. 블룸은 이 시에 대해 "키츠의 모든 시들 가운데서 가장 미묘하고 가장 아름다우며 영어로 쓰인 어떤 짧은 시만큼이나 완벽에 가깝다"고 극찬했다.[16] 헬렌 벤들러Helen Vendler도 이 시를 두고 "말해야만 하는 모든 것을 말했다"고 극찬했다.[17] 다른 비평가들도 이 시가 키츠의 시 가운데 가장 성숙하고 완성도가 높은 작품이라는 데

---

16) *Ibid.*, p. 432.
17) Helen Vendler, *The Odes of John Keats*. Cambridge: Harvard UP, 1983, p. 13.

대체로 동의한다. 아마도 그 이유는 이 시가 가장 객관적인 관점에서 상반되는 특질들을 완벽하게 수용하여 키츠 자신의 인생관과 세계관을 꾸밈없이 나타내고 있기 때문일 것이다.

이 시에서 키츠는 자연의 끊임없는 변화과정의 이면에는 본질적으로 변하지 않는 영원성이 있다는 사실을 깨닫는다. 이 영원성은 삶 자체일 수도, 죽음일 수도 있다. 하지만 죽음은 곧 새로운 삶을 창조하므로 영원으로 통한다. 다시 말해 만물의 생성, 성장, 소멸을 우주의 리듬에 따른 순환적 과정의 일부로 파악하고 인간의 유한성을 긍정적으로 극복하고 있다. 요컨대 이 시는 "상상력과 자연의, 내적 비전과 외적 현실의 통합"[18] 과정을 가장 잘 보여주고 있다.

1연에서 키츠는 초가을의 따스함과 풍요로운 결실을 묘사하고 있다. 가을은 생산과 성숙의 여신으로 등장하며 절친한 친구인 태양과 화합해 풍성한 결실을 낳는다.

> 안개와 풍성한 결실의 계절이여,
> 성숙한 태양의 절친한 친구여,
> 태양과 더불어 공모하여 초가지붕 처마 끝을 기는
> 포도 넝쿨을 많은 포도송이로 축복하고 (1-4)

---

[18] Leon Waldoff, *Keats and the Silent Work of Imagination*, Urbana and Chicago: The U of Illinois P, 1985, p. 159.

가을의 풍요로움은 전체적으로 따뜻한 느낌을 주지만 그 이면에는 "안개" 같은 차가운 이미지에 알 수 있듯이 다가올 겨울의 쇠퇴와 죽음을 암시한다. 즉 계절이 점점 깊어감에 따라 가을의 성숙은 소멸로 향하기 시작한다. 1연에서 생산과 성숙의 여신으로 의인화되었던 가을은 2연에서는 추수하는 여인으로 형상화된다.

> 시름없이 앉아 있는 너를 가끔은 발견한 것이다,
> 키질하는 바람에 네 머리칼은 사뿐히 흩날리고,
> 양귀비꽃 향기에 취해
> 반쯤 수확한 밭이랑에 곤히 잠든 네 모습을
> 한편 너는 꽃이 핀 네 무거운 머리를
> 시냇가에 누이기도 하고;
> 사과 압착기 곁에서 참을성 있게,
> 매시간 흘러나오는 마지막 과즙을 지켜본다. (14-22)

가을은 창고 바닥에 근심 없이 앉아 있고, 반쯤 벤 이랑에 깊이 잠들어 있다. 또 잠에서 깨어난 가을은 이삭 줍는 여인이 된다. 블룸은 여성으로 의인화된 가을을 "수동적이며, 대지의 천국의 구현체이자 휴식의 장소"로 설명한다.[19]

성장과 결실의 가을은 평화스러움으로 가득 차 있다. 하지만 추수의 가을은 "마지막 즙"에서 볼 수 있듯이 죽음으로 나아간다. 결국 2연에서의 추수는 "곡물창고"에 나타나는 생명의 이미지와 "마지막 즙"에서의 죽음의 이미지를 동시에 갖는다. 이처럼 가을은 풍요의 만족과 만추의 한가로움, 우울하고 처량한 광경, 그리고 세월의 영속성을 상징한다.

이 시는 시간의 흐름에 따라 생성과 소멸이라는 거대한 유기적인 움직임을 갖는다. 가을은 계절의 변화뿐만 아니라 인생의 변화를 모두 담고 있다. 키츠는 마지막 연에서 움직임과 정지 상태를 융합시켜 순간은 영원의 연속이며 영원의 세계는 바로 삶 자체라는 것을 예거한다.

봄의 노래는 어디 있나? 그래, 그 노래는 어디 있을까?
봄노래를 생각하지 마라, 너 또한 네 음악을 가졌으니,-
곱게 저무는 석양은 줄무늬 구름 꽃을 피우고,
그루터기만 남은 평원을 장밋빛으로 물들인다;
이맘때면 강가의 갯버들 속에서, 산들바람이
일었다 멈췄다 할 때마다 높이 떠올랐다 내려오는
작은 날파리들이 구슬프게 합창하며 슬퍼한다;
다 자란 양들은 언덕배기에서 큰 소리로 울어대고
산울타리에서 귀뚜라미 노래하며, 청아한 고음으로

---

19) Harold Bloom, *The Visionary Company*, Ithaca: Cornell UP, 1971, p. 433.

이제 붉은 가슴 로빈새는 풀밭에서 휘파람 불고;
제비 떼 모여 하늘에서 지저귄다. (23-33)

  키츠는 봄의 노래를 찾으며 과거를 아쉬워한다. 하지만 곧 봄의 노래에 대한 그리움을 떨쳐 버리고 가을이 주는 노래에 만족해한다. 그는 계절의 순환을 계속 인식하고 가을의 노래도 봄의 노래와 같다는 사실을 깨닫는다. 죽음에 대한 그의 생각도 여기서는 반항이나 공포에 찬 태도로 묘사되지 않는다. "조용히 죽어 가는 낮"에도 불행하거나 비극적인 기색은 없다. 추수 후의 쇠퇴는 오히려 새로운 출발을 알린다. 석양을 배경으로 붉게 물든 그루터기 들판도 황량하게 느껴지지 않고 더욱 풍요롭게만 비친다. 동시성을 띤 두 가지의 감정이 조화롭게 배치됨으로써 현재 속에 내재된 영원한 미래가 제시된다.

  키츠는 1연과 2연에서 성장과 정지 상태를 시각적, 촉각적인 이미지로 묘사하고 있고 마지막 연에서는 가을 노래를 청각적 이미지로 채우고 있다. 살아있는 생물들의 노래는 지극히 부드럽고 아름답게 울리며 인간 세계의 문제들에 전혀 고통 받지 않는다. 하지만 "작은 날파리들이 구슬프게 합창하여 슬퍼한다"에는 여전히 겨울과 죽음의 그림자가 비친다.

  가을의 생성과 소멸의 속성을 역동적으로 대비시켜 대우주의 영속성을 포착한 노력은 마지막 행에서 비로소 통합된다. "제비 떼가 모여 하늘에서 지저귄다"는 성숙의 풍요로운 계절 가을이 끝나는 것만을 상징하지 않는다. 키츠는 이를 통해 계절의 변화를 필연적인 자연의 질서로 인식하고 다음에 올 영원한 미래의 삶을 인정한다. 사라짐이 곧 영원한 죽음은 아니다. 사멸의 음악 속에서 삶을 직시한 그는 마침내 순수한 자연의 객관적 질서와 조화 속에 놓인 삶이 천국의 경지로 받아들여질 수 있음을 깨닫는다. 그는 상상력을 통해 외적 사물에서 느낄 수 있었던 영원한 미를 인간의 삶 자체에서 터득한다.

죽음은 죽음과 삶이 영원히 반복되는 우주의 생명 현상의 한 단계로서 그 자체가 영원한 끝이 아니며, 우주의 생명현상 속의 모든 순간은 그 자체로 아름다움과 가치를 지닌다. 키츠는 우주적인 관점에서 죽음을 수용함으로써 삶의 모든 양면적인 면을 수용한다. 그는 삶을 비극적으로 만드는 슬픔과 고통을 회피하거나 부정하지 않고 있는 그대로 수용하며 삶 자체에서 그 가치와 존재 이유를 찾는다.

7. 나가기

키츠는 짧은 생을 살았지만 경험과 현실에 바탕을 두고 인간 영혼의 구원에 남다른 관심을 보였다. 그는 형이상학적 사상이나 종교가 인간 세계의 고통스러운 문제들을 해결하지 못한다고 인식했다. 대신 고통으로 가득 찬 이 세상에서 인간의 삶에 희망을 줄 수 있는 새로운 힘을 시에서 찾으려 했다. 그는 인간의 경험에서 유래된 상상력에 의해 인간의 희망, 공포, 죽음, 재생, 세대 간의 대립 등 인간 사회에 존재하는 대립적인 양상들을 소환한다. 그는 실제 삶에서 상반되는 특징들이 활발하게 반응하는 시적 공간을 경험했다. 그의 시에서도 환상과 현실, 생과 사, 불멸과 사멸 등 상반되는 개념들은 공존하면서 대립하고 화해한다. 초기 시에서는 주로 대립 상태 혹은 단순한 화해에 그치지만 후기 시에서는 적극적으로 서로 융해되어 가는 형태로 발전한다.[20]

키츠는 현실 세계에서 만물의 변하지 않고 영원히 존재하는 미를 끊임없이 추구하여 인간의 삶에 나타나는 모든 무상한 현상들을 극복하려 했다. 그가 직관과 상상력을 통해 영원한 진리로 포착한 미는 추상적이거나 혹은 이상적인 미가 아니라 인내와 끈기로써 인간 자체에 절대적인 가치를 두고 삶을 적극적이고 긍정적으로 받아들이려는 미다. 그는 바로 이 미를 자신의 시적 화두로 삼았다. 그는 육신은 잠시 살다가 죽어가지만 미는 영원히 아름다운 것으로 남아 있기를 갈망했다. 그는 미가 고통 속에서 신음하는 모든 인간들에게 위로와 평화, 삶의 열정을 줄 것이라고 믿었다. 그의 송시는 인간의 유한함에 대한 비애를 극복하려는 그 자신의 노력을 집대성한다.

키츠는 「프시케에게 바치는 송시」에서 영혼 성취의 개념을 바탕으로 더욱 적극적으로 인간 삶에 내재한 고통을 정반대의 개념으로 변모시킨다. 그는 인간 삶의 부정적인 요소가 인간을 영적인 존재로 승화시킨

---

20) 윤명옥, 앞의 책, 241쪽.

다는 인식을 보여준다.「우울함에 부치는 송시」에서는 하나로 합체된 양극을 수용함으로 대립적인 요소의 화해를 도모한다. 그는 인생의 우울함이 망각이나 죽음이 아니라, 이와 정반대의 요소인 기쁨, 아름다움과 결부되어 있다는 사실을 인지하고 이를 역설한다.

「나이팅게일에게 부치는 송시」에서는 무자비한 현실의 고통과 자아의식으로부터 도피하려는 경향이 두드러진다. 하지만 키츠는 현실과 환상 속에서 새의 노래를 불멸의 상징으로 끌어내며 진정한 미는 변화와 쇠퇴를 초월하여 인간의 마음을 위로하는 친구라는 사실을 연역한다.「그리스 항아리에 부치는 송시」에서는 예술의 무한성과 인간의 유한성을 조화롭게 대비시켜 불변의 예술미 속에서 영원한 현재의 진리를 깨닫도록 한다. 그는 항아리에 나타난 예술의 무한성을 통해 '영원한 것은 미'라는 사실을 진리로 인식하고 소멸해 버리고 마는 현실에서의 고통을 위로 받는다.

키츠는「가을에게」에서 가을이라는 한 계절 속에도 성장과 쇠퇴, 풍요와 공허라는 상반된 요소가 공존하고 있음을 인식한다. 그는 이러한 모든 것은 일회적이지 않고 순환적이라는 사실을 자각한다. 그는 가을의 음악에서 겨울로는 죽음과 봄으로는 탄생인 우주의 조화와 순환의 소리를 듣는다. 어쩔 수 없이 소멸할 수밖에 없는 순환적인 과정을 필연적인 질서로 파악한다. 궁극적으로 그는 순간은 영원의 연속이며 영원의 세계는 삶 자체의 연속이라는 사실을 통해 만상의 무상함을 고통 없이 받아들이는 지혜를 터득한다.

키츠의 진리를 향한 상상력은 순간적인 것들을 영속적인 것들로 승화시킨다. 그의 상상력은 비극적인 인간의 조건들마저 초탈의 경지에서 포용한다. 그가 영원한 존재로 추구한 미는 도달할 수 없는 환몽이거나 피안의 불가능한 찬미가 아니라 삶에 대한 이해이자 교훈이다. 그의 송시는 이원적인 요소의 대립과 길항을 통해 육체와 영혼을 공존시키고 고요와 열정을 아우른다. 이 모든 것을 가능케 하는 것은 역설적인 그의 시적 언어다. 양극이 하나로 변모하는 그의 시적 주제는 언어와 구조가 병치될 때 그 효과가 배가된다. 그의 시에서 언어와 구조는 개별화되지 않고 서로에게 특별한 작용을 하며 일체화된다. 이런 복합적인 융합을 통해 그의 시는 예술적 완성에 도달한다. 그는 역설이 가져다주는 대립적인 요소의 화해를 통해 삶을 있는 그대로 적극적으로 수용한다. 그의 송시들은 역설적인 세계 인식의 기반 위에서 세상과 인간 삶의 긍정성과 부정성을 객관적으로 응시하는 힘을 통해 삶의 지혜를 획득하는 여정을 보여주며 '미와 진리의 연관성'으로 귀결된다.

프로스트의 시에 나타난 자연관과 인간관

1. 들어가기

　미국은 남북전쟁 이후 국경의 확대, 이민으로 인한 인구 증가, 산업화, 도시화를 겪으며 근대국가로서의 면모를 갖춘다. 거트루드 스타인 Gertrude Stein의 말처럼 미국은 "세계에서 가장 먼저 20세기로 진입하여" 자본주의 체제를 완성한다. 유럽이 두 차례의 세계대전을 겪던 20세기 전반 에즈라 파운드Ezra Pound와 T. S. 엘리엇T. S. Eliot은 미국과 유럽을 오가며 실험적인 모더니즘 시 운동을 주도하였다. 이들은 대공황과 자본주의의 모순, 세계대전, 다양한 정치투쟁 등으로 얼룩진 변화와 혼란의 양상을 실험적이고 복합적인 시 형식 속에 표현했다. 이들은 과거와 현재의 혼재, 신화와 역사 간의 갈등과 아이러니를 드러내는 시 형식을 창조했고, 이를 통해 고도로 파편화되고 소외된 현대인의 의식을 재현했다. 파운드와 엘리엇은 그 이전까지의 서정시가 시인의 의식, 직관, 감성을 반영하던 것과는 달리 자신의 목소리를 감추고 다성성을 극대화하는 '몰개성의 시학'을 추구했다.

반면 로버트 프로스트Robert Frost와 로빈슨 제퍼스Robinson Jeffers는 실험적인 모더니즘 시 운동에 저항하며 전통적인 시를 고수했다. 이들은 주류 모더니즘의 몰개성 시학과는 달리 시인의 목소리를 반영하는 일인칭 화자를 내세우고, 실험적 모더니즘이 이미지즘이나 콜라주 기법 등 시각 언어에 몰두한 것에 비해 시의 음악성에 초점을 맞춰 전통 시에 충실한 시학을 선보였다. 특히 프로스트는 다른 모더니스트들처럼 소외와 단절의 근대적 체험을 다루면서도 뉴잉글랜드 농촌이라는 토착적 소재, 평범하고 단순한 언어, 전통적인 시 형식을 고수했다. 그는 미국의 북동부 뉴잉글랜드를 대표하는 시인이다. 그는 샌프란시스코에서 태어나 열한 살 때까지 그곳에서 살다가 아버지가 죽고 난 뒤 어머니와 함께 뉴잉글랜드 시골로 이사해 교육도 받고, 결혼도 하고, 농사도 짓고, 학교에서 가르치면서 삶의 대부분을 보냈다. 그는 뉴잉글랜드의 시골 냄새가 물씬 풍기는 구어체 표현을 사용했고, 그의 시 대부분은 인간과 자연, 이상과 현실 사이의 괴리를 주제로 삼고 있다.

프로스트 시를 한마디로 말하면 '자연시'다. 그는 시의 원천을 주변 세계, 즉 자연에서 찾았다. 그의 시의 특징이자 장점은 정확하고 세밀한 관찰을 바탕으로 시적 대상을 상당히 정확하게 묘사하는 데 있다. 하지만 그의 시는 단순히 관찰의 기록에 그치지 않고 사소한 것으로부터도 독자에게 새로운 경험을 하게 함으로써 뭔가 중요한 것을 깨닫도록 한다. 그가 추구하는 시적 리얼리티는 인간과 주변 세계와의 관계이다. 그의 시는 겉으로는 단순해 보이지만 그 안에 중요한 것을 담고 있다. 프로스트의 자연은 랠프 월도 에머슨Ralph Waldo Emerson, 헨리 데이비드 소로Henry David Thoreau, 윌리엄 워즈워스William Wordsworth 등의 자연과 다르게 도덕적 확인이 아닌 불확실성의 상징적 언어다. 그렇기 때문에 그의 시는 표면적 단순성에도 불구하고 내면적으로는 복잡하고 불확실한 세계를 천착한다.

프로스트의 시는 외부 세계의 가시적 경험에 대한 서술로 시작하여 깊이 있는 내부 세계로 연결되는 방식을 취하고 있다. 그는 자연을 즐겨 다루었지만 자연에 국한되지 않고 반드시 인간과의 화합, 갈등, 보완 등의 관계로 확대해서 파악했다. 많은 시인들이 자연을 소재로 시를 써왔다. 그 중 상당수는 자연을 묘사하거나 자연에 대한 시인의 주관적 인상에 머물고 만다. 하지만 프로스트의 자연시는 자연을 매개로 자신의 감정과 삶을 되돌아보고 더 나아가 독자에게 깊은 울림을 주기 때문에 특별하다.

그럼에도 불구하고 프로스트와 그의 시에 대해서는 여전히 오해가 뒤따른다. 첫째, '자연시인'이라는 칭호에서 오는 일반적인 오해다. 많은 이들은 자연시인은 낙천적인 탓에 자연시에는 내적 성찰이 결여되었다고 생각한다. 하지만 프로스트는 그 어떤 시인보다도 인간의 고통에 천착했다. 사실 그의 자연관이 낙천적이지만 않다는 것은 그의 시를 조금만 살펴보면 쉽게 알 수 있다. 둘째, 프로스트가 자연을 시의 배경으로 삼았기 때문에 그가 낭만적 감상주의에 빠졌다는 오해다. 이 오해는 현대시가 대체로 도시 취향에 의해 지배받는다는 일반론에서 출발하고, 자연이 인간의 경험을 표현하기에는 적합하지 않다고 귀결된다. 하지만 이 오해는 프로스트의 자연이 외관상으로는 순수하고 목가적인 것처럼 보이지만 실제로 그 이면에는 보다 심오한 의미가 담겨져 있다는 중요한 사실을 간과하고 있다.

다시 말하지만 프로스트는 파운드와 엘리엇과 마찬가지로 현대인의 정신적 공허감에 관심을 두었을 뿐만 아니라 현대 사회의 여러 가지 문제에 대해서도 깊이 성찰했다. 따라서 이 글의 목적은 무엇보다도 프로스트에 대한 오해를 바로잡는 데 있다. 다시 말하면 프로스트의 시에 나타나는 자연의 다양한 양상과 자연과 인간과의 관계를 파악하고, 이를 통해 시인 프로스트의 위상을 재확립하는 데 있다.

2. 프로스트의 자연관

일찍이 프로스트는 시인으로서의 자신의 정체성을 다음과 같이 규정한 바 있다. "다른 사람들이 자신들을 이미지스트 또는 소용돌이파로 부를 때 나는 나 자신을 제유주의자라고 불렀다."[21] 주지하듯 제유

---

21) 신재실, 『로버트 프로스트의 자연시: 그 일탈의 미학』, 태학사, 2004, 209쪽 재인용.

는 비유법의 일종으로 '사물의 한 부분으로써 그 사물 전체를 의미하는 방법'이다. '사람이 빵만으로는 살 수 없다'라는 문장에서 '빵'이 '식량'을 의미하는 것 따위가 제유의 예에 해당한다. 그는 작은 경험에서 더 큰 의미를 발견한다. 그의 자연은 하나의 제유로서 시의 일차적인 의미를 형성하고 있으나, 그 뒤에는 항상 이차적인 의미가 숨겨져 있다. 바로 이런 이차적인 의미가 프로스트가 드러내고자 하는 중요한 통찰의 내용이다. 20세기의 주요 시인들이 도시 지향성을 보이는데 반해 프로스트가 자연과 농촌을 고집하는 것은 자연시 전통에 대한 그의 애착뿐만 아니라 다른 시인들과의 차별성을 염두에 둔 듯하다. 자신을 이미지스트나 상징주의자로 부르지 않고 제유주의자로 불렀다는 사실이 파운드나 엘리엇과 같은 모더니스트와 자신을 차별하기 위한 전략이라고 할 수 있다.

    프로스트의 자연은 처음에는 '기쁨'을 나중에는 '인생의 해명'을 제공한다. 그는 직접적인 진술을 피하고, 자연을 등장시켜 간접적으로 해명을 한다. 따라서 그의 시에서 자연은 단순한 시적 배경이 아니라 시 자체이고, 시 전체는 하나의 은유가 된다. 에머슨은 일찍이 "자연이 모든 개인에게 미치는 도덕적 영향은 자연이 그에게 예시해 주는 진리의 양과 같다"라고 말한 바 있다.[22] 프로스트도 에머슨과 마찬가지로 자연

---

22) Ralph Waldo Emerson, *Selected Writings of Ralph Waldo Emerson*. Ed. William H. Gilman. New York: New American Library, 1965, p. 205.

에서 도덕적 가치의 원형을 발견했다. 그는 자연에서 적어도 혼란에 대한 일시적인 지주라도 찾을 수 있기 때문에 자연을 즐겨 찾았다.

프로스트의 자연시는 자연에서 사회적 실존에 적합한 언어를 찾는다. 프로스트는 시의 뿌리가 본질적으로 자연과 전통에 있다고 믿는다. 바로 그 점은 산업시대임에도 불구하고 그가 전통을 고수하며 자연시를 쓰는 이유다. 파운드와 엘리엇으로 상징되는 모더니즘이 자연시의 전통을 위협하고 있을 때 옛 방법의 혁명적 파기가 아닌 고쳐 쓰기를 통해 프로스트는 이들과 차별성 있는 시인으로서의 정체성을 꾀했다.

프로스트의 자연시는 일종의 일탈이다. 소로가 자신이 확신하고 있는 진리의 언어를 탐색하기 위해 콩코드의 일상에서 일탈하여 월든의 자연으로 후퇴한 것처럼 프로스트는 뉴햄프셔 이 데리 농장에서 농부 시인의 산화에 도전한 것은 자신을 둘러싸고 있던 산업사회의 여러 울타리, 일상적인 경험의 좁은 한계를 벗어나 그가 확신하고 있던 시적 진리의 언어를 탐색하기 위한 것이다. 프로스트의 자연시는 공간적 일탈뿐만 아니라 시간적 일탈, 상상적 일탈, 언어적 일탈 등 여러 양상을 포괄한다. 그는 소로가 『월든』(Walden, 1854)에서 했던 것과 마찬가지로 궁극적으로는 시적 구원의 가능성 탐색에 도전한다.

프로스트의 자연은 낭만적인 자연이 아니라 피를 갈망하는 실존의 무대이다. 그의 실존은 땅에 대한 사랑의 표현이며 시는 이런 사랑이 만들어내는 도형이다. 그에게 시는 실존의 혼란에 대항하여 만든 도형이다. 그에게 시를 쓰는 행위는 남성적인 사랑의 한 형태이고, 따라서 시인의 비전은 남성의 눈에 들어온 아름다운 여인이다. 시는 성적 절정의 경험이 주는 기쁨과 같은 것이다. 성적 절정은 육체와 정신의 완전한 합일을 통한 구원의 환희를 수반한다.

프로스트는 에머슨의 『자연』(Nature, 1836)과 소로의 『월든』 모두 자연을 언어의 뿌리로 생각하고 정신의 텍스트로 읽는다. 에머슨과 소로는 프로스트에게 자연을 읽는 방법을 가르쳐주었고 시인으로서 자연을 읽는다는 것은 필요한 일일 뿐만 아니라 매우 고상한 일이라는 의식을 심어주었다. 에머슨과 소로에게 있어 시인의 쓰기 기능은 그의 독자들을 대신한 자연 읽기이고 이는 시인이 그의 독자들을 도와서 시인을 만든다는 것을 함의한다. 왜냐하면 읽기의 힘으로 독자들의 눈이 떠지고 읽기를 통해 독자들이 더욱 시적으로 변모하기 때문이다. 에머슨과 소로는 프로스트에게 자연을 읽는 방법을 가르쳐줌으로써 시인으로서 눈을 뜨게 하는데 기여했다. 이처럼 에머슨과 소로는 프로스트에게 많은 영향을 끼쳤다. 특히 소로가 프로스트에게 끼친 영향을 훨씬 크다. 하지만 물질과 정신의 관계에 있어 소로와 프로스트는 차별된다. 즉 소로는 물질보다 정신을 우위에 둔 반면 프로스트는 육체와 정신의 합일을 주장했다.

19세기의 초절주의transcendentalism 사상가 소로가 일상적 물질주의에 찌든 이웃들을 떠나 인접한 월든 숲으로 잠시 후퇴함으로써 그들의 정신을 다시 일깨울 수 있는 새로운 언어를 발견하고자 한 것처럼, 20세기의 시인 프로스트는 도시취향적인 모더니즘 시인들과 다른 자신의 정체성을 확립할 목적으로 도시로부터 일정한 거리를 유지할 수 있는 뉴잉글랜드 자연으로 후퇴함으로써 낡은 언어를 새롭게 쓰거나 새로운 시적 메타포를 창조하고자 했다. 프로스트의 자연시는 이미 일상화된 도시취향적인 모더니즘 시, 그러면서도 일반 독자들에게는 멀게만 느껴지는 주지시의 압력에서 벗어나고자 대중에게 친숙한 자연의 세계로 일탈한 시적 모험의 산물이다.

'자연시인'은 크게 두 부류로 나뉜다. 첫째, 순수하게 자연을 사랑하는 시인들이다. 이들은 자연의 아름다움을 율격에 맞추어서 성실하고 정확하게 묘사한다. 둘째, 외부적인 자연의 아름다움을 찬미하는데 그치지 않고 그런 자연을 통해 삶의 철학적 의미를 찾으려 하는 시인들이다. 앞에서 언급한 워즈워스나 토머스 하디Thomas Hardy 등이 후자에 속한다. 이들은 독자들에게 윤리적이거나 형이상학적인 차원의 어떤 의미를 제공해 준다. 프로스트도 이데아에 관심을 가진 형이상학적 자연시인으로 분류되기 때문에 아마도 후자에 속할 것이다.

프로스트의 시는 단지 사실의 기록에 그치지 않고 누구나 갖는 경험이지만 오히려 친숙함으로 인해 미처 깨닫지 못했던 사실을 깨닫게 한다. 더 나아가 자신만의 통찰력과 언어로 보고 느낀 세계의 실상을 우리 공동의 소유가 되도록 한다. 그는 시에서 인간과 자연과의 관계이며, 인간성이라는 '전체'를 자연이라는 '부분'으로 암시한다. 단순해 보이는 자연의 배경을 그저 표면상의 배경으로만 본다면 그의 시를 제대로 이해하거나 감상할 수 없다.

프로스트의 생애와 시는 한마디로 "일상과 일탈의 변증법적 결과"[23]로 요약될 수 있다. 그는 「나의 자아로」("Into My Own")에서 일탈을 통한 더 나은 시적 자아의 확립이 시인으로 출발하는 자신의 소망임을 밝혔다. "그들은 지금의 나와 전혀 다르지 않은 나를 발견하고─/ 내 생각이 모두 옳은 것이었음을 더욱 확신하리라." 하지만 그는 「내키지 않음」("Reluctance")에서는 어쩔 수 없이 하이웨이로 귀가함으로써 완고한 태도를 상당히 완화시키고 있다. "집을 나와 들과 숲을 지나고/ 담을 넘어 나는 갔다./ 전망 좋은 언덕에 올라가/ 세계를 바라보고, 내려와,/ 하이웨이로 귀가하니,/ 자! 끝이로구나."

프로스트의 자연시는 단순한 도피의 산물이 아니다. 그는 20세기 미국 문단의 일상이 되어버린 도시취향적 모더니즘의 영향에서 벗어나 시인으로서 자신의 정체성을 확립하기 위해 뉴잉글랜드의 자연과 농촌생활로 전략적인 후퇴를 시도한 것이다. 따라서 프로스트의 자연시는 도시와 농촌, 문명과 자연, 일과 사랑, 사실과 상상력, 일상과 일탈 등의 변증법적 산물이다. 「나의 자아로」에서 보듯 일탈은 교류 단절의 필요와 교류 지속의 소망이라는 이중성을 내포한다. 즉 교류의 영원한 단절은 삶의 종결을 의미하고, 교류 지속은 창조력의 구속과 정체를 의미하기 때문에 '나의 자아로' 나아가기 위해서는 전진과 후퇴의 순환이 필요하다.

---

[23] 신재실, 앞의 책, 76쪽.

프로스트의 시적 특징 가운데 자연의 단순성을 꼽을 수 있는데 그의 단순성은 다분히 전략적이다. 「가지 않은 길」("Road Not Taken")에서처럼 '이 길이냐 아니면 저 길이냐'로 단순화된다.

> 지금부터 오래오래 후 어디에선가
> 나는 한숨지으며 이렇게 말하겠지.
> 숲 속에 두 갈래 길이 나 있었다고, 그리고 나는—
> 나는 사람들이 덜 지난 길을 택하였고
> 그로 인해 모든 것이 달라졌노라고.[24]

시의 화자가 선택한 길은 "덜 지난 길"이라는 호기심이 동기가 된 것처럼 보이지만, "사람들이 시커멓게 밟지 않은 그 나뭇잎들이／그날 아침 두 길 모두를 똑같이 덮고 있긴 했지만"이라는 시구를 통해 알 수 있듯이, 단순히 호기심이 그의 선택의 진정한 동기는 아니다. 그의 선택은 이해관계에서 비롯된 것도 아니고 도덕적 의무에서 비롯된 것도 아니다. 그의 선택은 전적으로 자의적이고 일반적 기분에 좌우된다. 선택의 문제를 이처럼 단순화시키는 자연의 속성은 산길을 산책해 본 사람이면 누구나 접할 수 있는 경험이다. 인생에 있어 중요한 사건을 이 시

---

24) 이 글에서 프로스트 시의 한국어 번역은 신재실의 『로버트 프로스트의 자연시: 그 일탈의 미학』(태학사, 2004)과 손혜숙이 엮고 옮긴 『가지 않은 길』(창비, 2014)을 참고한 필자의 번역이다.

에서 화자처럼 쉽게 결정하지 않는다. 요컨대 프로스트는 이 시에서 숲이라는 자연을 통해 선택의 문제를 최대한 단순화시키고 인생의 해명을 더욱 날카롭게 하고 있다.

프로스트의 자연은 인간의 정서를 단순화시킨다. 「시골 사물에 정통할 필요」("The Need of Being Versed in Country Things")를 보면 인간은 불타버린 집과 그로 인해 사라진 활동에 대해 슬픔이나 후회 등 복잡한 정서 또는 추억을 갖지만 자연은 그렇지 않다.

> 그러나 그들에게 라일락은 잎을 새로 피웠고,
> 불에 그슬렸지만 늙은 느릅나무도 잎을 피웠다.
> 그리고 물 마른 펌프는 어색한 팔을 불쑥 뻗치었고,
> 울타리 말뚝은 철사 한 가닥을 머리에 이고 있었다.
>
> 새들에게는 사실 슬픈 것이 없었다.
> 새들은 자기들이 차지한 둥우리를 기뻐했지만,
> 딱새들이 울지 않았다고 믿고자 한다면
> 우리는 시골의 사물에 정통해야 한다.

인간은 지나치게 과거에 집착해 한숨짓고 삶의 덧없음을 구슬프게 여기지만, 자연은 돌이킬 수 없는 인간의 과거 따위는 기억 속에 두지 않는다. 계절의 변화같이 보다 큰 양상만을 간직한다. "그들에게 라일

락은 잎을 새로 피웠"다는 자연은 인간과는 다른 질서의 세계이다. 자연은 인간처럼 슬픔 등의 복잡한 정서를 갖지 않는다.

 프로스트는 자연과 인간과의 공감대를 노래한 낭만적인 자유시인이 아니다. 자연의 정서적 단순성은 감상이나 미련을 벗게 함으로써 인간의 정서를 순화한다. 정서의 순화는 이른바 혼란에 대한 지주를 제공함으로써 정신적 건강을 되찾게 한다. 문제를 단순화하고 정서상의 혼란을 배제하는 자연의 단순성은 그가 추구하는 인간성의 해명에 유리한 고지를 제공한다. 바로 이 점은 프로스트가 자연을 시의 배경으로 삼는 근본적인 이유이자 그의 시의 현대성의 증거이다. 요컨대 프로스트의 자연으로의 도피는 시대의 역행이나 감상이 아닌 위엄을 찾기 위한 전략이다.

 프로스트는 자연에 대해 사뭇 상반된 견해를 갖고 있다. 그가 생각하기에 자연은 인간에게 만족감과 즐거움을 주지만 동시에 두려움과 소외감을 주기도 한다. 이를 자연에 대한 긍정적인 태도와 부정적인 태도로 일반화할 수도 있다. 먼저 프로스트가 자연에 대해 갖는 긍정적인 태도를 살펴보자. 그는 자연의 세계를 긍정적으로 받아들이고 그 속에서 편안함을 느끼면서 이해하려고 노력한다. 자연 속에서 생활하면서 느끼는 만족감은 「송진 채취꾼」("The Gum-Gatherer")에 잘 나타나 있다.

 이건 즐거운 인생이라고 그에게 말했다.
 날마다 숲속의 그늘을 내려다보며

당신의 가슴을 나무껍질에 대고

작은 나이프를 들고 손을 뻗쳐,

송진을 따고 그것을 가지고 내려와

기분 좋을 때 시장에 가져오는 것을 말이다.

 이 시의 화자는 자연이 인간에게 제공할 수 있는 것은 비록 변변치 않지만 그것을 생계유지의 수단으로 하여 살아가는 자신의 삶에서 만족감을 찾고 있다. 화자의 이런 긍정적인 태도는 시인의 자연관과 일맥상통한다.

 자연을 있는 그대로 받아들이고 거기에서 모든 고뇌를 잊고 살아가는 긍정적인 모습은 「파종」("Putting in the Seed")에서도 찾아 볼 수 있다.

아니면 당신이 먼저 여기 온 이유를 잊고 나처럼

봄철의 열정적인 땅의 노예가 될지 우리 한번 봅시다.

사랑은 파종하는 내내 불타오르고

이른 출생을 기다리는 동안까지 이어지니

흙이 잡초로 변색되는 바로 그때,

아치형 몸뚱이의 기운찬 어린 싹이

흙부스러기를 어깨로 밀치며 올라온다.

 이 시의 화자는 마치 자신이 낙원에 있는 것처럼 인간사를 가볍게 바라본다. 그런 자연은 아름다울 수밖에 없다. 프로스트가 자연을 긍정적으로 보는 태도는 「기대하는 어떤 것」("An Encounter")에서도 이어진다. 이 시에서 화자는, 잡초로 덮인 목장은 외부의 인위적인 힘이 필요 없이 저절로 복구될 것이며 잡초가 무성한 수풀 위로 자란 나무는 목재로 베어지고 나면 목장에는 다시 풀이 자라게 될 것이라고 생각한다.

반면 프로스트의 시에는 자연에 대해 부정적인 태도도 감지된다. 리처드 포이리어Richard Poirier는 프로스트 시에 나타난 부정적인 자연관을 지적했다. 그는 에머슨이 그랬던 것처럼 프로스트도 자연에서 '과도함에 대한 도발'과 '자연에 굴복한 것에 대한 복수'를 보았다고 논평한다.[25] 프로스트의 시에서 자연에 대한 부정적인 태도는 피상적이고 일시적인 불쾌함이 아니라 자연과 인간의 삶 전체에 걸쳐 짙게 드리우는 심층적이고 영구적인 두려움이다. 자연에 대해 갖는 두려움은 「단 한 번, 그리고 어떤 것이」("For Once, Then, Something")에 잘 나타나 있다.

> 물이 와서 너무 투명한 물을 꾸짖었던 것이다.
> 물방울이 고사리에서 똑 떨어지니, 맙소사, 잔물결이
> 바닥에 놓여있던 것을 무엇이든 깡그리 흔들어,
> 혼란시키다가, 싹 지워버렸다. 하얀 그것이 무엇이었나?

---

[25] Richard Poirier, *Robert Frost: The Work of Knowing*. New York: Oxford UP, 1979, pp. 188-189.

진리일까? 석영 조각일까? 단 한 번, 그리곤, 어떤 것이.

시인은 수면 위에 비친 자신의 얼굴 모습을 통해 자신 이외의 어떤 것을 보았지만 양치류로부터 떨어진 물방울이 수면을 어지럽히자 그 모습을 놓치고 만다. 하지만 그는 그것이 무엇인지를 더 이상 알려고 하지 않고 체념한다. 즉 그는 자연에 대한 두려움 때문에 인간적 호기심을 억누른다.

「한때 태평양으로」("Once By the Pacific")에는 자연에 대한 인간의 공포심이 잘 드러난다. 이 시에서 자연의 힘은 인간에게 직접적으로 위해를 가하려는 악의를 갖고 있고, 복수심에 불탄 청교도의 강렬함과 유비된다. 프로스트는 의인화된 구름과 파도는 우주가 갖는 적대감을 야만적으로 구체화시키고 있다. 이 시를 두고 제임스 포터James L. Potter는 다음과 같이 말했다. "형이상학적으로 볼 때 이 시는 무관심한 우주뿐만 아니라 야만적으로 악의적인 우주를 제안하고 있다. 왜냐하면 이 시는 우리 인간에게 이해될 수 없는 어두운 의도에 대한 어떤 정당화도 지시하지 못하기 때문이다."[26] 요컨대 자연의 양면성에 대한 프로스트의 인식은 서로 떨어져 있으면서도 동시에 같이 있는 것으로서 인간에 대한 양면성에 대한 인식과 일맥상통한다.

---

26) James L. Potter, *Robert Frost Handbook*. University Park: Pennsylvania State UP. 1980, p. 50.

3. 자연을 배경으로 한 삶에 대한 명상

프로스트의 시는 주로 자연을 다루고 있지만 그의 주된 관심은 자연을 배경으로 한 인간의 삶이다. 그는 뉴잉글랜드의 숲길을 산책하며 자연의 하찮은 움직임마저도 우주의 진리와 삶의 본질적 의미를 나타낸다는 사실을 꿰뚫어 보았다. 많은 이들이 지적하듯이 그의 시에서 가장 중요한 것은 '은유'이다. '한 가지를 의미하면서도 그 내면에 다른 것을 의미하고 또 다른 것으로 나타남'을 뜻하는 은유는 사물의 배후에 숨어 있는 기쁨을 표출한다. 프로스트의 시는 단순한 은유로 이루어져 있지만 그의 은유는 확장된 은유다. 그의 은유는 가시적인 것을 넘어 비가시적인 어떤 지혜를 포착하는 것을 시의 목표로 삼는다. 그의 시에는 가시적인 면과 비가시적인 면이 교차되어 있고 또한 단순한 사실과 그것을 둘러싸고 있는 어떤 신비적 요소와의 갈등이 있다. 따라서 그의 시에 나타난 은유는 연상의 힘에 의해 하나의 상징으로 변용되고 그것이 수용될 때까지 확장된다. 프로스트는 은유와 상징을 통해 자연의 묘사와 더불어 자신의 시에 삶의 의의를 부여한다.

프로스트 시의 은유와 상징을 가장 잘 예거하는 작품은 「자작나무」("Birches")다. 이 시는 자작나무에 대한 묘사, 자작나무를 올라타서 휘게 만든 소년의 생활에 대한 서술, 자작나무를 타던 소년과 자작나무의 연관을 통한 인생과 존재 문제에 대한 고찰 등 크게 세 부분으로 구성되어 있다. 자작나무를 '인생'에 비유한다면 "하늘 하나 둥근 지붕 안쪽이 떨어져내"린 것으로 묘사되는 눈보라와 얼음은 곧 죽음을 상징한다. 죽음을 상징하는 얼음의 무게에 못 이겨 휘어진 나무의 끝이 말라붙어 고사리에 닿는다는 은유와 머리 감은 아가씨가 햇볕에 머리를 말리려고 무릎을 꿇고 엎드려 머리를 풀어 던지는 듯 잎을 땅에 끌며 허리를 굽히고 있는 나무의 은유의 결합은 '죽음을 통한 생명의 재생'이라는 우주적 진리로 귀결된다.

> 얼음 더미 무게로 늘어져 시든 고사리에 닿아도
> 자작나무는 부러질 것 같지는 않다.
> 물론 그렇게 오랫동안 낮게 구부리고 있으면
> 다시 똑바로 설 수는 없지만
> 소녀들이 손과 무릎으로 땅을 짚고 머리를 수그려
> 머리카락을 앞으로 넘겨 햇볕에 말리듯
> 몇 년이 지나 숲속에서 몸통은 활처럼 휘어진 채
> 땅에 잎을 질질 끌고 있는 자작나무를 볼 지도 모른다.

시인은 눈사태가 나무를 휘게 했다는 신화적인 생명의 도식적이고 의식적인 패턴에 대한 진리 외에 휘어진 자작나무를 통해 또 다른 삶의 평범한 진리를 극적으로 표현한다. 즉 그는 자작나무를 타는 소년의 이미지를 통해 가시세계와 비가시 세계를 교차시키고 삶의 연속성과 반복성에 대한 지혜를 준다. 휘어진 나무를 보고 눈사태가 아니라 시골에 사는 어떤 소년이 나무를 휘게 했다고 상상하는 그는 죽음의 세계를 상정하기보다는 언제나 현실 세계에 더 큰 관심을 두고 있다.

시인은 소년이 나무 꼭대기에 올랐던 것처럼 그가 다시 나뭇가지를 휘어잡고 타고 땅으로 내려온다고 상상한다. 나무를 타는 것이 현실을 벗어나고자 하는 '욕망'을 상징한다면, 나무를 휘어잡고 다시 땅으로 내려오는 것은 주어진 대로 살아야 한다는 '당위'를 상징한다. 이상 세계로 향한 그의 행동 범위는 언제나 인생이라는 나무, 바로 그 나무의 높이에서 끝난다. 삶이라는 세계에서 현실과 이상이 만나는 교차점을 찾아야 한다. 즉 현실에 깊게 뿌리를 둔 상태에서 이상을 추구해야 한다. 하늘을 향하여 자라는 나무에서 직관적으로 느낄 수 있듯이 삶과 미래로 향한 성장은 같은 개념이기 때문이다.

전술했듯이 프로스트에게 자연은 도피처가 아니다. 그는 현실에 뿌리를 두지 않고 허구적인 꿈과 환상적인 세계를 구하는 삶을 거부했다. 그는 미래 지향적인 삶을 바람직하게 보지 않는다. 그의 예술적 경이는 평범한 사건 속에 숨어 있는 논리와 지혜를 은유가 아닌 신비로운 힘을 통하여 제시하는 데 있다. 삶의 지혜를 인식하는 순간은 도덕적 깨달음의 순간이자 미적 체험의 순간이다. 이처럼 훌륭한 예술가는 삶 속에서 윤리와 미학의 합일을 성취한다.

「가지 않은 길」에서 화자는 숲 속의 두 갈래 길에서 한쪽 길을 다른 날을 위해 남겨 놓고 다른 한쪽 길을 걸어가기로 결정했고, 그 결정으로 인해 모든 것이 달라졌다고 비애감에 사로잡혔다.

노란 숲 속에 두 갈래 길이 나 있어,
나는 둘 다 가지 못하고
하나의 길만 걷는 것 아쉬워
수풀 속으로 굽어 사라지는 길 하나
멀리멀리 한참 서서 바라보았지.

그리고선 똑 같이 아름답지만
풀이 우거지고 인적이 없어
아마도 더 끌렸던 다른 길 택했지.
물론 인적으로 치자면, 지나간 발길들로
두 길은 정말 거의 같게 다져져 있었고,

사람들이 시커멓게 밟지 않은 나뭇잎들이
그날 아침 두 길 모두를 똑같이 덮고 있긴 했지만.
아, 나는 한 길을 또 다른 날을 위해 남겨두었네!
하지만 길은 길로 이어지는 걸 알기에
내가 다시 오리라 믿지는 않았지.

지금부터 오래오래 후 어디에선가

나는 한숨지으며 이렇게 말하겠지.
숲 속에 두 갈래 길이 나 있었다고, 그리고 나는—
나는 사람들이 덜 지난 길을 택하였고
그로 인해 모든 것이 달라졌노라고.

　이 시의 주제는 '인생행로의 분기점에서 맞닥뜨리는 선택의 운명'이다. 그런데 프로스트의 숙명관은 절대적인 운명과 상대적인 선택이 결합되는 숙명관이다. 마지막 두 행, 즉 "나는 사람들이 덜 지난 길을 택하였고/ 그로 인해 모든 것이 달라졌노라고"는 그의 숙명관을 잘 보여 준다. 이는 시인 자신의 경험의 객관화이자 동시에 삶에 대한 자조이다.
　프로스트의 자연에 대한 대결과 도전은 곧 죽음에 대한 대결과 도전을 의미한다. 세상 모든 것에 종말과 죽음이 오는 것은 당연하고 불가피하다. 하지만 인간은 이를 받아들이려 하지 않는다. 자연에 대한 거부와 반항은 「눈 오는 저녁 숲 가에 서서」에 잘 나타나 있다. 사실 그는 숲을 배경으로 많은 시를 썼다. 대부분은 여행이 모티브고 실제 경험이 시의 바탕을 이루고 있다. 그의 시에 나타난 어두운 숲은 주로 미지의 세계를 알고 싶어 하는 인간의 욕망을 상징한다. 말콤 카울리Malcom Cowley는 프로스트 시의 숲에 대해 "숲은 프로스트의 시에서 흥미로운 역할을 한다. 숲은 아름다움으로 가득 차 있을 뿐만 아니라 공포로 가득 찬 우리 마음속 미지의 시골의 상징처럼 보인다"라고 말한 바 있다.[27]

이 숲 누구 것인지 나는 알 것 같네.
그렇지만 그의 집 마을에 있어,
자기 숲이 눈 덮이는 것 보려고
내가 여기 멈춰선 것 알지 못하리.
내 순진한 말은 분명 이상히 여기리,
한해 중 가장 어두운 날 저녁
숲과 얼어붙은 호수 사이
근처 농가 하나 없는 곳에 멈추는 것을.

뭐가 잘 못되었나 묻기라도 하듯
말은 몸 흔들어 종소리 내고,
들리는 것이라곤 무심히 지나는 바람과
솜털 같은 눈송이 스치는 소리뿐.

숲은 사랑스럽고, 어둡고, 깊지만
내게는 지켜야 할 약속이 있네
잠들기 전 가야 할 먼 길이 있네
잠들기 전 가야 할 먼 길이 있네.

---

27) Malcom Cowley, "The Case Against Mr. Frost," *A Collection of Critical Essays.* Ed. James M. Cox. Englewood Cliffs, N.J.: Prentice Hall, 1962, p. 43.

시의 화자는 눈이 내리는 저녁 무렵 말을 타고 어떤 사람이 소유하고 있는 숲을 지나가다가 "사랑스럽고, 어둡고, 깊"은 숲에 매혹된다. 하지만 그는 숲에 오래 머무르지 않는다. 숲의 마력에서 곧 깨어난다. 말이 방울을 흔들어 그로 하여금 도취에서 깨어나게 했기 때문이다. 그는 정신을 차리고 미련을 가지면서도 죽음의 유혹에서 벗어나 현실의 삶의 걸음을 재촉한다. 그에게는 지켜야 할 약속이 있기 때문이다. 왜냐하면 숲의 어둠과 깊이, 즉 숲의 비인간적 타자성에서 개인적 종말의 기미를 감지했기 때문이다.

이 시에는 실리적인 태도와 심미적인 태도가 대조를 이루고 있다. 숲 주인과 말이 실리적인 태도를 대변한다면 숲에 내리는 눈을 감상하기 위해 멈추어 서 있는 화자와 말을 이해할 수 없는 화자는 심미적인 태도를 대변한다. 이 시의 화자는 곧 시인이다. 심미안을 갖고 있는 시인은 숲의 아름다움에 빠지지 않는다. 숲은 아름답지만 냉담하고 신비스러우며 헤아릴 수 없는 여인과도 같은 존재이다. 시인은 숲의 아름다움에 대한 명상에서 깨어난 자기 본연의 자세를 깨닫는다. 심미적인 욕망을 채우는 것도 중요하지만 약속을 지키는 것은 더욱 중요하다.

이 시에서 약속의 의미는 다층적이다. 죽음으로 볼 수도 있고 도덕적 의무를 충족시키는 중요성과 관련된 시인의 종교적 믿음일 수도 있다. 아니면 시인으로서 지속적인 명성을 얻고자 하는 야심일 수도 있다. 결국 시인은 심미적인 태도를 버리고 자기의 약속을 이행하기 위해 떠나는데, 이는 인간의 윤리적인 면모를 말해 주고 있다. 화자의 심미적 충동은 일상에서의 일탈을 요구하지만 일탈과 자유의 순간은 매우 제한적이다.

타인의 관계를 통하여 노동의 의미를 다루고 있는 「진흙 시간의 두 뜨내기 일꾼」("Two Tramps In Mud Time")은 인간성에 관한 깊은 통찰을 보여 주고 있다. 시인은 노동을 '즐김'과 '필요' 또는 '오락'과 '직업'이라는 이분법적 태도로 접근하며 노동과 즐거움과 생계의 필요성을 대조시키고 있다. 그는 즐거움과 필요성이 합쳐진 상태를 노동의 임상적 조건으로 파악한다.

> 여름에는 마술 지팡이로
> 찾아야 할지도 모르는 물이,
> 바퀴 자국마다 냇물을 이루고,
> 말발굽 자국마다 연못을 이룬다.
> 물을 반가워하라, 그러나 아래 땅속에
> 서리가 도사리고 있음을 잊지 마라.
> 해가 지면 서리가 몰래 나와서
> 물 위에 수정 이빨을 드러낼 것이다.

낮에는 생명을 키우는 물도 밤이 되면 살얼음으로 변하는 것이 자연의 양면성이다. 이 양면성은 셋째 연에서도 암시되어 있다. 햇볕이 따스하고 바람이 잘 때는 오월 중순으로 느껴지는 사월의 날씨가 그 다음 순간 구름이 끼고 바람이 불어 "두 달을 뒷걸음쳐 삼월 중순이 된다."
또한 넷째 연에서 나오는 파랑새도 자연의 양면성을 예거한다.

>파랑새 한 마리가 가볍게 내려와
>바람 쪽으로 돌아서 깃털을 가다듬는다.
>그의 노래는 아직 단 한 송이의 꽃도
>일깨워 꽃피우게 할 정도의 음조가 아니다.
>눈송이가 흩날리니, 새가 반쯤 알기로는
>겨울이 그저 죽은 체하고 있을 뿐이었다.
>색깔은 푸르되, 파랑새는 우울하지 않다.
>그러나 개화를 권하지도 않을 것이다.

파랑새는 자연의 준엄함을 잘 알고 있다. 그는 꽃의 개화를 재촉하지 않고 살아 있는 기쁨만을 노래로 표현한다. 인간의 행위 또한 사회적 효용과는 관계없이 단지 개인의 기쁨만을 위한 것도 있다. 이 시에서 주인공 나무꾼은 공익을 위한 게 아니라 자신의 기쁨을 위해서 나무를 팬다. 그는 즐길 수 있고 기쁨을 주는 일만이 인간성을 충족시킬 수 있다고 생각한다. 그는 노동의 필요를 극복하며 노동의 기쁨을 감각적으로 표현하고 있다.

4. 자연과 인간의 관계

프로스트는 자연을 주제로 다양한 시를 썼지만 그의 시적 관심은 항상 인간에게 정향되어 있다. 그의 자연은 모두 인간과 관련되어 있는 바, 워즈워스와 같은 낭만주의자들의 자연과는 다르다. 그에게 있어 자연은 결코 생기에 찬 숲으로부터의 충동이 아니다. 다시 말하지만 그가 자연에서 갖는 주된 관심사는 항상 인간이다. 앞서 살펴본 자연에 대한 그의 양면적 태도는 자연과 인간과의 관계에도 이어진다. 그는 인간이 자연과 조화를 이루고 그 자연에 반응하고 자연의 활동에 참여하는 이른바 '인간과 자연과의 참된 교분'을 지향한다. 반면 그는 자연과 인간과의 관계에 대해 회의적이다. 그에 따르면 인간은 자연과 근본적으로 격리되어 있어 둘의 관계는 소원하다. 이를 가장 잘 보여주는 시가 「둘이 둘을 마주보다」("Two Look At Two")이다. 이 시에서 남녀는 숲에서 한 쌍의 사슴을 우연히 보게 된다. 사람과 사슴이 마주치는 순간 그들 사이에 어떤 유기성 또는 친밀감이 형성된다. 하지만 인간이 만든 벽 때문에 인간과 자연은 서로 격리된다.

프로스트는 인간과 자연 사이에는 근본적인 벽이 있고, 그렇기 때문에 자연은 인간에게 호의적이지 않고 악의를 품고 해치려 한다고 보았다. 낭만주의 시인들이 생각하는 것과는 달리 프로스트의 자연은 냉혹하고 잔인하며 인간이 함부로 다룰 수 없는 대상이다. 필립 거버Philip L. Gerber는 자연에 대해 다음과 같이 말했다. "자연은 계시라는 지속적인 기적을 행하기 위해 존재하지 않는다. 자연은 개울가나 꽃밭 근처에서 낙오된 어떤 가난하고 헐벗고 상처가 있는 자에게 초월적인 진리를 전하지도 않을 것이다. 왜냐하면 자연은 부드러운 만큼이나 냉혹하기 때문이다."[28]

프로스트가 자연과 인간과의 관계에 대해서 갖는 또 다른 부정적인 측면은 무관심이다. 무관심은 「시골 사물에 정통할 필요」에 잘 나타나 있다.

> 하늘을 통해 헛간에 당도한 새들은
> 깨진 창문들을 들락날락 날아다녔다.
> 지저귐 소리가 큰 한숨으로 들리는 것은
> 사라진 것을 과도하게 생각하기 때문이다.
>
> 그러나 그들에게 라일락은 잎을 새로 피웠고,
> 불에 그슬렸지만 늙은 느릅나무도 잎을 피웠다.
> 그리고 물 마른 펌프는 어색한 팔을 불쑥 뻗치었고,
> 울타리 말뚝은 철사 한 가닥을 머리에 이고 있었다.
>
> 새들에게는 사실 슬픈 것이 없었다.

---

[28] Phillip L. Gerber, *Robert Frost*. New Haven: Twayne, 1966, p. 154.

새들은 자기들이 차지한 둥우리를 기뻐했지만,

딱새들이 울지 않았다고 믿고자 한다면

우리는 시골의 사물에 정통해야 한다.

굴뚝만 남기고 전소된 집은 꽃잎이 진 뒤에 남은 암술처럼 서 있다. 길 건너편의 곳간에는 황폐된 지명만 남아 있다. 인간에게 불행한 사건인 화재는 주위의 자연과는 아무 상관이 없다. 인간만이 자신들의 일에 책임이 있을 뿐 자연은 인간과 아무 상관이 없다. 새들은 불이 난 곳에서 지저귀며 자신들의 일상을 살아갈 뿐이다. 새들의 지저귐에서는 인간적인 동정심을 기대할 수 없다.

하지만 프로스트는 인간은 냉담한 자연 속에서 본질적인 고립감을 초월할 수 있는 능력을 가지고 있기 때문에 인간이 숭고하다고 믿는다. 다시 말하면 그는 인간이 냉담한 자연에 굴복하지 않고 그 속에서 소외감을 느끼면서도 오히려 꿋꿋하게 살아가는 능력을 가지고 있다고 믿는다. 이처럼 냉담한 자연 속에서 인간 본연의 자세를 깨닫는 인간은 그의 시 세계에서 자주 나타나는 주제이다.

프로스트에게 한 인간이 다른 인간에게 갖는 인간적인 관계는 자연과 인간과의 관계만큼이나 중요한 시적 주제다. 인간은 자연이 부여한 한계 내에서 모든 재능을 발휘해 무엇이든 성취하려 한다. 프로스트는 이 과정에서 인간이 주위 사람들과 격리된 채 자신만 생각한다면 어떤 것도 성취할 수 없다고 본다. 「담장 고치기」("Mending Wall")는 인간이 서로 이해하지 못하면 단순한 의사소통조차도 불가능하다는 사실을 보여 주고 있다.

어느 날 두 사람이 허물어진 담장을 수리하기 위해 만나 가까워지지만 결국 두 사람 사이에는 담장이 놓여져 있다. 그들이 담장을 견고하게 쌓는 이유는 "좋은 담장이 좋은 이웃을 만든다"라는 믿음을 갖고 있기 때문이다.

> 사실 우리는 거기에 담이 필요치 않다.
> 그는 온통 소나무이고 나는 사과 과수원이니까.
> 나는 그에게 내 사과나무들이 건너가
> 그쪽 소나무 아래 솔방울을 먹는 일이 절대 없을 거라고 말한다.
> 그는 그저 "좋은 담장이 좋은 이웃을 만들죠"라고 말한다.

담장의 필요성은 화자의 이웃뿐만 아니라 화자도 알고 있다. 화자는 "나는 고개 너머에 사는 이웃집에 알려서"라고 말한다. 그가 담장 수리를 제의한 이유는 "이웃 사람을 생각하여 이웃사람 자신이 일하는 마음의 암흑에서 깨어나도록 하"기 위해서이다. 이 시에서 담장은 경계가 되는 지점인 동시에 성스러움의 시금석이고 그것은 또한 유지되고 존중되어야만 한다.

그런데 사정을 잘 모르는 사람에게는 두 사람이 아주 친하게 일하는 것처럼 보이지만 그들이 함께 일하는 모습은 일종의 위선이다. 그들은 마음속으로 너무 멀리 떨어져 있기 때문에 단순한 의사 교환도 이미 무의미한 것이다. 이 시는 좋은 담장이 좋은 이웃을 만든다고 우직하게 믿고 실천하는 융통성 없는 이웃과, 그런 이웃을 "구석기 야만인"으로 여기는 화자의 대비되는 모습을 통해 상호이해와 의사소통의 실패가 어떻게 마음의 담을 쌓게 하며 어떻게 서로에게 심리적인 왜곡을 가져다주는지를 잘 보여준다. 프로스트는 어느 시인 못지않게 인간관계의 소외감을 배척했지만 그것은 어떤 형태로든 인간 모두가 직면해야 되는 하나의 엄연한 사실이었다.

5. 나가기

예술은 자연과 인간의 협력에서 나오고 자연의 선은 인간에 의해 강제되어야 한다. 즉 예술은 자연에 인공을 가해서 어떤 형을 창조하는 것이다. 자연의 사물과 사건들 자체만으로는 충분하지 않기 때문에 사람의 손이 필요하다. 하지만 나무의 결을 무시하고 기계로 강제한 도끼 자루가 나쁜 자루인 것처럼 자연의 선과 소리를 살리지 않고 준비된 형용사를 동원하여 시를 덧칠한 것은 좋은 시가 될 수 없다. 좋은 시는 사랑에서 출발한다.

사실 시를 쓰거나 읽는 행위는 사랑과 관련이 깊다. 지그문트 프로이트Sigmund Freud 이후 시 쓰기는 일반적으로 성적 충동, 즉 리비도의 예술적 승화 또는 억제된 사랑하기로 이해된다. 프로스트는 시를 읽는 행위를 남성적 사랑의 행위로 규정한다. 그에게 있어 시는 열렬한 사랑의 대상이다. 시의 독자를 남성으로 비유한다면 시는 여성이다. 여성과 시는 모두 세계를 지배하는 존재로서 남성적 열애의 대상이다. 프로스트의 자연시 또한 예외가 아니다. 여성은 남성이 여성을 사랑하듯 시를 즐겨 읽는다. 시를 즐기는 여성을 사랑하는 남성은 그 여성을 따라 시 읽기를 즐긴다. 시는 여성을 지배한다. 여성은 세계를 지배한다. 따라서 시는 세계를 지배한다.

프로스트의 시에 나타난 자연은 결코 신성을 소유하고 있는 유기적 존재도 아니고 또 본질적으로 인간에게 호의적인 존재도 아니다. 자연은 그의 시의 주된 소재이자 주제이지만 많은 경우 시적 배경으로만 기능한다. 그의 진정한 관심은 대체로 '인간성'에 있다. 다시 말하면 프로스트는 자연을 인간성 탐색을 위한 하나의 메타포일 뿐이다. 그가 자연을 시의 배경, 또는 메타포로 사용한 이유는 분명하다. 자칫 복잡하고, 추상적이며, 형이상학적이 되기 쉬운 인간성의 해명에 자연을 메타포로 사용하면 다른 설명이 필요 없고 적절한 자연 현상이 제시되면 그것이 직접 인간성의 일면을 진술하고 있기 때문이다. 프로스트의 자연은 인간성 해명을 위한 전략적 방편이기 때문에 필요에 따라 모습이 달라진다. 왜냐하면 인간성 자체가 여러 가지 얼굴을 하고 있고, 인간의 양면성을 해명할 목적이면 그에 상응되는 자연의 두 얼굴이 제시되기 때문이다.

프로스트는 자연의 두 가지 '얼굴'에 관심을 가졌다. 그가 생각하기에 자연은, 한편으로는 지친 인간에게 도피처를 제공하여 원기를 회복시키고 맑은 눈으로 인간사를 내려다보며 친절을 베풀며 호의적이지만, 다른 한편으로는 인간의 사랑을 사랑으로 보답하지 않고 오히려 무관심하고 완고하고 적대적이기도 한다. 즉 친절한 얼굴을 한 자연은 인간의 사랑에 상처로서 답하고 혼란, 무질서, 심지어는 죽음으로까지 몰아넣는 위협적인 얼굴을 갖고 있다. 하지만 프로스트는 인간이 이에 굴하지 않고 자연의 여러 얼굴을 대하면서 오히려 갖가지 경험을 쌓아 스스로를 방어할 울타리를 쌓고 나름대로 아름다운 삶을 구축해 나갈 슬기를 배워야 한다고 역설한다. 즉 자연에 대한 세밀한 관찰과 그에 따른 명상으로 얻은 슬기로 혼란에 대항하는 잠정적인 지주를 마련한 자연시인이다. 바로 그 때문에 그의 자연시는 단순하고 소박하면서도 깊이 공명한다.

프로스트의 자연시는 글자 그대로의 경험을 뛰어넘어 보다 심오한 상징으로 접근해야 한다. 그것도 여러 의미로 해석 가능한 열린 상징으로 읽어야 한다. 의무와 욕망 사이의 갈등은 독자의 경험에 따라 그 구체적 내용이 달라지기 때문이다. 프로스트의 자연은 전원적 풍경, 사물, 사건, 인물들을 제공할 뿐만 아니라 문명 세계의 그것들과의 대조를 통해 삶의 의미와 지혜를 제공하는 하나의 시각을 제공한다.

프로스트의 자연시는 20세기 도시문명의 일상에서 일탈함으로써 오히려 도시의 문제들을 해명할 수 있는 새로운 가능성에 도전한 가치 있는 시, 즉 현대적인 자연시로 자리 잡고 있다. 그의 자연시의 미학적 특성은 자연에 대한 사랑과 장인정신이다. 두 가지 모두 상업성에서의 일탈을 요구하는 예술의 보편적 특성과 맥을 같이한다. 금전적 이익에서 일탈한 예술적 행위는 시간의 경제성을 물질적 가치가 아닌 정신적, 심리적 가치에서 찾는다. 예술은 무형의 가치를 추구한다. 그의 자연시가 지향하는 또 다른 미학적 특성이 바로 무형의 정신적 가치 추구다. 그에 따르면 우리가 인간으로 남기 위해서는 사물의 흐름에서 일탈하고 부단히 새로운 변화를 추구해야 한다. 일탈은 새로운 변화를 탐색하는 상상력의 자아를 깨우는 행위이자 깨어있음을 유지하려는 노력이다. 결론적으로 말해 프로스트의 시는 자연시로 규정되지만 동시에 일탈과 변화의 산물이기도 하다.

낭만주의 시인으로서의 '노수부'

1. 들어가기

새뮤얼 테일러 콜리지Samuel Taylor Coleridge는 영국의 남서부 데본셔 주의 작은 시골 도시인 오테리 세인트 매리에서 태어났다. 시인으로서 콜리지가 관여한 시의 범위는 윌리엄 쿠퍼William Cowper의 전통을 따른 18세기의 명상시와 토머스 그레이Thomas Gray의 양식을 따른 송시에서부터 윌리엄 워즈워스의 낭만주의와는 전혀 다른 의미의 낭만주의를 나타내는 「노수부의 노래」("The Rime of The Ancient Mariner")와 「쿠블라 칸」("Kubla Kahn")과 같은 마력적인 서정시에 이르기까지 다양하다.

워즈워스가 자연을 통해서 구체적인 전경을 제시하고 것을 순화하여 고양된 스타일로 변형함으로써 자연 속에 있는 평범하고 일상적인 것에서 신과 같은 경외의 요소를 찾고 그 과정에서 자연의 영혼과 자신의 영혼의 교감을 통해서 인간 정신에 유익한 고차원적인 추상적이고 철학적 사상에 도달한다면, 콜리지는 우주 속에서 가시적인 면보다 현상계에 작용하는 보이지 않는 초자연적인 신비스러운 힘이 존재한다고 생각하여, 그러한 존재에 매혹되어 그것의 영향을 그의 시에 담으려고 했다. 그는 멀리 있고 특별한 것을 지향하여 초자연적인 신비의 영역으로 도피해서 현실을 초월한 관념의 세계에 몰두했다. 초자연적인 것은 그에게 특이한 힘으로서 호소했을 뿐만 아니라 훌륭한 작품을 낳게 하는 모티브가 되었다. 그의 시에서 사건과 어떤 변화를 생기게 하는 힘은 부분적으로는 초자연적이다.

이 글에서 살펴볼 「노수부의 노래」는 콜리지와 워즈워스가 함께 펴낸 『서정담시집』(Lyrical Ballad, 1798)에서 맨 처음 나오는 시이다. 이 시는 처음에는 콜리지와 워즈워스의 공동작업으로 시작했으나 워즈워스가 중간에 콜리지와 의견 차이로 중단해 결국 콜리지 단독 작업에 의해 완성된다. 「노수부의 노래」는 발간될 때부터 논란의 대상이 된다. 우선 콜리지와 더불어 이 시를 공동으로 시작했다가 중단한 워즈워스는 이 시에 나오는 노수부가 개성이 없으며, 그의 행동이 능동적이라기보다는 수동적이라는 사실을 최초로 지적했다. 또한 그는 이 시에서 일어나는 일련의 사건들이 인과관계에 따라 이루어지지 않고, 이미지의 과잉은 부자연스럽다고 지적했다.[29]

---

29) Harold Bloom, *The Visionary Company: A Reading of English Romantic Poetry*. Ithaca: Cornell UP. 1971, p. 209 재인용.

「노수부의 노래」에 대한 워즈워스의 지적들은 대체로 시의 구조와 연결된 '시 쓰기'의 '기술적인' 차원의 문제점들이다. 반면 콜리지와 바볼드 부인과의 대화에서 바볼드 부인이 지적한 이 시의 문제점들과 이에 대한 콜리지 자신의 대답은 '도덕률'에 관련된 문제로 이 시를 이해하는 데 있어 또 다른 중요한 쟁점이 된다. 이 시를 매우 심미적인 관점에서 보았던 바볼드 부인은 이 시에서 일어나는 사건들이 사실적이지 않고 "교훈이 없다"고 지적했다. 이에 대해 콜리지는 "이 시의 유일하고 가장 큰 결점은 이처럼 순수한 상상력의 산물에서 도덕적인 교훈이 작동 원리와 동인으로서 독자를 너무 드러내 놓고 간섭"하는 것이라고 말하며 그녀의 주장을 반박했다.[30] 이 글에서는 「노수부의 노래」가 순수한 상상력의 산물이라는 사실에 초점을 맞추어 이런 사실이 시 쓰기와 어떤 관계를 갖는가를 살펴보려 한다.

2. 상상력의 산물로서의 「노수부의 노래」

「노수부의 노래」가 순수한 상상력의 산물이라는 증거는 이 시의 여러 곳에서 발견된다. 우선 이를 위해서는 콜리지 자신이 정의한 상상력

---

30) Robert J. Barth, *The Symbolic Imagination: Coleridge and the Romantic Tradition*. Princeton: Princeton UP, 1977, p. 89 재인용.

에 대해 살펴볼 필요가 있다. 콜리지는 『문학평전』(Biographia Literaria, 1817)에서 상상력을 다음과 같이 정의한 바 있다.

> 나는 상상력을 일차적 상상력 혹은 이차적 상상력으로 나눈다. 일차적인 상상력은 모든 인간의 지각 속에 잠재해 있는 생명력이며 동인이다. 이는 무한한 신의 영원한 창조력이 인간의 유한한 마음에서 반복되는 것이라고 나는 생각한다. 이차적인 상상력은 일차적인 상상력의 반향이라고 나는 생각한다.[31]

콜리지에게 있어 인간의 상상력은 창조주의 무한한 상상력이 인간의 유한한 마음에서 '반복'되는 것을 의미한다. 그에게 있어 일차적인 상상력은 질서의 원리로서 구별함과 동시에 정리하고, 분리함과 동시에 종합하게 하는 지각 작용을 가능하게 하는 동인이다. 이차적 상상력은 그러한 힘을 의식적으로 사용하는 것을 의미한다. 즉 일차적 상상력이 무의식적으로 외부 세계를 인식하는 것이라면, 이차적 상상력은 더 의식적인 의미로서의 새로운 조화와 설계 창조를 의미한다. 다시 말해서 이차적 상상력은 시작詩作 활동이다.

콜리지가 인간의 지각 능력을 일차적인 상상력이라고 본 것은 대단

---

31) M. H. Abrams et al. eds. *The Norton Anthology of English Literature*. 5th ed. 2 vols. New York: Norton, 1979, p. 396.

히 중요하다. 인간이 사물을 인식하는 방법은 대체로 감각, 인지, 지각으로 나눌 수 있다. 감각을 통해 얻은 지식은 객관성이 결여되었다. 반대로 감각과 정반대가 되는 인지를 통해 얻은 지식은 너무나 사변적이다. 지각은 이 같은 감각과 인지 사이에 위치해 감각이 가지는 직접성과 인지가 갖는 사변성을 절충하여 사물에 대한 지식을 구축한다. 따라서 지각은 콜리지가 말하는 상상력의 창조 과정과 맥을 같이 한다. 그러나 상상력은 감각에 의존해야 하므로 순수할 수 없다. 상상력이 순수하기 위해서는 무의식이 되어야 한다. 무의식은 우리가 깨어 있는 동안에는 의식에 의해 억압받기 때문에 활동하지 못하고 의식이 활동하지 않는 동안인 우리가 잠든 사이에 일어난다.

따라서 콜리지가 「노수부의 노래」를 순수한 상상력의 산물이라고 말할 때 무의식의 산물이라고 말할 수 있다. 또한 이 시는 상상력이 무의식의 상태에서 나타나는 것을 문자로 기록한 것이라고 말할 수 있다. 좀 더 구체적으로 말하면 이 시의 화자인 노수부가 항해 도중에 경험한 것을 묘사한 부분은 그의 무의식을 보여주는 것이다. 왜냐하면 이 시는 크게 노수부의 항해를 다룬 부분과 이 경험을 노수부가 다른 사람에게 전달하는 부분으로 구분되기 때문이다. 노수부가 바다에서 경험한 것이 무의식에 나타난 상상력이라면, 그가 이를 말하는 것은 무의식의 경험을 그가 의식 세계에서 반복하는 것이다.

3. 무의식으로의 항해로서 「노수부의 노래」

「노수부의 노래」는 노수부의 무의식으로의 항해를 기록한 것이다. 이 시의 구성 면에서 의식과 무의식의 구별은 잘 드러나 있다. 1817년 판版에 처음으로 추가된 주석은 이 시의 이 같은 이중 구조를 잘 드러내 보여 주는 아주 좋은 예이다.[32] 이 시에서 시의 내용 부분이 전적으로 무의식을 기록한 것이라면, 이 시의 주석 부분은 의식의 기록이다. 또한 시에서도 육지가 의식의 세계를 나타낸 것이라면, 바다로의 여행은 무의식 세계를 나타낸 것이다. 이처럼 노수부는 항해를 통해 의식세계를 떠나 무의식 세계로 접어든다.

> 배는 환호를 받으며 항구를 빠져나가,
> 우리는 즐겁게 항해했소.
> 교회와 언덕을 지나
> 등대를 뒤로하면서. (21-24)

---

[32] 「노수부의 노래」는 세 종류의 텍스트가 전해진다. 하나는 중세시대의 철자를 모방해서 쓴 1798년의 『서정담시집』처녀판이고, 두 번째는 시어를 전부 현대어로 바꾸어 약간의 수정을 가해서 1800년에 같은 표제 하에 재판된 것이고 세 번째는 그의 시집 『시블린 리브즈』(Sibylline Leaves, 1817)에 수록된 최종판이 있다. 콜리지는 제3판을 약간 수정했고, 처음으로 제사epigraph를 붙이고 여백에 800자에 달하는 주석gloss을 더했다. 김정근, 『콜리지의 문학과 사상』, 한신문화사, 1996, 207쪽.

항구와 언덕은 의식 세계의 일상적인 풍경이다. 또한 교회는 사회적인 도덕과 규범을 규제하는 초자아로 기능하고, 등대는 일상 세계에서의 이성을 상징한다. 더 나아가 주체가 '나'가 아닌 '우리'는 노수부가 단순히 개인적인 무의식 세계에로의 여행을 떠나는 것이 아니라 집단 무의식 세계로 들어가는 것을 의미한다.

무의식의 세계에서는 합리와 이성이 존재하지 않는다. 이곳에서는 또한 의식 세계의 가장 중요한 특질인 인과율이 존재하지 않는다. 이는 노수부 일행이 항해를 시작한 후 곧바로 나타나는 다음 장면에서 잘 드러난다.

> 해가 왼쪽에서 솟아,
> 바다에서 떴소!
> 해는 밝게 비추다가 오른쪽에서
> 바다 속으로 내려갔소. (25-28)

그런데 주목할 것은 동서남북과 같은 이성 중심적 방위 개념이 없다는 사실이다. 이 부분의 시의 내용과 주석 부분 즉, "노수부는 배가 어떻게 순풍과 좋은 기후 속에서 남행하여, 적도에 도달했는지를 말한다"는 상충한다.

이 부분에 나타난 묘사와 콜리지의 주석의 비교를 통해 무의식 세계와 의식 세계의 차이점을 볼 수 있다. 시에 나타난 묘사에는 이성과 논리가 배제되어 있다. 그러나 콜리지의 주석에서는 너무나 분명하게 설명되어 있다. 이를 통해 이 시의 묘사 부분이 이성과 논리에 기초한 것이 아니라 무의식과 무논리에 기초한 감각이라는 것을 알 수 있다. 따라서 노수부의 항해는 곧 '무의식에로의 항해'다.

「노수부의 노래」는 노수부가 결혼식장으로 가는 세 명의 하객들 중에서 신랑의 친척 중 한 젊은이를 택해 자신이 겪은 비극적인 항해의 경험담을 이야기하는 것으로 시작한다. 노수부가 탄 배는 항구를 떠나 적도를 향하다가 적도에서 폭풍에 떠밀려 남극까지 가게 된다.

여기에도 얼음 저기에도 얼음
온 주위가 온통 얼음이었소.
얼음은 깨어지고, 울부짖고, 으르렁대고, 울부짖었소,
기절했을 때 들리는 소음들처럼! (59-62)

노수부는 빙하의 "으르렁대고 울부짖"는 소리에서 초자연적인 것을 인식하게 된다. 그리고 그때 길조의 새 알바트로스가 나타난다.

드디어 알바트로스가 스쳐지나갔다.
그것은 안개를 통해서 왔다.
마치 그것이 그리스도의 영혼이었던 것처럼
우리는 하느님의 이름으로 그것을 환호하여 맞이했다. (63-66).

이 장면은 이 시에서 나타난 최초의 종교적인 사건이다. 전통적으로 순수함과 연관된 흰색의 세 가지 근원들이 병치되어 나타난다. 안개와 달빛의 흰 빛깔은 알바트로스의 흰 빛깔과 조화를 이룬다. 알바트로스가 선원들의 저녁기도에 참여한다. 이런 가운데 이 시에서 최초로 중요한 사건이 발생한다. 노수부는 십자궁으로 알바트로스를 쏘아 죽이는데, 이는 한마디로 "근거 없는 행동"[33]이다.

「노수부의 노래」에서 알바트로스가 어떤 상징적 의미를 가지는가에 대해서는 아직까지도 많은 논의가 이루어지고 있다. 일반적으로 알바트로스는 그리스도의 영혼을 상징하며 이 시에서는 통합하는 대행자의 기능을 한다. 즉 알바트로스는 이 시에서 항해, 초자연적인 사건들, 노수부가 겪어야 하는 형벌의 과정을 통합하는 기능을 하며, 창조에 있어서 구원의 힘을 암시한다. 알바트로스를 죽인 것은 피조물에 대한 인간의 잔인성을 초월하여 인간의 원죄의식을 나타내며 인간의 타락과 함께 자연질서의 파괴를 의미한다. 그 범죄는 아무런 동기를 가지고 있지 않기 때문에 인간의 원초적 타락과 상징적 관계를 맺고 있다. 생명의 신성함을 파괴했기 때문에 자연의 법칙에 위배된다. 즉 인간과 자연이 하나라는 '한 생명'이라는 개념을 깨뜨린 것이다. 따라서 노수부와

---

33) Harold Bloom, *The Visionary Company: A Reading of English Romantic Poetry*. Ithaca: Cornell UP. 1971, p. 207.

선원들은 알바트로스를 죽임으로써 그들의 앞으로의 항해에 있어서 고립 속에서 정신적 고행을 체험하게 된다.

노수부가 알바트로스를 죽이고 난 후 여러 가지 불길한 사건들이 계속해서 일어난다. 이와 같은 재앙이 알바트로스를 죽인 것에서 기인한 것인지는 확실하지 않다. 이는 선원들의 태도에서도 드러난다. 바람이 없어 배가 항진하지 못하면, 선원들은 노수부가 알바트로스를 죽였기 때문에 이런 재앙이 일어난 것이라고 그의 행동을 책망한다. 반면에 안개가 일자 그들은 알바트로스를 죽인 것은 잘한 일이라고 말하기도 한다. 이처럼 이들의 말은 앞뒤가 맞지 않는다.

노수부가 알바트로스를 죽인 후 동료 선원들이 노수부에게 취하는 태도는 시간의 영역, 일상의 세계 그대로를 반영하고 있다. 이해관계가 가치 기준의 척도가 되는 현실 세계, 다시 말하면 이성이 아니라 오성이 지배하는 영역이다. 이처럼 선원들이 종잡을 수 없는 말을 하는 것은 이들이 코라 상태에 있음을 의미하며, 코라 상태는 언어 이전의 상태이므로 이 상태에서는 남근 중심적인 이성이 존재하지 않는다. 노수부가 알바트로스를 죽인 것과 그 뒤에 일어나는 여러 가지 상서롭지 못한 일들은 이들 간의 필연적인 인과관계에 의한 것이라기보다는 우연의 일치일 가능성이 더 크다. 왜냐하면 코라 상태에서는 모든 사건이 양가적인 가치를 지니기 때문이다.

그러나 분명한 사실은 노수부가 알바트로스를 죽인 것은 그가 가지고 있는 원초적인 공격성에서 비롯되었다는 점이다. 이 같은 공격성은 인간의 본질적인 본능이라고 할 수 있다. 이 같은 공격성이 인간의 본능의 근저에 있다면, 기독교에서 말하는 인간은 태어날 때부터 '원죄'를 가지고 있다는 원죄의식과 공격성은 일맥상통한다.[34] 노수부가 그의 무의식 상태, 즉 언어 이전의 코라 상태에서 알바트로스를 죽인 것은 바로 이 같은 인간의 공격 본능의 발로라고 볼 수 있기 때문이다. 노수부가 알바트로스를 죽인 것은 그가 무의식 상태에서 행한 일이므로 그의 이 같은 행동을 선악의 기준으로 논할 수 없다. 왜냐하면 그의 행동 뒤에는 아무런 합목적적 원인이나 인과론이 없기 때문이다. 그는 아무런 이유 없이 그가 가진 공격 본능의 발로로 알바트로스를 죽였다. 이 같은 그의 무목적인 행동이 의식 세계의 기준에서 보면 사악한 행위이고 반인륜적인 행위로 간주된다. 따라서 이 시에 흐르는 '꿈같은 분위기'는 노수부의 이런 행위가 일어나는 영역이 현실 세계가 아니기 때문에 합목적성이 지배하는 현실 세계의 기준으로 이를 재단할 수 없다.

노수부가 알바트로스를 무의식적으로 죽였고, 이것은 또한 무의식 속에 존재하는 공격성의 본능적인 욕망이 아무 생각 없이 무작위적으로 발동한 것임에도 불구하고 노수부는 알바트로스를 죽인 뒤 무서운 육체적, 정신적 고통을 경험하게 되는데 가장 큰 괴로움은 '고독'이 아니라 동료, 사회, 아니 신으로부터의 소외감에서 오는 외로움이다.

---

34) Harold Bloom, *The Visionary Company: A Reading of English Romantic Poetry*. Ithaca: Cornell UP. 1971, p. 208.

노수부의 소외감을 가중하는 것은 그와 동료 선원들 간에 야기된 의사소통의 단절이다. 이 같은 의사소통의 단절은 그와 동료들 간에 형성된 적의 때문이기도 하지만 이보다는 그가 느끼는 목이 타들어 가는 갈증이 더 큰 원인이다. 이 같은 갈증은 곧 생명력의 고갈을 시사한다.

> 모든 사람의 혀는 심한 갈증으로
> 뿌리까지 시들어갔소.
> 우리는 말할 수 없었소.
> 검댕으로 목구멍이 막힌 것처럼 말이오. (135-138)

이 장면은 죄의 직접적인 결과가 목마름으로 죽어 가고 있다는 것을 나타낸다. 심지어 노수부는 갈증을 해소하기 위하여 자신의 팔을 물어뜯어 피를 빨아먹기까지 한다.

이 같은 절망 속에서 노수부 일행은 배가 오는 것을 본다. 노수부는 지친 눈으로 하늘에서 희미한 물체를 본다. 안개로 비유된 그 물체는 처음에는 하나의 점으로 나타난다. 그는 동료들에게 다가오고 있는 것이 배라고 말하려고 하지만 말을 할 수가 없다. 이는 그들이 겪는 끔찍한 고행을 나타낸다. 이 폐선에는 '사신Death'과 '사중생의 신Life in Death'이 타고 있다.

> 그녀의 입술은 붉고, 그녀의 표정은 거침이 없었소,

> 머리채는 황금 같았고;
>
> 그녀의 살결은 문둥이처럼 희었소,
>
> 그녀는 끔찍한 사중생의 악몽이었소,
>
> 사람의 피를 얼어붙게 하는. (189-193)

"사중생의 악몽"은 "사람의 피를 추위에 얼어붙게" 한다. 그는 자신의 운명을 결정하는 유선을 볼 때 자신의 행동의 결과를 예측한다. 노수부와 선원들이 폐선을 만나는데 있어서 가장 잔인한 요소들 중 하나는 사중생이 사신과 뱃사람의 운명을 걸고 주사위 게임을 하는 것이다. 사중생의 신은 노수부를 차지하고 사신은 배의 선원들을 차지한다. 사신에 의해서 지배된 200명의 선원들은 노수부를 저주하며 쓰러져 죽는다. 결국 노수부는 선원들의 영혼이 육체를 뒤로하고 떠나는 소리를 들으며 혼자 남게 된다.

알바트로스의 죽음은 노수부에게만 영향을 끼친 것이 아니라 나머지 선원들에게까지도 영향을 끼친다. 결과적으로 노수부가 알바트로스를 죽임으로써 그의 동료 선원들까지 죽게 된다. 게다가 동료 선원들의 죽음은 단지 이들만의 죽음으로만 끝나지 않는다. 이들의 시체들은 또한 노수부의 고독한 자아를 드러내는 무시무시한 증거물이 된다. 이제 동료까지 모두 잃은 노수부는 넓고 넓은 바다 한가운데 홀로 남게 된다.

노수부는 자신에게 가해진 벌로써 자기 주변에 죽은 채로 누워 있는 사람들을 바라보면서 자신이 살아 있다는 것을 의식한다. 이처럼 고독의 나락에 빠진 노수부는 배의 그림자 저편에서 물뱀의 무리를 보고 자기도 모르는 사이에 이들을 축복한다. 그가 이들을 축복하는 유일한 이유가 있다면 이들이 살아 있는 생명체라는 점이다. 노수부는 알바트로스를 아무 이유 없이 죽였다. 그는 마찬가지로 아무런 이유 없이 물뱀들을 축복한다. 그가 알바트로스를 죽인 행위가 무의식 차원에서의 공격성의 발로였다면 그가 물뱀을 축복하는 것 또한 무의식에 내재한 삶의 욕구의 발로라고 할 수 있다. 노수부가 물뱀을 축복한 것이 그의 무의식의 발로라는 사실은 "나도 모르게"(285, 287)라는 단어가 두 번이나 나오는 것에서 알 수 있다.

결국 노수부는 자기 자신의 소외가 자의에 의해 일어났기 때문에 알바트로스를 죽이게 되었고, 인간과 자연과의 조화를 교란시켜 존재의 사슬을 끊어버린다. 일단 그 사슬에서 떨어져 나갔을 때, 자기 자신이 고통과 혼돈에 빠져 남들과 다르다는 것을 알게 되어 결국은 자유롭게 선과 악을 행사하게 된다. 노수부가 괴로움 속에서 고립되어 물뱀을 축복하는 것도 이런 이유에서 해석할 수 있다.[35]

노수부가 자신도 모르게 물뱀을 축복하자, 그는 자신이 예상하지도 않은 변화를 보게 된다. 그의 목을 십자가 대신 저주의 상징처럼 휘감

---

35) Anya Taylor, *Coleridge's Defence of the Human*. Columbus: Ohio State UP, 1986, p. 55.

고 있던 죽은 "알바트로스가 스스르 풀려/ 납덩이처럼 바닷물 속으로 가라앉는다"(290-291).

이렇게 하여 그가 알바트로스를 죽인 후 그에게 걸려 있던 저주가 풀린다. 이제 그는 "포근한 잠"(295)에 빠져든다. 그는 이같이 깊은 잠 속에서 그렇게 기다리던 비가 내리는 것을 느낀다. 깨어 보니 실제로 비가 내리고 있었다. 그리고 그의 타들어 가던 목도 촉촉이 적셔진다. 더욱 이상한 것은 이제껏 죽어 넘어져 있던 동료 선원들이 모두 다시 살아나 노를 저어 가는 것이다. 배가 항구에 가까이 가자 이제는 선원들 대신에 천사들이 배를 젓고 노수부는 무사히 고향으로 귀환한다. 귀환한 노수부는 결혼식장에서 만난 하객을 붙들고 자신의 항해 경험을 말한다. 콜리지는 「노수부의 노래」에서 노수부를 주요한 낭만주의적 원형, 즉 영원한 죄의식과 고통 속에서 속죄해야만 하는 카인의 특징을 갖고 있는 방랑자 또는 그리스도의 조롱자와 연관시키고 있다.

4. 나가기

콜리지가 「노수부의 노래」를 통해 말하려고 하는 것이 무엇인가, 라고 질문한다면 그에 대해 다음과 같이 답할 수 있다.

사람과 새와 짐승을 모두

잘 사랑하는 이가 기도를 잘 하는 이라고. (612-613)

    하지만 이 시의 본령은 이같이 단순한 교훈에 있다기보다는 시인의 시작, 좀 더 정확히 말하면 시인의 탄생을 보여주는 것이라고 할 수 있다. 이제 노수부는 단순한 뱃사람이 아니라 자신의 항해 경험을 통해 세상을 새롭게 볼 수 있는 눈을 갖게 되었을 뿐만 아니라, 자신의 이야기를 누군가에게 해야만 하는 절실한 욕구를 갖게 되었다. 이는 곧 그가 시인이 되었음을 의미한다.

    노수부는 항해로 인해 빚어진 온갖 고통을 겪은 뒤 고국으로 돌아온다. 고국에 돌아와서 그는 자신이 알바트로스를 죽인 것을 회개하기 위해 은자에게 자신의 고해를 들어줄 것을 청한다. 이에 은자는 그에게 대뜸 "당신은 도대체 어떤 사람이오?"(577)라고 묻는다. 이 같은 갑작스러운 질문을 받자 노수부는 자신도 모르게 몸이 뒤틀리면서 그의 이야기를 하기 시작한다.

> 즉시 내 몸은
> 참담한 고뇌로 뒤틀리고
> 나는 내 이야기를 시작하게 됐소.
> 그러자 내 가슴이 후련해졌소. (578-581).

이를 통해 노수부는 은자의 질문을 받고 영매로서의 시인으로 태어났음을 알 수 있다. 그가 항해하는 동안에 겪은 고통과 경험이 이 시의 내용이라는 사실을 상기한다면, 그의 이 같은 시인으로서의 새로운 태어남이 곧 자신의 이야기를 시로 들려주기 위함임을 알 수 있다. 그의 몸이 자신도 모르게 뒤틀리면서 이야기를 시작하고, 그가 이야기를 모두 끝낸 후에야 몸이 풀리고 가슴이 후련해졌다는 사실은 그가 시인으로서 접신했음을 보여 주는 것이다. 더구나 그는 자신의 이야기를 들려주고자 하는 욕구를 스스로 갖게 된 것이 아니라 자신도 모르는 사이에 자신의 이야기를 하지 않고는 견딜 수 없는 상태에 이른 것이다. 그가 겪는 이 같은 접신의 경험은 그가 신들린 시인이 되었음을 시사한다.

이렇게 하여 노수부는 자신의 이야기를 들려줄 수 있는 '언어의 힘'을 갖게 되었다. 앞에서 말했듯이 그는 이제 더 이상 단순한 뱃사람이 아니라 신들린 시인이 된 것이다. 그가 신들린 시인이 되었다는 증거는 이 시의 구성 자체에서도 나타난다. 이 시는 속과 겉이라는 격자의 이중구조로 되어 있다. 이 시의 속 구조가 노수부의 바다에서의 항해 경험을 보여주는 부분이라면 겉 구조는 그가 이 같은 자신의 항해 경험을 결혼식 하객에게 들려주는 부분이다. 그런데 이 같은 이 시의 안과 밖의 격자구조는 따로따로 떨어져 있지 않고 원 같은 순환구조로 되어 있다.

그렇다면 노수부의 이야기는 단순히 그 자신의 개인적인 이야기가 아니라 순환적이고 우주적인 구조를 가진 신화의 차원으로까지 승화될 수 있다. 같은 논리로 그의 이야기는 개인으로서의 그만의 이야기로 그치는 것이 아니라, 그의 동료 선원들까지 포함하는 사회적인 이야기가 된다. 대개 인간의 이야기는 의식의 차원에서 말해지기 때문에 처음과 중간과 끝이 있는 합목적적이고 직선적인 이야기 전개 구조를 가진다. 그러나 노수부의 이야기는 격자 구조와 신화적인 순환 구조를 가지고 있어서 시간 속에 있으면서도 인류와 함께 끝나지 않는 이야기가 된다. 그러므로 그의 이야기는 끝이 없고 우주적인 신화의 차원으로까지 승화된다. 따라서 이 시는 인간의 집단 무의식을 나타내는 이야기라고 할 수 있다.

이제 노수부는 자신의 이야기를 들을 사람을 직감하는 예지 능력을 지녔을 뿐만 아니라 자신의 이야기를 들려주고 싶은 강한 욕구를 지녔다. 그의 강한 욕구는 그가 항해에서 경험한 것을 자신의 이야기를 통해 시가 되게 하는 글쓰기 또는 말하기의 과정으로 표출된다. 그의 항해 경험은 대부분이 시각적인 묘사이지 언어적인 묘사는 아니다. 이처럼 그의 항해 경험이 시각적인 이유는 그것이 무의식의 차원에서 이루어진 것이며, 또한 언어 이전의 코라 상태에서 일어난 것이기 때문이다. 이제 노수부는 자신이 신들린 시인이 됨으로써 이 같은 자신의 시각적인 항해 경험을 이상한 언어의 힘을 통해 상징계의 언어로 옮길 수 있는 능력을 갖게 된다. 그러나 이 같은 시인으로서의 이상한 힘은 그 자신이 자발적으로 얻었다기보다는 언어가 그를 사로잡음으로써 그의 의지와는 상관없이 얻었다.

따라서 노수부는 전통적인 의미에서 '저주받은 시인'이라고 할 수 있다. 그가 저주받은 시인이라는 것은 바꿔 말하면 그가 시인으로서 특별하게 선택되었다는 것을 의미하기 때문에, 이는 천형으로서의 저주인 동시에 또한 축복이기도 하다. 이 같은 역설적인 그의 신분은 그가 치유자로서 진실과 아름다움을 말하는 사람인 동시에 또한 보통 사람들로부터 소외된 국외자이고 동시에 보통 사람들의 세계로부터 추방된 사람이며, 그 결과 정처 없이 방랑하는 사람이라는 것을 의미한다.[36] 이 같은 역설적인 위치는 그의 특이한 항해 경험에 그 원인이 있지만 이는 또한 이 같은 자신의 경험을 이야기로 읊을 수 있도록 접신을 경험한 사람이기 때문에 가능하다.

노수부는 항구에 닿은 후 은자로부터 "당신은 도대체 어떤 사람이오?"라는 질문을 받고 이에 대한 대답으로 자신의 항해 경험을 말함으로써 시인으로 새로 태어나지만, 그 이전에 그는 이미 시인으로서의 접신을 경험한다. 이런 접신은 그의 배가 항구에 도착하자 은둔자를 태운 수로 안내원의 배가 그의 배에 접근하면서 일어난다. 수로 안내원이 노수부의 배에 닿자 이상하게도 노수부가 타고 있던 배가 굉음을 내면서 물속으로 가라앉고 만다. 그러는 사이 노수부는 자신도 모르게 수로 안내원의 배에 옮겨져 있는 자신을 발견하게 된다. 노수부가 말을 하기 위해 입술을 움직이자 이를 본 안내 수로원이 놀라 소리를 지르며 기절한

---

[36] John Spencer Hill, *A Coleridge Companion: An Introduction to the Major Poems and the Biographia Literaria.* New York: Macmillan, 1983, p. 157.

다. 그러자 노수부는 수로 안내선의 노를 잡고 이 배를 젓기 시작한다.

> 나는 노를 잡았소. 수로 안내원의 사동은
> 그만 지쳐서
> 큰 소리로 오래 웃었소. 그러는 동안
> 그의 눈은 초점을 잃고 이리저리 둘러보았소.
> "하! 하!" 하면서 그는 말했소.
> 귀신이 배를 저을 줄 아는 것을. (568-573)

수로 안내원과 그의 사동이 이처럼 미친 것은 그들이 노수부를 귀신으로 알고 있었기 때문이다. 이는 수로 안내원의 사동이 노수부를 "귀신"이라고 부르는 것에서 잘 나타난다. 그가 노수부를 귀신이라고 부르는 이유는 노수부가 범상치 않은 경험을 한 것에도 그 원인이 있겠으나, 그보다는 사동이 그가 접신된 사람인 것을 알았기 때문이다. 그는 이제 이처럼 보통 사람과는 다른 종류의 신들린 시인이 되었다. 그의 접신은 이제부터 그가 자신의 이야기를 말하는 시인이 되었음을 나타낸다.

노수부는 자신의 이야기를 "끔찍한 이야기"(584)라고 부름으로써 이 이야기가 보통 사람의 이야기가 아니라 접신된 자신의 이야기라는 것을 보여준다. 따라서 노수부의 이야기는 그의 개인적인 노력이나 욕망의 산물이 아니라 그에게 접신된 귀신이 하는 이야기이다. 이렇게 되면

시 쓰는 과정에서 노수부의 정체성은 사라지고 그를 사로잡고 있던 언어가 그를 매개로 해서 시를 쓰는 것이다.

노수부에서 개인으로서의 죽음과 주체로서의 시인의 탄생을 목격하게 된다. 이 같이 태어난 시인은 충실한 언어의 노예이기 때문에 그는 언어 속에 갇혀 있는 '저주받은 시인'인 동시에 또한 그는 언어의 부름 속에서만 자유를 누리는 축복 받은 존재이기도 하다. 결과적으로 이 시는 노수부의 시인으로서의 탄생 신화를 보여주는 시이기도 하지만, 동시에 콜리지의 시 쓰기에 대한 시이기도 하다.

정지용 시 새로 읽기: 윌리엄 블레이크 논문과 「유선애상」을 중심으로

1. 정지용은 누구인가?

정지용이 누구인가? 그는 충북 옥천 출신으로 한국 문단의 큰 별이다. 1930대에는 '시의 성좌星座'로 불렸고, 오늘날에는 국민 애송시가 된 「향수」의 시인으로 널리 사랑받는 '한국 현대시의 아버지'다.[37] 그는 시어를 고르고 다듬는 데 세심한 노력을 기울였다. 일상에서 흔하게 사용되지 않는 고어나 방언을 시어로 폭넓게 활용하고, 언어를 독특하게 변형시켜 자신만의 시어로 개발했다. 시의 형식면에서 지용은 2행 1연으로 된 단시형을 즐겨 썼다. 또한 줄글식 산문시형도 즐겨 썼는데, 이들 작품은 쉼표나 마침표 없이 문장이 종결되지 않고 계속 이어지는 연

---

37) 심수영, 「시시(詩詩)한 미스터리 정지용의 유선애상」, KBS청주 다큐공작소, 2023. 4. 26. TV.

계적 구성을 보여준다. 1920년대 김소월이 자아표출을 통하여 자기감정을 과다하게 노출한 감상적 낭만주의의 경향을 보였다면, 정지용은 대상의 뒤에 자신을 숨기고 대상을 정확하게 묘사하는 명징한 모더니즘-이미지즘의 시세계를 열었다. 정지용은 영문학을 전공한 시인답게 형태주의적 기법을 시도한 최초의 이미지스트이자 모더니스트였다. 하지만 그의 이미지즘은 단순히 시적 기술과 기교에 국한되지 않는다.[38]

문학평론가 최동호는 정지용을 "서구 추수적인 아류의 이미지즘이나 유행적인 모더니즘을 넘어서서 우리의 오랜 시적 전통에 근거한 순수시의 세계를 독자적인 현대어로 개진함으로써 한국 현대시의 성숙에 결정적인 기틀을 마련"한 시인으로 평가한다. 정지용의 생애와 작품을 고찰하기 위해 그동안의 여러 연구 업적을 종합적으로 검토하면서 정지용의 생애를 다음과 같이 다섯 가지 단계로 설정했다. 첫째, 1902년부터 1923년까지 출생과 문학적 요람기다. 둘째, 1923년부터 1935년까지 문학적 성장과 시적 독자성을 확립하는 시기다. 셋째, 1935년부터 1945년까지 시적 위상이 확립하고 시세계가 심화되는 시기다. 넷째, 1945년부터 1950년까지 분단시대와 인간적 시련기다. 마지막으로 1988년부터 2006년까지 문학적 복권과 새로운 평가가 이루어지는 시기다.[39]

---

38) 정지용문학관 홈페이지 https://www.oc.go.kr/jiyong/index.do 참조.
39) 최동호, 『그들의 문학과 생애, 정지용』, 한길사, 2008, 18쪽.

정지용의 생애에서 가장 주목할 시기는 역시 '문학적 성장기', 즉 일본 교토 도시샤대학에 입학한 1923년부터 『정지용 시집』을 간행한 1935년까지다. 1923년 5월 "문학적 열정이 폭발하는 청년기"[40]의 정지용은 일본 유학생이 되어 도시샤대학 예과에 입학했다. 14세 가난한 소년이 경성에서의 유학을 마치고 21세에 꿈에 그리던 일본 유학이 실현된 것이었으니, 정지용에게는 새로운 하늘과 땅이 열린 것이다. 그러나 타국의 학교생활에 적응해야 하는 현실적 어려움과 함께 떠나온 조국의 고향을 그리는 향수가 유학 초기의 청년 정지용에게 어려움으로 작용했을 것은 당연한 일이었다. 그런 저간의 상황과 정서는 그의 대표시 「향수」를 출산케 하는 시적 창조의 에너지가 되었다.[41]

가정형편이 어려운 정지용은 졸업생 장학금을 받아 대학 졸업 후 모교 휘문고보의 교사가 된다는 조건부 교비 유학생이 되었다. 도시샤대학은 기독교 학교는 아니었지만 당시의 총장 에비나 단조는 일본식 기독교를 주장하는 목사였다. 충북 산골에서 태어난 정지용은 현해탄을 건너 일본으로 향하던 뱃길에 바다를 보았고, 특히 첫 번 뱃길에서 만난 거대한 여객선과 거센 파도가 굽이치는 현해탄은 산골 출신의 그에게 전혀 보지 못한 새로운 세계를 경험하도록 했다.

정지용에게 1927년은 대단히 중요한 해이다. "도시샤대학 유학 중

---

40) 심수영, 「시시(詩詩)한 미스터리 유선, 애상, 1936」, KBS청주 다큐공작소, 2023. 9. 6. TV.
41) 최동호, 앞의 책, 39쪽.

이던 1927년, 스물 여섯의 정지용은 국내 잡지에 30여 편, 일본 잡지 《근대풍경》에 20여 편의 시를 발표해 생애 가장 많은 시를 발표한 해"[42]다.《학조》,《신민》,《문예시대》,《조선지광》,《근대풍경》등에 활발하게 작품을 발표하며 문단적 활동반경을 넓혀 나갔다. 그의 주된 관심은 종교적 문제였는데, 이는 이듬해 그가 세례를 받고 가톨릭 신자의 길로 들어선 사실로 뒷받침된다. 졸업이 다가오는 시점에서 장래에 대한 불안과 더불어 자기 자신에 대한 고민도 컸고, 자녀의 사망이나 출생 등으로 인해 가장으로서 의무감도 강하게 작용해 그의 종교적 관심을 부추겼다.

    신앙심으로 어느 정도 정신적 안정을 되찾은 정지용은 졸업 논문 「윌리엄 블레이크의 시에 있어서의 상상력」(The Imagination in the Poetry of William Blake)을 완성한다. 그의 졸업 논문이 윌리엄 블레이크William Blake 시에 새로운 학설이나 발견을 개진한 것은 아니었다고 하더라고 인간에게 있어서 영적인 신성한 것의 절대적 가치를 블레이크의 시를 통해 주장하고 있다는 것은 그의 내면세계와 후기 시집 『백록담』(1941)을 이해하는 데 중요한 단서로 삼을 근거가 된다.[43]

    주지하듯 정지용은 국민 애송시가 된 「향수」의 시인이다. 그런데 그는 「유선애상」이라는 수수께끼 같은 시를 쓴 시인이기도 하다. 「유선애

---

42) 심수영, 「시시(詩詩)한 미스터리 유선, 애상, 1936」, KBS청주 다큐공작소, 2023. 9. 6. TV.
43) 최동호, 앞의 책, 59~61쪽.

상」은 이상의 「오감도」, 「건축문한육각면체」 등과 더불어 한국 문학사의 대표적인 난해시로 꼽힌다. 「유선애상」은 머리에 쥐가 날 정도로 시 읽기의 고통스러움과 해답을 추리하는 즐거움을 동시에 일깨워 준다. 1997년 최초의 연구를 통해 '오리'로 해석된 「유선애상」의 시적 소재는 이후 수십 편의 논문과 연구 자료를 통해 자동차, 담배 파이프, 자전거, 바이올린, 유성기, 안경집, 곤충, 악사와 그 행렬, 아코디언, 구두에 이르기까지 다양하다. 한 작품의 소재가 이토록 다양하고 이질적인 대상으로 논의되는 것은 한국문학사에 전무후무한 일이다.[44]

  예술은 학문이 아니기에 정답을 찾는 게 주요한 목적이 아니다. 자신만의 관점과 태도로 감상하고 이해하는 게 그 목적이다. 그렇다면 맞고 틀리고는 중요하지 않다. 사실 예술이 작가의 손을 떠나면 그에 대한 해석은 독자의 몫이다. 예컨대 난해한 영화의 대명사로 일컬어지는 〈멀홀랜드 드라이브〉(데이비드 린치, 2000)의 경우에도 감독은 이 영화에 대해 정확하게 설명하지 않는다. 개인적인 생각에는 감독의 이러한 태도는 자신의 영화를 작품이 아닌 '텍스트'로 봐달라는 요구처럼 들린다. 예술 작품은 완성품으로서 해석이 변하지 않지만 텍스트는 미완성의 상태로 작품과 달리 시대에 따라 해석이 달라지기 때문이다. 해석은 특정 시기 특정인의 생각이다. 그렇다면 전문가의 의견도 절대적이지 않다.

---

[44] 심수영, 「시시(詩詩)한 미스터리 정지용의 유선애상」, KBS청주 다큐공작소, 2023. 4. 26. TV.

말 그대로 참고 사항일 뿐이다. 그런 점에서 정지용의 블레이크 논문과 「유선애상」은 정지용의 시를 새롭게 읽는 단초가 되기에 충분하다. 시인이 아닌 비평가로서의 정지용을 살펴보는 것 또한 그의 시를 새롭게 읽는 데 도움이 된다.

2. 블레이크의 '상상력'

정지용의 도시샤대학 졸업 논문 「윌리엄 블레이크의 시에 있어서의 상상력」은 블레이크의 초기작으로부터 후기작에 이르기까지 상상력이 발전된 과정을 블레이크가 예언시 『네 조아들』(The Four Zoas, 1797~1807)에서 구분하고 있는 네 개의 비전에 상응시켜 논하고 있다. 블레이크는 가히 '신적 인간'이라 부를 수 있는 『네 조아들』에서 네 개의 비전, 즉 '단일한 비전', '이중적 비전', '삼중적 비전', '사중적 비전'을 제시했다. '단일한 비전'이 감각들 그 자체로부터 오는 것이라면, '이중적 비전'은 그것에 지적 이해가 덧붙여진 것이며, '삼중적 비전'은 '이중적 비전'에 정서적 가치를 융합한 것이고, '사중적 비전'은 '삼중적 비전'에 영적인 해석을 가한 것이다. 정지용은 블레이크의 궁극을 '사중적 비전'으로 이해한다.[45]

---

45) 김구슬, 「정지용의 논문 「윌리엄 블레이크의 시에 있어서의 상상력」과 원전비평」, ≪동

정지용은 블레이크의 시를 그가 항상 찬미해마지 않았던 상상력의 관점에서 고찰하였다.[46] 블레이크는 감수성이 예민한 청년기에 미숙한 화가로서 미켈란젤로를 동경하기 시작했다. 그는 단지 화가가 되는 데 만족하지 않고 화가로서의 위대성과 시인으로서의 위대성을 조화시키고 융합시키고자 했으며, 이 점이 그의 특성이다. 그는 자신이 시를 이해하기 힘든 것으로 만들고자 하는 욕망을 성취했다. 그는 그것에 만족하지 않고, 무의식적이기는 했지만 철학자가 되기를 원했다. 이러한 소망, 기질적으로 그의 사고에 내재한 이러한 경향은 결국 그를 파멸로 이끌게 되었다(351).

예술과 신비주의의 양식은 형이상학적으로 융합될 수 없다. 그가 감행한 이 어려운 시도는 그의 시의 시상을 더 복잡하고 이해하기 어려운 것으로 만들었다. 이러한 경향은 그의 후기 작품들에 두드러지게 나타나는데, 이러한 경향을 어떻게 조화시키고 표현해야 할 것인가라는 문제에 대한 그의 고민은 그의 시 속에 잘 표현되어 있다. 이러한 고민은 곧 그의 영적 고뇌가 되었고, 자신이 노래하고 말하면서 살아가는 세계에서는 결코 적합한 방법을 찾을 수 없다는 것을 그에게 인식시키게 되었다. 블레이크는 당대인들에게 이해되지 못한 채, 평생 환희를 소망하

서비교문학저널≫ 제7호, 한국동서비교문학학회, 2002, 38~39쪽.
46) 정지용, 「윌리엄 블레이크의 시에 있어서의 상상력」, 『정지용 전집2』, 최동호 엮음, 서정시학, 2015, 350쪽. 정지용의 블레이크 논문은 김구슬의 번역을 따르고 인용할 경우 괄호 안에 쪽수로 표기한다.

고 미래를 동경하면서 쓸쓸하게 세상을 떠났다(351).

블레이크의 상상력의 양식은 그의 시에 대단히 중요한 것으로 이를 통하여 그는 윌리엄 워즈워스William Wordsworth, 퍼시 비시 셸리Percy Bysshe Shelley 그리고 존 키츠John Keats 등 같이 자유와 열정에 불타는 낭만주의 시인들을 주도했다. 그는 자신이 신봉했던 상상력의 힘을 통하여 18세기를 지배했던 주지주의적 경향을 해방시켰다(353).

예술비평가는 블레이크가 인체의 신체 구조를 무시한 채, 또는 너무 간단한 스타일로 자신의 상상력에 따라 너무 자유롭게 묘사한다는 점을 들어 그를 비난한다. 그러나 블레이크가 상상력 없이 사물을 보기는 어려웠으며, 그는 상상력으로 대상의 형태나 색채를 무의식적으로 변화시켰다. 그는 어떤 물리적인 현상 속에도 내재하는 정신을 보았다. 블레이크는 이런 상상력을 이중적 비전이라 불렀다. 그는 "이중적 비전이 항상 나와 함께 있다"라고 노래하며 그것을 평생 생생하게 유지했다. 그것은 "뉴턴의 잠" 속에 빠지지 않는 사람에게 정상적인 상태다(356).

그러나 이중적 비전이 그에게 만족을 주지는 않았다. 그것은 아마 신비주의자로서의 그의 특성이 시인으로서의 특성보다 더 강했기 때문일 것이다. 그는 시공으로 제한된 현세 뒤 영원의 세계를 보았다. 그것은 우리가 죽음의 문으로 들어갈 때만 비로소 볼 수 있는 세계이다. 그러나 그는 이 세계로 들어가 소위 "영원한 생명의 꽃"이라 할 수 있는 '삼중적 비전'과 '사중적 비전'을 가져왔으며, 그 미묘한 향기를 항상 느겼다. 그리하여 그는 신과 천사들의 영역인 신비의 영역을 보았으며, 그 것을 '비울라Beulah'라고 부른다. 그것은 가일층 예민한 시인들도 대상 들과 현상의 내적 의미들 속에서 볼 수 없었다. 그런데 그는 만상을 지 배하는 신비로운 힘을 느꼈다. 그가 영원한 세계에서 살기 위해 현세를 떠나는 것은 그의 상상력이 극점에 달할 때다. 극점에 달한 상상력에 의 해 창조된 것들은 더 이상 물리적 대상들의 의인화나 무생물의 정신의 표현, 또는 일련의 은유가 아니다. 그는 자기 두뇌를 통해 사물들을 창 조했고, 이 모든 것은 무nothing로부터 나온다. 블레이크는 이러한 상상 적인 경향이 진정한 예술에 필요불가결한 것으로 생각했다(358-359).

 블레이크는 신비주의 시인으로서 시적 천품을 신이라고 암시한다. 모든 철학과 종교는 이 시적 천품으로부터 나오며, 이 다양한 분파들은 그것을 각기 다른 나라들과 개인들에게 적용시키기 위한 것이다. 시적 천품이란 인간의 개별성의 중심이며, 인간의 육체의 외형은 시적 천품 으로부터 나온다. 즉 영혼이 육체를 만드는 것이다. 보편적인 시적 천 품이라는 것이 존재하며, 위에서 말한 각 개인과 철학과 종교의 시적 천 품은 이 보편적 시적 천품으로부터 나온다. 그 목소리는 명징하며, 그 런 의미에서 시인들은 소위 블레이크가 말하는 예언자들이다. 블레이 크는 자신을 예언자라고 생각하여 자신의 저서의 일부를 '예언서'라고 불렀다. 종교가들의 상상력은 예언 또는 계시라 불리며, 예언자는 단지 신의 명령을 전달할 뿐이다. 그러나 블레이크의 예언자는 상상력의 힘 으로 영원한 진리를 꿰뚫어 볼 수 있는 시인이다. 이러한 순수한 예언자들은 미래를 예시할 수 있다(360-361).

블레이크의 상상력은 점차 체계적으로 발전했다.『천국과 지옥의 결혼』(The Marriage of Heaven and Hell, 1790)에 이르면 그의 상상력은 더욱 고조되어 초감각적 지각의 확실성에 대해 말하는가 하면, 감각을 통해 획득된 지각은 잘못된 것이라고 주장하기도 하였다. 신은 상상력이자 시적 천품이다. 시적 천품은 궁극적인 신이며, 모든 다른 제신들은 그것으로부터 비롯된다. 그는 모든 것이 이 상상력 또는 '확고한 신념'에 의해 성취된다고 믿었다(361).

『네 조아들』에서 블레이크는 자신의 철학과 상징주의의 윤곽을 설정했는데, 이제 그는 상상력의 의미를 발전시키면서 그 윤곽에 변화를 주고 영원의 의미를 응축시켰다. 시적 천품과 상상력이라는 단어들로 표현된 바 있는 그의 신조는 이제 그 의미의 폭이 더욱 확장되어, '자연의 순수한 존재'를 정의하는 데 사용되었다. 상상력은 신의 실체이며, 진정하고 영원한 세계이다. 그는 상상력이란 '인간 존재 그 자체'라고 말한다. 아마 그는 '인간'이 고통과 회한을 뒤로 한 채 자신의 지나치게 고답적인 상상력으로 슬며시 들어가는 것에 주목하고, 그의 상상력에 '인간 존재'라는 관념을 덧붙였을 것이다. 이것을 그의 상상력의 발전이라고 부를 수 있을 것이다(364-365).

블레이크의 상상력의 그 다음 발전은 초감각적 비전의 양식을 지니는데, 그러한 비전은 우주와 인간의 동일성에 대한 인식 위에서 가능한 것이었다. 하나의 사물을 다양한 측면에서 보면서 그는 말로는 도저히 표현할 수 없는 단어들로 그것을 묘사한다. 격정적이고 모호한 인생론을 다루고 있는 작품들을 두고 볼 때, 우리는 두 개의 상반되는 사상이 작용하고 있다는 것을 알 수 있다. 하나의 사상은 다른 사상을 보완한다. 그것은 인간 삶의 기본적인 모순들, 혹은 인간 삶의 두 가지 측면들이다. 그런 것들은 그가 깨닫지 않을 수 없었던 슬픈 사실이었다. 세월이 흐름에 따라 그의 사상은 더욱 복잡해졌고, 기본적으로 모순되는 사상들의 섬광이 그의 시에 나타나기도 했다. 그의 계시나 상상력의 힘은 때로는 환희를 동반한 채, 소위 '신적 광기' 또는 플라톤Platon의 '실제의 명정'의 황홀의 상태로 그를 이끌었다(366).

블레이크의 시가 이해하기 어려운 것은 그의 독특한 신비주의 때문만은 아닐 것이다. 블레이크의 시를 읽을 때 우리는 항시 그가 물리적인 세계에 대해 정확하게 관찰하지 못하고 있다는 사실을 느끼지 않을 수 없다. 그러므로 시에 나타나는 다양한 비전을 표현할 수 있는 사람은 블레이크밖에 없을 것이다(369).

블레이크의 우주는 영원 그 자체이며, 영원은 유일한 존재이다. 상상력의 세계는 블레이크에게 영원의 세계이다. 이 영원의 세계에 만물의 진리가 존재한다. 인간은 그 속에서 살고 있는 영원과 똑같은 가치를 지녔으며, 이 통합적 삶의 일부였다. 그러나 이 평화는 영원히 기대할 수는 없는 것이다. 블레이크의 말을 빌리자면 "나는 하나의 통일체로서 육체와는 별개로 존재한다"는 자기 존재의 깨달음이 그에게 일어났다. 이 깨달음은 분리의 창조 개별성의 형성을 촉발했으며, 이로써 융합으로부터 개인으로서의 최초의 타락이 시작된다. 블레이크는 이러한 상태를 유리즌으로 표현한다. 유리즌은 로스와 양극을 이룬다. 이 타락의 결과 인간은 유리된 자아 속에 유폐되었으며, 우주의 정신 또는 상상력과의 교류가 어렵게 되었다. 이제 가장 열등한 감각들이 자연 속에 작용하며, 그것들은 우주의 영원으로 안내하는 문으로 남아 있다. 블레이크에 의하면 인간의 가장 중요한 특성은 사랑과 이해이다. 사랑은 이해로부터 나오며, 이해는 진정 상상력에 근거한다. 무자비하고 잔인한 모든 행동은 상상력의 결여로 유발된 죄악이다(369-370).

블레이크의 상상력은 우리의 감각으로부터 오는 모든 감정을 경멸했으며, 이성으로부터 출발하는 모든 경험주의적인 철학을 무시했다. 현상의 세계는 실재가 아니고, "정신적인 것들만이 실재이며," 오직 상상력만이 진실이다. 그는 수학적인 증거와 추상적인 철학이 거품과 같은 경험에 근거한다고 지적했는가 하면, 그것을 완전한 미망이라고 말하기도 했다. 블레이크는 베이컨, 로크, 볼테르, 루소 등의 직관을 부정했을 뿐만 아니라, 진정한 비전이란 상상력으로부터 나오는 것임에도 불구하고 그것이 인식의 소산인 지식의 기억으로부터 나오는 것이라는 주장을 하고 있다고 생각했기 때문이다(371).

블레이크의 윤리관으로 볼 때 상상력은 도덕률에 상응하며, 인간은 상상력이나 도덕률로 살아가야 한다. 도덕률에 대한 그의 견해는 그 누구의 영향도 받지 않은 것이다. 천사들이 죄악을 범하고 사탄이 신을 거역하는 것을 찬미하는 것에 관해 생각해 볼 때, 아마 그 누구도 블레이크만큼 강렬하게, 열정적으로 그러한 사상을 설파한 적은 없었을 것이다. 또한 블레이크만큼 법칙과 도덕에 대한 반역을 그토록 진지하게 진술한 사람도 없었다. 그는 모든 종교가 그 기본적인 의미를 상실하고 신성을 모독했다고 지적했는가 하면, 지성에 의해 만들어진 법칙은 오용된 것이라고 지적하기도 했다. 그는 모든 법칙들의 파괴, 그리고 모든 욕망의 충동을 촉구하기도 했다. 블레이크의 이러한 신조는 영감을 받은 예술가들과 시인들의 저술에서, 또는 죄의 보상이나 사랑 등에 있어서 그 최고의 가치를 발한다. 이러한 경지에 이르기 위해서는 감각이나 이성, 그리고 도덕 등에 대한 미혹을 제거하지 않으면 안 된다(372).

블레이크의 선악관은 매우 신비적이다. 선과 악의 관계는 다양한 양상으로 설명되어 왔으며, 블레이크는 보엠과 더불어 신이 선과 악의 근원이라고 믿었다. 그런데 선과 악은 동일한 하나의 힘을 양면에서 본 것이다. 선과 악에 대한 상반된 설명은 그의 사상의 핵심이며, 모든 증거는 이 상반된 설명을 요구한다. 그리고 "상반이 없이는 진전이 없다"라는 그의 선언은 그의 모든 비전과 신화의 요지이다. 그의 상상력의 위대함과 그의 사상의 심오함은 바로 여기에 있다(372-373).

3. 정지용과 블레이크

정지용은 교토 유학 시절 상상력을 통해 독특한 예술세계를 펼친 블레이크에게 매료되었다. 사실 블레이크는 이성을 중시하고 감각적인 경험으로 세계를 해석하려 한 18세기의 합리주의적이며 경험주의적인 사상에 크게 반발했다. '상상력'은 블레이크 사상의 핵심이라고 할 수 있다. 상상력은 감각적으로 파악할 수 있는 현상 이면의 내재적 정신을 통찰하는 능력이다. 또한 물질과 정신, 선과 악, 시간과 영원, 신과 인간을 연계하는 직관적인 영감이다.[47]

정지용은 블레이크의 상상력이 보통의 신비주의자들의 범신론에 머물지 않았다는 점을 강조한다. 블레이크의 상상력에도 불구하고 지용은 블레이크의 약점을 간과하지 않는다. 결론적으로 지용은 화가와 시인으로서의 블레이크의 각기 다른 능력에 주목하여 시인으로서의 그의 예술이 화가로서의 그의 예술만 했다고 결론을 내린다. 그가 생각하기에 블레이크의 시가 난해한 것은 그의 독특한 신비주의 때문만이 아니라 물리적 세계에 대한 정확한 관찰 부족 때문이다.[48]

정지용은 블레이크의 상상력에 대해 감옥에서 벗어나 영원의 세계를 이해하는 데 도움이 된다고 긍정적으로 평가했다. 하지만 블레이크의 시에 한계에 대해서도 주목한다. 그는 블레이크가 지나치게 관념에 사로잡힌 나머지 세계를 정확하게 관찰하지 못했으며, 이것이 그의 시를 난해하고 신비주의적으로 만드는 이유라 지적한다. 블레이크는 극

---

47) 김구슬, 앞의 글, 38쪽.
48) 김구슬, 앞의 글, 40쪽.

단적 신비주의와 관련된 낭만주의의 한계를 드러낸다. 바로 이 점은 고전주의를 지향한 정지용과 낭만주의자 블레이크를 가르는 중요한 기점이 된다.49)

그동안 블레이크와 정지용의 유사성, 또는 영향 관계는 부분적으로 연구되었다. 블레이크와 정지용의 시는 크게 대비되는데도 불구하고 그 차이는 크게 부각되지 않았다. 정지용은 블레이크의 시가 시적 대상을 모호하고 신비적인 묘사한다고 지적했다. 기본적으로 그는 구체적이고 명징한 이미지를 중시하는 이미지스트이자 모더니스트다. 모더니즘이 고전주의의 부활이라는 점을 염두에 둘 때 고전주의를 지향한 지용의 문학적 태도는 모더니스트로서의 특징을 잘 드러낸다.50)

서양문학의 관점에서 볼 때 김기림이 지적했듯이 정지용을 모더니스트로 정의하기에는 불충분한 측면이 많이 있고, 또한 정지용의 시에서 낭만주의적 특성이 많이 발견되기도 한다. 그럼에도 불구하고 상상력을 통해 인간이 영원의 세계를 재현할 수 있다는 과도한 낭만성을 거부했다는 점에서, 관념이나 모호한 이미지가 아니라 구체적이고 명징한 이미지, 그리고 회화성과 공간성을 도입했다는 점에서, 비록 제한적이기는 하지만 모더니스트, 이미지스트로서의 정지용의 면모를 확인

---

49) 김구슬, 「정지용과 윌리엄 블레이크」, 《비교한국학》 제15권 1호, 국제비교한국학회, 2007, 118쪽.
50) 김구슬, 앞의 글, 118~119쪽.

할 수 있다.[51]

정지용은 도시샤대학 졸업 후 모교인 휘문고보에서 영어교사로 재직하면서 시를 발표했을 뿐만 아니라 블레이크와 휘트먼의 시를 여러 편 번역하기도 했다. 그는 블레이크의 시를 1930년 《대조》와 《시문학》에 번역 발표했고, 휘트먼의 시를 1938년 최재서에 의해 번역·발간된 『해외서정시집』과 해방 후 《경향신문》과 자신의 『산문』에 번역·발표했다. 정지용이 『해외서정시집』에 참여한 사실은 낭만주의를 부활시키려는 문단의 대의에 암묵적으로 동참한 결과로 볼 수 있다. 『해외서정시집』과 『백록담』 목차 구성 간의 영향 관계는 낭만성이라는 개념뿐만 아니라 소재와 모티프 차원에서도 발견된다. 정지용은 『해외서정시집』에서 블레이크와 휘트먼의 시를 번역하여 소개한다. 그가 번역한 블레이크의 시는 「소곡1」, 「소곡2」, 「봄」, 「봄에게」, 「초밤별에게」 등 총 다섯 작품이다. 「초밤별에게」를 제외한다면 '소곡'과 '봄'에 관한 시로 분류할 수 있다. 이는 각각 그의 시 「소곡」과 「춘설」의 소재와 그대로 대응되는 양상을 보여준다. 즉 블레이크의 시편으로부터 낭만정신뿐만 아니라 주제적 차원에서도 영향을 받았다.[52]

그렇다고 정지용의 시로 계승된 낭만성이 블레이크의 상상력을 그

---

51) 김구슬, 앞의 글, 119쪽.
52) 유현수, 「『시집 『백록담』의 목차 구성 전략과 정지용의 윌리엄 블레이크 번역 작업의 영향관계」, 《Journal of Korean Culture》 제60호, 고려대학교 한국언어문화학술확산연구소, 2023, 347~348쪽.

대로 수용하는 것은 아니다. 먼저 자연 자체를 영탄의 근거로 삼고 있는 블레이크의 시와 달리 정지용의 「춘설」에서는 자연을 체험한 화자의 심리가 더 중요하게 다루어진다. 정지용은 낭만주의의 한계인 감상성의 지나친 표출을 경계한다. 그는 감정 자체의 중요성은 분명히 받아들이면서도 낭만주의적 한계는 최소화해 기존의 시적 노선과 조화를 이루려고 노력했다. 정지용은 시적 화자와 정서 사이의 거리감을 의도적으로 형성함으로써 낭만풍의 시가 가지는 감상성의 한계를 미학적으로 보완하고자 했다. 정지용의 블레이크 번역은 블레이크의 낭만시를 답습하는 데 머물지 않고 미학적인 기준을 가지고 조탁한 결과물로 하나의 시적 행위다. 더 나아가 그가 블레이크의 작품에서 얻은 영감을 기반 삼아 직접 창작에 임하는 순간에는 한 단계 더 미학적으로 낭만성이 표출될 수 있게끔 지평을 확장했다.[53]

블레이크에게 상상력은 모든 이질적인 감각 자료들을 통합하고 조화를 이루게 하는 능력을 의미한다. 이는 다른 것을 '부정Negation'하는 논리가 아니라 모순된 것을 '상보Contraries'하는 원리다. 블레이크의 '상보의 원리'는 유기체론의 정수라 할 수 있는 이질적인 것의 조화를 의미한다. 『천국과 지옥의 결혼』에서 "상보가 없다면 진보는 없다"는 블레이크의 말은 바로 상상력의 역할을 강조하고 있다. 콜리지 역시 "상반되거나 부조화된 속성들의 균형 혹은 화해"라고 정의되는 상상력을

---

53) 유현수, 앞의 글, 359쪽.

통하여 타자를 긍정하고 다양성을 강조한다. 블레이크의 시들은 조화로움 속에 다양성을 인정하는 내용을 추구하며, 항상 서로 이질적인 것들을 포함하는 구조를 가진다.[54)]

정지용의 유기체론은 콜리지의 시론뿐만 아니라 블레이크에게서도 영향을 받았으리라고 유추하는 까닭은 둘의 시세계가 공유하고 있는 유기체론적 세계관 때문이다. 정지용은 초기의 고향을 다루는 시들에서 이질적인 것을 포용하고 조화를 이루어 가는 원형 공간으로서의 세계를 보여준다. 정지용의 이러한 원형 공간으로서의 세계는 그가 동양 정신의 전통으로 회귀하면서 점차 이상적인 자연의 세계에 자신의 정신을 동화시키는 방식으로 변모해 간다.

한편 이러한 유기체로서의 우주와 인간의 동질성의 강조는 블레이크 신화체계에서도 우주이자 인간인 엘비언이라는 존재로 확연하게 드러난다. 이러한 모습들은 우주와 인간의 상응 관계를 기본 전제로 하는 유기체론적 세계관을 전제로 하고 있으며, 이는 두 시인의 뚜렷한 공통점을 보여준다.

그러나 이러한 공통점에도 불구하고 정지용이 블레이크를 무비판적으로 수용한 것으로 보이지는 않는다. 실제로 정지용은 자신의 논문에서 시인으로서의 블레이크가 화가로서의 블레이크보다 열등하다고 논

---

54) 이선우, 「정지용과 윌리엄 블레이크의 유기체론 연구」, 《동서비교문학저널》 제22호, 한국동서비교문학학회, 2010, 136쪽.

평한다. 그는 "[블레이크의] 예언서들을 읽는 우리는 그 상징적인 피조물들이 잠시 나타나고는 다른 순간에 무한한 공간의 안개 속에 사라진다는 것을 느끼며", 블레이크에게서 모자라는 점이 "물질세계에 대한 정확한 관찰을 결여하고 있다"는 것이라고 지적한다.[55] 이는 상대적으로 블레이크의 심원한 시세계에 대한 정지용의 이해가 모자랐던 것으로 볼 수 있지만, 물질세계에 대해 관심이 없었던 블레이크에게 정지용이 수긍할 수 없었던 것으로 인정할 수도 있다. 정지용의 블레이크 논문과 블레이크의 시 번역에는 블레이크에 대한 경외감과 비판이 동시에 반영되어 있으며 전체적으로 객관적인 태도를 잃지 않고 있다.[56]

4. 정지용과 '구인회'

정지용의 개인적인 삶과 시세계에서 가장 중요한 두 사람을 꼽으라면 김영랑과 박용철을 들 수 있다. 정지용은 휘문고보를 같이 다녔던 김영랑의 소개로 박용철을 만났다. 새로운 시동인지 발간을 기획하고 있던 박용철은 시단에 새바람을 불러일으키기 위해서는 그의 참여가 절대적으로 필요하다고 판단하여 이의 실현을 위해 동분서주했으나, 이

---

55) 최동호, 『정지용사전』, 고려대학교 출판부, 2003, 재인용 541쪽.
56) 이선우, 앞의 글, 153쪽.

당시는 원칙적인 합의만 했을 뿐 창간을 위한 구체적인 합의에는 도달하지 못했다. 그럼에도 이 두 사람의 만남은 한국 현대 시문학사에서, 그리고 정지용의 문학과 삶에서 결정적이고 중요한 순간이다.

1930년 정지용은 박용철, 김영랑, 이하윤 등과 함께 《시문학》 창간호에 교토 시절 쓴 작품을 발표한다. 그는 《시문학》 창간 초기에는 소극적으로 동참했다는 인상을 주기도 한다. 아마 휘문학교 동창인 김영랑의 권유를 뿌리치지 못하고 참여하게 되었지만, 아직 문단에 잘 알려지지 않은 박용철이 이를 주도하는 형식으로 《시문학》이 창간되었기 때문일 것이다. 《시문학》 동인들이 창간호에서 밝힌 언어에 대한 자각은 정지용의 시를 통해 실천적으로 구현되며, "민족적 언어를 완성"시킨다는 목표는 1930년대 시단의 최정상에 정지용의 시를 올려놓는 것으로 실현된다.

1933년 6월 정지용은 《가톨릭청년》의 창간에 참여해 편집을 돕는 한편 여기에 「해협의 오전 2시」, 「비로봉」 등의 시를 발표해 시단의 주도적인 역할을 담당하는 위상에 선다. 8월에는 반反 카프KAPF적 입장에서 순수문학을 옹호하는 취지로 결성된 '구인회'에 가담했다. 초기 창립 회원은 김기림, 이효석, 이종명, 김유영, 유치진, 조용만, 이태준, 정지용, 이무영 등 아홉 명이다. 정지용은 1933년부터 1935년까지 가톨릭 신앙시를 많이 발표한다. 이는 《가톨릭청년》이라는 잡지의 창간이 계기가 되기도 했겠지만, 그보다는 그의 종교적 갈등이나 개인적 번민이 근본적으로 깊이 작용한 결과로 보는 게 더 타당할 것 같다. 이 무렵 정지용은 가정적으로 경제적으로 어느 정도 안정되는 시기를 맞는다. 개인사에서 볼 때 그는 이 시기에 정신적 안정을 이루는 종교와 생활 양면적 여건의 결합을 보여준다. 이로 인해 생성된 그 복합적 정서가 신앙시로 표현되어 이 시기의 시가 보여주는 시적 특성을 이루게 된다.

정지용은 1935년 첫 시집 『정지용 시집』을 간행했다. 그는 『정지용 시집』으로 시인으로서의 위상을 확립해 명성을 얻었으며, 여기에 머무르지 않고 불혹의 나이를 극복하려는 시적 노력을 더해 두 번째 시집 『백록담』을 통해 자기 세계를 심화시켰다. 이런 시적 성과를 보인 정지용의 두 시집은 상호보완적인 의미에서 한국 현대시사에서 중요한 문학사적 의미를 갖는다. 카프 계열 문사들의 비판에도 불구하고 정지용은 1930년대 한국시단의 중심부에 확고한 위치를 차지한다. 정지용은 1941년 두 번째 시집 『백록담』을 간행한다. 『백록담』에는 총 33편의 시가 수록되었다. 그런데 『백록담』에 대한 세평은 『정지용 시집』의 경우와 달리 그렇게 활발하지 않았다. 시집을 발표한 시기가 식민지 시대 말기의 전시체제하였다는 상황 때문이기도 했지만, 그 기법의 참신성에도 불구하고 근원적으로는 고답적인 시세계 때문이었다. 그렇기 때문에 감각적 발랄성에 의해 빛나는 재능을 발휘한 첫 시집에 비해 크게 주목을 받지 못했다.

사실 '정지용은 순수시인'이라는 평가는 도식으로 굳어져 정지용 연구에 줄곧 영향을 끼쳐왔다. 정지용이 활동했던 시문학파와 구인회가 세밀한 분석 없이 '프로문학과 대립하는 순수문학단체'로 먼저 규정되었기 때문에 정지용 또한 순수시인으로 분류되었다. 이러한 연구 시각의 기반에는 분단국가라는 역사적 특수성이 자리하고 있다. 월북 시인이라는 오명을 쓴 정지용의 작품들은 금서로 지정되었는데 이에 따라 제대로 된 평가를 받지 못했다. 해금 조치 이후 연구자들의 노력으로, 좌익 문인이라는 낙인을 지울 수 있었으나 반대로 그의 사상적, 정치적 흔적들은 이러한 오해를 다시금 불러올 수 있다는 이유로 연구에서 배제되었다. 정지용의 작품들을 순수문학으로 한정하여 연구할 경우, 그의 초기시와 《조선지광》과의 연관성을 설명하기 어려우며 새롭게 발굴된 시와 해방기 시는 돌출적인 작품으로 치부할 수밖에 없다. 이러한 관점으로는 정지용이 해방기에 보인 행보를 갑작스런 변모로 밖에 해석할 수 없으며 그의 초기 시세계와 후기 시세계 간의 연결점을 찾기 어려워진다.

    1920년대 후반 정지용은 사회주의 성향이 짙은 잡지 《조선지광》에 주로 시를 발표했다. 알려진 것과 달리 그는 프로문학과 민족문학의 이념을 일정 부분 수용하고 긍정했으며 계급 상징으로 간주할 만한 시어들을 사용했다. 그러나 그는 시의 모호성과 함축성을 염두에 두며 단일한 주제로 귀결되는 계급문학, 민족문학과는 다른 방식으로 시를 창작했다. 정지용은 시에서 이념이나 사상을 배제한 것이 아니라 그것이 선행하는 문학을 거부하고 자율적인 문학을 지향했다.

    정지용의 자율적인 문학에 대한 지향은 《시문학》 활동에서도 이어진다. 시문학파는 프로문학과 민족문학이 문학을 이념 선전의 수단으로 이용한 것과 달리 문학이 언어를 원료로 하는 예술이라는 점에 집중하며 사상을 우위로 한 단일한 내용에서 벗어나고자 노력했다. 그런데 정지용은 시문학파 동인들과 다양한 특징들을 공유하고 있었지만 그들과 구별되는 독자성을 보인다. 그는 목적론적 문학을 부정하는 반대 항의 자리조차 필연적으로 정치적일 수밖에 없다는 점을 간파했던 것으로 보인다. 따라서 시문학파가 한정한 창작 방향을 확장하고자 노력했다. 이를 통해 정지용이 순수문학을 문학의 전범으로 삼고 이를 추구했다기보다, 문학이 이념에 봉사하는 수단으로 전락하게 되는 점을 막고자 문학의 자율성과 예술성을 지키고자 했다.

정지용은 문학의 자율성과 예술성을 옹호하고 문학이 이데올로기나 상업 자본 등에 봉사하는 수단으로 전락하는 것을 경계하며 창작을 이어왔다. 그는 사회 현실을 예리하게 관찰하여 파악하고 다양한 사상과 이념을 균형감 있게 수용하면서도 독자적인 시세계를 구축했다. 정지용은 격변하는 조선에서 문학의 예술성과 작가로서의 자율성에 대한 문학적 신념을 지켜나가며 이를 창작에 구현해 낸 훌륭한 문학인이었다. '순수시인'이라는 단선적인 평가에서 벗어나 정지용이 고수해 온 문학적 지향을 바탕으로 그의 문학을 면밀하게 살필 때, 비로소 그가 우리 문학사에서 갖는 의미를 온전하게 평가할 수 있다.

1930년대 조선에서는 경성, 혹은 구인회라는 중심과 그 밖, 주변부의 모던한 실천들이 있었다. 구체적으로는 구인회와 그들의 회원지《시와 소설》, 그리고《삼사문학》을 창간하면서 분명하게 새로운 예술을 천명했던 삼사문학 동인들이 있었다. 그리고 이들과 인적 네트워크로 연결된 동인지 《창작》, 《탐구》 등이 동경에서 발행되고 있었다. 이들의 활동을 통해서 혁신성을 중심으로 하는 단절과 새로운 네트워크 생산, 그리고 연결과 새로운 계보화에 주목할 수 있다.[57]

한국문학사에서 '구인회'는 카프에 대한 대타적 의미에서, 문학적 지향이 유사한 문인들의 집단으로 순수문학, 모더니즘, 예술파 등으로 자리매김 되어 왔다. 구인회가 발족하는 시점에 해산의 위기를 겪고 있는 카프의 경우 1924년 결성 이후 오랫동안 문학 장場에서 문학 이념을 공고히 해왔고, 매체를 통해 지향점을 분명히 확산했다는 점에서 구인회에 대한 평가에는 카프와 단절하는 새로움이 필요했다. 즉 새로움의 출현이 옛것의 명성에 따라 그 찬란함의 정도가 다르다는 인식 위에서 구인회는 더 선명하고 확고한 경향을 가진 집단이었어야 했다.[58]

경성 모더니즘의 주축이라 할 수 있는 구인회, 즉 김기림, 이상, 박태원, 정지용 등은 '집단적으로' 앞선 전통이나 다른 문학적 경향에 대해 대립각을 세우지 않았고, '공동으로' 미의식을 천명하지도 않았다. 구인회는 그야말로 아홉 명 문인의 공동체였고, 문학보다도 문우들의 우의에 더 애착을 가진 모임으로 운영되었다. '모더니즘' 그룹이라고 구인회를 규정하는 것은 구인회 그 자체보다도 구인회로 모인 개별 작가

---

57) 김진희, 「1930년대 모더니즘 네트워크와 거점으로서의 동인지」, 《구보학보》 제28집, 구보학회, 2021, 56쪽.
58) 김진희, 앞의 글, 57쪽.

의 예술적 성향에 근거하여 소급적으로 적용한 성격이 강하다. 이들은 조직의 목적이나 이념을 내세우지 않았을 뿐 아니라 조직을 이끌어나 갈 리더격의 인물도 선출하지 않았으며 회원들의 문학적 성향 역시 통일되지 않았다. 1933년 구인회를 결성할 때쯤 김기림, 정지용, 이태준 등은 문단의 주요 인물들이 되어 있었을 뿐만 아니라 카프문학과 단절 보다는 문학적 의식과 감각을 공유했다.

순수시인 정지용이 마르크시즘 계열 문인들의 문단 주도권 쟁탈전에 편승한 것은 이태준의 권고 때문이다. 휘문고보 선후배 사이인 정지용과 이태준의 문단적 관계는 1933년 여름 구인회 조직 과정에서부터 시작된다. 구인회를 조직하여 반 카프 운동을 전개하려 했던 이종명과 김유영이 힘들여 영입하고자 애썼던 인물이 당시《중앙일보》학예부장 상허 이태준이었다. 이태준은 구인회 조직과 활동에 있어서 핵심적인 인물로 부상하였고 정지용과 함께 이 모임을 주도적으로 이끌어 갔다. 그뿐만 아니라 이태준은 자신이 편집하는《문장》에 정지용을 끌어들여 1930년대 말에 발간된 이 잡지에 무게를 더하게 되었다. 해방 후 이태준이 문단의 주도권을 잡고 정지용이 여기에 기울게 된 것은 이태준의 역할이 컸던 것으로 설명된다.[59)]

《삼사문학》과《창작》이 더 이상 발간되지 못한 것은 1937년 중일전쟁 이후 일본의 정치적 상황이 급박해졌고, 문학, 예술계에 대한 검열

---

59) 박노균, 「정지용과 서구문학」,《개신어문연구》제16집, 개신어문학회, 1999, 259쪽.

역시 강화되었기 때문이다. 동경 유학생의 다수는 1930년대 말 귀국하였고, 이들 중 《삼사문학》과 교류하던 문인들은 30년대 후반 동인지 《단층》 등에 참여했다. 이들의 월경越境의 문학적 네트워크와 실천은 모더니즘, 나아가 식민지 한국 문학을 풍요롭게 하는 데 분명 기여했다.[60]

이른바 정치와 운동을 위한 조직으로서의 카프 리얼리즘 문학과 '순수'한 구인회 문학의 이항대립적 개념은 30년대 문단사를 평가하는 대표적 기준이다. 이러한 리얼리즘과 모더니즘 '대립'은 단순히 문예사조로서의 리얼리즘과 모더니즘의 형식적 차이의 문제를 넘어서 '정치성'을 문학의 기준으로 삼는 카프 문학을 한국 문학사의 주류로 자리를 잡게 해왔다고 해도 과언이 아니다.[61]

정지용은 자신의 문학적 지향을 구인회에서도 이어 나갔다. 정지용을 비롯한 구인회 구성원들은 순수문학을 추구했다. 그런데 그들이 추구한 순수문학은 비정치적인 문학, 혹은 반 카프 문학이 아니라 인쇄 자본을 통한 검열에 영합하지 않는 자율적 문학이다. 그들은 현실 인식과 역사의식이 결여된 채 단순히 통속적 문학을 지양한 것이 아니라 검열 체제와 자본 권력에 대항하고자 한 것이다. 구인회 모더니즘의 텍스트적 전략과 미학성은 그 자체로 의미화되고 규정되기보다는, 식민지적 상황이나 자본주의적 현실에 대한 비판과 저항의 층위로 논의된다. 물

---

[60] 김진희, 앞의 글, 87쪽.
[61] 김정현, 「구인회 모더니즘의 동시대적 예술성과 미학적 정치성」, 《구보학보》 제16집, 구보학회 2017, 44쪽.

론 합리적 모더니티와 식민지 현실에 대한 부정과 저항이 없는 것이 아니지만, 동시에 그것이 구인회 모더니즘의 '전부'로 평가되어야만 하는 것인가. 즉 핵심은 구인회 모더니즘을 둘러싼 그들의 '예술가적 정체성'에 대한 구체적인 면모를 확인하는 데 있다.[62]

5. 정지용과「유선애상」

정지용은 1926년「카페 프란스」로 정식으로 데뷔한 이래 감각적이고 모던한 시를 발표하여 조선 시단을 이끄는 뛰어난 시인으로 떠올랐다. 1935년 10월에는 그간의 작품을 정리한『정지용 시집』을 출간하여 열렬한 찬사를 받았다. 하지만『정지용 시집』에 대한 반향이 너무 컸던 탓인지 정지용은 첫 시집 간행 이후 한동안 침잠의 시기를 보낸다. 그는 자신의 시를 밀어나갈 시의 중심이 잘 잡히지 않았기 때문인지 한동안 시에 전념하기보다는 여행기나 서평 등의 산문을 많이 발표했다. 그러나 다음 해인 1936년에는「유선애상」,「명모」,「폭포」등 세 편의 작품만을 발표했고, 1937년 이후에는 시적 경향에 뚜렷한 변화를 보이면서 산수시 계열로 분류되는 작품들을 창작하였다. 1936년은 일종의 소강기이자 모색기라고 볼 수 있다. 정지용의 시 중 가장 난해한「유선애

---

[62] 김정현, 앞의 글, 46쪽.

상」과 「명모」가 이 시기에 나왔다는 것은 시인이 기존의 자신의 시에 한계를 느끼고 새로운 시적 경향을 고민했다는 방증이다.[63]

1930년대 중반 정지용은 일본 유학 생활을 마무리하고 근대 도시 경성에 안착하여 일상을 영위하고 있었다. 교사로서, 편집자로서, 또한 시인으로서 살면서 그는 근대 도시의 생리를 느끼고 이해해 나가며 이를 시나 산문으로 표현했다. 1930년대 후반 '산수시'의 세계를 탐색하면서 군국주의에 물든 식민지적 근대의 일상에서 벗어나고자 할 때까지에 해당되는 이 시기에 그는 시를 통해서 근대 세계의 부정성을 표현하고 여기서 벗어나고자 하는 시들을 쓴 바 있다. 그런데 「유선애상」이 발표된 1930년대 중반은 정지용의 시 세계에서 '공백지대'로 간주된다.[64]

1936년은 정지용의 시세계에서 매우 중요한 해다. 1936년을 기점으로 그의 시세계는 큰 변화를 겪는다. 시인 정지용은 전 생애를 놓고 볼 때 초기, 즉 1926년부터 1935년까지는 감각적 이미지를 표현하는 데 탁월한 능력을 보여준다. 이 시기의 시들은 『정지용 시집』으로 정리되었다. 이 시기 이후 정지용은 모더니스트로 사물에 대한 감각적 접근 방법뿐 아니라 정신적 고양을 추구한다. 정지용은 시를 쓰지 않을 때는 '모어와 외어를 공부하거나 서화 독서를 할 것, 바다와 구름의 동태를

---

63) 이수정, 「「유선애상」 실패의 체험담」, 《한국현대문학연구》 제47호, 한국현대문학회 2015, 311쪽.
64) 김승구, 「근대적 피로와 미적 초월의 욕망」, 《한국문학연구》 제41집, 동국대학교 한국문학연구소, 2011, 189~190쪽.

살피거나 고산식물의 몸짓이나 호흡을 살필 것을 주문한다. 그는 시의 소재에 대한 탐구에 남다른 노력을 경주하였으며, 그 결과 『백록담』이후 가톨릭에 더 경도됨과 더불어 고전적인 산수에 대한 관심을 보이면서 정신적인 것에 대한 추구가 두드러진다.[65]

1936년 정지용은 구인회의 동인지 《시와 소설》에 「유선애상」을 발표한다. 《시와 소설》은 구인회의 유일한 동인지로 동시대 다른 동인지나 잡지와 전혀 다른 양상을 갖고 있었다. 이태준은 소설이 아니라 수필 「설중방란기」를 발표했고, 박태원은 단 하나의 문장으로 1편의 소설 「방란장주인」을 완성하는 독특한 실험을 했고, 단문을 즐겨 쓰는 김유정은 만연체 문장에 단락 구분도 없는 소설 「두꺼비」를 발표했다. 정지용 역시 시적 대상조차 파악하기 어려운 「유선애상」을 발표했는데, 이러한 점은 이 동인지의 편집 방향이 무엇보다 언어와 형식에 대한 실험을 강하게 의도했던 것으로 볼 수 있다.[66] 『시와 소설』은 특정한 이념적 지향을 표면적으로 드러내지 않았다. 혹은 '탈이데올로기적'인 면모를 보이며 순수문학을 추구했다. 그렇기 때문에 구인회 구성원들의 단순한 작품 '모음집'에 가깝다는 평가가 내려져 왔다.[67]

《시와 소설》은 구인회 회원들이 펴낸 순문예잡지로 발간 당시 월간

---

65) 강진우, 「「유선애상」의 동양사상과 해석」, 《어문논총》 제66호, 한국문학언어학회, 2015, 176쪽.
66) 김남규, 「정지용의 난해시와 발표지면의 특수성」, 《시민문학》 제34호, 경기대학교 인문학연구소, 2018, 11~12쪽.
67) 김정현, 앞의 글, 64쪽.

을 표방했다. 하지만 무슨 사정에서인지 이 잡지는 1936년 3월 창간호가 곧 종간호가 되고 만다. 그 이유 가운데 하나로 이상의 동경 유학을 거론하기도 하지만 다른 원인이 있을 수 있다. 우선 경제적 문제와 당시 급격하게 변하기 시작한 국내외 정세, 그리고 매월 동인의 작품을 모으기가 쉽지 않았으리라는 점 등이다. 구인회가 발족하여 첫 작품집을 내기까지의 기간은 일본과 조선의 근대문학이 가장 융성했던 시기이다. 하지만 1936년 7월 노구교사건과 8월 13일 상해사변으로 중일전쟁이 발발하면서 정국은 급속도로 경색된다. 1936년 이태준은 일제의 문화적 억압이 갈수록 심해질 것을 우려하면서 이제까지의 작품 경향을 반성하고 있으며, 정지용 또한 『정지용 시집』 발간 이후 모더니즘 경향의 작품에서 점차 동양적 정신세계에 깊이 침잠하는 등 변화의 조짐을 보인다. 이런 맥락에서 《시와 소설》은 이태준과 정지용 문학에서 매우 중요한 분기점이 된다.[68]

그런데 1936년은 정지용이 속해 있었던 구인회가 해체된 해이기도 하다. 구인회는 1933년 8월 결성되어 월평회, 문학강연회, 칼럼 연재 등 여러 가지 단체 활동을 하다가 1936년 3월에 《시와 소설》을 내고 흐지부지 해체되었다. 《시와 소설》은 비록 창간호였지만 구인회의 활동으로서는 마지막이었고, 발간 역시 이상의 개인적 노력에 힘입은 바가

---

[68] 장영우, 「정지용과 '구인회'」, 《한국문학연구》 제39집, 동국대학교 한국문학연구소, 2010, 148~149쪽.

컸다. 구인회를 연구한 현순영에 따르면 《시와 소설》은 새로운 출발의 포부를 담고 있다기보다는, 구인회가 그동안 지향해 온 가치를 정리하는 쪽에 가까웠다.[69]

《시와 소설》에 발표된「유선애상」은 정지용의 시적 변모의 경계에 있다는 주장이 나올 정도로 소재가 다양하게 해석되고 그 논의는 분화되고 있다. 정지용의 시는 1930년대 중반을 넘어가면서 동양적인 것과 정신적인 것으로 경향이 바뀐다. 이 시기에 시인은 동양적 사고 방법을 체계화하고 있었을 가능성이 크다. 그의 시 경향은 『백록담』에서는 동양적 산수와 자연에 대한 관심으로 집중된다.「유선애상」은 시인의 모더니스트로서의 특징과 동양 사상을 모두 보여주는 작품이다.[70]

정지용은 서구 물질문명에 대해서도 많은 관심을 가졌지만 한학을 수학했을 뿐만 아니라 동양적인 것에 대한 관심이 남달랐다. 그는 문학 작품은 돌연변이로 나오는 것이 아니라 독서를 통한 교양에서 자연스럽게 나오는 것이라고 보았다. 그가 생각하기에 우수한 시인은 시를 쓰는 데 있어 결코 언어의 표면적 의미만 추구하지 않는다. 시는 정신적인 것으로 승화되어야 한다. 그런 점에 있어서「유선애상」은 그의 시론을 구체화한다.

정지용이 "시를 읽어 맛들일 수 은혜가 도시 성정의 타고 낳은 복으

---

[69] 이수정, 앞의 글, 311쪽 재인용.
[70] 강진우, 앞의 글, 178쪽.

로 칠 수밖에 없다"고 한 것은 시인의 재능이 타고난다는 낭만주의의 관점이다. 이러한 관점은 시가 연습과 훈련에 의해서만 이루어지는 것은 아니며, 정신적인 것, 철학적인 깊이에 대해 강조하기 위한 전제다. 그가 심독을 통해, 시인이 추구해야 할 바를 '정신미와 사상성'이라고 한 것은 언어를 재료로 하는 시가 궁극에 가 닿아야 할 지점을 상정했다.[71]

6. 「유선애상」이 몰고 온 문학적 파장

「유선애상」은 서양에서 온 문명적 소재와 동양적 사상에 의한 사유 방식이 차이를 보이기 때문에 난해하게 읽힌다. 이 시는 정지용의 시인으로서의 전 과정을 볼 때 동양적인 것에 대한 관심을 문명적 대상에도 개입시켜 사고하는 내면적 깊이가 깊어지는 과정에서 중요한 전환점이 되는 작품이다. 정지용의 시 가운데 가장 난해하다고 일컬어지는 「유선애상」을 살펴보기에 앞서 먼저 시 전문을 살펴보자.

생김생김이 피아노보담 낫다.
얼마나 뛰어난 연미복 맵시냐.

---

71) 강진우, 앞의 글, 180쪽.

산뜻한 이 신사를 아스팔트 위로 곤돌라인 듯
몰고들 다니길래 하도 딱하길래 하루 청해왔다.

손에 맞는 품이 길이 아주 들었다.
열고 보니 허술히도 반음 키-가 하나 남았더라.

줄창 연습을 시켜도 이건 철로판에서 밴 소리로구나.
무대로 내보낼 생각을 아예 아니했다.

애초 달랑거리는 버릇 때문에 궂은날 막 잡어 부렸다.
함초롬 젖어 새초롬하기는 새레 회회 떨어 다듬고 나선다.

대체 슬퍼하는 때는 언제길래
아장아장 꽥꽥거리기가 위주냐.

허리가 모조리 가느래지도록 슬픈 행렬에 끼어
아주 천연스레 굴던 게 옆으로 솔쳐나자 ―

춘천 삼백 리 벼룻길을 냅다 뽑는데
그런 상장喪章을 두른 표정은 그만하겠다고 꽥― 꽥―

몇 킬로 휘달리고 나서 거북처럼 흥분한다.

징징거리는 신경 방석 위에 소스듬 이대로 견딜밖에.

쌍쌍이 날아오는 풍경들을 뺨으로 헤치며

내처 살폿 엉긴 꿈을 깨어 진저리를 쳤다.

어느 화원으로 꾀어내어 바늘로 찔렀더니만

그만 호접蝴蝶같이 죽드라.

—「유선애상」 전문

　단순함의 위험을 무릅쓰고 「유선애상」의 내용을 다음과 같이 정리할 수 있다. 어느 봄날 신사와 같은 유선형의 자동차가 제대로 취급당하지 못함을 딱하게 여긴 화자는 갑작스러운 흥 또는 주변 사람들의 부추김에 따라 유선형 자동차를 빌렸다. 그런데 차의 상태가 낡고 신통치 않아 시동을 거는 데에서부터 달리는 데까지 문제를 일으켰다. 결국 춘천까지 가려고 한 계획은 차가 검은 연기가 나고 소음이 나는 바람에 포기하고 도중에 화원으로 들어가 시동을 끄니 비로소 차가 얌전해졌다. 화자는 '나라도 집도 없는' 지식인의 처지에서 경박한 유행을 따르는 자신의 행위에 부끄러움을 느낀다.

　최동호는 「유선애상」은 참신한 시를 써보려는 정지용의 적극적 의욕을 보여주는 시이지만 지나치게 의욕적인 까닭에 후일 다양한 해석이 제기되었다고 파악한다. 그는 이 시에 대해 다양한 비평가나 연구자의 각양각색 이견이 제시되어 결론에 이르지 못하고 있는 것은 작품의 우수성보다는 그 모호성 때문이라고 주장한다. 특히 시적 소재에 대해 많은 해석상의 논란이 제기되는 것은 이 시가 시적 명증성을 확보하고 있지 못하다는 것을 예거한다. 그는 이 시를 애매모호성의 한 타입으로 보아 시의 모더니티를 확보한 선구적 성과로 평가할 여지가 충분하지만, 단순한 추정에 의해 시의 해석을 시도하는 데 따른 위험성도 고려되어야 한다고 역설한다.[71] 장영우는 「유선애상」의 제목에 굳이 '애상'이라는 단어를 쓴 것은 유선형 자동차에 대한 감정이 아니라 경박한 유행 풍조에 부화뇌동했던 자아, 또는 그러한 유행을 따르며 시대적·민족적 현실을 외면하고 있는 현대인의 무감각에 대한 안타까운 마음을 표현한 것으로 파악한다.[72]

총 11연 22행으로 구성된 「유선애상」은 정지용 연구가들에게도 특별한 주목을 받지 못하다가 최근에 와서야 시적 대상에 대한 활발하고 다양한 논의가 전개되어 관심의 표적이 된 작품이다. 먼저 이숭원은 이 시의 소재를 '오리'라 보았다가 황현산이 '자동차'라고 해석하자 자신의 견해를 수정하는 유연하고 포용력 있는 태도를 보인다. 이와 달리 신범순은 이 시의 소재가 오리이며 택시이며 악기이며 기차이며 가객이

---

71) 최동호, 『그들의 문학과 생애, 정지용』, 한길사, 2008, 83~86쪽.
72) 장영우, 앞의 글, 162~163쪽.

며 결국 시인일 것이지만, 주도적인 것은 악기라 보는 데 반해, 권영민은 '자전거', 김용직은 '우산', 임홍빈은 '안경', 이근화는 '담배파이프', 김명리는 '여치과의 곤충', 소래섭은 '유성기', 한상동은 '아코디언·오리·자동차'로 이해한다. 이처럼 연구자마다 상이한 해석을 하는 것은 그만큼 이 시가 난해하다는 사실을 방증한다.[73] 신범순은 「유선애상」에 나오는 주인공은 '몸-악기' 또는 '음악적인 몸'이라고 주장한다. 그에 따르면, 이러한 '몸-악기'의 가장 아름다운 음악, 황홀경의 음악이 연주될 때 그 '몸'은 가장 내밀한 음악으로 이루어진다.[74] 이처럼 한 편의 시에 대한 감상과 이해는 다양할 수 있지만 이 작품처럼 소재에 대한 해석이 제각각인 사례는 희귀하다.

거듭 말하지만 「유선애상」은 기존 연구자들 사이에 논란이 된 유명한 작품이다. 그간 이 작품의 해석을 둘러싸고 다양한 의견이 제기되었는데, 논란의 핵심은 주로 이 작품이 다루고 있는 '시적 대상'이 무엇인가에 관한 것이었다.[75] 이 작품의 묘사 대상에 대해서는 기존에 악기, 오리, 자동차, 자전거, 담배 파이프, 축음기, 안경 등 다양한 의견이 제시된 바 있다. 이 시가 연구자들의 관심을 불러일으켰던 이유는 다양한 문맥적 해석을 가능케 하는 요소를 지녔기 때문이다. 이런 극단적인 해

---

73) 장영우, 앞의 글, 153~154쪽.
74) 신범순, 『구인화 파라솔(PARA-SOL)파의 사상과 예술』, 예옥, 2021, 430쪽.
75) 소래섭, 「정지용의 시 〈유선애상〉의 소재와 의미」, 《한국현대문학연구》 제20호, 한국현대문학회, 2006, 263쪽.

석은 온건한 해석이 주지 못하는 연상이나 함축을 조명할 수 있는 더 많은 기회를 준다는 측면에서는 긍정적으로 평가할 수 있다. 그런데 최근 들어서는 대체로 자동차 같은 탈 것에 대한 묘사로 의견이 어느 정도 수렴되는 듯한 인상을 준다.[76]

홍덕구는 「유선애상」이 자동차라는 소재를 다루고 있음을 밝힌 선행 연구들의 성과에서 출발해, '스피드 시대'의 텍스트로서 해석한다. 정지용이 남긴 글들에는 기술, 기계에 대한 시인의 관심이 잘 나타나 있다. 이러한 맥락에서 볼 때 「유선애상」 또한 자동차라는 근대적 기술/기계에 대한 시인의 매혹을 표현한 작품으로 볼 수 있을 것이다. 시인은 평소 근대적 신문물인 유선형 자동차와 그것이 만들어 내는 속도에 큰 매혹을 느꼈고, 모종의 기회에 자동차를 빌려 와 경춘가도를 질주하기로 한다. 그러나 시인이 기대했던 드라이브는 도심의 차량 정체와 경춘가도의 험난함으로 인해 기대에 크게 어긋났고, 시인은 멀미를 느낀 나머지 길가에 차를 세우고 바늘로 타이어를 터뜨리는 상상을 한다는 것이 이 시의 내용이다. 시인이 열망했던 '근대의 속도'는 최신식 유선형 자동차와 아스팔트 도로라는 기계적/기술적 조건이 모두 갖춰져야만 가능한 것이었고, 식민지 조선에서 그 조건은 대단히 제한될 수밖에 없었다. 그런데 이 '제한된 조건' 자체가 한국 근대문학이 재현하고자 했던 세계의 물적 조건이었음을 암시하는 텍스트로 「유선애상」을 새롭

---

76) 김승구, 앞의 글, 194~195쪽.

게 읽어낼 단서가 될 수도 있다.[77]

그런데 김남규는 조금 다른 해석을 내놓는다. 그는 「유선애상」에 대한 연구자들의 다양한 해석에도 불구하고 여전히 명쾌하게 해결되지 않는 해석의 난점에 직면하게 된 것은 시 자체의 문제보다는 발표 지면에 대한 고려가 부족했기 때문이라고 파악한다. 물론 기존의 작품과는 다른 구조로 실험적인 성격을 띠고 있는 것도 사실이지만, 다른 작품과는 전혀 다른 특수한 지면에 발표되었다는 사실을 간과한 결과이기도 하다. 그는 작품이 창작될 당시의 문화적 상황이나 정지용의 문제의식에 대한 고려 역시 빠뜨려서도 안 되지만, 발표 지면의 특수성에 부합하는 의도로 창작된 작품이라는 점 역시 반드시 고려해야 한다고 주장한다.[78]

「유선애상」에서는 '유선형'에 대한 화자의 감정이 청각적 심상을 통해 보다 잘 드러나는데, '꽥꽥거리기'나 '꽥-꽥-' 등의 희화된 표현을 통해 '유선형' 자체가 애상을 하지 못하는 것, 혹은 '유선형'을 통해 애상할 수 없는 화자의 감각이 동시에 드러난다. 즉 '유선형'이라는 당시 문화적 현상 또는 근대적 대상, '애상'이라는 보다 전근대적 감정이 양립할 수 없는 상황을 인식하고 있는 화자의 정서를 유추해 볼 수 있다. 이에 따라 정지용은 하나의 소재로 확정되지 않고, 연쇄로 이어지는 환유

---

[77] 홍덕구, 「정지용의 '자동차(automobile)' 테크놀로지 체험과 문화적 재현」, 《한국문학연구》 제69집, 동국대학교 한국문학연구소, 2022, 481~482쪽.
[78] 김남규, 앞의 글, 28쪽.

의 방식을 보여주며, '쓰고 싶은 것'을 썼다고 할 수 있다. 그것은 구인회 동인지 《시와 소설》의 실험적 편집 방향과 부합하는 모습을 보이고 있으며, 정지용 초기 시부터 지속된 언어에 예민한 감각과 현실 소재를 기반으로 하는 정지용의 근대 문물에 대한 비판적 인식을 함께 보여준다.

「유선애상」은 소재가 무엇이 되었든 시인은 그것을 긍정적으로 수용하기보다 비판적으로 바라보고 있다는 점을 먼저 고려할 필요가 있다. 그것은 안석영 등 당대이 문화인이 유선형을 부정적으로 바라보았기 때문에서가 아니라 이 시의 기본 어조가 냉소적이라는 점과 관련된다. 이 시는 '유선형'이란 유행 풍조에 맹목적·무비판적으로 끌려다니는 현대인의 경박한 정신과 행태를 냉소적·풍자적 어조로 비판한 작품이다.[79] 한 편의 시를 이해하기 위해서 우선적으로 해결해야 할 사안은 시어에 대한 정확한 풀이와 함축적 의미의 해석이다. 그리고 시인의 문학 세계, 작품을 발표한 매체, 시대 상황 등이 두루 고려되어야 한다.

「유선애상」은 그동안 난해성 탐구와 시 해석과 시어 풀이에 대한 연구로 점철되었다. 이 작품은 『백록담』에 수록되기는 했지만 '산수시'의 자장에서 벗어난 예외적인 작품으로 평가되었다. 중기와 후기 혹은 정지용 시 세계 어느 지점으로 분류하기에 곤란했기 때문이다. 이른바 '과도기' 혹은 '경계'라는 수식으로 평가되었던 「유선애상」이 가진 위상은 '난해시' 혹은 '미성숙한 시'로 가치 평가되었다.[80] 하지만 정지용은 이

---

79) 장영우, 앞의 글, 156쪽.
80) 김남규, 앞의 글, 28쪽.

미지스트이자 모더니스트로서 '시어'의 문제를 집요하게 탐색하나 시인이다. 「유선애상」은 정지용의 대표적인 이미지즘의 하나로서 대상 묘사의 심연을 가장 잘 표현한 작품이다. 그렇기 때문에 「유선애상」이 주관적 암시에 의해 묘사된 만큼 그 지배적 인상을 파악하는 데 어려움을 겪게 된다.[81]

7. '유선'애상과 유선'애상'

「유선애상」에 대한 기존의 논의는 크게 세 가지로 나누어 볼 수 있다. 시적 대상을 파악하고자 논의, 시적 대상을 한 가지로 특정하지 않고 여러 이미지의 결합으로 본 논의, '유선(형)'이라는 단어가 당시 조선에서 특정한 사회문화적 상징을 사용되었음을 밝히고 이를 통해 작품 해석을 시도한 논의가 그것이다.[82]

'멜랑콜리'의 감각 혹은 모더니티의 세계로부터 이탈하고자 하는 '교만한' 예술가의 면모는 「유선애상」에 있어서도 동일하게 확인되는 모티프이다. 선행 연구는 「유선애상」의 해석적 난해성을 문제시하며, 주로 시적 대상의 구체적인 소재를 오리, 악기, 자동차, 축음기 등등으로

---

81) 석성환, 「정지용 시, 「유선애상」의 '시적 대상' 연구」, 《사림어문연구》 제24집, 창원대학교 국어국문학과 사림어문학회, 2014, 129쪽.
82) 이수정, 앞의 글, 290쪽.

검토해 왔다. 그런데 문제의 핵심은 시적 대상의 구체적 소재를 확인하는 것이 아니라, 그것이 왜 그렇게 변용되고 왜곡되었는가에 있다. 즉 「유선애상」을 해석하는 핵심은 기존에 문제시되었던 '유선(형)이 무엇인가'가 아닌, '애상'이라는 멜랑콜리적 감각에 있다. 「유선애상」의 해석에 있어서 주목되는 것은 사실상 유선(형)의 실증적인 대상이 무엇인지를 따져보는 것이 아니다. 핵심은 이것이 '애상' 즉 일종의 '멜랑콜리'적 감각을 어떻게 의미화할 수 있는가에 있다.[83]

하지만 역설적으로 본다면 나비의 죽음은 또한 모더니티의 세계로부터 탈출하는 '나비'의 가능성을 의미화하는 것이기도 하다. 즉 '멜랑콜리'라는 감정이자 현실로부터 이탈한, '나비'로 상징되는 예술가의 존재론적인 가치증명의 측면이 바로 「유선애상」의 환상이 보여주는 '꿈' 이미지들의 핵심이다. 정지용의 시의 해석을 위해서는 두 가지 전제가 필요하다. 다름 아닌 은유적 발상을 전제로 해석되어야 한다는 점과 현실과 꿈의 교차적 소통이 존재한다는 점이다.[84] 그리고 '유선' 또는 '유선형'은 이 두 가지 전제를 모두 충족한다.

유선형은 당시 조선에서 운행하던 다양한 근대 교통 기관 및 그와 관련된 것들을 총칭하는 용어였다. 기관차, 배, 비행기, 자동차 등 탈 것 전반을 유선형이라고 불렀다. 즉 유선형은 물체의 형태를 지칭하기보

---

83) 김정현, 앞의 글, 67~68쪽.
84) 조영복, 「정지용의 〈유선애상〉에 나타난 꿈과 환상의 도취」, 《한국현대문학연구》 제20호, 한국현대문학회, 2006, 229쪽.

다는 유선형의 운송 기관 전체를 통칭하는 군집명사이자 유선형의 탈 것을 개별적으로 지칭하는 명사였다. 그렇다면 「유선애상」에서 유선은 하나의 사물을 지칭하는 것이기보다는 근대의 유선형 물체들의 혼합된 이미지를 표상하는 것으로 보인다. 즉 자동차를 비롯, '현악기, 파이프' 등 1930년대 근대적 일상적 삶의 파편적인 이미지들로, 당대의 '유선형 담론'들의 유행과 관련된 시인의 '집합적 경험들'이 매개된 것이다. 이 근대적 경험에서 오는 내면적인 피로감은 환상과 꿈의 맥락 속에서 마지막 연의 '나비춤'의 비약적 이미저리로 치환된다.

유선형은 유체의 저항을 최소한으로 하기 위하여 앞부분을 곡선으로 구성한 형태로 자동차와 비행기 등의 형에 이용한다. 기존의 연구자들 또한 이 '유선형'이라는 형태적 특성을 고려하여 악기, 오리, 자동차, 파이프, 자전거, 안경, 축음기 등 주로 외적인 사물에 초점을 맞추어 거론했다. 「유선애상」은 '유선'과 '애상'이 동격으로 제목의 지위를 획득하고 있으므로 제목을 '흐르는 어떤 선율을 슬퍼함' 또는 '가락을 가슴 아파함'으로 풀이할 수 있다. 따라서 「유선애상」이라는 제목을 놓고 볼 때 이 시의 대상은 '유선', 즉 어떤 선율이다. 어떤 악기가 내는 소리인 선율을 이 시의 소재로 본다면, 이 시의 표층적 주제는 선율에 대한 슬픈 마음의 정조를 노래한 것으로 볼 수 있다.[85] 그 선율은 시의 전반을

---

85) 한숙향, 「정지용의 시 「유선애상」 고찰」, 《한국비평문학회》 제40호, 비평문학, 2011, 355~356쪽.

관류하는 소재이며 잠재된 주제 의식의 핵심으로 작용한다.

그런데 당시 유선은 곧 유행의 다른 말이기도 했다. 많은 사람들이 유행에 민감했고, 그들은 오늘날로 말하자면 '패션 피플'이었다. 그런데 유행에 민감한 사람은 '패션 피플'뿐만이 아니었다. 식민지 지식인들과 문필가들도 매우 민감하게 반응하였다. 일본에 유학을 다녀온 학생들에게는 유행을 선도해야 할 의무와 권리도 함께 주어졌다. 절제된 시어로 현대시의 성숙에 결정적인 기틀을 마련한 시인이라는 평가를 받는 '현대시의 아버지' 정지용 역시 유행에 매우 민감했다.[86]

거듭 말하지만 정지용의 「유선애상」에 대한 해석은 의견이 분분하다. 시의 소재를 '오리'로 파악하거나, '자동차'라는 의견도 있다. 특히 황현산은 이 시가 '자동차를 하루 빌려 타고 춘천에 갔던 이야기'를 서술한 것이라고 주장하면서, 1930년대 서울에는 100여 대의 택시가 있었으며, 그 자동차들은 대개 '유선형'의 몸체를 지녔다는 것이다. 또한 거리에 버려진 현악기를 주워 와 연주했다는 한 토막 사건을 두고 꾸며진 것이라는 해석도 있고, '자동차'나 '담배 파이프', '자전거', '안경' 등 정지용이 그려 낸 '유선형'이 무엇인지 여전히 논의는 끝날 기미가 보이질 않는다. 다만 '유선형'이 1930년대의 유행 담론의 하나였으며, 단순히 유선형 물체만을 지칭하는 것이 아니라, 생활방식, 사고방식, 가치관, 유행 패션 및 스타일을 의미하는 것이기도 했다. 당시 신문 자료

---

86) 김남규, 『모던걸 모던보이의 경성인문학』, 연인M&B, 2022, 177쪽.

를 보면 '유선형' 담론의 유행을 실감할 수 있다.[87]

다시 말해 '유선형'이라는 당시 문화적 현상 또는 근대적 대상과 '애상'이라는 양립할 수 없는 상황을 인식하고 있는 정지용 역시 유행에 매우 민감했다. 「유선애상」에 등장하는 다양한 신문물들은 당대의 패션피플들에게도, 시인에게도 꽤 매력적이었다. 그러나 시인 정지용에게 있어 당대의 유행에 대한 인식은 일반인과 조금 남달라 보인다. 신여성에 대한 이해와 근대적인 것과의 모순 혹은 분열된 인식이 작품에 혼재되어 나타나고 있으니 말이다. 그것은 긍정이나 부정, 신비화나 고단함의 양가성이 동시에 드러나면서도, 근대적 경험에 대한 정지용의 복잡성이 드러나는 지점이기도 하다.[88]

이수정에 따르면 「유선애상」은 조선 근대시의 실험이다. 이 실험은 정지용 개인의 실험인 동시에 구인회 시인들의 공통적인 경험일 가능성이 높다. 작품 내에서 드러나는 과도한 센티멘털리즘에 대한 비판, 명랑성에 대한 긍정적 시선, 음악성의 결핍에 대한 관용, 회화성의 중시 등 여러 가지 요소들은 구인회 시인들이 추구했던 시적 가치, 더 정확하게는 김기림이 펼쳤던 시론과 완전히 일치한다. 그러나 「유선애상」에서 실패가 선언된 후 정지용, 김기림, 이상은 흩어져 각자 다른 길을 걸었고, 구인회라는 중심을 상실한 조선 근대 시단은 한동안 혼돈에 빠

---

87) 김남규, 앞의 책, 184쪽.
88) 김남규, 앞의 책, 184~185쪽.

진다.[89]

「유선애상」은 이와 같은 근대시의 실험과 실패를 은유적으로 표현한 작품이다. 그런데 「유선애상」은 예상치 못한 실패를 선언했을 뿐, 실패의 원인을 깊이 있게 분석하거나 새로운 방향성을 찾는 데 이르지 못했다. 오히려 모던하고 감각적이며 실험적인 기존 시의 수법을 극단적으로 밀어붙였고, 이에 따라 작품이 난해해졌다. 이것은 「유선애상」의 한계가 분명하지만 다분히 의도된 결과이기도 한다. 구인회 동인지이자 구인회 활동의 일단락을 의미했던 『시와 소설』에 실을 작품이었기 때문에, 구인회의 일원으로서 추구해 온 시적 경향의 정점 내지 극한을 제시하고자 했다. 「유선애상」은 정지용의 시세계에서 예외적인 경향의 난해시가 아니라, 중기시에서 후기시로 넘어가는 계기를 증언하는 중요한 의미가 있는 작품이다. 다만 기존 시에 대한 반성이나 새로운 시에 대한 방향성이 보이지 않고, 자신이 느낀 한계와 예상치 못한 실패에 대한 슬픔만이 드러난 것이 이 작품의 한계라고 말할 수도 있다.

반면 신범순은 「유선애상」을 조금 다르게 평가한다. 그에 따르면 「유선애상」의 "춘천삼백리 벼룻길"은 서울에서 북한강을 끼고 가는 강변의 길을 연상시킨다. 남양주에서 이 강변길을 따라가면 가평에 이른다. 가평 지역에서 강을 끼고 보납산을 돌아가는 비탈길이 있고, 보광사 입구의 '자라목'까지 이어진다. 자라섬이 거기서 내려다보일 것이다. 서

---

89) 이수정, 앞의 글, 312쪽.

울에서 춘천 가평까지 삼백리 벼룻길을 내달린 존재가 거북처럼 흥분한다고 했는데, 정지용의 시적 지리학에서 경춘가도의 삼백리 끝자락은 북한강을 따라가는 길이 도달한 자라섬이었을 것이다. 그 자라섬이 강물 속에서 쉬고 있는 모습을 연상하면서 내달린 자기 신체를 그 강물 속의 거북섬에 비유했을 것이다. 북한강을 내려다보며 구불거리는 강물의 흐름과 함께 내달리는 길은 정지용의 '유선'적 행보와 잘 어울린다. 도시 아스팔트 도로의 직선과 기계적 움직임으로부터 멀리 떨어진 자연의 행보이지만 아찔한 절벽을 동반하기도 하는 그러한 길에 대해 「유선애상」은 노래했다. 이 절벽의 벼룻길을 내달리는 것은 도시적 행보로부터의 위험한 탈주이며 근대 도시적 삶에 대한 저항이다.[90]

정지용은 「유선애상」 이후 산수시 계열의 시들을 발표한다. 그는 어둠 속에 묻혀 있는 도시의 집요한 권력으로부터 도피해 굳건하게 서 있는 우리 국토의 산악정신을 발견한다. 그가 산수시 계열로 나아가게 된 것은, 도시로 대표되는 근대문명에 대한 비판적 인식의 결과라는 것을 그의 시작 전반에서 확인할 수 있다. 「유선애상」은 도시를 휩쓰는 유행과 그것이 만들어 내는 환상에 대한 매혹, 또 그 유행이 얄팍함과 환상의 덧없음을 그리고 있다. 그러므로 「유선애상」은 정지용이 산수시 창작으로 나아가게 된 까닭이 담겨 있는 작품으로 자리매김할 수 있을 것이다.[91]

---

90) 신범순, 앞의 책, 441쪽.
91) 소래섭, 앞의 글, 291쪽.

8. 시 비평가로서의 정지용

1930년대 후반 낭만주의의 부활을 도모하려는 움직임은 시사적으로 나름 큰 의미가 있다. 보통 문예사조로 다루어지는 낭만주의는 계몽주의나 고전주의에 대한 반명제적 성격을 지닌다. 하지만 국내 1930년대 후반에 호명된 낭만성이란 감정에 대한 존중을 의미하는 것에 가까워 보인다. 임화가 「33년을 통하여 본 현대 조선의 시문학」이라는 글에서 밝혔듯이 낭만주의에 대한 전면적 비판은 1930년대 초기 시에서 감정적, 정서적인 것을 축출하는 역기능을 낳고 말았다. 그렇기에 1930년대 후반에 이르러서는 1920년대의 낭만주의가 보인 과도한 감상성과 퇴폐성에는 거리를 두면서도 감정 자체의 고유한 가치는 재발견해내고자 하는 움직임을 보여주었다고 볼 수 있다. 따라서 이때의 낭만주의도 건강한 감정을 향한 존중의 의미를 담는다고 할 수 있다.[92]

1939년 종합문예지 《문장》이 창간되었다. 세련된 잡지 편집도 좋았지만 《문장》이 내외의 관심을 끌었던 더 근본적인 동기는, 신인추천제도가 당시 문학 지망생들에게 뜨거운 선망의 대상이 되었던 데 있었다. 정지용은 시 추천위원을 맡아 조지훈, 박목월, 박두진, 박남수 등을 발굴한다. 그는 단순히 추천만 한 것이 아니라 날카로운 추천평을 부기함

---

[92] 유현수, 앞의 글, 345쪽.

으로써, 이것이 신인의 시적 역량은 물론 그들의 시작 방향까지 가늠하는 하나의 기준이 되는 전범을 마련해 놓았다. 이 시기 정지용은《문장》의 추천위원으로서뿐만 아니라 자신의 시도 적극적으로 발표하게 되는데 1930년대 후반에 새로운 시적 모색을 도모하던 그의 중요한 시편들, 즉「백록담」,「춘설」등은 거의 이 잡지에 발표되었다. 이 시들은 새로운 시경의 개척자로서의 정지용의 뛰어난 면모를 엿보게 하는 시적 변신의 획기적 형태로 평가할 만하다.[93]

정지용은《문장》을 통해 시 비평의 세계를 개척하였다. 그 이전까지 그는 주로 창작에만 몰두하였지 비평에는 별 관심을 주지 않았다. 하지만 잡지의 편집위원의 한 사람인 동시에 신인을 추천하는 위원으로서의 자격을 염두에 두지 않을 수 없게 된 것이다. 그는 시론과 시선후를 썼다. 이러한 시론을 통해 그는 후기 시에서 동양적인 절제와 달관의 시 세계로 나아가 정신주의를 획득하게 된 과정을 파악할 수 있게 되었다. 또한 그는《문장》을 통해 다양한 시 세계를 개척하고 새로운 시어의 창조에도 진력하였다.[94]

정지용이 한국문학사에 끼친 공적은 엄청나게 크다. 그것은 남한문학사에서뿐만 아니라 북한문학사에서도 인정받고 있기 때문이다. 사실 그동안 그는 모더니스트로서 한국현대시의 아버지라는 찬사를 받

---

93) 최동호, 앞의 책, 106~108쪽.
94) 박태상,『정지용의 삶과 문학』, 깊은샘, 2010, 234쪽.

아왔다. 남한문학사가 주로 모더니스트로서의 문학사적 위상을 강조했다면, 북한문학사는 그의 초기 시에서 향토적 및 민족적 정서와 민요풍의 시풍을 보여주고 있다고 다른 측면을 높이 평가하고 있다. 다만 그의 시에서는 그 어떤 사회적인 문제를 찾아볼 수 없다고 지적하면서 1930년대에 들어서면서 순수문학을 표방하면서 사실주의 경향으로부터 더욱 멀어졌다고 비판하고 있다.

정지용은 1930년대 후반 일제의 말기 증세를 느끼고 암흑기로 접어들려고 하는 시대 정황을 인지하고 민족을 저버리지 않으면서 정체성을 유지할 수 있는 '반속적 은일주의'로 나아갈 방도를 모색하고 있었다. 마침 이태준의 권유로 잡지《문장》의 편집위원으로 참여하면서 구체적인 방법론을 구축해 나가기 시작한다. 즉 난세의 처세관으로 동양적 은일주의와 반속적 선비정신으로 거듭나는 태도를 발견하게 된 것이다. 정지용은 시에서 중요한 것은 언어라고 인식하면서도 "시는 언어의 구성이라기보다 더 정신적인 것의 열렬한 정황 혹은 왕일한 상태 혹은 황홀한 사기이므로 시인은 항상 정신적인 것에서 정신적인 것을 조준한다"고 주장하여 자신의 시적 인식 태도로서 '정신주의'를 앞세우고 있다. 아울러 정신주의를 내세운 정지용은 자신의 시관으로 '성·정의 시학'을 주장하게 된다.

《문장》과 관련한 정지용의 문학사적 위상은 다음과 같이 요약할 수 있다. 첫째, 전통주의를 표방한 잡지《문장》에 관여하면서 그의 문학의 전성기 때의 감각적 서정시의 세계에서 동양적 절제의 서정시로 변모시킨 다양성과 창조성을 들 수 있다. 이러한 시 세계는 명징하고도 청정한 시를 창조했으며, 정경교융의 의경론에 입각한 고도의 형이상학인 시를 창조하는 계기가 되었다. 둘째, 외적인 현실이 열악하고 참담한데도 불구하고 옹골하게 시창작에만 몰두하여 전문 시인으로서의 영역을 확보한 측면도 무시할 수 없다. 당시 대다수 문인들의 변절과 훼절을 살펴볼 때 정지용의 반속적인 정신지향적이고 고답적인 자세는 높이 평가할 수밖에 없다. 셋째, 《문장》의 신인 추천 제도를 도입하여 역량 있는 후진들을 양성한 것은 한국시단을 풍성하게 한 측면에서 높은 점수를 주어야 할 것이다. 넷째, 산문시와 2행 1연의 단형시의 장르를 개척한 측면과 새로운 시어의 창조는 이 시기 정지용의 시를 전통부흥론으로 몰아붙여 복고주의로 비판하려는 당시 저널리즘 등의 문단 분위기에 맞설 수 있는 '창조성의 확보'라는 측면에서 큰 의미를 둘 수 있다. 정지용은 《문장》을 통해 다양한 시 세계와 독창적인 시론을 전개함으로써 한국문학사의 거봉으로 그 위상을 확고하게 자리매김하게 되었다.

요컨대 정지용은 1930년대 '시의 성좌'로 불렸고 오늘날에는 '한국 현대시의 아버지'로 평가될 만큼 '한국 문단의 큰 별'이다. 그는 일본 도시샤 대학 유학 시절 블레이크의 시를 '상상력'의 관점에서 고찰했고 이를 주제로 졸업 논문을 제출했다. 그는 블레이크에 대해 논문을 쓰고 그의 시를 번역하면서도 객관적인 태도를 잃지 않았다. 구인회 활동을 통해서 '모더니즘'에 관해 자신만의 이론적 체계를 정립하고 이를 시적으로 실험했다. 그 결과물이 바로 「유선애상」이다. 「유선애상」은 시 해석에 대해 적잖은 논란을 가져왔지만 이후 산수시 계열의 시를 발표한 것을 고려할 때 이 시는 근대문명에 대한 비판적 인식의 결과로 해석될 수 있다. 또한 그는 시인으로서 뿐만 아니라 시 비평가로서도 절륜함을 보였다.

지금 당신의 이웃은 어떤가요?

1.

철학자 김진석은 『소외되기-소내되기-소내하기』(2013)에서 오늘날 주체는 자유를 실행하면서 위험을 무릅쓰는 소내되기의 과정을 거쳐, 낯선 내부의 확장과 더불어 발생한 '극-소외'의 상황을 헤쳐 나아갈 수 있는 '엉삐우심'의 태도가 필요하다고 역설한다. 그런 태도는 자신의 자유를 실행할 방식을 모색해야 하는 소내하기의 과정이다. 그는 '소외되기-소내되기-소내하기'라는 새로운 언어를 창안함으로써, 이제까지 게으르고 진부하게 사용된 소외 개념을 극복하고 '소내'를 철학적 화두로 부각시켰다.

소외와 소내를 구별하는 중요한 관점은 내부와 외부의 경계선이다. 조금 단순하게 말하면, 소외된다는 것은 내부에 존재한다고 여겨지는 자연적 질서를 박탈당하고 '바깥으로 낯설어지는 일'이다. 그와 달리,

소내되거나 소내하는 일은 안으로 낯설어지는 일 혹은 안에서 낯설어지는 것을 무릅쓰는 일이다. 낯선 내부가 이상하게 확장되고 불이 밝혀지는 일이 일어났기 때문이다. 그러나 이런 공통점에도 불구하고 소내되는 일과 소내하는 일은 다른 한편으로 매우 다르다.

소외되기는 자연권 사상이 주장한 자유를, 소내되는 과정은 자유주의가 실행한 자유를, 그리고 소내하는 일은 다채로운 폭력에 의해 교직되고 교차되는 자유를 각각 동반한다. 자유는 근대 이후 단순히 이전보다 발전적으로 확대되었다고 보기도 어렵고, 그렇다고 여러 억압 이론이 말하듯 단순히 짓눌리지도 않았다. 자유주의가 권장하고 실행한 자유만 해도 개인들이 끊임없이 위험을 무릅써야만 얻을 수 있는 어떤 것이었다. 따라서 이전 시대보다 그것의 무늬는 개별적으로 자유스럽고 다채로웠지만, 동시에 이전보다 촘촘하게 관리되는 어떤 것이었다. 또 소내하는 상황에서 개인들이 실행하는 자유가 신자유주의적 질서가 내포하는 폭력에 의해 적잖이 교란되는 것은 사실이지만, 나는 이전부터 모든 것을 신자유의 탓으로 돌리는 단순함 혹은 지적 게으름에는 반대해왔다. 소내하기는 확장된 낯선 내부가 우발하는 폭력들을 엉뚱하고 삐딱하게 바라보면서 자신의 자유를 실천하는 방식들에 대한 모색을 포함한다.

개인이든, 집단이든 우리가 소내하는 공간은 바로 폭력과 자유가 얽히고설킨, 그들이 안팎으로 꼬이며 연결된 공간이다. 소내하는 공간은, 바로 자유가 폭력을 먹고 성숙하는 공간이자 폭력이 자유를 성숙시키는 데 기여하는 공간이다. 쓰라린 사실이다. 근대 이후, 주체들은 생산적인 권력관계 속에서 자유를 부여받고 자유를 구성했다. 그것이 소내되는 주체들의 발생과정이었다면, 이제 소내하는 주체들은 폭력적 관계 속에서 자유를 구성하는 상황에 있다.

자유주의자가 자유의 힘을 크게 여기고 폭력의 존재를 너무 가볍게 여긴다면, 거꾸로 자유의 힘을 너무 작게 생각하고 자본주의의 억압과 폭력을 과대하게 부풀리는 사람이 있다. 슬라보예 지젝Slavoj Žižek이 그 경우에 속한다. 그는 폭력의 잔혹함을 쉬지 않고 고발하고 또 인간의 깊은 상처에 끊임없이 말하지만, 그가 말하는 폭력은 대부분 자본주의가 세계가 생산하는 폭력이나 상징적 폭력에 국한되고 있다.

물리적 폭력은 대상을 바깥으로 내던지려는 힘을 가진 반면, 문화와 문명에 뿌리를 둔 상징적 폭력은 대상을 안으로 집어던지는 힘을 가진다. 상징적 폭력은 사람들에게 상처를 주면서도 마치 자신은 폭력이 아니라는 듯한 표정을 짓는다. 그런 표정이 가능한 것은 그 폭력이 그저 뻔뻔하기 때문만은 아닐 것이다. 개인들은 자신에게 남은 상처가 어느 정도는 자신의 자유를 행사하면서 얻은 것이라고 느끼는 점이 있기 때문이다.

자연권 사상이 뿌린 보편적 권리의 씨앗은 자유와 평등을 수확하게 했지만 마찬가지로 상처와 불만도 거두게 했다. 즉, 소외되었다는 상처와 불만이다. 그리고 물리적 폭력으로부터의 자유가 점점 확보된 역사적 과정 속에서, 주체들은 한편으로는 권력 관계를 통해 자유를 형성하고 구성했으며, 다른 한편으로는 폭력적 구조 속에서 그것에 의해 자유를 형성하고 구성한다. 전자는 소내되는 상황이고 후자는 소내하는 상황이다.

　이 시대는 '치유'의 빈곤과 동시에 그것의 과잉에 빠진 듯하다. 이 와중에서 다시 철학이 인간의 '치유'를 맡아야 한다는 말을 하는 사람들의 목소리도 높아진다. 철학은 그것이 보편적인 존재와 개념에 의존하거나 모범적인 윤리를 지향하는 한, 다양하고 이질적인 상처와 불만에 깨어 있는 개인들의 치유를 실행하기는 어렵다. 또 철학이 심리학이나 정신분석, 정신병리학의 한계를 비판하면서 '철학적 치유'를 내세운다고 해서, 철학적 개념들이 쉽게 개인들의 상처와 불만을 치료해 줄 수 있는 것도 아니다.

　쉽게 치유를 말하는 것은 이미 문화와 문명을 여러 차원에서 지배하는 생명-권력의 제도와 장치들에 다시 포획되는 일이 될 것이다. 혹은 이미 상처와 불만을 유발하는 바로 그 근원에 우스꽝스럽게 매달리는 일이 될 것이다. 그래서 나는 '소외된 영혼을 치유한다'는 여러 형태의 구호를 믿지 못한다. 또 그저 경쟁 때문에 상처와 불만이 생기니 경쟁을 없애자는 '자칭진보들'의 처방도 별로 신뢰하지 않는다. 자신의 이익에 대해 자발적으로 판단하는 경제적 주체의 합리성에 현재 사회가 기본적으로 의존하는 한, 사람들은 많건 적건 경쟁을 피할 수 없을 것이다. 다만 비교적 공정한 게임의 룰을 지키는 환경을 만들 수 있느냐가 중요할 뿐이다. 어쨌든 상처와 불만은 뿌리가 매우 깊고 그 근원도

서로 다르다. 하지만 뿌리나 근원을 쉽게 제거하려는 시도는 또 다른 위험을 불러올 수 있다.

2.

일찍이 지그문트 프로이트Sigmund Freud는 『문명 속의 불만』(1930)에서 성서의 레위기 19:18에서 언급되는 이웃에 대한 명령, 즉 "네 이웃을 네 몸과 같이 사랑하라"는 계명에 대한 자신의 입장을 다음과 같이 분명하게 밝힌 바 있다.

내가 만일 누군가를 사랑할 수 있다면 그는 사랑할 만한 가치가 있다. 또한 그가 나보다 훨씬 완벽해서, 내가 그 안에서 나 자신의 이상을 사랑할 수 있다면, 그 역시 나의 사랑을 받을 자격이 있다. 그러나 그 사람이 내가 전혀 모르는 사람이라면, 그리고 자신의 가치로 나를 매혹시키지 못하거나 내 감정생활에 아무런 중요한 의미를 획득하지 못했다면, 나는 그 사람을 사랑하기 어려울 것이다. (…) 생면부지의 사람은 단지 내 사랑을 받을 가치가 없는 것만이 아니다. (…) 낯선 사람은 나의 적개심과 증오까지 불러일으킨다. 솔직하게 고백해야 한다.[95]

---

95) 지그문트 프로이트, 『문명 속의 불만』, 김석희 옮김, 열린책들, 1998, 296~300쪽.

프로이트는 이웃 사랑에 대한 성찰을 인간의 지속적인 공격성, 즉 원초적인 상호적대성으로 드러나는 근원적인 기질에 호소하여, 인간은 부여받은 동물적 자질들에 상당한 공격성이 포함된 피조물이기 때문에, 인간의 이웃은 그들에게 잠재적인 협력자나 성적 대상일 뿐만 아니라, 그들의 공격 본능을 자극하는 존재라고 규정한다. 더 나아가 인간은 이웃을 상대로 자신의 공격 본능을 만족시키고, 아무 보상도 주지 않은 채 이웃의 노동력을 착취하고, 이웃의 동의도 받지 않은 채 성적으로 이용하고, 이웃의 재물을 강탈하고, 이웃을 경멸하고 이웃에 고통을 주고, 이웃을 고문하고 죽이고 싶은 유혹을 느낀다고 상정한다.

『문명 속의 불만』에서 프로이트는 시종일관 이웃을 '본질적으로 적대적이고 악한 존재'로 규정한다. 하지만 그의 주장의 핵심이 '인간은 본질적으로 악하다'는 것을 규명하는 것은 아니다. 오히려 이웃이라는 주제는 본질적이며, 전쟁과 학살이라는 대재앙의 경험이라는 관점에서 '이웃'의 개념을 다시 한 번 고찰해보자는 게 본령이다. 이 책이 출간되던 1930년은 시대적으로 제1차 세계대전의 상흔이 완전히 가시지 않았을 뿐만 아니라 제2차 세계대전의 씨앗이 꿈틀거리고 있던 시기였다. 전쟁과 학살이라는 대재앙의 경험과 그에 대한 공포는 특히 1930년대 독일과 오스트리아에서 개인뿐만 아니라 이웃, 사회, 국가, 더 나아가 세계 전체를 지배했다.

『문명 속의 불만』의 시공간을 '2010년대 대한민국'으로 옮겨보자. 1930년대 독일과 오스트리아에서 전쟁과 학살은 '상수'였지만 2010년대 대한민국에서 전쟁과 학살은 거의 '변수'에 가깝다. 현재 대한민국에서 전쟁과 학살은 상정 가능하지만 좀처럼 상정하지 않는 특이 변수 혹은 예외 변수로 간주된다. 하지만 시공간이 바뀌었다고 하더라도 '이웃'이라는 주제는 여전히 본질적이고 고찰이 필요하다. 1930년대 독일과 오스트리아에서 이웃에 대한 적개심과 증오는 일차원적이고, 직접적이고, 가시적이었다면, 2010년대 대한민국에서 이웃에 대한 적개심과 증오, 더 나아가 혐오는 간접적이고, 복합적이고, 비가시적이다. 구병모의 『네 이웃의 식탁』(2018)은 '꿈미래실험공동주택'이라는 특정 공간을 배경으로 "견고해 보이는 네 이웃의 식탁 아래에서 폭로되는 공동체의 허위, 돌봄 노동의 허무"를 전시한다.

3.

『네 이웃의 식탁』에서 '네 이웃'은 중의적인 의미를 지닌다. 네 이웃은 꿈미래실험공동주택단지에 거주하는 물리적인 '네'(four) 가족을 가리키기도 하고, 각 가족의 이웃으로서의 '네'(your) 이웃을 의미하기도 한다. 수도권 외곽에 실험적인 주거단지인 꿈미래실험공동주택단지가 들어선다. 이곳은 국가적 현안으로 떠오른 저출산 문제를 해결하고자 하는 정책 방향에 따라 조성된 곳이다. "실험공동주책을 나라에서 만들게 된 까닭은 더 이상 바닥이 없을 정도로 가파르게 깎여 내려온 출생률에 있는 만큼, 이곳에 들어갈 유자녀 부부는 자녀를 최소 셋 이상

갖도록 노력하겠다는 것이었다."⁹⁶⁾

 그림 같은 설계, 파격적인 분양 조건, 현재 자녀가 셋 이상이거나 앞으로 셋 이상을 두어야 한다는 출산 조항을 준수해야 하긴 하지만 살 만한 내 집 마련의 가망이 없는 젊은 부부들은 무언가에 쫓기듯 앞 다투어 입주 신청을 한다. 이곳은 10여 년 전 살짝 붐이 있었을 때 한바탕 조성되다 만 전원 주택가와도 좀 떨어지고, 편의시설 하나 없는 고즈넉한 산속에 지은 열두 세대 규모의 작은 아파트로, 언뜻 보면 계곡 물줄기 하나 옆에 흐르지 않는 공지에 펜션이 덩그러니 있나 싶게 보였다. 어쨌든 나라에서 신경 써서 지은 새집이라 깨끗하고 구조도 좋고 평수도 적당하며 무엇보다 공공임대라는 장점이 있었으나, 입주 조건은 까다로웠고 갖추어야 할 20여 종의 서류 항목 가운데 자필 서약서까지 있었다. 한 줌 이웃들과 뜻만 잘 맞는다면 얼마든지 '정다운 이웃'이 될 수 있고 얼마든지 '달콤한 우리 집'이 될 수 있다.

 『네 이웃의 식탁』에 등장하는 네 가족은 다음과 같다. 먼저 입주한 신재강과 홍단희 부부, 그들의 아들 정목과 정협. 고여산과 강교원 부부, 그들의 아들 우빈과 딸 세아. 그들 다음으로 입주한 손상낙과 조효내 부부, 그들의 딸 다림. 그리고 마지막으로 입주한 전은오와 서요진 부부, 그들의 딸 시율. 원래는 열두 세대가 입주 가능하지만 현재는 네 세대만 입주한 상태. 네 가족의 구성원들 모두 '절대적인 악인' 또는 '흠결

---

96) 구병모, 『네 이웃의 식탁』, 민음사, 41쪽. 이하 작품 인용은 괄호에 쪽수로 표기함.

없는 선인'이 아니라는 점에서 서로 비슷한 윤리의식을 갖고 있다. 요즘 감수성에 비추어보면 요진에게 저지르지 말았어야 할 짓을 저지른 재강을 빼면 말이다. 재강과 요진 사이에서 벌어지는 얼핏 사소해 보이지만 실제로는 심각한 몇 가지 사건들이 소설의 주요 서사이자 갈등의 근원으로 작용한다.

『네 이웃의 식탁』은 '식탁'에 대한 묘사로 시작된다. "매끈하게 깎인 상판에는 얼굴이 비쳐 보일 듯 니스 칠이 되어 있었고, 두툼한 모서리의 마감은 들쭉날쭉하며 다리는 울퉁불퉁한 나무 몸체의 근육을 그대로 살린, 다리라기보다는 그 자리에 거의 붙박인 다섯 개의 두꺼운 기둥 수준으로, 웬만한 장정 네댓 사람이 달라붙어도 들어 옮기기 어려운 핸드메이드 제품이었다"(7). 먼저 입주한 세 가족은 마지막으로 입주한 은오와 요진 부부 가족을 축하하며 따뜻한 친밀감을 전한다. 하지만 요진은 "보통의 아파트에서라면 눈인사 정도나 할까 말까 할 헐거운 관계에 불과할 것을, 그래도 주택 사정에 맞게 소규모 그룹 같은 형태가 된 이상 이름 정도나 트고 지내면 그만이"(11)라고 경계境界를 짓고 경계警戒한다. 하지만 재강과 카풀로 출퇴근을 하면서 그녀의 경계는 허물어지고 무위가 되어 버린다.

재강의 아내 단희는 좋게 말하면 매사에 적극적이고 활달하다. 무엇보다도 그녀는 '공동체'의 가치를 소중하게 여긴다. 그렇기 때문에 그녀는 은오와 요진 부부 환영회 때 불참한 효내를 못마땅하게 여긴다. 그녀가 생각하기에 효내는 "공동주택을 살면서 [갖추어야 할] 최소한의 상식과 도리"(28)가 결여되었다. 이도 저도 사정이 안 되고 본인이 둥글지도 않아 어렵다면, 경우에 맞는 화법만 갖추어도 그만이다. 하지만 효내는 둥글지도 않고 경우에 맞는 화법도 갖추지 못했다. 그녀는 공동주택의 입주자들이 일상을 긴밀하게 나누며 외부 세계와 다소 떨어져 있다는 데에서 비롯되는 관계의 허기를 채워 나가길 바랐다.

반면 효내는 필요 이상 그들[단희와 교원]과 접촉하여 건수 잡힐 일을 제공하지 않겠다고 입주 첫날부터 다짐했다. 한편 그녀는 은오와 요진 부부가 자신들과 마찬가지로 자녀가 아직 한 명뿐이라는 얘기를 잠결에 남편 목소리로 전해 듣고 조금 마음이 놓였다. 안심보다는 어쩐지, 눈앞의 무엇이든 누구에게든 격하게 동의하고 싶어지는 공감의 욕망에 가깝기는 했지만 말이다.

『네 이웃의 식탁』에서 작가는 비교적 네 가족 모두에게 시선을 공평하게 배분한다. 그래도 앞서 말했듯이 작품의 주요 서사이자 갈등의 근원은 주로 요진과 재강 사이에서 벌어지는 사건들이다. 보다 엄밀히 말하면 재강 때문에 요진이 겪는 정신적인 갈등과 그에 따른 그녀의 결단이다. 그녀는 예기치 않게 재강과 카풀을 하게 된다. 그들의 카풀은 일회적이었던 것에서 일시적인 것으로, 나중에는 일상적인 것으로 바뀐다. 요진은 재강과 처음 카풀을 할 때 어색함을 깨기 위해 육아 이야기를 꺼낸다. 그녀는 아이를 키우는 사람들과 나누고 견딜 수 있는 최선의 대화 소재는 아이라고 생각했다. 비슷한 입장과 상황에 놓인, 그러나 경제 수준과 사회에 대한 관심도 및 문화 향유 범위는 판이할 것이

틀림없는 사람들의 공통점이라곤 아이가 있다는 사실뿐이었다.

하지만 가볍게 꺼낸 아이의 양육 이야기는 요진을 더욱 무겁게 한다. 오히려 양육이야기는 그녀뿐만 아니라 대부분의 사람들에게 애써 외면하려는 삶의 아이러니를 일깨운다. 즉 사람들은 아이가 태어나고 나서야, 아이의 탄생으로 삶의 규모가 방만해지는 데 반해 재정은 축소되는 아이러니를 겪고 나서야 그 전까지 자신의 삶이 어디에 위치하고 있었던 지를 새삼스레 확인하게 된다. 거기서 비롯하는 감정적 초라함을 상쇄하고자 끊임없는 전시와 비교에 집착한다. 그런 점에서 육아는 그런 사람들 사이에 "유일하게 순진하고 투명한 연결고리이자 중심 화제"(57)가 되기도 한다. 요진은 단희와 재강 부부를 보며 자신은 과연 저들처럼 어디서나 투명하게 녹아들 준비가 되어 있는 백설탕 같은 사람인지, 어떤 바람 한 가운데서도 눈에 띄게 흔들리지 않고 다만 가볍게 무용수의 팔다리처럼 리듬을 갖고 나부끼는 사람인지 의문을 품는다.

재강의 의도한 혹은 의도치 않은 신체 접촉에 의해 요진과 재강의 카풀은 갈등과 위기를 맞이하게 된다. 요진은 고의든 실수든 자신의 얼굴에 닿았음이 분명한 신재강의 손가락에 대해 아무 말도 하지 않을 것이라 다짐한다. 그녀는 "세상 모든 남자의 손가락은 그것이 어디에 닿았든 간에 잠시 앉아 앞발을 비볐다가 떠난 파리에 불과하며, 파리채를 제때 휘두르지 못한 것은 자신이라고"(83) 자책한다. 그녀의 생각에 재강에게는 별다른 의도가 없을 터였고 없어야만 했다. 그녀는 그저 이웃을 대하는 자연스러운 태도에 딴 마음이 앞니의 고춧가루만큼이라도 끼어 있을지 모른다는 가능성을 꼽아보는 것부터가 상대방에 대한 예의가 아니라고 믿는다. 하지만 그녀는 이 문제가 이웃이라는 미명 하에 해결될 수 있는 문제가 아니라는 것을 이미 알고 있다.

언젠가부터 재강의 말과 행동은 선線을 넘어올 듯 말 듯 한 순간에서 종료된다. 물론 그 선의 기준이 사람마다 다르니 요진이 어느 순간 허용하지 않겠다는 단호한 표정으로 그의 말을 싸늘하게 거절해도 그만이었다. 요진이 불편하고 불쾌하면 곧 그것이 선을 넘는 일이었다. 선을 넘는 게 어렵지 한 번 넘고 나면 그 선은 더 이상 선으로서의 기능을 하지 못한다. 공교롭게도 재강이 선을 넘었다고 그녀가 생각하는 순간 그녀는 그때까지 인식하지 못했던 주변의 악취를 인식하게 된다. 즉 공기 중에 분산되는 강력한 입자가 최소한의 행복이나 단란함 같은, 본질적으로 위선에 가까운 긍정적인 말들을 밀어내고 그 자리를 유기질의 냄새로 채웠다.

요진은 선물 공세와 식사 초대로 그녀의 환심을 사려는 재강에게 최후통첩을 보내고 혼자 집으로 향한다. 원치 않은 그와의 불편한 관계 때문에 공공주택의 환상이 깨지고 "선명한 현실로 버티고 남은 것은 눈에 보이지 않는 악취뿐인지도 모른다는, 총체적인 무기력"(161)이 요진의 발목을 붙들었다. 그녀는 재강에게서 오는 카톡 폭탄 메시지의 내용을 확인하지 않고 내버려 두었다. 그녀는 공동주택 사람들이 신재강의 말을 배척하고 자신의 말을 믿어줄까, 하는 걱정과 함께 평소보다 일찍 집으로 향했다. 하지만 안 그래도 두어 주쯤 전부터 낌새가 좋지 않던 그녀의 중고차는 집을 얼마 남기지 않은 시골의 도로 한복판에서 퍼지고 만다.

요진은 "집까지 1킬로 남겨 놓고 이게 무슨 봉변이람"(161-162)이라고 푸념하지만 진짜 봉변은 집에서 그녀를 기다리고 있었다. 그녀는 차를 도로에 그냥 두고 집까지 걸어간다. 주택 입구에 들어섰을 때 그녀는 걱정과 함께 안도감을 느꼈다. 그녀는 평소보다 일찍 퇴근하는 자신을 보고 남편 은오와 딸 시율이 어떤 표정을 지을까, 기대하며 미소를 짓는다. 하지만 집에 도착했을 때 그녀가 목격한 것은 교원과 함께 희희낙락하고 있는 남편과 교원의 집에 혼자 방치되어 있는 시율의 모습이다. 남편의 위선과 무능함에 치를 떨며 그녀는 시율을 데리고 공동주택을 떠난다. 그들이 탄 택시 안으로 축사의 악취가 스며들었을 때 택시 기사는 재빨리 사과하지만, 그녀는 "머지않아 지워지겠죠 냄새도, 그것이 속해 있는, 어쩌면 그것이 주인 되는 공간도"(181)라고 혼잣말을 한다.

요진은 택시 안에서 남편이 자신에게 했던 말들을 곱씹는다. "대체 뭐가 불만이어서 이래. 내 의견은 안 물어보니? 그럴 거면 뭐 하러 처음부터 여길 들어와, 들어오길. 기억 안 나? 여기 입주 신청 넣자고 했던 게 누군지?"(173) 사실 공동주택의 공고를 발견한 것도, 안 될 거라고 여기면서 신청 서류를 부지런히 꾸미고 다닌 것도 그녀였다. 그녀는 무능력하고 무지한 남편을 어쩔 수 없는 일이라고 여기며 오로지 세 식구 안심하고 몸 들일 곳이 필요해 공동주택으로 들어온 것이다. "의무 이행

사항대로 아이 셋 낳고 다복하게 잘 살 수 있을지 여부는 안중에도 없었"(173)다. 그녀는 실패한 시나리오 뭉치만 싸안고 끙끙대는 남편을 보다 못해 그를 위해 공동주택에 들어왔다고 생각했는데 남편은 실패의 책임을 자신에게 돌리고 있다. 그녀는 맞춤과 양보라는 그럴듯하고 유연한 사회적 합의를 지시하는 언어들이 은오의 입에서 당연하다는 듯이 나오리라고 전혀 예상 못했지만, 어쩌면 그것이 공공주택의 취지이자 본질 그 자체일지도 모른다고 생각했다. 그녀는 집을 나서기 전 공동주택 입주에 필요한 신청 서류, 그 중에서도 "미래를 위해 함께 실천하는 아름다운 약속이라든지 내 아이의 밝은 인성을 위한 선택 운운하는 세 자녀 출산"(177-178)이라는 문구의 서류를 찢었다.

4.

전술했듯이 요진은 재강과 카풀을 처음 할 때 어색함을 달래기 위해 육아 문제를 화제로 꺼냈다. 그때 재강으로부터 공동주택의 최종 목적이 "대개 터전이라고 알려진, 자연환경이 좋은 곳에서 놀이 보육 중심으로 이루어지는 공동육아 어린이집"(54)과 비슷한 곳으로 만드는 것이라는 이야기를 듣는다. 그녀는 예산 문제의 벽 앞에서 꿈미래실험공동주택 사업에는 어린이집이 우선순위로 포함되지 않았는지 생각하지 못했다. 다만 그녀는 이 공간에 공동주택을 지어 놓은 이유는 어쩌면 지역 주민과의 점진적 화합 및 적응을 통해 공동 육아의 요람을 스스로 마련하라는 의미인지도 모른다고 낙관적으로만 생각했다.

 지리멸렬한 사람들 때문에 공동주택이 실패했는지, 아니면 처음부터 실패가 예정된 공동주택 때문에 사람들이 더 지리멸렬해졌는지 정확히 알 수 없다. 더 중요한 사실은 공동주택과 공동육아는 서로 밀접하게 연결되었다는 점이다. 단희와 교원은 누구보다도 공동육아에 집착한다. 경제적으로 넉넉한 단희는 비싼 재료에 집착한다. 예컨대 요진이 반찬을 겨우 두 번쯤 해 날랐을 때 단희는 생협인지 어디서인지 구입했다는 장이며 조미료 박스를 요진에게 안긴다. 요진은 단희와 교원이 적극적으로 나서는 공동육아에 대해 시율이가 아기였을 때도 들여본 적 없는 정성을 이제 와서 여러 아이들과 함께 있다는 이유로 새삼 들인다는 게 아이러니하다고 느끼지만 대놓고 반대하지 못한다.

 반면 효내는 공동 육아를 내켜하지 않는다. 그녀 생각에 그 동안 버텨 온 날들을 돌이켜 보자면 어차피 자신은 당분간 만족스러운 그림을 그리기란 틀렸고, 이왕 이리 된 것 다림이라도 기분 좋게 건강하게 자랄 수 있다면 다행이었다. 그러기 위해서는 자신이 역동적인 군상화 속의 한 귀퉁이에 그려진, 어느 관람객의 시선도 끌지 못하는 개나 새 같은 것이 되어야 마땅했다. 그런데 단희와 교원, 특히 단희는 그녀를 군상화의 중심부로 자꾸만 끌어들이려 한다. 효내는 자신을 "타인에게 불필요한 신세를 지지 않겠다는 방어막"을 치고, "타인에게 신세지고는 못 살며 일상의 빚을 잠깐이라도 남겨 두기 자체를 피하는, 그 어떤 여지라도 원천 봉쇄하겠다는 깔끔하고 절도 있는 성격"(133-134)의 소유자로 여긴다.

하지만 그런 효내의 모습이 교원의 눈에는 다르게 비친다. 그녀는 평소에 "열심히 노동해서 내 입에 들어가는 거 하나 안 부끄럽게 살면 그만이지"(16)라고 생각한다. 그녀는 공동주택으로 이사 오기 전 아이들 용품을 인터넷 중고 사이트를 통해 구매하다가 '반도의 그 흔한 중고나라 거지맘'으로 조롱을 당한 적이 있었다. 익명의 인터넷 사용자들에게 거지 소리를 들어가며 갖추었던 꼴들, 지켜냈던 날들, 그것들이 한 순간 무의미해졌다. 하지만 공공주택의 아이들과 함께 놀기 시작하면서는 요리를 거의 도맡게 되어 자신이 쓸모 있는 사람이 된 것 같다고 느낀다. 그녀의 공동육아에 대한 열의와 헌신은 자신의 정체성과 존재감을 확인하는 인정욕구에서 비롯된 것이다. 이처럼 공동육아에 대한 서로 다른 생각에서 볼 수 있듯이 공동주택에 대한 생각 또한 서로 달랐기 때문에 어쩌면 처음부터 실패가 예정되었는지 모른다.

결국 세 가족이 떠난 뒤 마지막 한 가족만 남은 상태에서 한 가족이 공동주택의 입주를 앞두고 있다. 여자가 생각하기에 공동주택의 "들뜨지 않은 옐로와 파스텔 톤의 퍼플 배색으로 이루어진 건물은 현대적인 디자인을 적용한 것으로서 지역 소도시의 작은 어린이 미술관 같은 느낌을 주었고, 집과 집 사이를 잇는 복도 코너에는 오후의 햇빛이 번져 나가고 있었다"(182). 마지막 남은 가족의 여자는 입주를 앞둔 여자에게 떠나간 세 집의 이야기를 들려준다.

어쩌면 가장 먼저 이곳을 떠날 것으로 보였지만 끝까지 남은 가족의 여자인 세아 엄마의 말에 따르면, 프리랜서로 일하는 다림이 엄마는 자신의 그림 작업에 대한 아쉬움과 시누이와의 갈등 속에 애 셋이 뉘 집 고기 뜯어 먹는 소리냐며 그리던 그림을 모두 찢어 마당에 뿌리는 큰 소동 이후 다림이를 데리고 갈라섰고 남편도 서둘러 퇴거했다. 정목 아빠가 시율 엄마에게 작업 비슷한 걸 걸었다가 그게 들통 나면서 두 집 모두 퇴거했다. 시율 아빠는 금시초문이라고 뒷목을 잡고, 정목 아빠는 결코 그런 의도가 아니었다고 강변하며 억울함을 호소했다. 정목 엄마는 전후 사실을 따지기보다는 자신의 남편이 이웃 여성에게 오해받을 만한 처신을 하여 망신살이 뻗쳤다는 데 분노했고, 그 뒤로 시율 엄마가 사자대면은커녕 세 사람 모두의 연락조차 받기를 거부하면서 일은 흐지부지되었다.

　입주를 앞둔 여자는 자신의 사회 경험을 통해 프리랜서가 얼마나 프리하지 않은지 정도는 짐작했다. 집에서 일하고 심지어 돈까지 번다고 하면 출퇴근이라는 시시포스의 노동에 시달리는 직장인들이 어떤 고까운 눈으로 보는지 정도는 알았다. 다림이 엄마가 "자신의 일에 대한 자부심과 열망이 대단했"지만 "공동주택 사업이 시행된 당초의 목적과 본질을 상기하며, 다림 엄마의 일은 이곳의 환경이나 성향과 맞지 않을 가능성이 크다고 생각했다"(186). "이 공동주택은 집에 있기로 결정한 사람이 개인적 욕망을 내려놓고 육아를 보람으로 삼는 것이 총체적으로 건강에 이로운 곳이라는 결론이 자연스러웠으며, 각오하고 인내해야만 하는 게 아니라 그것이 삶의 원동력인 동시에 성취의 기준이어야 했다"(187)고 생각한다. 그녀는 자신이 시율 엄마보다는 낫게 살 수 있다고 생각한다. 왜냐하면 자신은 비정규직 알바인 시율 엄마와 달리 "지금껏 번듯한 사회생활을 하며 착실하게 커리어를 쌓아" 왔기 때문이다.

5.

꿈미래실험공동주택의 실험은 결국 실패로 끝난다. 만약 누군가에게 실패의 그 책임을 묻는다면 그 대상은 알게 모르게 습성처럼 체득한 우리 안의 폭력성, 그래서 단지 사람들이 경험하게 되는 일상의 폭력성, 육아와 경제활동의 부담이 부부간에 조화롭게 균등하게 배분되지 않는 한 언제나 헛바퀴를 돌 수밖에 없는 가족제도, 그런 가족을 양산할 수밖에 없는 고장 난 사회경제 구조 등일 것이다.

『네 이웃의 식탁』에서 '식탁'은 바로 그 점을 상징한다. 입주를 앞 둔 여자의 눈에 거대한 원목 식탁이 들어왔다. 레오나르도 다빈치의 〈최후의 만찬〉(1495~1498)에 등장하는, 나란히 열세 사람이나 앉을 수 있는 식탁이 꼭 이랬을까 싶게 큼지막하고 단단해 보였다. 입주자들이 오기 전부터 이 자리에 붙박인 그대로라는 식탁은, 위치를 다소 애매하게 잡은 탓에 아까운 뒷마당 공간을 많이 차지하고 있었다. 식탁은 이 주택에서 제일 오래갈 듯이 존재감을 드러냈다. 향후 몇 가구가 들고 나든지 변함없이 이 자리를 지키고 서 있을 것만 같은, 이웃 간의 따뜻한 나

눔과 건전한 섭생의 결정체처럼 말이다. 여자는 왠지 몰라도 이 식탁을 오랫동안 아침저녁으로 보고 지낼 자신이 있다고 생각하지만, 떠나간 사람들 모두 처음에는 그녀처럼 생각했다.

『네 이웃의 소설』은 장 뤽 낭시Jean-Luc Nancy가 『무위의 공동체』(2010)에서 말한 '무위'를 떠올리게 한다. 일반적으로 낭시의 철학은 자크 데리다Jacques Derrida의 해체철학의 테두리 내에서 논의되지만 실제로 그의 사유의 출발점은 낭만주의, 그중에서도 독일 낭만주의다. 그런데 그에게 낭만주의는 흔히 현실과 정치에 무관심하고 예술의 자유성과 순수성을 신봉하는 예술가들의 고립된 성이 아니다. 그는 낭만주의자들의 텍스트를 번역하고 해석하고 낭만주의에 원래 정신을 복원하는데 천착했다.

낭만주의에 대한 낭시의 참조는 암시적이고 제한적이다. 반면 그의 사유를 정향하는 명시적이자 기본적인 전략은 마르틴 하이데거Martin Heidegger를 전유하거나 변형시킴으로써 공동의 영혼이라는 문제를 재정식하고 심화하는데 있다. 하이데거가 우리의 모든 경험의 근거가 '주체'라는 항이나 '대상 세계'라는 항 가운데 어느 한 편에 있지 않고 그 두 항들을 오히려 구축하는 공동 영역인 동사적 움직임, 즉 존재 사건에 있다는 사실을 밝혔다면, 낭시는 인간들의 사이와 인간 자체에 대한 경험의 중심에 '나'나 '너'나 어떤 특정 인간이라는 항이 있지 않고 이미 공동의 지점을 가리키고 있는 '외존'이 전개되고 있다는 사실을 부각시킨다. 외존은 하나의 실체가 아니고, 관념에 규정되고 고정되는 하나의 대상도 아니며, '누구에게로 향해 있음'이라는 모든 구체적 행동 이전의 행위, 모든 우리와 모든 소통의 전제가 되는 동일자가 타자로, 동일자가 타자로 인해, 또는 동일자가 타자에게 향해 있거나 기울어져 있는 움직임이다.

『무위의 공동체』에서 낭시가 말하는 무위는 동양의 노장사상의 무위가 아니라 공동체의 무위다. 그런데 공동체의 무위는 타인들과의 소극적 관계를 의미하지 않는다. 공동체를 위해 아무것도 하지 말자는 것도 아니고, 우리를 생성하는 데에 소극적이어야 한다는 것을 의미하지도 않는다. 즉 공동체의 무위는 어떠한 집단도 어떠한 우리도 존재해서는 안 되거나 존재하는 것을 막아야 한다는 것이 아니다. 그에 따르면, 사회적·제도적으로 아직 정당성을 부여받지 못한 개인과 그 개인들의 공동체를 추동하는 정념이 이미 정립되어 있는 사회를 변형·무화·와해시키려는 움직임은 늘 존재하고 존재해야만 한다. 그 움직임은 해체로 귀결되기에 부정적인 것으로 간주되지만 진정한 의미에서의 공동체로 향해 있기에 역설적으로 적극적이고 능동적이다. 또한 급진적이기도 하다.

『네 이웃의 식탁』의 작가 구병모는 청소년소설로 이름을 알렸기에 그녀의 많은 작품들은 '성장소설'의 범주 안에서 논의된다. 하지만 그녀의 작품들은 성장과 성숙에 방점을 찍는 성장소설의 전형에서 벗어나 있다. 그녀 스스로 어느 인터뷰에서 "나는 누군가의 멘토가 돼 꿈과 희망을 주겠다는 공허한 이야기는 하지 않겠다"라고 말한 바 있다. 그녀는 현재 불안한 21세기의 10대와 20대에게 순간적인 희망을 주는 발언을 '사회의 마취제'라고 날카롭게 지적했다. 그는 "멘토라는 타자에 기대거나 그들이 하는 말을 무비판적으로 믿지 말고, 끊임없이 모든 것에 의구심을 가지고 자기 나름의 논리를 나들어 가는 것이 필요하다"고 주장했다. 작가는 '깨어있는 감성과 이성을 지니고 타인과 함께 현실을 직시하라'고 역설한다.

『네 이웃의 소설』은 일반적인 성장소설의 범주에 들어갈 수 없다. '깨어 있는 감성과 이성을 지니고 타인과 함께 현실을 직시하라'는 작가의 말에 십분 공감하게 된다. 우리는 '화목한 가족'과 '정다운 이웃'을 금과옥조로 여긴다. 소설 속 꿈미래실험공동주택은 공기 좋고 물 맑고 외부인들이 쉽사리 들어오지 못하는 꿈의 공간이다. 다시 말하면 꿈의 미래를 실현하는 공간이다. 추천의 말처럼 "내 아이 네 아이 구분 없이 보듬고 사랑하고 책임지고 치다꺼리하는 극한의 육아 공동체"다. 하지만 가족과 이웃 간에 크고 작은 일들이 벌어지면서 감춰졌던 비밀이 드러난다. 비밀이 드러나는 순간 "악취"가 나기 시작한다. 어쩌면 처음부터 악취가 났는지도 모른다. 꿈의 미래를 실천하는 동안 악취를 맡지 못했을 뿐이다. 그리고 악취가 날 때 사람들은 마침내 자신의 이웃들이 "얼굴 없는 괴물"[97]이라는 사실을 깨닫게 된다.

---

97) 케네스 레이너드 · 에릭 L. 샌트너 · 슬라보예 지젝, 『이웃: 정치신학에 관한 세 가지 탐구』, 도서출판b, 2010, 294쪽.

'우리'를 탐색하는 환상의 여정

1.

후기 인상주의 화가 폴 고갱의 〈우리는 어디서 왔고, 우리는 무엇이며, 우리는 어디로 가는가〉(1897~1898)는 미술사상 가장 철학적인 제목의 그림으로 알려졌다. 주지하듯 화가 고갱은 윌리엄 서머싯 몸William Somerset Maugham의 소설 『달과 6펜스』(1919)의 모델로도 잘 알려졌다. 고갱은 소설 속 주인공 스트릭랜드처럼 증권브로커로 성공했지만 어느 날 갑자기 그림에 빠져들면서 직장도 버리고 가족들과도 헤어져 도시의 문명을 벗어나 자연을 벗 삼아 작품 활동을 하기 시작했다. 결국 그는 1891년 물질주의적이고 인위적인 서구문명에서 벗어나기 남태평양의 타히티를 찾는다. 그는 적도의 검푸른 자연풍광과 순박한 토착민들인 폴리네시안들에게 매료되어 그곳에 정착하고 작품 활동을 이어간다.

〈우리는 어디서 왔고, 우리는 무엇이며, 우리는 어디로 가는가〉는 그가 타히티에서 극도의 궁핍과 건강 악화로 인한 절망 속에서 완성한 작품이다. 그는 이 작품을 완성한 후에 산 정상에 올라 음독자살을 기도했다. 이 작품의 제목 '우리는 어디서 왔고, 우리는 무엇이며, 우리는 어디로 가는가'는 깊은 철학적 함의를 품고 있다. 제목만 그런 게 아니라 내용 또한 철학적이다. 오른쪽의 세 여인과 어린아이는 순결한 생명의 탄생을 상징하고, 중앙의 과일을 따는 젊은이는 인생의 뜻을 이해하려고 노력하는 자세를 나타내고, 그 왼쪽의 생각하는 여인과 늙은 여인은 죽음을 기다리는 모습이고, 그리고 새들과 작품의 전체적인 배경은 인생의 풍요로움을 상징한다. 고갱은 지상의 낙원 속에서의 각각의 인물들의 모습을 통하여 자기 자신의 삶, 더 나아가 인간의 삶에 대한 근원적이고 심오한 철학적 화두를 던졌다.

고갱의 〈우리는 어디서 왔고, 우리는 무엇이며, 우리는 어디로 가는가〉를 보며 문득 이인성의 연작소설집 『낯선 시간 속으로』(1983)를 떠올리게 된다. 작가는 이 작품에서 고갱의 '우리는 어디로 가는가'라는 질문을 '어디로 떠나갈 것인가', '어디로 돌아갈 것인가'로 변주하고 있는 것처럼 보인다. 소설 속에서 고갱의 '우리'는 '나', '너', '그', '그녀', '그들'로 수시로 바뀐다. 그 종착점은 '우리'다. 바꿔 말하면 『낯선 시간 속으로』는 '나', '너', '그', '그녀', '그들'이 '우리'를 탐색하는 여정이라고 부를 수도 있다.

1980년 단편 「낯선 시간 속으로」를 통해 등단한 이인성은 1980년대 이후 '전위', 즉 '아방가르드avant-garde' 문학을 대표하는 작가로 호명되곤 한다. 유신 정권의 붕괴와 5.16 군사 쿠데타, 5.18 광주민주화운동을 거치며 민중문학 혹은 민족문학은 한국문학의 주류로 성장했다. 1980년대 문학은 사회참여적인 성격을 강하게 띠었으며 저항과 투쟁을 문학의 중요한 가치로 삼았다. 당대 한국문학의 중심이었던 리얼리즘 계열의 문학과 다른, 독특한 글쓰기로 등장한 이인성의 소설은 그러므로 논란의 중심이 될 수밖에 없었다. 그의 소설에서 서사는 해체되었고, 화자는 분열되었으며, 언어는 서사를 매개하기보다는 주로 등장인물의 의식을 설명하는데 할애되었다. 게다가 등장인물의 의식은 환상과 실제를 수시로 넘나들기 때문에 파악하기조차 어렵다.

환상은 허구로 구성된, 현실을 은폐하거나 오인하게 하는 가상 시나리오라는 점을 전제할 때, 이인성의 소설은 일체의 허구를 거부한다는 측면에서, 탈서사성을 특징으로 한다는 측면에서, 환상과의 연관 속에서보다는 오히려 환상을 거부한다는 측면에서 설명되어야 할 것이다. 이인성의 소설에는 작가 자신으로 보이는 인물들이 자주 등장한다. 『낯선 시간 속으로』는 네 편의 중편으로 구성되어 있는데, 거칠게 말해 1973년 겨울, 또는 1974년 봄부터 1974년 겨울까지 네 계절 동안 주인공의 의식의 변화를 다루고 있다. 소설 속 그의 조부는 무교회주의자이고, 그의 부친은 역사학자이다. 그는 재수 후 대학에 진학했고, 대학에서는 학내 극단에서 활동한 바 있다. 이처럼 『낯선 시간 속으로』의 주인공의 배경과 이력은 작가 자신의 그것들과 거의 일치한다.

이인성 소설에서 현실의 작가와 허구의 등장인물 사이의 구분은 모호할 때가 많다. 그의 소설에서 현실과 허구의 구분이 모호한 것은 인물의 경우에만 국한되지 않는다. 소설을 쓰는 작가 이인성이 소설 내부에 끼어들어 자신의 소설 쓰기에 대해 이야기를 한다든지, 독자를 소설 안으로 불러들여 독자에게 그들이 소설 내부에서 의견을 제시할 수 있는 여지를 마련하는 방식으로, 그의 소설은 현실과 허구의 경계를 오간다. 이인성 소설이 '허구의 양식'이라는 것을 거부하고, 허구와 현실의 경계를 무화하려 했다는 것은 익히 알려진 사실이다. 독자를 소설이라는 하나의 완결된 '환상 시나리오'에 몰입하는 것을 방해하고, 소설은 허구일 뿐이라는 사실을 끊임없이 상기시킨다는 점에서, 이인성 소설은 얼핏 '환상'을 거부하고 있는 것으로 보인다.

하지만 이인성 소설에서 '환상'은 그 무엇보다 중요한 소설의 작동 원리이다. '환상'은 그의 소설 전편에 걸쳐 소설을 지탱하는 핵심적인 위치를 차지하고 있다. '환상'이 현실을 은폐하는 시나리오가 아니라, 현실을 구조화하고 지탱하는 것이라는 점에서 더욱 그렇다. 이데올로기적 환상이 작동하는 것은 지식의 차원에서가 아니라 행위의 차원에서라는 점에서, '환상'이 타자의 욕망의 심연을 가리기 위한 스크린으로 기능한다는 점에서도 그렇다. '환상'이 주체의 욕망을 실현하는 게 아니라, 욕망하는 방식을 가르친다는 점에서 역시 그렇다. 요컨대 '환상'은 이인성 소설의 형식을 결정한 중핵이자, 그의 소설 세계를 관통하는 핵심적인 주제이다. 이인성은 말과 이야기가 어떤 방식으로 실재를 가리는지, 재현의 주체는 어떻게 분열되어 있는지를 악의적으로 재현한다. 말하자면 재현의 불가능성, 그 막연함을 재현함으로써 그 실재에 훨씬 더 근접한다.[98]

자크 라캉Jacques Lacan의 욕망 이론에서 금지의 기능이 "우리가 금지를 극복할 수 있다는, 금지된 것을 얻을 수 있다는 환상"을 창조하는 데 있다.[99] 반면 이인성 소설에서 '환상'의 기능은 우리가 상징적 질서를 해체, 극복할 수 있다는 것은 일종의 '환상'이며, 얻을 수 있는 것은 '환상'일 뿐이라는 것을 환기시키는 데 있을 뿐 아니라, 상징적 질서 자체가 '환상'이라는, 현실도 '환상'일 뿐이라는 것을, 환상 가로지르기를 통해 확인시키는 데 있다.

이인성 소설은 '환상'이 현실을 구조화한다는 것을 역으로 이용하려는 기획 속에 놓여 있다. '환상'이 현실을 구조화한다면, '환상'의 실험을 통해 현실을 바꿀 수 있을 것이라고 전망한다. 그는 소설 전편에 걸쳐 '환상'의 세목들을 일일이 확인하는 작업을 통해 현실을 직시하고, 현실의 변화를 추동하고, 새로운 삶의 가능성을 확인한다.

---

98) 김형중, 「눌변의 문학」, 『낯선 시간 속으로』, 이인성, 문학과지성사, 2018(3판), 341~342쪽.
99) 슬라보예 지젝, 『라캉 카페: 헤겔과 변증법적 유물론의 그늘』, 조형준 옮김, 새물결, 2013, 1218쪽.

2.

　이인성 소설에서 '나'는 누구인가, 개별적 존재로서의 '나'는 가능한가, '나'는 온전한 '나'인가, 등은 끊임없이 제기되는 질문들이다. 이 질문들은 그의 소설에서 환상으로 출현하는 자기-의식의 다양한 양상을 통해 독자에게 전달된다. '나'는 누구인가, 라는 질문을 던질 수 있는 자는 이미 주체로 탄생한 자이다. 주체가 되지 못한 자는 '나'는 누구인가 물을 필요가 없다. 그에게는 '나'에 대한 의식 자체가 무의미하다. 내가 '나'의 존재에 의문을 품게 된다는 것은 내가 생각하는 '나'와 현실의 '나' 사이에 괴리가 생겼다는 뜻이고, 이것은 자아이상과 이상적 자아가 기능하기 시작했다는 뜻이며, 그것을 현실의 자아가 충족시키지 못한다는 뜻이다. '나'는 누구인가, 라는 질문을 던질 수 있는 자는 오이디푸스적 자아인데, 빗금 쳐진 주체의 빗금 간 자리, 그 균열의 자리가 바로 '나'는 누구인가, 질문이 탄생하는 자리이기 때문이다.
　'나'는 누구인가, 끝없이 존재론적 질문을 던지는 자는 여전히 '나'를 발견할 수 있다는 환상을 포기하지 않은 자이자, 끝없이 실재와의 대면을 요청하는 자이다. 정확히 말하면 그는 본래적 자아가 있을 것이라는 환상을 포기하지 않는 것이 아니라, 그 환상을 포기할 수 없다. 본래적 자아란 존재하지 않고, 그 자리에 있는 것은 텅 빈 실재라는 것을 인정하는 순간, 그는 현실의 자아를 벗어날 출구를 잃어버리게 된다.
　이인성 소설에서 '나'의 존재론적 질문은 '사느냐 죽느냐 그것이 문제로다'의 햄릿식 의문에 멈춰 있지 않다. 이인성의 주인공들은 살 것이냐 죽을 것이냐를 고민하는 대신, 어떻게 살 것인가, 어떤 나로 살 것인가, 어떻게 지금과 다르게 살 것인가를 고민한다. 이인성은 그 한 방식으로 교체와 선택을 택한다. 모든 삶의 조건을 바꾸어 보는 것을 통해, 그 삶의 조건들을 살아내는 '나'의 존재 변화를 통해, 같은 시간 속에서 상상의 시간과 현실의 시간을 동시에 상영하며, 독자에게 그 모든 인물의 시간을 체험하게 하는 것을 통해 그는 위와 같은 질문에 답하고자 한다.

『낯선 시간 속으로』는 네 개의 중편 소설로 이루어져 있는데, 한 청년이 일 년여에 걸쳐 겪는 일들을 「길, 한 20년」(1973년 겨울~1974년 봄), 「그 세월의 무덤」(1974년 여름), 「지금 그가 내 앞에서」(1974년 가을), 「낯선 시간 속으로」(1974년 겨울)의 시간 순으로 배치하고 있다. 네 편의 소설은 시간 순서와 무관하게 각각 발표되었으나, "작가가 그 네 개의 중편을 미리 치밀하게 구성한 뒤 그것들을 따로따로 써 발표했으리라는 추측을 가능하게 한다. 그것들은, 그만큼, 능숙한 목수가 잘 맞춰놓은 가구처럼 잘 짜여 있다"는 문학평론가 김현의 설명처럼,[100] 이 소설에는 굵은 서사가 없다. 단지 네 계절에 걸쳐 한 청년의 의식이 변모해가는 과정을 아주 세밀하면서도 복잡하게 다루고 있다.

---

100) 김현, 「전체에 대한 통찰」, 『낯선 시간 속으로』, 이인성, 문학과지성사, 1997(2판), 317~318쪽.

『낯선 시간 속으로』는 네 개의 중편소설이 하나의 전체로서, 나-그가 자살의 유혹을 이겨내기에 이르는 과정을 묘사한, 즉 한 청년이 자기-의식을 변화, 성장시키는 과정을 치열하게 담아내고 있는 '성장소설'이다. 성장소설은 보통 괴테의 경우가 그러하듯 대개 원숙한 나이에 접어들어 삶과 세계를 성숙한 눈으로 바라다볼 수 있는 작가가 쓰게 마련이다. 이인성은 성숙한 나이에 이른 작가가 아니다. 그럼에도 불구하고 그가 일찍이 성장소설을 쓴 까닭은 어떤 전체를, 전체를 밀고 나가야 한다는 생각에 사로잡혀 있기 때문이다.

인식의 주체가 바로 인식의 대상이 되기 있기 때문에, 묘사가 세밀해지지 않을 수 없는 그 소설들은, 하나의 행위가 각각의 소설의 핵을 이루고 있다. 그 행위들은 다음과 같다. 아버지가 죽자 군 복무 중이었던 '나-그'는 의가사 제대를 하여 서울로 돌아온다. '나-그'는 아버지의 무덤에 간다. '나-그'는 아버지를 자기가 죽였다는 느낌에 시달린다. '나-그'는 자살을 하려고 미구라는 가상의 도시에 갔다가 새로운 활력을 얻고 서울로 되돌아오려 한다.[101]

---

101) 이인성이 소설의 주인공을 '나-그'로 지칭하고 있는 것은, 내가 나이면서 그이며, 그가 그이면서 나라는 것을 분명하게 보여주기 위해서이다. 나나 그는 견고한 실체가 아니라, 혼돈의 덩어리이며, '나-그'는 일정한 규모로—그 규모는 대개 성과 이름으로 표시된다—축소될 수 없다. '나-그'는 나나 타인에게 어떤 사람으로 확실하게 인식되지 못하고, 나나 타인에게 어떤 사람으로 확실하게 행동하지도 못한다. '나-그'는 자기 존재에 어떤 근거를 줘야 할 것인가를 확실하게 모르는, 부유하는 의식이다. 그 의식은 구리의 의식으로 정식화되는데, 자기를 객관화시켜 '나-그'를 만들고, 자기의 삶을 연극 속의 삶으로 만든다.

『낯선 시간 속으로』에 순서상 첫 번째로 실린 「길, 한 20년」의 청년 '그'는 부대에서 아버지의 부고를 듣는다. 아버지의 죽음으로 일찍 제대하게 된 그는 제대병이 되어 춘천에 있는 부대에서 버스를 타고 서울로 돌아온다. 버스를 타고 서울에 돌아와 창경원을 구경하고, 학림에 전화를 걸어 친구를 불러내고, 친구와 서점에서 만나 대화를 나누는 '그'와 버스에서 내리지 않은, 버스 안에서 아버지를 만나고, 신분증 검사를 당하는 '그' 이렇게 두 '그'의 시간이 중첩되어 흘러가며 진행된다. '나-그'는 그가 군대에 있을 때 그를 버리고 그의 친구와 사랑에 빠진 여자 때문에 서울로 되돌아가는 것을 초조해 한다. 그는 도착을 계속해서 지연하면서, 조부와 아버지의 무덤으로부터 멀어지고, 다시 가까워지는 과정을 되풀이한다. 이 과정에서 '나'는 '그'를 발견하고, 응시하고, 동행하고, 무덤에서 마침내 죽이고, 다시 대면한다. 그런데 '그'는 다름 아닌, 또 다른 '나'이다. '나'는 아버지와 조부로 대변되는 '그들'의 질서를 거부하고, 새로운 '나'로 탄생하고 싶은 욕망을 품는다.[102]

  버스에서 내린 '그'는 버스에서부터 줄곧 하던 고민, 즉 '어디로 가야 하지?', 하는 고민을 멈추지 않는다. 사실 이 반복되는 질문은 단지 방향과 장소를 의미하는 '어디'를 가리키는 것이 아니라, 이 청년, 아버지의 부고를 듣고 제대한 이 청년의 의식이 방향을 잃고 어디로 가야 할

---

102) 『낯선 시간 속으로』의 줄거리는 홍정희, 「이인성 소설에 나타난 환상 연구」, 한양대학교 박사학위논문, 2019, 12~55쪽을 참조했음.

지 모르는 상태로 떠돌고 있음을 의미한다. 이 버스에서 내린 청년은 "무심히 오가는"[103] 사람들과 차량들을, 지금은 무심해 보이지만 자신이 방심하면 언제라도 자신을 공격해올 적으로 인식하고 있다. '그'는 자신을 둘러싼, 자신이 속해 있는 세상의 모든 것들이 자신과 다른 질서에 의해 돌아가고 있고, 그러므로 자신과 세상은 대립하고 있으며, '그들'은 언제든지 자신을 괴롭힐 수 있다고 믿고 있다. 그런데 '그'의 등 뒤에는 알 수 없는 목소리가 있다. "어디로 가야 하지?", 라는 '그'의 질문에 창경원으로 가라고 대답을 해오는 이 목소리는 바로 '그' 자신의 또 다른 목소리일 터인데, 그러므로 '그'는 지금 버스에 여전히 남아 있는 '그'와 버스에서 내린 '그', 그리고 등 뒤에서 '그'에게 대답해주는 '그'로 또 다시 분열된다. 그 분열은 일회적으로 끝나지 않고 작품 전체에 걸쳐 끊임없이 반복된다.

이 소설에서 일어나는, '나-그'가 겪는 모든 일은 '환상'에 의한 것이 분명하다. 작가가 이 중첩의 상상, 버스 안의 '그'와 버스에서 내린 '그'를 통해 보여주고자 하는 것은 환상이 멈추지 않고 나아간 어떤 '너머'이다. 그런데 이 버스 안에 있는 '그'는 '다른 마음'과 달리 실제로 버스 안에 있는 것인지, 그것은 확신할 수 없다. '그'는 버스에서 내린 '그'의 또 다른 '나'이기 때문이다. 이렇게 「길, 한 20년」의 '그'들은 어느 쪽이

---

[103] 이인성, 「길, 한 20년」, 『낯선 시간 속으로』, 문학과지성사, 2018(3판), 11쪽. 앞으로 이 작품집의 인용은 수록 작품의 제목과 쪽수로만 표기함.

상상이고 어느 쪽이 현실인지 알 수 없는 허구의 두 몸을 상상력을 통해 살며, 현실 너머로, 현실이 멈추지 않도록, 또 다른 현실로 나아간다.

「그 세월의 무덤」에서도 '그'는 두 개의 몸을 산다. '그'는 아버지의 무덤을 찾아가기 위해 집을 나서는데, 길에서 우연히 한 아이를 만난다. 아이는 "걸음을 옮길 때마다"(「그 세월의 무덤」, 76) 불쑥불쑥 자라고, 자라서 고등학생이, 대학생이, 제대병이 된다. '그'는 그 아이를 몸속으로 받아들인다. "그는 그 자신"이 된다. '그'는 '그'가 자라온 과정을 몸속에 받아들임으로써, '그'가 살아온 시간을 몸속에 받아들임으로써 '그 자신'이 된 것이다. 한 아이가 자라서 제대병이 되기까지의 위와 같은 환영은 '그'가 '그 자신'이라고 믿고 있는 그 자신이 사실은 '그'가 살아온 시간과 '그'가 받은 교육에 의해 구성된 '그 자신'이라는 것을 시각적으로 보여준다.

자라난 환영-아이가 '그'의 몸속으로 들어갔으므로 '그'는 환영을 포함하는, 환영에 의해 '그 자신'이 된, '그'가 되며, '그'는 환영-아이의 시간의 영향으로부터 자유롭지 못한 '그'가 된다. 그런 '그'는 술집에서 또 다른 '그'를, 그림자를 마주친다. '그'는 술집에서 그림자를 만나는데, 그림자가 '그'에게 친밀하게 말을 걸어오는 것에 비해 '그'는 퉁명스럽게 대답한다. 그림자의 물음은 '연극'에 대한 것인데, '그'는 이미 「길, 한 20년」에서 친구를 만나, 자신이 계획했던 연극을 자신은 이제 할 수 없다고 말한 바 있다. 그럼에도 불구하고 그림자가 바로 그 연극을 어찌할 것인지 '그'에게 확인하자, '그'는 "요즘엔, 전 연극하고 관련이 없는데요"(「그 세월의 무덤」, 93)라고 단호하게 말하며 연극과 선을 긋는다.

망설임과 배회 끝에 아버지의 무덤을 찾아간, 아버지의 무덤에서 '그'를 기다리고 있는 '나'에게는 환상이 있다. 다름 아닌 아버지, 할아버지로 대변되는 '그들'의 질서를 거부하고 새로운 '나'로 탄생할 수 있다는 환상 말이다. 이렇게 새로 탄생할 '나'에 대한 환상은 '나'를 안정시킨다. 그런데 바로 이 환상을 유지하기 위해 '나'에게는 '그'가 필요하다. 그래서 '나'는 '그'를 만들어낸다. '유령적 환영'인 '그'는 또 다른 나로, 긴 여정을 지나 내가 기다리고 있는 아버지의 무덤으로 온다. '나'는 '그'와 술을 마시기도, 함께 길을 걷기도 한다.

내가 새롭게 태어나려면 '나'는 죽어야 하는데, '나'는 실제로 죽을 수 없다. '나'를 대신해 내가 거부하는 나의 모든 면을 떠맡아줄 존재가, 그 모든 것을 떠맡고, 과거로서 죽어 없어질 존재가 필요하다. 술집에서 만난 그림자가 그림자로 존재해야 저들의 단위법으로 잣대를 들이대는 '나'를 '나'로부터 떼어낼 수 있는 것과 마찬가지로 '그들'의 핏줄인 '나'를 거부하려면 또 다른 '나', '그'가 필요한 것이다.

이인성 소설에서 '나-그', 이 두 층위의 환상이 보여주고 있는 것은 단순하게 이데올로기를 거부하는, '그들'의 법을 거부하고, '저들'과 다른 삶을 살아낼, 새로운 존재의 탄생이 아니라, 바로 그 존재 자체의 텅 빔, '비어-있음' 그 자체이다. '그'는 무덤 속에서 죽지 않고 살아 돌아와 '나'와 하나가 된다. 이제 '나'는 '그'를 무덤 속에 파묻는다고 해서 '그'가 죽거나 사라지지 않는다는 것을 깨닫는다. 유령적 환영과 하나가 된 '나'는 동시에 유령적 환영인 '나'이다. 그러므로 과거의 '나'인 '그'와 현재의 '나'의 통합은 분열적 자아의 통합이 아니라, 본래적 자아라는 환상이 가리고 있는 무無 그 자체를 보여주는 것이다.

3.

유령적 환영으로 출몰하기도, 유령적 환영을 불러내기도 하는 『낯선 시간 속으로』의 주인공 청년 '나'의 이름은 '광대'다. 광대는 이 소설집 전체에서 줄곧 '나'이거나 '그'이고, '나'이면서 '그'이다. '그'가 '광대'라고 불리는 장면은 이 소설집에서 단 한 번 등장하는데,「길, 한 20년」의 시작 부분에서 '그'가 친구를 찾기 위해 학림 다방에 전화를 걸었을 때 주인아주머니가 '그'의 목소리를 알아듣고는 "네, 아… 광대 학생이구먼"(「길, 한 20년」, 13)이라고 말하는 장면뿐이다. '광대'라고 불린 이 '나'-'그'는 「길, 한 20년」에서 마치 동시에 두 가지 시간을 사는 배우를 연기하는 것처럼, 버스에서 내린 '그'와 버스에 여전히 타고 있는 '그'로 두 겹의 시간을 산다. 어느 쪽이 상상의 시간을 사는 '그'인지 명확하지 않지만 어느 쪽의 '그'이든 자신을 그림자로 인식하는 '그'이기 때문에 또 다른 '나'를 만나는 '그'이기 때문에 여기에서 상상과 현실의 구분은 중요하지 않다. 소설 속의 현실이란 상상에 의해 구축된 현실이기 때문에 '광대'가 여럿의 '그'로 분열한다고 해도, 그중 어느 쪽이 '광대'의 실체이고 어느 쪽은 '광대'의 환영이라고 확언할 수 없으며, 그런 구분은 무의미하다.

'광대'라는 이름이 지칭하는 '그'가 하나의 '그'가 아니라면, '그'도 '나'도 '광대'라면, '광대'는 기표로 기능할 뿐, 고정된 기의를 갖지 못한다. '광대'라고 명명/호명되는 '나'를 여럿의 '나'로 인식하는, 그 중 일부를 떼어내거나, 살해할 계획을 지닌 '광대'는 텅 빈 '광대'다. 이 이름 안에 '그'가 살다가, '나'가 살다가, 또 다른 '그'나 또 다른 '나'가 살 수도 있기 때문에 이름은 그 자체로서 텅 비어 있다. 이 소설에서 주인공의 이름이 한 번만 등장하는 것은, 그마저도 여러 얼굴로 연기하는 '광대'인 것은 '이름' 자체가 가지고 있는 환상을 폭로하는 것이다. 이름은 고정된 어떤 것으로, 정체성을 나타내는 표지로 인식되지만, 그것은 텅 빈 이름의 내부를 가리는 기표의 환상에 불과하다.

「길, 한 20년」의 마지막 장면에서 '그'는 어머니에게 전화를 걸어 이미 죽고 없는 아버지를 찾는다. 그는 "아버지!" …… "다시는 갈 수가 없어요. 거길 지나왔거든요." "지나가다니요?" "더 가야 해요. 이제는 더 가야 한다구요." (…) "아버지, 저 돌아왔어요. 할아버지가 계셨던 시골 학교를 들러 오느라고 늦었어요. 거길 지나왔으니, 이제 아버질 또 지나가야지요"라고 횡설수설을 늘어놓는다. 그러면서 그는 "어디로 떠나갈 것인가? 어디로 돌아갈 것인가?"(「길, 한 20년」, 64)라고 자신에게 질문을 던진다. 이 물음을 끝으로 이 소설 속에 '나'가 등장한다. 이렇게 등장한 '나'는 "나는, 그의 두 갈래 시간을 따르던, 내 의식을, 정지시킨다"(「길, 한 20년」, 64)라고 선언한다. 이때 '나'가 있는 곳은 '텅 빈 그의 방'

이다. 「그 세월의 무덤」은 바로 이 방, 텅 빈 그의 방에서 시작된다. '그'는 할아버지가 세운 학교를 지나왔으니, 이제 아버지를 지나갈 것이라고 선언한다. 「길, 한 20년」이 이미 죽은 아버지에게 아버지를 지나갈 것이라는 '나-그'의 선언으로 끝나는 것은, 이미 죽은 할아버지, 이미 죽은 아버지가 여전히 내 안에 살아 있음을 천명하는 것이다.

「그 세월의 무덤」에서는 이제 선언을 마친 '그'가 할아버지, 아버지로 대변되는 '저들', '그들'의 법을 거부하기 위해 행동을 시작한다. '그'는 아버지의 무덤에 가기 위해 길을 나서는데, 무덤에 가기 전에 자신이 다녔던 대학에 들른다. 그가 교정에서 확인하고 일별하는 것들은 '그'의 여정에 있어 중요한데, 그는 「길, 한 20년」에서 할아버지를 지나쳐왔듯, 그가 지나쳐 가야 할 것들을 실제로 이 대학 안에서 만나고, 통과하고 있기 때문이다. 제대 후 돌아온 대학은 '그'에게 "퇴락한 신전"으로 보인다. 그는 "더 이상 확신할 수 없는 신앙을 그러나 믿는다고 믿어야만 하는 절망적인 신자처럼", "신의 참 말씀을 거짓 사제들로부터 훔쳐내 풀어 헤치려는 신앙의 투사처럼" 교문으로 들어선다. 그리고 누군가 대학 소극장의 담벼락에 새겨 넣은 낙서, 〈大學神堂〉이라는 이름을 보고 "씨팔!" 하고 욕을 뱉는다(「그 세월의 무덤」, 81).

'그'가 믿었던 신은 더 이상 대학에 없다. 그는 곧 학생회관의 연극회실에 들르고 연극회실에서 '그들'을 만난다. '그들'은 그와 함께 연극을 했던 사람들이며, '그들' 중에는 '그의 옛사랑'과 '그의 옛사랑의 새사랑인 그의 친구'가 있다. '그들'이 모두 연극 연습을 위해 연극회실을 빠져나간 뒤, '그'는 연극회실에 남아 있는 '너'를 만나는데, '너'는 "그의 옛사랑의 새사랑의 옛사랑"(『그 세월의 무덤』, 84)이다. '그'는 더 이상 '그들'과 '우리'라고 느끼지 않는다. '그들' 안에는 그의 옛사랑과 그의 옛사랑의 새사랑인 그의 친구가 있다. 그가 '군'에 있는 사이 그의 친구와 그의 여자친구는 '그'를 배신하고 사귀게 되었다. 그는 '그들' 모두가 떠나고 빈 연극회실에 남아 있다고 생각한다. 그는 사랑, 우정, 연극, 진리 같은 그가 대학이라는 신당에서 숭배하던 모든 가치의 죽음을 그곳에서 목격한다.

그는 연극회실에서 나와 학생처에 들렀다가 무책임한 대답만 듣는다. 극장에 들러 공연 리허설을 보고, 그곳에서 '너'에게 자신의 연극 연출을 부탁한다. 그리고 자신이 아닌 다른 자신이 와서 연극을 하게 하고 싶다고 말한다. 이 장면은 「지금 그가 내 앞에서」의 연극에서 '나'가 관객으로 앉아 '그'를 바라보는 장면으로 돌아온다. 극장에서 나온 '그'는 연극회를 지도하는 스승과 우연히 마주친다. 그는 스승을 보며 "장례할 주검을 찾아가야지요. 그들의 장례가 거짓이 되게 할 수는 없잖아요? 신이 죽었다면 그들이 장례 지낼 주검이 어딘가 있겠지요. 떠도는 신에게 조용히 바쳐질 제물이…"(『그 세월의 무덤』, 91)라고 알 수 없는 이야기만 남긴 채 발길을 돌린다. 그는 다시 "무덤으로 가기 위해, 그는, 학교를" 나온다. 하지만 '그'는 곧 교문 맞은편 골목에 있는 〈地下室〉이라는 술집으로 들어가고, 술집에서 자신의 일부분인 그림자를 만나고, "무덤으로 가기 위해, 그는, 다시 땅 위로" 올라선다. 그리고 '그'는 "시내의 한복판으로 밀려들어" 간다. 그곳이 바로 "'저들'의 땅"이다(「그 세월의 무덤」, 96-98).

그가 아버지의 무덤을 찾아가, 자신의 주검을 가지고 돌아오기 위해 지나치는 것들의 단위는 점점 확장된다. 그는 제일 먼저 자신의 핏줄의 뿌리인 할아버지를 지나쳤다. 그 다음 그는 자신의 어린 시절부터 제대병이 된 지금까지의 자신의 시간을 몸속으로 받아들여 자신이 그 시간들, 뿌리와 무관하지 않다는 것을 인정했다. 그 모든 것을 떠안은 '그'를 죽이기 위해 그것을 떠안는 과정이 필요했다. 다음으로 '그'는 자신이 다녔던 대학으로 가 그곳이 더는 진리의 전당이 아님을 확인하고, 연극 회실에 들러 '그'를 배신한 사랑과 우정을 지나친다. 그리고 '그'는 자신에게 '저들'의 '자막대기'를 들이대는 자신의 그림자를 지나쳐 이제 '저들'의 땅에, 온통 '저들'로 이루어진 '저들'의 드넓은 땅, 시내 한복판에 도착한 것이다.

아버지의 무덤 앞 술집에서 긴 여정을 끝내고 돌아온 '그'를 기다리고 있던 '나'는 '그'에게 "그들과 헤어질 수 있어?"(「그 세월의 무덤」, 117)라고 묻는다. '그'는 대학에 들르고, 지하실에 들르고, '저들'의 땅에서 몰려오는 '저들'을 만나고, 그 모든 여정을 통과한 뒤에 아버지의 무덤에 도착한 '그'이다. '그'는 이제 연극마저도 '나'의 몫으로 남겨두겠다고 말한다. 이 '나'가 바로 앞에서 '그'가 말했던 다른 자신, 돌아와 연극을 맡아줄 지금의 '그'와 다른 '그'이다. '나'에게 모든 것을 맡긴 '그'는 내가 벗어나고 싶은 '저들'의 자막대기를 가지고, 내가 거부하고 싶었던

'나'의 모든 이름을 가지고 죽음을 맞이한다.

'그'는 '나'가 벗어나고자 했던 모든 것을 지나온 '그'이다. 나에게 '그'의 죽음은 '저들'의 죽음을 의미한다. '그'가 지나온 모든 것의 죽음을 의미한다. '나'가 얼굴 가득히 넘치는 눈물을 흘리며 흙을 파 넣을 때 격렬히 흙이 차오르는 것은 차오르는 흙, 땅 위에서 나의 또 다른 여정이 시작될 것임을 의미한다. 이렇게 '그'에게 주어진, '저들'로부터 부여받은 모든 '이름'을 거부하겠다는 의지는 '그'를 땅에 파묻는 환상으로 가시화된다.

4.

「그 세월의 무덤」에서 '나'-'광대'는 '그'-'광대'를 무덤, 구덩이 속에 파묻은 바 있다. 그렇다면 '광대'-'그'는 소멸하고 '광대'-'나'는 확고한 '나', 불변의 '나'가 되었는가? 「지금 그가 내 앞에서」의 '나'의 사정은 그렇지 않다. '나'는 '나'의 '나'임을 확인하기 위해, '나'가 사라진 '그'와 다른 '나'임을 확인하기 위해 또 다시 '그'를 필요로 한다. '그'와 '나'의 확실한 다름의 확인을 통해, '나'는 과거의 '나'인 '그'와는 다른, 온전한 '나'가 될 수 있다고 믿기 때문이다.

「지금 그가 내 앞에서」의 첫 장면에서 '나'는 관객의 자리에 앉아 무대를 보고 있다. 제목이 의미하는 그대로 '그'가 '나'의 앞에, 무대 위에 있다. '나'는 무대를, 또 다른 '나'인 '그'를 관객의 자리에서 바라본다.

무대를 바라보고 있는 '나'는 '관객'인 '나'인데, 그러므로 '공연을 위해 존재'하는 '나'이다. 공연을 바라볼 관객으로서 '나'는 연극이 시작되기 전의 무대, 그 '텅 빈 시간-공간'까지를 관람하고 있다. 그런데 이런 '나'를 '나'는 "나 자신이라고밖에 말할 수 없는 막연한 나"라고 느낀다. 막연한 나는 자신의 실체를 객관적으로 증명할 수 없는 '나'이다. '나'는 곧바로 '나 자신'에 의문을 품는다(「지금 그가 내 앞에서」, 123-124).

'나'는 '나'의 의심스러운 진술 중 하나인 "그는 없었다"(「지금 그가 내 앞에서」, 124)를 확인하기 위해 텅 빈 부대를 바라본다. 텅 빈 무대를 바라보고 있는 내가 무대에서 '그'를 발견하지 못한다면 '그'는 지금, 여기 없다. '나'는 관객으로서, 오직 무대를 바라보기 위해, 응시의 주체로 객석에 앉아 있다고 믿었었는데, '나' 역시 '그'에 의해 응시되는 대상이었다는 것을 깨닫는다. 그렇다면 이렇게 시선을 던지는 '없음'으로 있는 '있음'으로서의 '그'는 없다고 말할 수 있을까? '나'는 자신의 의심스러운 진술의 진위를 확인하고자 한다. 그 모든 '나'란 결국 관객으로 객석에 앉아 있는 '나', 자기-의식이 생성해낸 '나'들이며, 자기-의식의 잠재성이 여러 옷을 입고 무대 위에서 상연해내는 '나'들이다.

객석에 앉아 있는 '나'가 연극이 시작되고, 등장인물이 무대로 오를 때 보는 것은 '나'의 역할을 하는 '그'와 뒤에 '그'의 역할을 할 '사내' 그리고 내 몸에서 분리되어 나간 내 '투명한 몸'이다. '나'는 내 '투명한 몸'이 '나'에게서 떨어져 나가는 것을 의식한다. '그'는 '나'를 연기하는 역할임으로, '투명한 몸'은 무대로 올라가 '그'에게 겹쳐져 '그'와 하나가

되려 하지만 실패한다. 내 '투명한 몸'은 '그'의 옆에 서서 '그'를 관찰하고, "그의 옆에서 그가 바라보는 것을 함께 바라본다"(「지금 그가 내 앞에서」, 132). 이때 '그'와 투명한 내 몸이 바라보는 것은 다름 아닌 '나'이다. 무대를 바라보고 있는 관객으로서의 '나'가 '투명한 몸'인 '나'의 눈을 통해 '나'에게 보인다.

무대는 그 자체로서 이미 존재와 무, 현전과 부재가 혼란스럽게 맞물려 돌아가는 연극의 공간이었다. 이 사실을 고통스럽게 승인하자 의식의 굳건한 구조는 와해된다. 무너지는 의식의 끝에서 겨우 스스로를 수습한 의식을 이인성은 '끝의식'이라고 하는데, 이 끝의식은 있는 것을 있는 그대로 받아들이는 더듬이의 의식이다.[104]

이제 이 무대에는 연극 속의 연극이 상연되고, '나'는 '그'의 연극을 보는 관객석에, '그'는 '사내'의 연극을 보는 관객석에 앉아 있다. '사내'는 '그'를 연기하고, '그'는 '나'를 연기한다. '나'는 '그'가 서 있는 무대를 자신의 '투명한 몸'이 확장된 공간으로 의식하고, '그'가 바라보는 자신이 앉아 있는 객석은 '그'의 '투명한 몸 공간'이 아닌가, 하고 의심한다. '나'는 단지 관객으로서 객석에 앉아 '그'의 연기를 보는 것만이 아니라, '투명한 몸 공간'이 되어 '그'를 감싸고 있고, '그'는 '나'와 마찬가지로 '그'의 '투명한 몸 공간'으로 '나'를 감싸고 있다고 느낀다. 그러므

---

[104] 김동식, 「상처의 계보학, 또는 생성의 의미론」, 『낯선 시간 속으로』, 이인성, 문학과지성사, 1997(2판), 354쪽.

로 '그'의 몸인 공간에서 '나'는 '그'의 살 냄새를 느끼며, 관객을 연기하고 있는 자신의 무대, 객석, '여기'를 '그'의 몸이 담고 있어, '그'의 몸이 '나'와 '그' 자신을 동시에 들여다보고 있는 것은 아닌지 의심한다.

　이 텅 빈 무대 앞에, "내 마음의 아이"가 "그의 최초의 자리"에 앉아 있다. '그'는 '없음으로-있음'으로 무대로서 무대에 있고, '나'는 '나'의 의식은 '내 마음의 아이'를 바라보며, 아이에게 말을 건다. '비어-있음으로-있음'이 어떻게 보이는지. '나'가 아이를 바라볼 때 아이는 몸을 혼자 움직여보는데 바로 그 움직임의 모양이 그의 '없음으로-있음'의 모양이라는 듯이 움직인다. 이렇게 '내 마음의 아이'의 움직임은 텅 빈 시공에서 이루어지고 있고, 그 텅 빈 시공은 다름 아닌 '나'였던 '그'이다. '나'는 '그'의 '없음으로 있음'과 없음으로 있는 그를 움직이는 내 마음의 아이를 동시에 본다. '나'의 의식은 아이에게 당부에 가까운 질문을 던진다. "그의 '없음으로-있음'의 모양이 마치 그런 것이라는 듯. 거기서 더 자라겠느냐, 그의 '비어-있음으로-있음'이 너의 밭이 될 때까지?…(「지금 그가 내 앞에서」, 185).

　'내 마음의 아이'가 '그'의 '비어-있음으로-있음'의 밭에서 자란다는 것은 '비어-있음'으로 있는 '그' 안에서, 내 투명한 몸 안에서, 자기-의식 속에서 또 하나의 '나'가 탄생하고, 성장한다는 것을 의미한다. '나'가 관객으로서 바라보는 것은 결국 '자기-의식'이며 이 바라봄을 통해, 이 불가능한 응시를 통해, '자기-의식'은 텅 빈 시공으로, '비어-있음'으로 그 불가능한 한 점을 드러낸다. 그리고 바로 이 불가능한 한 점을 마주하는 것이야말로 막연한 '나'가 '나'의 현존을 확인하는 한 순간일 것이다.

5.

'나'의 있음을, '비어-있음'으로 있음을 확인한 '나'에게는 남은 문제가 있다. '없음'으로 있는, '비어-있음'으로 있는 '나'의 현존을 확인한 '나'는 두 가지 의문을 품게 된다. 첫 번째 의문은 자신이 마주한 '비어-있음'으로 있음을 한 순간이라도 그 자체로 살아볼 수 있을 것인가, '비어-있음'으로 사는 '나'는 어떤 '나'일 것인가, 그렇게 살려면 어떻게 살아야 할 것인가, 이다. 두 번째 의문은 '나'가 그러했듯이 '너'도 '너'의 현존을 확인할 수 있는가, 아니, 확인해야만 한다, 이다. 「낯선 시간 속으로」에서 이 두 가지 의문은 중요한 화두로서 계속해서 제기된다.

「낯선 시간 속으로」의 배경은 '미구迷口'라는 가상의 도시다. 미구를 우리말로 풀이하면 '유혹하는 입'이다. 미구는 앞에서 언급한 두 가지 의문 가운데 첫 번째 의문, 즉 '비어-있음'으로 사는 '나'는 어떤 '나'일 것인가, 라는 의문에 대해 해결점을 시사한다. 「낯선 시간 속으로」에는 '그'가 총 네 번 등장한다. 이 소설에는 반복되는 장면이 몇 번 등장하는데, 그 반복은 보통 '나' 혼자인 여정과 '나'와 '너'가 함께 미구시의 곳곳을 돌아다니는 여정이다. 이 소설의 첫 장면은 '나'와 '너'가 군사지역에서 한 병정을 만나는 것으로 시작되는데, 뒤에 '나'는 같은 장소에서 같은 방식으로 병정을 혼자 만난다. 「낯선 시간 속으로」에서 이 두 개의 여정은 비슷한 장면을 번갈아 흘러가며 전혀 다른 장면을 연출한다.

'그'의 경우, 이 두 여정 모두에 출현한다고 할 수 있는데, 그 첫 등장은 '나' 홀로 미구에 있는 상황 속에서이다. 이때 '나'는 호수 앞에 서 있으며 호수를 "환상의 테두리처럼 둘러치고 있"는 나무들을 바라보고 있다. '나'는 그 풍경 속에서 "내 비어 있는 시간 속으로, 밀려들어올, 어떤 절정의 순간을" 기다리고 있다고 말하는데, 이때 '내 비어 있는 시간'이란 앞 절에서 확인한 바, '비어-있음'으로 있는 시공, '나'의 '자기-의식'에 다름 아니다. '나'는 무엇인가를 '예감'한다. 그 예감을 넘어 '나'가 "모든 것을 수락"하자, '나'는 '그'로 양태 변화를 일으킨다. '나'는 방금까지 '나'였으나, 모든 것을 수락한 "순간(!)" '그'가 된 것이다 (「낯선 시간 속으로」, 192). '그'는 '내 비어있는 시간'으로 몰려들어온다.

'나'가 체험한, '그'나 '너'가 체험한다고 '나'에 의해 상상된 '그'는 모두 똑같이 어떤 충족감의 상태, 음악과 몸짓의 상태를 동반한다. '그'는 언제나 현기증과 같은 의식의 암전 상태에서 출몰하고, 미지의 감각을 통해, 완전히 새로운 시간을 경험하게 한 뒤, 순간 사라진다. '비어-있음'의 '있음'을 산다는 것은 이런 찰나의 마주침 같은 것일 것이다. '그'는 '나'가 혹은 '너'가 모든 것을 수락할 때만 등장한다. 모든 것을 수락하려면 '나'나 '너'는 의식의 무너짐을 앞서 경험해야하고, 의식 너머에서 '그'는 새로운 의식으로 출현할 수 있다.

이때 출현하는 '그'는 앞서 출현했던 자기-의식의 여러 양상으로서의 '나'들, '그'들과 완전히 다른 '그'인 것이다. 그러므로 '너'에서 '그'로의 변화도 가능한 것인데 '그'야말로 현실 너머의 '의식', '자기-의식' 너머의 어떤 전체라 할 수 있다. '그'는 아무것도 나누어 의식하지 않으며 '그'는 모든 것을 충만하게 충족한 느낌표 그 자체로 의식한다. '그'인 순간에, '나'나 '너'는 '나'도 '너'도 아니다. '그'는 미지의 감각을 지닌 존재, 말 그대로 미지의 존재다. '비어 있음' 그 자체를, 텅 빈 시공을, 자아-의식으로 받아들인 존재가 가능하다면, 그것은 여기에 등장하는 '그'와 같은 모습일 것이다.

나'의 현존을 불가능한 한 점으로 마주한 '나'는 '나'가 그러했듯이 '너'도 '너'의 현존을 확인할 수 있는가, 질문하게 된다. 아니다. '너'도 '나'가 그러했듯이 '너'의 현존을 확인 해야만 한다고 요청하게 된다. 이 소설에는 혼자 '미구'를 헤매는 '나'가 있고, 같은 장면을 '너'와 함께 헤매는 '나'가 있다. '너'는 '나'와 함께 연극을 했던 '너'이며, 소설에 드러나는 정황상, '나'의 옛사랑이었던 여자의 새사랑인 나의 친구의 옛사랑이었던 여자로 보인다. 이 '너'와 '나'는 어떤 우연에 의해 함께 미구에 오게 되었는데, 그건, '너'가 '그날' '나'가 있는 학림에 왔기 때문이고, 둘은 '그날' 인천에 있는 유원지에 갔다가, 그곳에서 '나'가 '너'에게 어디로든 떠날 것을 제안했기 때문이다. 한편 미구시를 혼자 헤매는 '나'는 술집에서 우연히 다른 여자를 만나는데, 그 여자가 데리고 간 모임에는 '나'와 '너'가 속한 연극회에서와 똑같이 얽혀 있는 네 명의 남녀

관계가 반복되고 있다.

　그들의 관계 역시,「그 세월의 무덤」에 드러난 '나'가 얽힌 관계와 유사하다. 여자1과 사귀던 남자1이 군대에 다녀오는 사이 여자1과 남자2는 남자1을 배신하고 애인 사이가 되었다. 이 이야기가 미구시를 여행하는 '나'가 새로운 모임에 가서 경험하는 다른 사람들의 관계로 반복되는 것은, '나'가 미구시를 헤매는 것과 이 관계가 무관하지 않음을 의미한다. 이 모임에 '나'를 데려간 여자는, 이 모임에서 여자1도 여자2도 아닌 것으로 보이지만 이 여자는 '나'와 함께 미구시를 헤매는 '너'의 대사와 아주 유사한 대사를 한다. '너'와 '그녀'는 똑같이 '그들'과 함께 있는 것을 "자유롭고 완전한" 것으로 느꼈다고 말한다. 그러나 '나'가 생각할 때 그 관계는 더 이상 자유롭고 완전하지 않다.

　이와 같이 다른 에피소드에서 반복되는 관계의 유사성, 인물의 유사성은 이 소설의 마지막 장면인 병정과의 대화에서도 더욱 분명해지는데, 우선 여기서 확인하고 갈 것은 '그들'을 떠나온 '너'와 '나'는 왜 모든 게 예전과 달라졌는지 이유를 설명할 수 없다고 말하지만, 그 이유 중 한 가지가 '그들' 내부의 관계 변화와 무관하지 않다는 것이다. '나'가 '너에게 '너'의 현존을 마주하기를 요청하는 것은 '나'가 '너'에게 일종의 동질감을 느끼고 있기 때문일 수 있다. '그들'과의 관계 속에서 '나'와 '너'는 같은 상처를 나눠가졌다. '나'에게 '너'의 변화는 '나'의 변화만큼 중요하다. 이 소설에서 가장 크게 변화하는 인물은 '나'가 아니라, 오히려 '너'이다. '나'는 '너'를 사랑하는데, '나'만의 깨달음으로 우리는 '우리'가 될 수 없다. '그들'의 관계 속에서의 '우리'와 다른 '우리'가 되려면, '그들'에게 예전의 모습으로 돌아가지 않으려면, '나'에게는 '너'의 각성이 반드시 필요하다.

'나'에 따르면 손목에 면도칼을 그었다가 살아난 '그'는 살아 있다는 것 자체가 "완벽히 막다른 곳임"을 깨달았을 때, 아버지가 돌아가셨다는 전보를 받았다. '그'는 이때 언제나 끊어버리고 싶은 인연으로 생각했던 가족, 아버지라는 "숙명의 한 실체"가 사라진 것을 느꼈다는 것이다. '나'는 이렇게 길고 낯선 시간을 돌아, 마침내 '그', 제대병의 사연을 말하듯, 자신의 상처를 털어놓을 수 있게 된다. 그리고 비로소, 상처를 말한 '나'는 관계의 배신과 아버지의 죽음을 받아들이고, 다른 시작을 맞이할 수 있게 된다.

의식의 장막에 생긴 상처, 칼 길의 흔적은 제 의식의 장막이 가리고 있어 볼 수 없었던 새로운 하늘을 볼 수 있게 해준다. 상처를 통해서만 피부 안쪽의 피와 뼈를 볼 수 있는 것처럼 '나'라고 견고하게 믿었던 '나'가 무너지고, 자기-의식이 찢길 때, 그 틈을 통해서만 그 의식 너머의 새로운 세상을 볼 수 있다. '나'나 '너'가 모든 것을 수락하고 '그'가 될 때, 그들이 경험한, 현기증, 혼절, 어둠은 바로 이 틈을 의미하는 것일 것이다. 상처를 받는 다는 것이 그 벌어진 틈을 통해 삶과 죽음을 하나로 받아들이는 과정이라면, 바로 그 상처야말로 '비어-있음'으로 있음이다. 벌어진 틈은 비어 있고, 비어 있기 때문에 그 틈으로 저 너머를 볼 수 있게 한다.

이 가득 찬 비어 있음을 살아낸다는 것은 텅 빈 시공을 마주하는 것처럼 막막하고 현기증을 동반하는, 의식의 장막이 찢기는 고통을 감내하는 일일 것이다. 그럼에도 불구하고 끊임없이 이 '비어-있음'의 '있음'을 꿰뚫어보려는 의지, 의식의 장막에 칼 길을 내어, 상처를 '비어-있음'의 텅 빈 구멍으로 대면하려는 의지는 새로운 삶의 시작을 가능하게 하는 의지이다. '나'가 대면하는 텅 빈 구멍이란, 그 벌어진 상처를 통해 다시 한 번 확인하게 되는 '자기-의식'이란, 결코 고정된 어떤 것이 아니며 끊임없이 생성하고 변화하는, 새로운 삶을 욕망하게 하는 '비어-있음'으로 있는 있음일 테니, '나'는 이 가득 찬 '비어-있음'의 '밭'에서 새로운 방식의 삶을, 미지의 감각이 살아나는 삶을, 충만하고 충족된 느낌표로서의 삶을 꿈꿀 수 있는 것이다. 이것이 완전히 새로운 삶의 시작, 상처로서 가능해지는 시작임은 분명하다.

6.

 『낯선 시간 속으로』에서 부친상과 실연을 겪은 '나-그'는 지금 존재론적·인식론적 위기 상태에 빠져 있다. 물론 '우리'에 대한 회의는 존재론적 위기를 몰고 온다. '나'란 타인과의 관계를 통해 형성될 수밖에 없기 때문이다. '우리'에 대한 감각은 '나'에 대해 구성적이다. 한편 '그들'에 대한 회의는 인식론적 위기를 몰고 온다. '세계'란 통념의 체계들에 의해서만 자명한 질서로의 이해 가능한 것이 되기 때문이다. '그들'에 대한 감각은 '세계'에 대해 구성적이다. 말하자면 '우리'와 '그들'은 '나'를 일관된 주체로 한정해 주는 역할을 한다. 그러나 이제 저 청년에게는 '우리'도 '그들'도 회의의 대상이 된다. '우리'는 '우리'를 배신했고, '그들'의 주인기표 아버지는 주었다. 그러자 '나'는 이제 동일자로 한정되지 못한 채 '나-그'로 분열하고, 세계는 환상과 구별되지 않는다. 『낯선 시간 속으로』의 그 악명 높은 '난해성'은 다 이 분열과 시공의 중첩에서 비롯되는 듯하다.[105]

지금까지 이인성 소설에 나타난 다양한 '환상'의 문제를 검토해보았다. 환상이 현실을 구조화한다고 할 때, 이인성 소설은 바로 환상의 이런 측면을 이용하여 현실을 바꾸려는 기획 속에 있다. 환상이 현실을 구조화한다면, 환상을 바꾸면 현실도 바꿀 수 있을 것이라는 전망이 그것이다. 따라서 이인성은 소설 전편에 걸쳐 다양한 방식의 환상의 실험을 감행한다. 이인성의 소설에서 '환상'은 무엇보다 중요한 소설의 작동원리이다. '환상'은 그의 소설 전편에 걸쳐 그의 소설을 지탱하는 핵심적인 위치를 차지하고 있다.

'환상'이 현실을 은폐하는 시나리오가 아니라 현실을 구조화하고 지탱하는 것이라는 점에서, 이데올로기적 '환상'이 작동하는 것은 지식의 차원에서가 아니라 행위의 차원에서라는 점에서 그러하다. '환상'이 타자의 욕망의 심연을 가리기 위한 스크린으로 기능한다는 점에서, '환

---

105) 김형중, 앞의 글, 336~337쪽.

상'이 주체의 욕망을 실현하는 것이 아니라 욕망하는 방식을 가르친다는 점에서 또한 그러하다. '환상'은 이인성 소설의 핵심적인 주제이며, 그의 소설의 형식을 결정한 중핵이다.

『낯선 시간 속으로』를 주체와 환상의 문제를 환상으로 출현하는 자기-의식과 관련하여 살펴보았다. 유령적 환영으로 출현하는 자기-의식의 문제를 주체의 안정화 차원의 환상을 위해 적대를 떠맡아줄 환상의 필요에 의한 출현으로 보고, 이 적대를 떠맡은 유령적 환영의 죽음을 통해 주인공 '나'가 지켜내고자 했던 이데올로기를 거부할 수 있다는 주체로서의 환상을 확인했다. 그러나 이인성의 소설은 이름을 거부하고, 상징적 질서 바깥으로 나가고자 하는 것은 주체의 환상일 뿐이며 상징적 질서 자체가 환상에 의해 구조화되고 지탱되고 있는 현실이라는 것을 보여준다.

이인성 소설에서 이 두 층위의 환상이 보여주고 있는 것은 단순하게 이데올로기를 거부하는, '그들'의 법을 거부하고 '저들'과 다른 삶을 살아낼 새로운 존재의 탄생이 아니라, 바로 그 존재 자체의 텅 빔이다. 불가능한 응시를 통해 출현하는 자기-의식, 상처에서 발견되는 자기는 '비어 있음' 그 자체다. 유령적 환영과 하나가 된 '나'는 동시에 유령적 환영인 '나'이다. '나'는 또 다른 '나'인 '그'를 무덤 속에 파묻는다고 해서 '그'가 죽거나 사라지지 않는다는 것을 깨달은 '나'이다. 그러므로 과거의 '나'인 '그'와 현재의 '나'의 통합은 분열적 자아의 통합이 아니라, 본래적 자아라는 환상이 가리고 있는 무無 그 자체를 보여주는 것이다.

이인성 소설에 출현하는 수많은 환영의 역할은 단순히 자아의 분열을 드러내는 것이 아니라, 존재 자체의 텅 빔, '비어 있음'을 가능하게 하는 것이고, 환영들과 환영이 아닌 것, 그림자와 그림자가 아닌 것 사이의 경계를 지우는 것이다. 유령적 환영은 '나'의 환상을 지탱하는 구조물이자 '나'라는 존재 자체로서 기능하고 있다.

    이인성은, 환상과 현실의 경계는 결국 환상과 현실의 경계를 오가는 인간의 의식에 의해 결정된다는 것을 '순수한 불륜의 실험'을 통해 보여주고 있다. 인간의 의식은 환상에 의해 구조화된다. 가면을 쓰면 내면이 바뀌고 바뀐 내면은 환상을 불러일으킨다. 결론적으로 말해 이인성이 환상의 실험을 통해 궁극적으로 실현하고자 했던 것은 '환상을 통한 현실의 뒤집기'였다.

사랑, 주먹 속의 얼음 조각

1.

 영국의 극작가 톰 스토파드Tom Stoppard는 『사랑의 발명』(1997)에서 실존 인물 앨프리드 하우스먼과 오스카 와일드Oscar Wilde의 생애, 보다 구체적으로 말해 그들의 문학과 사랑을 극화하고 있다. 대중적으로 잘 알려지지 않았지만 앨프리드 에드워드 하우스먼Alfred Edward Housman 은 그리스 로마 시대의 시를 번역한 고전학자이자 『슈롭셔 젊은이』 (1896)라는 시집을 쓴 시인이다. 반면 와일드는 소설 『도리안 그레이의 초상』(1890)과 희곡 『진지함의 중요성』(1895)을 통해 빅토리아 시대 후기 유미주의 혹은 탐미주의를 선도한 대표적인 문인이다. 하우스먼과 와일드가 실제 만났는지에 대해서는 공식적인 기록은 남아 있지 않다. 하지만 스토파드는 전작들에서 그랬던 것처럼 『사랑의 발명』에서도 '과거의 현재화'라는 자신만의 독특한 극작 방식을 통해 두 사람의 만남을 극화한다.

스토파드는『사랑의 발명』에서 삶의 아이러니에 대한 통찰력과 휴머니즘을 바탕으로 노년의 하우스먼과 젊은 하우스먼을 병치한다. 또한 하우스먼과 와일드를 병치하며 와일드가 하우스먼의 분열된 자아라는 극의 핵심 메타포를 양분된 극 구조를 통해 구체화한다. 하우스먼과 와일드는 비록 사랑과 인생에서 상반된 태도를 견지하지만 '사랑의 발명'이라는 공통분모를 공유하고 있다.

하우스먼과 와일드는 옥스퍼드대학교 출신의 빅토리아 시대 엘리트 문인이었고 동성애자였다. 하지만 그들은 전혀 다른 삶을 살았다. 침묵과 명예 지키기로 일관된 하우스먼의 삶은 평범함 그 자체였기에 세인의 큰 주목을 받지 못했다. 하지만 재판과 투옥, 그리고 망명으로 이어진 와일드의 극적인 삶은 후대 작가들의 상상력을 자극하기에 충분했다. 스토파드는 겉으로 평범해 보이는 일상에 감춰진 하우스먼의 치열한 내적 격정의 기록인 일기 속에서 '두 사람'으로 살아야 했던 하우스먼의 삶에서 극적인 요소를 취사선택해 극화하고 있다.

『사랑의 발명』의 극적 주제는 한마디로 하우스먼과 와일드의 '조금 특별한' 사랑으로 수렴된다. 하우스먼과 와일드 모두 동성애자였지만 사랑에 있어 둘은 사뭇 달랐다. 하우스먼은 어떻게 해서든지 자신의 사랑을 숨기려 애쓴 반면 와일드는 아무렇지도 않은 듯 자신의 사랑을 드러냈고 과시했다. 하우스먼은 사랑에 조심스러웠다. 옥스퍼드대학교에 입학한 그는 모지스 잭슨에게 첫눈에 반한다. 그는 잭슨과 절친한 친구로 지내다가 사랑을 고백하지만 거절당한다. 그는 잭슨에 대한 사랑을 그 누구에게도 발설하지 않고 평생 혼자 간직한다. 학업도 포기한 채 잭슨의 곁에 머문다. 그는 사랑 대신 그리스 로마 시대의 고전 번역과 연애시 쓰기에 전념한다. 그 결과 그는 학자로서뿐만 아니라 시인으로서 최고의 명예를 획득한다. 즉 그는 고전 문학의 최고 권위자로 평가를 받고 『슈롭셔 젊은이』라는 베스트셀러 시집의 시인이 된다. 하지만 그는 죽음을 앞두고 자신의 삶을 반추하며 후회한다.

와일드는 결혼해 두 아들을 낳았음에도 불구하고 16세 연하의 옥스퍼드 대학생 앨프리드 더글러스와 동성애에 빠져들 정도로 자유분방한 삶을 구가한다. 그는 사람들의 시선을 아랑곳하지 않고 앨프리드와 거리를 활보하고 호텔을 드나든다. 그는 "동성애는 그리스 시대부터 시작된 아름답고 고결한 애정 행위다"라고 말하며 자신의 사랑을 정당화한다. 하지만 앨프리드의 아버지 퀸스베리 남작의 폭로와 고소로 와일드는 법정 소송에 휘말렸고 결국 2년의 강제 노역형을 선고받아 레딩 교도소에 수감된다. 수감 중에도 그는 앨프리드에게 사랑의 편지를 쓰며 자신의 사랑을 숭고함을 역설하지만 앨프리드는 그를 외면하고 다른 여인과 결혼한다. 와일드는 연인뿐만 아니라 가족들로부터도 외면을 당하고, 심지어 국적까지 박탈당한다. 출소 후 그는 파리로 망명하고 그곳에서 가난과 지병으로 생을 마감한다. 앨프리드와 사랑에 대한 대가는 너무나 가혹했다. 그 사랑으로 그가 이룬 문학적 성과는 송두리째 부정된다. 그럼에도 그는 자신의 사랑을 후회하지 않는다. 그는 자신의 사랑에 대해 "내 심장은 당신의 사랑으로 피어난 장미입니다"라고 노래한다.

2.

『사랑의 발명』의 마지막 부분에서 노년의 하우스먼과 젊은 와일드는 예술과 사랑을 주제로 긴 대화를 나눈다. 주로 와일드가 그 대화를 이끌어간다. 그는 "진리란 아주 별개의 것이며 상상력의 산물"이고 "예술이란 전형적인 것이 아닌 예외적인 것을 다루는 것"이라고 자신의 예술관을 피력한다. 더 나아가 그는 "예술은 그것의 주제에 종속될 수 없으며, 만일 그렇다면 그것은 예술이 아니라 전기일 뿐"이라고 역설한다. 무엇보다도 그는 자신의 연애관을 "친구를 배반하는 일은 사소한 것이지만 자기 자신에 대한 배반은 평생의 후회입니다"라고 요약한다. 그에게는 사랑의 대상보다 사랑하는 마음이 더 중요하다. 죽음을 앞둔 순간에도 그는 결코 자신의 사랑을 후회하지 않는다.

하우스먼이 와일드의 삶을 "일종의 연대기적 실수"라고 비판하자 와일드는 "쏟아지는 광채가 되지 못하니 차라리 추락한 로켓이 더 나은 법"이라고 응수한다. 더 나아가 그는 하우스먼과 같은 부류의 사람들을 "고집스럽게 슬픔 속에서 사는 사람들"로 명명하고 단테의 시를 인용해 "그들을 위한 자리가 지옥에 마련되었다"고 반박한다. 와일드는 하우스먼의 명예로운 삶을 "수치, 비겁함, 굴종"의 삶이라고 요약한다.

그는 무릇 "예술가는 거짓말을 해야 하고, 속임수를 써야 하고, 남을 현혹해야 하고, 자연한테 불성실해야 하며, 역사에 대해 경멸적이어야 한다"라고 역설한다. 하우스먼은 와일드가 남기고 간 말을 되뇌며 자신의 삶을 되돌아본다. 그는 젊은 시절의 자신에게 "난 그대를 위해서 죽었어야 했네, 그런데 난 그런 행운을 결코 갖지 못했지! 실제로는"이라고 말하며 자신의 삶을 후회한다.

스토파드는, 존경과 찬사를 받으며 세상을 떠난 하우스먼의 삶보다 치욕과 비참함으로 점철된 와일드의 삶을 더 긍정적으로 파악하고 있는 것처럼 보인다. 하우스먼의 삶은 사회적 성공이라는 측면에서는 성공했는지 모르겠지만 적어도 정서적인 면에서만큼은 실패했기 때문이다. 하지만 스토파드는 하우스먼의 스스로 억제된 삶에 대한 비판을 위한 대변자로서 와일드를 이용하면서 하우스먼의 애처로운 동성애적 사랑 이야기를 발명하여 작품으로 형상화시키고 있을 뿐이다. 그는 하우스먼과 정반대의 삶을 산 와일드를 긍정하지도 않는다. 사실 와일드는 사랑의 본질을 상상적 허구와 유희를 통한 발명의 개념에 따라 정의할 때 모순적이고 양립적인 인물이다.

스토파드는 하우스먼과 와일드 모두를 부정하는 동시에 인정하는 양가적인 태도를 취하고 있다. 사실 이런 이중 초점 접근 방식은 스토파드의 작품에서는 낯설지 않다. 시인과 고전학자라는 상반되는 직업을 가진 하우스먼의 내면에는 동성애적 열정을 죽을 때까지 친구 잭슨에게 지닐 수밖에 없었지만 사회적으로는 존경을 받는 빅토리아인이라는 또 하나의 모순된 면을 지니고 있다.

　와일드는 하우스먼의 삶을 위선과 타협의 산물이자 공허한 인생으로 규정했다. 그에 따르면 하우스먼의 삶은 고전 연구에 대한 열정과 헌신 속에서 상상적 허구와 유희로 빚어진 '발명된 사랑의 삶'으로 귀결된다. 시종일관 침묵으로 일관한 하우스먼의 삶에 대한 와일드의 비판은 노년의 하우스먼의 삶의 궁극적 비극성에 대한 함축적 의미 속에 간결하게 나타난다. 친구들을 배신하는 것은 사랑에 관한 문제에서는 사소한 것이지만 자기 자신을 배반하는 것은 평생 후회하는 것이라고 말함으로써 와일드는 하우스먼이 마음속 깊이 간직한 동성애적 정열에 진실하지 못했다고 비판한다. 그는 하우스먼의 25년 동안의 라틴어 교수로서의 공적이고 고상한 삶을 훼손시킨다. 그는 아이러니하게도 자신을 사랑의 그 '발명된' 속성의 신봉자라고 규정한다.

　『사랑의 발명』에서 스토파드는 연민 어린 시선으로 하우스먼의 삶을 재구성하고 있다. 그는 자기모순의 상황 속에서 아이러니한 하우스먼의 삶과 예술을 현대적 관점에서 재조명하고 있다. 그는 하우스먼을 와일드와 병치시켜 인간의 두 가지 유형, 즉 자신의 감정에 충실했지만 그 때문에 사회적으로 실패한 '낭만주의자'와 자신의 감정을 억압했지만 그 때문에 사회적으로 성공한 '고전주의자'로서의 하우스먼을 형상화하고 있다.

　『사랑의 발명』은 현재에서 과거로 돌아갔다가 다시 현재로 돌아오는 비선형 시간 구조를 취함으로써 전통적인 시공간의 경계를 무화한다.

스토파드는 고전, 시, 동성애를 비롯한 사랑에 대한 태도 등에서 현재와 과거를 비교하고 이를 현대적으로 재해석하고 있다. 특히 그는 역사적인 황금 시기, 고전, 동성애에 대한 관점이 고대 그리스 시대, 빅토리아 시대, 현재의 경우 모두 다르게 인식되고 있음을 극화한다. 따라서 이 작품은 과거의 편협하고 위선적인 가치관과 관습 때문에 안타깝게 희생된 역사적 인물들을 새로운 관점으로 조망할 기회를 제공한다는 점에 있어 '현재적'이다.

스토파드는 전작 『아카디아』(1993)뿐만 아니라 『사랑의 발명』에서도 그 자신만의 고유한 리얼리티 개념을 역설한다. 그가 생각하기에 현대 사회에서 절대 진리를 추구하는 것은 거의 불가능하다. 모든 것은 인식의 차이로 존재하는 아이디어를 구체화하는 과정에서 해석과 관점의 차이에 따라 상대적으로 변한다. 스토파드는 『사랑의 발명』을 통해 절대 진리가 불가능한 현대 사회에서는 편협한 태도를 '지양'하고 절충적이고 균형 잡힌 인식과 태도를 '지향'하라고 역설한다. 더 나아가 그는 충실한 삶과 사랑의 중요성에 대해서도 숙고하라고 요구한다.

3.

박상영의 장편소설 『1차원이 되고 싶어』(2021)를 읽는 내내 『사랑의 발명』의 하우스먼과 와일드의 대화가 머릿속에서 떠나지 않았다. 『사랑의 발명』의 하우스먼과 와일드가 『1차원이 되고 싶어』의 '나', 윤도,

태리, 무늬, 희영, 태란, 나미에 등에 겹쳤는지도 모른다. 『1차원이 되고 싶어』에서는 '나'를 중심으로 복잡다단한 여러 겹의 사랑이 펼쳐진다. 입시 경쟁에 치여 사는 그럭저럭 공부를 잘하는 소심한 '나'는 윤도를 남몰래 짝사랑하고 있다. 하지만 '나'는 윤도에 대한 마음을 숨기고 있다. 반면 '나'와 어렸을 때부터 함께 자란 태리는 '나'를 좋아하고 있고 그런 마음을 '나'에게도 남들에게도 숨기지 않는다. 그것 때문에 태리는 학교에서 왕따를 당하고, '나'는 태리와 엮이면 피해를 볼까 두려워 그를 의도적으로 피한다. 태리가 괴롭힘을 당하는 것을 알면서도 그를 외면하고 심지어 그에게 모욕감을 준다. 하지만 태리는 '나'의 성적 취향이 자신과 같다는 것을 알기 때문에 '나'에게 더욱 집착한다.

애스트라 테일러Astra Taylor는 『불온한 산책자』(2008)에서 다음과 같이 말한다. "한 소년이 있었다. 나이는 18세 정도? 걸음걸이가 매우 독특한 소년이었다. 엉덩이를 흔들며, 아주 여성적으로, 아니, 지나치게 여성적으로 걸었다. 그런 걸음걸이 때문에 소년은 학교 가는 길에 같은 반 아이들에게 놀림을 받곤 했다. 놀림 받는 일에 익숙했던 소년은 그냥 걸었다. 어쩌면 놀림을 받을수록 더 별나게 걸었을지도 모른다. 욕설도 들었을 것이다. 그러던 어느 날 소년은 학교 가던 길에 같은 반 친구 세 명에게 공격을 당했다. 그들은 소년을 다리 너머로 집어 던졌고, 소년은 죽었다." 그렇게 공격을 당하고 다리 너머로 집어 던져지고 죽은 소년은 『1차원이 되고 싶어』에서는 태리였지만 '나'였을 수도 있다. 어쩌면 '나'는 그 소년이 되지 않기 위해 태리가 그 소년이 되는 것을 방조하고 묵인했을 수도 있다.

거칠고 단순하게 말해 박상영의 소설 속 주인공들은 '성소수자', '게이', 혹은 '퀴어'로 일반화된다. 애너매리 야고스Annamarie Yagose의 『퀴어 이론 입문』(1996)에 따르면, '퀴어'라는 용어는 좋게 말하면 동성애자들을 일컫는 말이었고 나쁘게 말하면 동성애 혐오적인 용어였다. 최근 몇 년 동안 '퀴어'는 또 다른 방식으로 쓰이게 되었다. 때로는 문화적으로 주변화되어 있는 성적 정체성들을 통틀어 일컫는 용어로 쓰이기도 했고 때로는 보다 더 전통적인 레즈비언/게이 연구들에서부터 발전해 나와 현재 발생기에 있는 이론적 모델을 설명하기 위한 용어로 쓰여 왔다.

박상영의 소설에서 게이들은 헤테로가 지배하는 세계에서 나름의 안목과 방식으로 세계의 외양을 파악하고 때로는 주류 세계와 공존을 모색하기도 한다. 그러나 그 방식은 세계와 인간에 대한 지극히 피상적인 관계를 맺거나 수단과 목적이 전도된 타인 지향의 다소 뒤틀린 인정 욕구를 내세우는 것이다. 어쩌면 그들에게 필요한 것은 진정한 우애 관계 혹은 수단과 목적이 전도된 인정 욕구에 대한 성찰일지 모른다.

박상영 소설의 인물들은 세계와 공존하기 위해 벌인 협상이 '망했다'는 인식 속에서도 그것을 포기하지 않고 지속한다. 이를 감내한 그들에게 주어지는 것은 자신이 진정으로 갈망해온 것의 비루한 '짝퉁' 아니면 끔찍한 자기외화뿐이다. 이들이 다수를 점유한 세계란 외양이 우세한 구심점 없는 피상적인 사회일 수밖에 없다. 그는 언제나 가시권 안에 있음에도 불구하고 우리의 '전망'이 좀처럼 포착하지 못하는 부분을 가장 피상적이고 근시안적인 욕망의 관점을 빌려 정확하게 본다. 모두가 갈망하는 '진짜'는 극소수의 선택된 이들에게만 허용되고 절대다수에겐 '진짜'의 모조품만이 주어진다.

박상영의 첫 소설집 『알려지지 않은 예술가의 눈물과 자이툰 파스타』(2018)의 해설을 쓴 평론가 윤재민은 "박상영 소설의 등장인물들이 흘리는 눈물은 일차적으로 자기 자신의 실패에 대한 비탄이지만 그게 전부인 것 같지는 않다. 그것은 한국사회 도처에 심란한 존재감을 발하며 맥락 없이 널려 있는 꿈과 희망의 흔적을 직시하는 자의 슬픔이기도 하다"라고 말했다

그간 많은 성소수자 재현 서사에서 반복된 상수로 등장해온 것은 가족이었다. 동성애를 받아들이기 어려워하는 가족의 억압과 갈등 반대편에 성소수자 주인공의 자유와 사랑이 놓여 대립하는 구도는 이제 너무 익숙해진 어떤 것이다. 그런데 『대도시의 사랑법』(2009)의 주인공들은 이성애적 가족질서와 불협화음을 내면서도, 이로부터 완전히 벗어나거나 자유로울 수 없다는 것을 알기에 가족과 함께 뒤엉킨 채 멜랑콜리의 낮은 주조음을 낸다. 작가는 영원할 수 있는 것이 없다면 차라리 장렬하게 산화되어 버리기를, 언제나 지금 여기만을 사는 삶을 택하겠다고 선언하는 것처럼 보인다. 해설을 쓴 강지희에 따르면, 박상영의 소설에는 사랑을 빼고는 모두 버려도 상관없다는 응축된 열망이 서려 있다. 하지만 그는 이 열망조차 결국 나약하게 찢기며 떨어져 내리리라는

것을, 얼마나 깊이 사랑했던 사람이든 언젠가는 등을 돌며 멀어지리라는 것을, 그렇게 모든 게 사라져 버리라는 것을 안다.

4.

『1차원이 되고 싶어』로 다시 돌아오자. 학원에서 만난 무늬는 윤도에 대한 '나'의 마음을 알아채고 그것을 빌미로 '나'에게 담배 심부름 등 온갖 궂은일을 시킨다. '나'는 무늬가 자신의 동성애를 '아우팅'할까 두려워 그녀의 말을 고분고분 따르다가 나중에는 그녀와 절친이 된다. 무늬 또한 '나'와 마찬가지로 동성을 좋아하고 있고 '나'에게 그 사실을 고백한다. 그녀가 좋아하는 사람은 나미에, 정확하게는 나민혜. 그런데 나민혜가 좋아하는 사람은 태란, 즉 태리의 누나다. 무늬가 나미에 때문에 괴로워하자 '나'는 무늬와 함께 나미에가 사는 집으로 쳐들어갔다가 무늬, 나미에, 태란의 얽히고설킨 연애사의 전모를 알게 된다.

사실 '나' 말고 윤도를 좋아하는 사람은 또 있는데 바로 희영이다. 학원 교실에서 '나'가 윤도에게 몰래 초콜릿을 선물할 때 희영도 윤도에게 초콜릿을 선물했다. 바로 그 광경을 무늬가 목격한 것이다. 그런데 희영은 태리의 첫 남자친구이자 그의 절친이다. 희영은 태리에게 차인 후 윤도를 마음에 두었고, 학교 축제 때 윤도에게 자신의 사랑을 공개적으로 고백한다. '나'는 윤도에 대한 사랑을 숨기고 있지만 윤도에 대한 '나'의 짝사랑은 '나'의 의도와 관계없이 '아우팅'되고 만다.

'나'는 윤도에게 집착하지만 윤도는 '나'를 외면한다. '나'가 태리에게 했던 것처럼 말이다. 태리는 그런 '나'를 위로하며 함께 필리핀으로 유학을 떠나자고 권유하지만 '나'는 태리에게 또다시 큰 상처를 주고 만다. 희영은 '나'에게 상처를 받은 태리를 위로하고 그와 함께 '나'에게 복수한다. 태리와 희영의 복수로 '나'의 "봉인해 놨던 기억이 수면 위로 떠오"른다.『1차원이 되고 싶어』의 주요 서사는 '나'의 봉인된 기억이 풀어지는 과정이다.

『사랑의 발명』에서 와일드에게 '보시', 즉 앨프리드는 사랑의 환희와 그로 인한 절망감을 동시에 안겨준 대상이다. 와일드에 따르면, 앨프리드는 "버릇없고 복수심 강하고 매우 이기적이며 그다지 재능 없는" 존재이면서도, 자신을 있게 만든 자이자 유일하게 그를 이해하는 자이다. 『1차원이 되고 싶어』에서 윤도는 '나'에게 앨프리드와 같은 존재이다. 동시에 '나'는 태리에게 그런 존재이기도 하다. 태란은 나미에게 그런 존재고, 나미에는 무늬에게 그런 존재다. 그런 맥락에서 보았을 때 사랑은 "쥘 수도 놓아버릴 수도 없는 [어린아이의] 주먹 속의 얼음 조각"과도 같다. 어린아이는 빛나는 얼음 조각이 신기해서 덥석 손에 쥐지만 예상치 못한 차가움에 놀란다. 그 차가움에 손을 털고 싶지만 얼음 조각의 투명함과 아름다움에 매혹되어 손을 펼 수도 쥘 수도 없다.

얼음 조각의 빛남과 차가움은 마치 사랑을 할 때 수반되는 기쁨과 고통이라는 이율배반적 요소를 의미한다. 이는 동성 간의 사랑뿐만 아니라 모든 사랑에 적용된다. 전술했던 와일드가 하우스먼에게 말했던 말의 맥락을 조금 비틀어 말하자면, 사랑은 "수치, 비겁함, 굴종"을 견디는 것이다. 사랑은 따르는 게 아니라 발명되는 것이다. 어쩌면 그 발명은 '이상화된 성공'이 아니라 '예정된 실패'인지 모른다. 실패가 두려워 포기하면 결국 후회만 남게 된다는 것을 『사랑의 발명』의 하우스먼과 『1차원이 되고 싶어』의 '나'가 잘 예거한다. 거듭 말하지만 사랑은 기쁨과 황홀함을 느끼는 동시에 "수치, 비겁함, 굴종"을 견디는 것이다.

5.

박상영은 데뷔 이래 꾸준히 삶의 안정화 기획이 어긋나는 순간의 파열음을 멜랑콜리한 유머로 그려냈다고 평가받고 있다. 하지만 『믿음에 대하여』(2022)의 주요 인물들은 박상영의 캐릭터로서는 드물게 비교적 안정적인 삶의 자원을 구축한 편이다. 그들은 억압으로 얼룩진 원가족의 세계에서 탈피하여 서울 소재의 대학을 나와 고단하나마 중산층의 삶을 꾸릴 수 있는 급여가 보장된 일자리를 얻고, 오래 함께한 파트너와 함께 지낼 주거 공간을 확보하여 가정을 이루는 일에 성공한다. 하지만 물적 토대의 안정화가 그들의 결핍된 삶을 완전히 채우지 못한다. 광포하게 불어 닥친 팬데믹 속에서 가까스로 일군 삶의 작은 정원은 점점 난장판이 되어 간다.

상시적인 고용 불안, 규범과 불화하는 섹슈얼리티, 박탈당한 생식권, 날로 심화되는 정보편향, 사이비 종교와 내셔널리즘의 번성, 공격적인 대인관계와 앙상한 친밀성의 세계, 소수자 혐오로 귀결되는 각자도생의 논리, 어느새 반려 질병이 된 공황장애와 우울증까지, 이 작품은 현재를 저당하여 끊임없이 미래를 재생산하는 정언들의 막다른 길목을 비추며 우리를 지금 이곳으로 이끈 이 사회의 '믿음의 각본'이 수정되어야 함을 뜨겁게 증명하고 있다. 이를 악물고 버틴다고 견실한 미래가 반드시 찾아오는 것은 아니다.

『믿음에 대하여』는 네 개의 단편 「요즘 애들」, 「보름 이후의 사랑」, 「우리가 되는 순간」, 「믿음에 대하여」로 이루어진 연작소설이다. 소설의 주요 사건은 일명 '2020년 이태원발 코로나 집단감염 사태'를 모티브로 하고 있다. 팬데믹 속에서 누적된 피로가 특정 집단에 대한 낙인찍기와 증오로 비화된 일련의 상황은 위기를 맞은 공동체는 더 취약한 소수자를 향한 차별과 혐오에 기반을 두게 된다. 이태원발 코로나 집단감염 사태는 퀴어의 삶을 게토에 가두는 분할의 정치가 직면한 만성적 문제를 다시 한번 드러내고 만다.

『믿음에 대하여』의 각각의 부제이면서 동시에 화자이자 주인공은 각각 김남준, 고찬호, 유한영과 황은채, 임철우다. 이들의 관계를 간단히 정리하면 다음과 같다. 김남준과 고찬호, 유한영과 임철우는 동성 연인이다. 김남준과 황은채는 전 회사 동료고 유한영과 황은채, 그리고 고찬호는 현 회사 동료다. 유한영과 임철우는 Y의 연인이다. 둘이 처음 만난 계기이자 장소는 Y의 장례식이었다. 두 사람 모두 Y의 연인이었다. 사실 김남준도 그 곳에 있었다. '상암86'이라는 닉네임으로 말이다. 그 또한 Y의 연인 중 한 명이었다. 그때 그곳에서 임철우는 김남준을 보았다.

고찬호가 소원하던 주택 청약 당첨, 김남준이 생각해낸 주택 담보 대출, 김귀춘이 염원하던 퇴직연금, 임철우가 의존한 마이너스 통장, 유한영이 받은 전세 대출 등의 금융 상품을 비롯하여 황은채와 과거 배서정의 숙원이었던 정규직 전환, 진연희의 소망인 임원 승진과 딸의 의대 진학, 또 철우의 어머니 명옥이 기도하는 천국의 삶…… 보다 나은 미래를 견인하기 위한 소설 속 인물들의 노력은 위험사회 속에서 위기를 관리하기 위해 현재의 시간을 볼모로 삼는 지극히도 평범한 소시민적 전략이다. 금시를 착취하여 미래를 기획하는 동안 너덜너덜해진 영혼을 살피는 돌봄의 시간은 요원하기만 하다. 결혼과 출산, 육아로 이어지는 규범적인 생에 각본대로 살기 어려운 소수자의 삶은 다른 시간성의 개발과 다른 믿음의 시나리오를 필요로 한다. 그것은 정해진 것이 없고 임시적이지만, 동시에 그렇기 때문에 무너진 사회적 믿음을 재배치하고 실험하는 저항의 기지가 될 수 있다.

어두운 세상과 고립감의 정조, 불행이 익숙한 사람들의 고요한 얼굴은 반성 없이 직진하는 세상의 진행을 서늘히 끊어낸다. 이들은 아무것도 작정할 수 없어 끔찍하게 불안하지만, 더 이상 난망한 미래를 향해 투신할 수만은 없다고 느낀다. 이 분절된 시간을 제대로 사유하는 일로부터 다른 내일이 가능하다.

전술했듯이 『믿음에 대하여』의 주인공들은 박상영의 지금까지의 소설과는 다르게 "비교적 안정적인 삶의 자원을 구축한 편이다. (…) 하지만 물적 토대의 안정화가 그들의 결핍된 삶을 완전히 채우지 못한다. 광포하게 불어 닥친 팬데믹 속에서 가까스로 일군 삶의 작은 정원은 점점 난장판이 되어" 가고 마침내 붕괴된다. 하지만 사랑이라는 주제는 『믿음에 대하여』에도 관통한다. 하지만 그들의 사랑은 또 다르다. 유한영과 임철우, 그리고 김남준을 연결하는 것은 Y라는 인물이다. Y는 『사랑의 발명』의 와일드처럼 자신의 사랑을 과시했다. 더 정확히 말하면 그는 병적으로 크고 작은 거짓말을 하면서 살아왔다. Y의 부나방 같았던 삶은 철우에게 깊은 멍을 남긴다. 철우는 "미래 같은 것은 함부로 기약하지 않기로, 이제 더 이상 그 어떤 믿음도 갖지 않기로" 굳게 결심한다.

철우는 사진을 포기하고 Y의 전 애인 한영과 연애를 시작한다. 한영은 리나 이모의 죽음을 겪으며 과거의 자신처럼 삶의 궤도를 상실하는 경험을 거치는 것을 지켜본다. 예술을 포기한 철우와 마찬가지로 눈앞의 순간을 채우는 일에 몰두하기 시작한다. 전국을 돌아다니며 온갖 물건과 명품을 사들이며 백화점 VIP로 등극하고, 각종 취미를 전전하며 일상을 내팽개치더니 급기야는 아파트를 사자며 열을 올린다.

남준과 찬호의 집들이 때 그들은 한영과 철우를 초대했다. 왁자지껄하게 파티를 즐기다가 이웃의 소음 신고를 받고 경찰이 출동했을 때 남준과 철우는 드레스룸 베란다에 숨었다. 남준과 철우는 서로에게 호감을 느끼며 "누가 먼저랄 것도 없이 키스를 했다." 철우는 "안간힘으로 일구어 놓았던 삶이 손톱만한 균열로 말미암아 언젠가 모조리 무너져 내리고 말 거라는 사실을" 직감했고, 그 직감은 적중했다. 철우는 미래를 생각하지 않는 게 행복의 비결이라고 믿었는데 사실은 후회와 걱정이 두려워 생각 자체를 포기했다. 그는 사랑이 주는 기쁨과 황홀함뿐만 아니라 그 사랑의 반대급부인 수치, 비겁함, 굴종까지도 포기했다. 그런 면에서는 남준은 철우와 닮아 있다. 그들은 또한 미래를 믿지 않는다. 미래의 자리에 대신 열기를 넣었다.

영향의 불안 뛰어넘기

1.

문학평론가 해럴드 블룸Harold Bloom의 『영향에 대한 불안』(1973)은 한 세대의 문학비평 이론에 지대한 영향을 미쳤다는 평가를 받는다. "후배 시인이 선배 시인의 '영향'에 대한 '불안'을 통해 새로운 시를 창조한다"라는 그의 주장은 그 이전에도 없었고 그 이후에도 없기 때문이다. 블룸 이전의 문학 이론은 "후배 작가가 선배 작가를 모방하는 문학 전통의 연속성을 당연한 것"으로 가정했다. 반면 블룸의 문학 이론은 문학 전통의 연속성과 유사성이 아닌 '왜곡'과 '차이' '오역'에 주목했다. 그에게 중요한 것은 문학 전통의 연속성이 아니라 불연속성, 즉 선배 작가의 모방이 아니라 선배 작가의 모방을 넘어서 능가하는 것이다. 그는 이를 '시적 오류'라는 창조적 해석을 두고 펼쳐지는 갈등과 투쟁의 미학이라고 지칭한다. 다시 말해 후배 시인들은 위대한 선배 시인의 '영향'이라는 방해자와의 투쟁을 통해서만 스스로 독창적인 시인으로 태어날 수 있다.

『영향에 대한 불안』의 1997년 판본에는 윌리엄 셰익스피어William Shakespeare에 관한 긴 서문이 추가되어 있다. 혹자는 이 서문이 블룸이 말하는 '영향의 불안'의 핵심을 담고 있다고 말한다. 블룸에 따르면, "셰익스피어는 말로에게서 이탈하면서" 그의 영향에서 벗어났으며, 문학사에서 "이보다 더 큰 승리를 거둔 시적 영향은 없다"고 단언한다. '우리'가 셰익스피어를 발명한 것이 아니라 셰익스피어가 '우리'를 발명한다. 셰익스피어는 단순히 서구의 정전이 아니라 세계의 정전이다. 이렇게 본다면 '우리'는 셰익스피어에 의해서 마침내 인간이 된 셈이다.

블룸이 가장 경계하고 경멸하는 비평은 문학을 계급, 인종, 젠더 등 문학 외적인 것으로 환원으로 하는 비평이다. 마르크스주의, 탈식민주의, 페미니즘 등이 떠오른다. 그의 이론을 단순화하자면 문학은 문학 그 자체로 판단해야 한다는 것이다. 그는 탈식민주의, 페미니즘, 신역사주의, 해체론, 탈구조주의 등 수많은 문학 이론들이 치열하게 각축을 벌였던 그 시절에 일관되게 문학의 순수성과 불멸성을 고집했다.

블룸은 『서구의 정전』(1994)에서 페미니즘, 마르크시즘, 라캉학파, 신역사주의, 해체론, 기호학을 문학을 망친 장본인으로 규정하며 '원한학파'로 명명한 바 있다. 그는 특히 페미니즘을 부정적으로 파악한다. 그에 따르면 페미니즘은 위대한 예술에 대한 경외감이 없다. 페미니즘은 불멸의 예술 작품에서 어떻게 하면 사소한 잘못이나마 찾아낼까 혈안이 된 속물 비평일 뿐이다. 왜냐하면 페미니스트, 즉 위대한 전통과 유산에서부터 원천적으로 배제된 자들이 그런 전통을 경외할 이유가 없기 때문이다. 블룸에게 페미니즘은 적개심으로 가득 찬 불평 이론이다. 페미니스트들은 정치적 올바름을 내세우는 무자비한 청교도이자 파괴의 천사이다. 또한 불평과 시샘으로 권위와 전통을 해체하고자 하는 죽은 백인 남성 시인들의 시체 도굴자들이기도 하다.

전술했듯이 블룸이 말하는 영향의 불안은 간단히 말해 '선배 시인이 자신에게 미치는 영향에 대해 후배 시인이 느끼는 불안'이다. 후배 시인은 처음에는 선배 시인을 흠모하고 추앙하면서 그를 모방하려고 한다. 하지만 자신의 정체성을 정립하기 위해서는 선배의 그늘에서 벗어나야 한다. 그런 불안과 씨름하는 과정에서 후배 시인은 선배 시인의 문학적 특권을 수정하고 이탈하고 구분하려는 강력한 욕망에 사로잡히게 된다.

백인 남성 중심의 서구 문학 전통 속에서 선배 시인을 넘어서려는 후배 시인의 투쟁은 클리나멘, 테세라, 케노시스, 악마화, 아스케시스, 아포프라데스를 통해 이뤄진다. 블룸은 이를 수정률이라고 명명한다. 클리나멘은 우주의 격변이 가능해지려면 원자들이 서로 이탈하는 것을 의미하며 수사적 장치로는 아이러니에 해당한다. 테세라는 완성과 대조를 뜻하며 수사적 장치로는 제유에 해당한다. 케노시스는 선배와의 단절을 뜻하며 수사적 장치로는 환유에 해당한다. 악마화는 선배가 숭고를 의미한다면 반反 숭고를 의미하며 수사적 장치로는 과장법에 해당한다. 아스케시스는 고독의 상태에 도달하려는 자기 정화 운동으로 선배로부터 자신을 분리시켜 수정하는 것이다. 수사적 장치로는 은유에 해당한다. 아포프라데스는 죽은 자의 귀환으로 수사적 장치로는 대체용법에 해당한다. 이 여섯 가지 수정률이 서로 제한, 수축, 재현, 확장, 모방하게 됨에 따라 정전의 전통은 반복과 불연속성을 통해 변화된다.

사실 블룸은 헨리크 입센Henrik Ibsen과 같은 '강한 시인'에게 관심이 많았다. 왜냐하면 강한 시인들이야말로 선구자들을 극복해 낼 수 있는 강한 에너지를 지녔기 때문이다. 그에 따르면, "입센은 아마도 다른 누구보다도 더, 괴테보다도 훨씬 더 '영향'을 혐오했는데, 이는 특히 그의 진정한 선구자가 셰익스피어였기 때문일 것이다. 셰익스피어에게 오염되는 것에 대한 이런 두려움은 다행히도 이 노르웨이 극작가가 셰익스피어를 피하기 위해 발견했던 다양한 방식 속에서 가장 입센다운 방식으로 표현되었다." 또다시 블룸의 말을 인용하자면, 후배 시인들은 위대한 선배 시인의 '영향'이라는 방해자와의 투쟁을 통해서만 스스로 독창적인 시인으로 태어날 수 있다. 이는 시인뿐만 아니라 극작가나 소설가 역시 마찬가지다.

그런데 선배로부터의 영향을 전혀 두려워하지 않는 작가도 있다. 오히려 몇몇 작가들은 선배 작가들의 작품을 대놓고 차용하거나 의도적으로 비틀고 조합하며 이를 희화화한다. 대표적으로 영국의 극작가 톰 스토파드를 들 수 있다. 그는 극작 초기부터 셰익스피어, 제임스 조이스James Joyce, 헨리 제임스Henry James, 오스카 와일드Oscar Wilde, 아우구스트 스트린드베리August Strindberg, 존 포드John Ford 등 고전 작품을 의식적으로 "오독"하면서 자신만의 독특한 극작 세계를 구축했다. 그는 다른 작가들의 작품을 조합하고 문맥을 변형시켜 독창적인 작품을 창작했다. 그는 서구 예술의 "상상의 박물관"에서 단편들을 선택적으로 찾아내 자신의 그는 수많은 극작가들로부터 영향을 받았고 그들의 작품 또는 작품양식을 차용했다.

그렇다고 스토파드가 전적으로 이들에게 기대거나 그들의 영향 안에 머물지 않는다. 사실 그는 작품 속에서 지속적으로 연극 또는 예술의 고유성과 진정성에 대해 의문을 제기함으로써 단순한 모방을 회피한다. 그 자신도 다른 극작가로부터 영향을 받았다는 사실은 인정하지만 자신의 작품이 다른 작가의 작품의 각색이라는 주장은 단호히 거부한다. 따라서 그의 작품은 기존의 작품을 차용하되 독창적으로 재구성해 새로운 작품으로 형상화해 기존의 관점에서 벗어난 새로운 시각을 보여준다는 데에 의의가 있고, 바로 이점이 그의 작품 세계의 핵심이라고 할 수 있다.

2.

스토파드의 극작 세계는 한마디로 '영향의 불안 뛰어 넘기'로 명명될 수 있다. 물론 모든 평론가들이 그의 극작 세계에 우호적인 것만은 아니다. 한편에서는 그의 연극적 기교, 즉 언어와 플롯을 다루는 능력을 높이 평가한다. 한 평론가는 그가 언어를 괴팍하게 사용하고 있으며, 그의 작품이 겉으로는 상당히 화려하게 보이지만 사실은 빈약한 철학적인 토대를 가졌으며, 그의 사고는 상상력보다는 공상의 수준에 머물며 작가로서의 진지함이 심각하게 결여되었다고 비판했다. 특히 로버트 브루스틴Robert Brustein은 작품을 독창적으로 창조하지 않고 다른 작품을 차용하는 스토파드의 극작 스타일을 강하게 비난했다. 저명한 연극 평론가인 C. W. E. 빅스비C. W. E. Bigsby도 스토파드가 자기만의 독특한 세계를 갖고 있는 패러디 작가이자 재담꾼이지만, 예술지상주의를 맹신한 나머지 사회문제는 전혀 제기하지 않는 "자칭 미학적 반동주의자"라고 비판적 입장을 취했다.

이와는 상반되게 스토파드의 작가적 능력을 높이 평가하는 비평가들은 스토파드를 대체로 동시대의 사회 비판적 경향이 강한 작가들과 프랑스의 부조리 극작가 계열 사이에서 어느 한쪽으로도 편향되지 않고 자기만의 독특한 스타일을 창조한 재능 있는 극작가로 평가했다. 토머스 휘태커Thomas Whitaker는 스토파드를 와일드, 조지 버나드 쇼George Bernard Shaw, 노엘 카워드Noël Coward로 이어지는 영국 희극의 전통과 전위적인 새로운 형식을 잘 융합시킨 작가로 보았다. 그에 따르면, 스토파드가 이들 작가와 유사성을 지녔으면서도 이들의 세계를 그대로 받아들이라고 강요하지 않고 오히려 인간다운 균형과 자유를 재발견하도록 해주는 독창성을 지녔다.

이처럼 스토파드의 극작 세계의 평가에서 '독창성'은 중요한 위상을 지닌다. 거칠게 말하면 독창성을 기준으로 그와 그의 작품에 대한 평가가 갈린다고 해도 과언이 아니다. 전술했듯이 한편에서는 다른 작품의 차용을 근거로 들어 그의 독창성의 결여를 지적하지만, 다른 한편에서는 오히려 이를 극작 과정의 독창성으로 상찬한다. 그런데 독창성은 사실 영향의 불안과 떼려야 뗄 수 없을 정도로 밀접하게 연관되어 있다. 문제의 본령은 '작가가 영향의 불안에 머무느냐, 아니면 이를 뛰어넘느냐'로 수렴된다.

안정효의 소설 『헐리우드 키드의 생애』(1992)와 이 작품을 원작으로 한 동명의 영화 〈헐리우드키드의 생애〉(정지영, 1994)를 다시 읽고 다시 보는 내내 블룸의 '영향의 불안'이라는 용어가 머릿속을 떠나지 않았다.[106] 『헐리우드키드의 생애』는 영화감독이 된 화자 윤명길의 시점으로 전개된다. 그는 중고등학교 시절을 함께 보낸 친구들과 함께 '황야의 7인'이라는 자연발성적인 그룹을 형성한다. 그 누구보다도 영화를 사랑하고, 영화에 열광하고, 영화에 관해 넓고 깊은 지식을 갖고 있기에 '헐리우드 키드'로 불린 임병석이 그 그룹을 주도하는 것은 어찌 보면 당연하다. 그럼에도 그와 가장 친한 친구인 화자 명길은 그를 좋아하면서도 질투하고 시기한다.

---

[106] 외래어 표기법에 따르면 Hollywood는 할리우드로 표기해야 하지만 소설과 영화 모두 헐리우드로 표기하기 때문에 이 글에서도 '헐리우드'로 표기한다.

당시 영화는 그 시대의 가장 매력적인 문화적 배출구였다. 시야를 차단시키는 어둠 속에는 환상이 존재하지만 진실의 빛을 받으면 퇴색하여 보이지 않게 되는 세계, 그리고 꿈을 꾸려면 어둠이 필요하지만 악몽에서 벗어나려면 눈을 떠야한다는 진리, 그것이 바로 영화의 세계였다.『헐리우드 키드의 생애』는 영화를 통해 환상 속의 삶을 살았고, 그 환상에 평생 지배당한 헐리우드 키드 임병석의 일대기라 할 수 있다. 그의 아웃사이더적인 삶과 영화에 대한 편집증적인 집착을 통해 전후 세대의 내면과 문화적인 풍경을 엿볼 수 있다.

병석을 비롯한 '황야의 7인'이 영화에 그토록 탐닉한 이유는 전쟁 직후의 고통스러운 현실 때문이었다. 그들은 엄청난 전쟁 직후에 만연했던 허무주의, 깊은 절망, 죽음의 냄새, 폐허화된 도시와 문화를 바로 현란하고 낭만적인 영화를 통해 잊어버리고 싶어 했다. 그들에게 영화는 현실의 고통과 누추함을 잊게 해주는 일종의 마취제였다. 그들은 "서양 얼굴들을 (…) 자신이라고 잘못 알고 자라났으며, 남의 나라에서 생산된 시각과 문화에 젖어, 조금쯤은 불결한 정신 환경 속에서 어른이 될 준비를 했다.[107]

현실의 누추함에 비례하여 환상의 강렬성은 증대된다. 딛고 있는 땅이 고통스러울수록 유토피아에 대한 갈망은 배가된다. 50년대 말 한국

---

[107] 안정효, 『헐리우드 키드의 생애』, 오늘, 1999, 24~25쪽. 이하 작품 인용은 괄호에 쪽수로 표기한다.

사회의 황량한 현실은 그 땅에서 발을 딛고 있던 대부분의 순수한 영혼들을 이국적인 영화의 세계, 먼 곳에 대한 그리움의 세계, 서구적인 환상의 세계에 몰입하도록 추동했다. 괴로운 이곳을 떠나 아름답고 부유한 외국에 가고 싶다는 낭만주의적 세계인식이야말로 1950년대를 지배하던 가장 매력적인 세계관이었다. 이러한 세계관의 문화사적 발현이 바로 영화에 대한 몰입과 영광으로 표현된 것이라고 할 수 있다. "영화라는 안경을 끼고 세상을 보기 시작한 우리들이 폭력을 미덕으로 굴절시켜 보려고 했던 것은 참으로 당연한 인과 법칙의 결과"(29-30)였다.

3.

그렇다면 병석은 어떤 인물인가? 전술했듯이 그는 누구보다도 영화를 사랑하며 영화에 열광하는 그래서 헐리우드에 대한 소식통이라면 대한민국 영토 내에서 그를 감히 쫓아갈 인물이 없다고 생각하게 할 정도로 영화만을 생각하는 이색적인 인물이다. 영화라는 환상 속에서 가장 행복하고 편안했던 그는 그야말로 보기 드문 '영화광'이었다. 그는 "어려서부터 자신의 삶 자체를 한 편의 흥미진진한 영화쯤으로 해석하는 버릇이 있었다. 그래서 그는 집에서 다른 식구들이나 그에게 일어나는 온갖 사건들을 그가 방금 보고 온 무슨 영화의 줄거리를 이야기하듯, 때로는 조금씩 극적으로 각색해 가면서 우리들에게 전하고는 했다"(45).

영화 프로그램을 수천 장이나 모으고 국내에서 상영되는 영화란 영화는 모두 섭렵하며 헐리우드의 수많은 배우와 감독들의 신상명세서를 환히 꿰뚫고 있는 그는 영화라는 환상적인 세계에 대한 몰입이 너무나도 강렬하였기 때문에, 대부분의 사람들과는 달리 현실과 영화를 구분하지 못하고 항상 환상에 잠긴 채 삶을 가까스로 유지한다. 그는 "영화와 삶 가운데 어느 것이 그에게 참된 진실인지를 선택하는 데 있어서 별로 큰 어려움을 겪지 않는 듯싶었다. 그는 '파산'을 행복이라고 믿는 유대인 소년처럼 그에게 유리한 현실을 마음대로 선택하는 데 있어서 조금도 정신적인 방해를 받지 않았던 것이다"(53).

병석은 쓸데없는 어떤 일에 지나친 관심을 쏟는 나머지 세상의 다른 모든 것을 보지 못하는 그런 경향이 있었다. 그리고 대상이 엉뚱해서 그렇지 일단 목표를 설정해 놓으면 그것을 향해서 돌진하는 집중력 또한 대단했다. 그는 자신이 믿고 싶은 것만을 믿을 수 있는 이상한 능력을 혼자서 키워가고 있었다. 그래서 그의 삶은 엄혹한 현실의 논리와 땅의 생존법칙에는 도저히 적응할 수 없었던 아웃사이더와 같은 편력으로 점철되어 있다. 그래서 그는 군 입대를 기피하여 평생 온전한 시민으로서의 삶을 영위하지 못한다. 결국 그는 "얼굴을 드러내지 않고 어딘가에 숨어야지 남들 앞에 떳떳하게 나타나서는 안 될 것만 같은 불안한 인간"(63)의 길을 택한다.

명길은 병석에 대해 "헐리우드 키드는, 좀 역설적인 표현이기는 하지만, 되고 싶은 것이 너무 많아 아무 것도 되지 못한 그런 인간형"(123)으로 규정한다. 그에 따르면 병석은 늘 영화의 과장된 환상 속에서만 살

앉기 때문에 현실의 참된 크기와 깊이를 제대로 파악하지 못했다. 삶뿐만 아니라 사랑도 마찬가지다. 병석은 영화 속의 사랑에 너무 익숙했던 나머지 현실의 사랑을 감당할 능력을 잃었다. 영화 속의 사랑은 영화가 시작될 때 시작해 영화가 끝남과 동시에 끝나기 때문에 책임질 필요가 없다. 하지만 현실의 사랑은 보통 영화가 끝나는 순간에 시작된다.

그런데 따지고 보면 젊은 시절 명길의 삶도 병석의 삶과 크게 다르지 않았다. 영화에서 꿈을 쫓아다녔고, 구질구질한 삶의 슬픔을 잊기 위한 도피처를 영화에서 찾았고, 증오의 분출구와 행복에의 갈망, 그리고 모든 다른 것을 영화에서 찾아내려고 했다. 꿈과 환상이 만들어내는 수많은 영화를 보면서 자꾸만 현실을 벗어나 점점 더 많은 시간을 비옥한 어둠의 나라에서 살게 되었다(88-90). 사람들은 헐리우드를 '꿈의 공장'이라고 불렀다. 왜냐하면 영화란 꿈을 먹고 사는 사람들을 위해서 꿈꾸는 사람들이 만들어내는 정신적인 1회용 식품이었기 때문이다.

명길은 헐리우드에서 생산된 갖가지 삶의 모형들을 화면으로부터 빨아들이면서 푸른 바다에서 노략질을 하는 해적선을 낭만적인 모험을 싣고 다니는 백화점쯤으로 생각했고, 미국 서부의 광활한 평원이 마치 전생에서 어딘가 두고 온 아름다운 고향이라고 믿었으며, 그래서 빈곤에 찌든 집과 누추한 길바닥의 현실을 부정하고 컴컴한 극장 안에서 펼쳐지는 세계를 참된 현실과 이상으로 받아들이려 했다.

돈만 몇 푼 있으면 우리들은 이렇게 시대와 나라를 마음대로 선택해서 80분이나 90분, 때로는 두 시간씩이라도 우리가 원하는 현실을 찾아가는 권리가 주어졌던 것이다. 생활로서 더불어 살아야 했던 극장 밖에서 따로 버티고 있기는 해도 극장 안에서는 얼마든지 행복할 권리가 있었다. 수많은 영화를 볼 때마다 생각했었다. 언젠가는 이 누추한 현실에서 벗어나 저런 아름다운 곳으로, 생활의 때가 묻지 않아 마음에 드는 곳 어디론가 멀리 가보고 싶다고 말이다.

명길은 포항 대포집 병석의 방에 다닥다닥 달라붙어 있던 영화 프로그램들을 보며 병석이 그럴지도 모른다고 생각했다. 병석은 영화에서 나오는 좋은 대사들을 달달 외워 두었다가 가끔 인용하는 버릇이 있었고, 집에는 프로그램 꾸러미 속에 온갖 영화에 나오는 멋진 대사들을 차곡차곡 정리한 공책들도 들어 있었다. 명길은 병석이 만일 예술가가 되었더라면 모딜리아니처럼 여자들의 보호 본능을 자극하는 천재가 되었을지도 모른다고 생각한다. 그러나 병석은 예술가가 아니었다. 그의 형태는 가히 천재적이었지만 말이다.

4.

병석은 현실에 적응하지 못하고, 현실과 영화를 혼동하며, 여전히 영화의 환각 세계에 빠져 있다. 병석은 현실과 환상을 구분하지 못하고 둘의 공존을 의식적으로 거부한다. 반면 명길은 현실과 환상을 절충할 수 있는 가장 이상적인 매체가 영화라는 신념을 갖게 된다. 그는 현실과 환상이 공존하지 못해서 파열된 삶을 살아가는 그 주인공을 나는 아직도 너무나 사랑하기 때문이라는 이유를 든다. 그는 "주변의 세계를 닥치는 대로 마구 흡수하여 혼돈 상태였던"(234) 머릿속을 정리해 나간다. 그리고 그 전까지는 거들떠보지도 않던 한국 영화를 보기 시작한다. 한국 영화를 보며 헐리우드는 자신의 나라가 아니며 환상은 현실이 아니라는 사실도, 서서히 깨우쳐 간다(234). 명길은 환상을 생산하기 위한 공부를 시작했지만 병석은 달랐다. 그럴 필요성이 없어서였는지는 몰라도 그는 끝까지 헐리우드를 벗어나지 않고 머물러 그 세계 속에서의 환상과 꿈을 계속 누렸으며, 영화를 현실의 어떤 표현 수단이나 생활 방식으로 받아들이려는 마음이 전혀 없었다.

병석은 더 이상 말할 필요도 없고 명길 또한 영화의 환상을 극복하는 데는 오랜 시간과 많은 경험이 필요했다. 그는 현실과 영화 속의 환상이 상충하는 착각 상태는 아마도 영화 예술에 몸을 바친 거의 모든 사람이 필연적으로 겪는 일인지도 모른다고 자위한다. 서부 영화를 엉뚱하게도 이탈리아에서 마카로니로 범벅을 하게 되면서 엔니오 모리꼬네의 음악과 더불어 명성을 얻게 된 클린트 이스트우드에게 언젠가 존 웨인이 편지를 썼다고 한다. 서부 영화는 그런 것이 아니라고. (…) 존 웨인으로서는 서부 영화란 무엇이냐 하는 일가견이 단단히 서 있었으며, 그 관념이랄까 환상은 클린트 이스트우드가 이탈리아 사람들과 결탁해서 만든 국적 불명의 쿵푸식 서부 영화를 못마땅하게 생각하게끔 만들고도 남았다. 그러니까 존 웨인에게는 〈역마차〉가 진실이었고 〈황야의 무법자〉는 가짜였다.

소설가, 화가, 극작가, 연출가로도 활동하고 있는 전방위 예술가 가오싱젠은 '동서양 연극 예술 개념의 중요한 차이'를 지적했다. 그에 따르면, 중국의 연극과 같은 동양의 연극들은 배우들의 고도의 연기력에 기초하고 있어서 관객이 극장에 와서 보는 것은 사실 배우의 연기다. 반면 서양 연극에서는 배우가 물론 중요하기는 하지만, 배우의 연기는 단지 연극 예술의 일부일 뿐이다. 관객들은 연기 외에 희곡, 연출 그리고 무대 미술들을 본다. 서양 연극은 예술에서 진실성을 추구한다. 사실주의 연극이나 자연주의 연극 뿐만 아니라 상징주의 연극에서도 마찬가지다. 하지만 동양 연극에서는 지금 연극을 하고 있음을 분명하게 드러낸다. 무대 위에서는 실생활의 사실적인 환경을 재현할 필요가 없으며, 관객으로 하여금 진짜라고 믿게 할 환각을 만들려고 하지도 않는다.

연기에서도 마찬가지다. 동양 연극에서 배우는 충분한 자유를 누린다. 시간이나 공간의 객관성 혹은 그로 인해 요구되는 통일의 법칙에 구애받을 필요가 없다. 반면 서양 연극은 이러한 시간과 공간의 객관성과 통일을 준수하기 위해 극작법에 있어서 막과 장을 나누어야 하고, 연기법에 있어서도 시간과 장소에 제한을 받는 등 훨씬 더 많은 제한을 받는다. 즉 서양 연극이 극장에서 애써 '진실성'을 추구하는 반면, 동양 연극은 당당하게 무대 예술의 '가정성'을 강조한다. 그리고 그 진실성과 가정성은 〈역마차〉와 〈황야의 무법자〉에 되먹임된다.

여전히 영화라는 환각에 세계에서 빠져나오지 못하고 있는 병석은 어느 날 〈무책임한 두 주일〉이라는 시나리오를 들고 병길을 찾아온다.

병석은 명길에게 80만 원에 사라며 강매한다. 스스로 설정한 삶의 굴레로부터 해방되려는 나이 많고 결혼한 대학교수와 세상에는 틀림없이 아름다운 사랑이 존재한다고 꿈꾸는 여대생이, 영국인 선원과 무당의 슬픈 사랑이 전설로 전해오는 군산 앞바다의 고군산열도로 함께 여행을 떠난다는 어찌 보면 통속적인 내용이었다. 영화사도 병석의 시나리오에 우호적이어서 명길은 고민 끝에 병석의 시나리오를 영화화하기로 결정한다.

그런데 명길은 무엇 때문인지 자꾸만 마음이 편치 않았다. 촬영 계획이 하루하루 진행되고 시나리오를 손질하고 검토해 나가는 사이에 나는 마음 한쪽에서 웬일인지 찜찜한 기분이 좀처럼 가시지를 않았다. 그리고 이상하게도 대본을 검토할 때마다 더욱 심해졌다. 명길은 그 기분을 뭐라고 설명해야 좋을지 모르겠지만 대본을 들여다볼 때마다 계속해서 어떤 묘한 기시감에서 헤어날 수가 없었다(303). 영화 촬영이 반 이상 진행된 후 명길은 시나리오를 다시 자세히 검토하다가 병석이 쓴 시나리오가 숱한 명작의 멋있는 장면과 대사를 그대로 표절한 것임을 알아차린다.

명길은 분노와 좌절에 휩싸여 병석의 시나리오를 읽기를 권하고 부추긴 아내를 닦달하며 분풀이한다. 그는 이 낭패를 어떻게 영화사 사장에게 털어놓고, 스텝들에게는 과연 뭐라고 말할 것이며, 연예부 기자들로부터 당할 수모는 어떻게 감당해야 할지를 궁리했다. "〈무책임한 두 주일〉은 완벽한 표절의 꼴라쥬collage였다.[108] 표절의 미학에 있어서는 기네스북에 오를만한 걸작, 바로 그것이 헐리우드 키드 임병석의 시나리오 〈무책임한 두 주일〉이었다"(309).

　명길이 생각하기에 〈무책임한 두 주일〉은 대단히 치밀하고도 교묘하게도 엮어놓은 무책임의 걸작품이었다. 말하자만 〈……두 주일〉은 그 전체가 하나의 표절 짜깁기 작품이었고, 그것은 치밀하고도 효과적이며 또한 대단히 아름답게 꾸며놓은 모자이크 작품으로서, 그 나름대로 하나의 독립된 생명까지 지니는 모조품이었다. 그러나 그는 그 완벽한 모조품을 조금도 사랑할 수 없었다(313).

　명길은 악몽과 병석에 대한 분노로 잠을 이루지 못했고 앞으로 어떻게 해야 좋을지 아무런 대책도 세우지 못한 채 촬영장으로 나갔다. 스튜디오 촬영을 마치고 고군산열도로 로케를 들어가기 전까지 며칠 여유가 있었지만 결정을 내리지 못했다. 그는 거실에 앉아 술을 마시고 담배를 피우며 속을 끓이다가 식구들이 잠든 다음에 〈무책임한 두 주일〉이 시나리오를 다시 읽기 시작했다. 처음부터 끝까지 다시 읽었지만 해답이 나오지 않았다. 그런데 새벽 세 시쯤 한 번 더 시나리오를 읽기 시작했을 때 이상한 일이 벌어졌다. 〈……두 주일〉을 천천히 읽어 내려가면서 온갖 표절의 출처들을 다시 한 번 확인하던 그의 마음속에서 조금씩 심경의 변화가 일어났다. 그는 범죄의 증거를 수집하는 과정에서 무

---

108) 외래어 표기법에 따르면 collage는 콜라주로 표기해야 하지만 소설에서 꼴라쥬로 표기되기 때문에 이 글에서도 '꼴라쥬'로 표기한다.

슨 퀴즈를 풀기라도 하는 듯 재미를 느꼈다.

나는 <……두 주일>을 쓰면서 그 오랜 세월 동안 병석이가 무슨 생각을 하고 있었을까 궁금했다. 도대체 그는 왜 그토록 오랜 세월에 걸쳐서 이 표절 작품을 집대성한 것일까? 그리고 반 시간쯤 읽은 다음에 나는 불현듯 이런 생각이 들었다. 내가 무엇이라고 병석이를, 그리고 그의 작품을 심판하려고 하는가? 지금까지 내가 만든 영화들, 그 작품들도 결국은 하나같이 남의 작품들을 흉내 낸 것이 아니었던가? (…) 이 세상에서 과연 무엇이 진실이고 무엇이 거짓인가? 장충동에서 어느 족발집이 원조이고 어느 집이 진짜 원조라는 주장이 무슨 의미가 있는가? 맛있는 족발만 수북히 내다 주면 될 일이지. (320)

이 세상에는 얼핏 똑같이 여겨지면서도 너무나 다른 얘기가 얼마나 많은가? 영감이란 결국 없는 것으로부터 무엇을 창조하는 기능이 아니라 있는 것들을 재조립하고 가꾸어 다듬는 능력에 지나지 않는다. (…) 어차피 인생이란 어느 만큼이 고유하고 또 어느 만큼이 흉내인가? 남들이 쓰고 버린 헌 조각들을 주워 모아 누덕누덕 기워 한 벌의 인생을 만들어 놓았으니 그것이 어쨌다는 말인가? 꼴라쥬도 결국 그 자체가 훌륭한 예술이지 않는가? (321)

결국 명길은 영화 촬영을 계속하기로 결정한다. 그는 병석의 삶을 이해하고 받아들이기로 한 것이다. 삶이란 태어난 순간부터 죽을 때까지 철저한 흉내의 과정에 지나지 않는다는 사실을 인정하게 된다. 병석의 시나리오는 그가 그토록 열광하고 몰입했던 영화에 대한 사랑을 온몸으로 정리한 최후의 기록이자 열정의 산물이다. 병석의 시나리오로 명길이 만든 영화는 예술성과 상업성 모두에서 커다란 성공을 거두게 된다.

명길은 병석의 삶과 죽음을 통해 자신의 어린 시절을 반추한다. 그 시대 어린 우리들은 슬피 떠나는 사람들을 낭만적인 영웅이라고 생각했으며, 〈황야의 7인〉처럼 마을의 나쁜 놈들을 모조리 쏴 죽여 힘없는 사람들에게 평화를 찾아주고는 미련 없이 떠나가는 사나이들, 그들 모두가 우리들의 영웅이었고, 그래서 우리들도 그런 영웅이 되고 싶은 꿈을 꾸고는 했었다. 무엇인지 멋진 일을 해놓고 지평선 너머로 쓸쓸히 사라지는 영웅 말이다. 그것은 어쩌면 꾀죄죄한 현실 세계에서 살기보다는 극적인 어떤 사건을 하나 벌여놓고 다른 세계로 떠나고 싶은 충동과 은근한 소망이 담긴 우리들의 꿈이었는지도 모른다.

명길은 병석의 죽음을 자신의 죽음으로 치환한다. 그러면서 '길고 슬프고도 답답하고 우울한 삶, 헐리우드 키드가 낭비해 버린 삶, 그 삶은 옛날 흑백 영화처럼 우중충했지만, 이제 와서 그의 생애가 내 마음 속에서 그토록 큰 자리를 차지하게 된 것은 어떤 까닭에서일까?', '모든 사람이 비슷비슷한 삶을 살아가기는 하더라도 하나하나의 삶은 저마다 아름다운 의미를 지니기 때문일까?', '그렇다면 헐리우드 키드의 삶은 어디가, 과연 어디가 아름다웠던 것일까?' 자문한다.

5.

　『헐리우드 키드의 생애』에는 그야말로 수많은 영화배우와 감독, 그리고 영화에 관한 압도적인 정보를 담고 있다. 1950년대 중반부터 1960년대에 걸쳐서 영화의 세계에 매혹 당했던 사람이라면 그 수많은 영화배우 이름 중에서 자신의 추억이 새겨져 있는, 혹은 자신이 상상 속의 연인으로 그리워했던 이름 하나쯤은 발견할 것이다. 작품 해설을 쓴 문학평론가 권성우의 말마따나 이 작품은 "유년의 아득한 풍경 속"(337)으로 안내한다. 그렇기 때문에 독자는 이 소설에서 이제는 영원히 돌아올 수 없는 그들의 젊음과 청춘, 가난하고 고통스러웠지만 환상이 있어 항상 꿈을 꿀 수 있었던 그 시절을 하염없이 그리워하는 주인공들과 공감대를 형성할 수 있게 된다. 『헐리우드 키드의 생애』는 작가 안정효 세대의 문화사적 사진첩이자 환상의 숨결, 혹은 꿈꾸기의 풍경에 다름 아니다. 권성우의 말을 다시 옮기면 이 작품은 "세대론적 감각을 환기시키는 소중한"(348) 문학적 소산이다.

　주지하듯 영화 〈헐리우드 키드의 생애〉는 소설『헐리우드 키드의 생애』를 원작으로 삼고 있다. 소설과 마찬가지로 영화도 윤명길이 화자로 등장해 현재와 과거를 오가며 임병석의 삶과 죽음을 반추한다. 병석은 쉬는 시간 10분 동안 946명의 배우들의 출석부를 작성하고, 공포영화 드라큐라에서도 에로티시즘의 진수를 발견하고, 영화 제목만으로도 끝나지 않는 이야기를 엮어내는 소위 영화광이다. 그는 각종 영화서적을 탐독하며 헐리우드 영화의 소식통으로 군림한다. 그는 명길을 비롯해 신창 고교의 아이들과 '황야의 7인'을 결성하며 기상천외한 영화 순례를 주도한다. 그는 입으로 병을 불어 만드는 아버지와 음란하게 춤추는 누나를 아무렇지도 않게 바라본다. 이를 감추기는커녕 심지어 친구들에게까지 보여준다. 그에게 현실은 너무나 초라하고 너무나 비루하다. 그렇기 때문에 그는 영화에 더욱 탐닉한다. 어쩌면 그는 어른들의 추악한 세계를 혐오하여 더 이상의 성장을 거부하고 높은 곳에서 일부러 떨어져서 성장을 멈춘 귄터 그라스Günter Grass의 소설 『양철북』(1959)의 오스카처럼, 어두컴컴한 극장 안에서 더 이상의 성장을 멈추어 버렸는지도 모른다.

반면 명길은 벼랑창 꼭대기에서 높이 날아 다이빙하는 병석의 모습에 매료당한 후 영화에 눈뜨게 된다. 영화에 중독된 그는 비단을 몰래 팔아 영화 관람료를 조달하기도 하고, 병석의 방대한 영화지식을 질투하여 그의 자료들을 훔치기도 한다. 병길은 극장에서 만난 현숙을 좋아하지만 현숙이 병석에게 관심을 갖자 병석을 시기한다.[109] 그는 병석의 누나인 젤소미나에 이끌려 성에 눈을 뜬다. 하지만 그는 적당히 현실 감각을 갖추고 있기에 허공에서 영화에 대한 환상에만 젖어 사는 병석의 불안한 미래를 예감한다.

어느덧 병석과 명길은 성인이 되었다. 명길은 그리 유명하지는 않지

---

109) 소설 『헐리우드 키드의 생애』에서는 명길의 아내 이름이 현숙이다.

만 알 만한 사람은 다 아는 영화감독이 되었다. 그는 병석과 연락이 끊긴 채 그가 미국에 간 누나의 초청장만을 기다리고 있다는 소문만 들었다. 그러던 어느 날 그는 병원으로부터 병석과 관련된 한 통의 전화를 받는다. 명길은 병원에서 병석, 그리고 그의 아내가 된 현숙과 재회한다. 병원 관계자로부터 병석이 화재가 일어났는데 아이는 구하지 않고 영화 시나리오만 가지고 나왔다는 이야기를 전해 듣는다. 실어증으로 정신병원에 입원한 병석은 명길에게 시나리오를 건넨다. 그것은 병석이 평생 동안 고치고 또 고쳐 쓴 완벽한 구조와 세련되고 치밀한 대사로 이루어진 작품이다. 병석의 시나리오는 영화사의 만장일치와 세인의 주목 속에 영화로 제작된다. 하지만 명길은 촬영을 하면서도 알 수 없는 의혹에 빠진다.

지엽적인 부분에서 약간의 차이가 있지만 서사의 큰 줄기로 보면 소설 『헐리우드 키드의 생애』와 영화 〈헐리우드 키드의 생애〉의 차이점은 크게 도드라지지 않는다. 소설의 원작자 안정효는 영화 〈헐리우드 키드의 생애〉를 두고 "추억의 영화광들의 단체 사진"이라고 명명했다. 헐리우드 영화를 보며 1950년대와 1960년대를 성장해온 두 영화광 병석과 명길의 이야기는 당시 극장에서 지내며 젊은 날을 보냈던 모든 영화광들이 나누었던 경험의 총화일 수 있다. 어쩌면 〈헐리우드 키드의 생애〉의 감독 정지영의 '경험의 총화'일지도 모른다.[110]

---

110) 소설이 1950년대와 1960년대의 헐리우드 영화 팬들의 회고라면, 영화는 1990년대 초

명길은 처음에는 병석의 무책임하고 비윤리적인 표절 짜깁기 시나리오 〈무책임한 두 주일〉에 분노하고 절망했다. 이를 알아차리지 못한 자신의 무능력을 자책했고 병석의 시나리오를 읽으라고 권했던 아내까지도 비난했다. 하지만 병석이 쓴 시나리오를 다시 읽으며 그의 의도를 숙고하며 자신 또한 남의 작품들을 흉내 낸 것이라는 것을 인정한다. 명길이 영화감독으로서 헐리우드 고전 영화를 뛰어 넘는 작품을 만들기 위해 탐닉했던 것처럼 병석은 비루한 현실에서 벗어나기 위해 헐리우드 고전 영화에 탐닉했을 뿐이다. 명길은 병석과 자신을 동일화하며 마음의 안정을 얻는다. 그는 진실과 거짓의 본질에 천착하며 꼴라쥬도 결국 그 자체가 훌륭한 예술이 될 수 있다는 결론에 이르게 된다. 거칠고 성급하지만 명길의 이러한 결론은 영향의 불안을 뛰어 넘으려는 의지 또는 뛰어 넘었다는 증거일 수도 있다.

미국 직배 반대투쟁을 벌였던 한국 영화인들의 현재에 대한 이야기이기도 하다. 정지영 감독은 〈헐리우드 키드의 생애〉 뿐만 아니라 전작인 〈남부군〉(1990)과 〈하얀 전쟁〉(1992)에서도 1990년대의 정치성을 부여한다. 소설가 듀나는 이를 두고 "지금 와서 보면 실패한 게 분명하다. 특히 메시지가 분명해지는 후반부에 들어와서는 예술적 어색함이 온 몸을 찌른다"고 평했다. 하지만 이는 원작 소설을 근간으로 하고 있는 영화가 소설이라는 거대한 영향으로부터 벗어나려는 불안의 징후로 충분히 읽을 수 있다.

제 3 부

차이와 반복, 반복과 차이

1.

 질 들뢰즈Gilles Deleuze의 『차이와 반복』(1968)은 "반복은 차이를 만들고, 차이는 반복을 만든다"는 한 문장으로 요약될 수 있다. 『차이와 반복』은 바뤼흐 스피노자Baruch Spinoza와 프리드리히 빌헬름 니체Friedrich Wilhelm Nietzsche를 두 기둥으로 삼아 플라톤Platon 이후 서양 존재론을 지배하던 초월적 원리를 비판하고 존재 개념을 내재성, 일의성, 긍정성 안에서 해명한다. 대체로 서양 존재론은 존재의 의미의 '다의성'에서 출발해 한 존재가 다른 존재보다 '탁월'하다는 개념을 도입하여 존재들 사이에 위계질서를 만든다. 들뢰즈는 서양 존재론을 '존재의 일의성'으로 정향한다. 존재의 일의성은 존재는 단 한 가지 의미이며, 오로지 그 이름과 형식들만이 다의적이라는 걸 뜻한다. 그렇다면 존재는 이 형식들의 '차이'를 통해서 규정된다. '내재성'이란 부가적인 초월적 세계를 가지지 않는다는 뜻이다. 이 내재성의 세계엔 '부정'이 끼어들 수가 없다. 차이는 본질적으로 긍정 자체이다. 차이의 세계에서는 차이 나는 것들이 계속 그 자체로 '반복'되면서 사물들을 생산한다. 반복은 무엇보다도 '되풀이되는 시간'이며, 주어진 상태들의 긍정을 조건으로 한다.

들뢰즈는 차이를 두 가지로 분류한다. 일반적으로 차이는 남성과 여성의 차이와 같은 종별 분류에 의한 차이가 있고, 한 개체의 강도에 따른 차이가 있다. 들뢰즈가 『차이와 반복』에서 말하는 차이는 물론 후자로서, 한 개체의 강도에 따른 차이다. 한 사물은 정적인 것이 아니라 노화하는 사람의 얼굴처럼 시간에 따라 조금씩 변한다. 그는 이 시간성에 따른 차이를 설명하기 위해 수학의 '미분' 개념을 차용한다. 그렇다면 들뢰즈가 말하는 차이는 시간의 미분화로 인해 생겨나는 차이라고 말할 수 있다. 그는 시간의 한 시점에서의 개체의 고유한 성질을 강도라고 표현하는데, 그것이 반복되면서 차이가 발생한다.

따라서 만약 반복이 없다면 정지한 것이기 때문에, 내적 운동성이 없는 것이기 때문에 존재할 수가 없다. 다시 말하면 실재는 반복에 의한 차이로서만 드러난다. 실재의 표상은 계속 변하기 때문에 실재를 알 수가 없고, 다만 차이의 이미지를 인식할 뿐이다. 이때의 인식은 사물 자체를 인식하는 것이 아니라 그 순간의 이미지를 인식하는 것이다. 그런데 순간의 이미지를 인식할 때 그 이미지는 이미지 자체를 받아들이는 것이 아니라 과거를 이미지를 인식하고 있는 상태이기 때문에, 현 순간의 이미지에 과거의 이미지를 투영하여 인식하게 된다. 이는 철학자 흄

이 말하는 "지각의 상상력에 의한 습관적인 인식"이다. 현재의 이미지에는 과거의 시간성이 포함되어 있다. 따라서 현재의 시점에서 떠올리는 과거의 기억은 과거의 실제가 아니라 현재의 상상이다.

들뢰즈에 따르면, "반복은 일상이 아니다. 반복은 여러 가지 관점에서 일반성과 구별되어야 한다. 이 둘을 암묵적으로 혼동하고 있는 표현은 언제나 곤혹스럽다." 그에 따르면, "반복은 항상 어떤 극단적 유사성이나 완벽한 등가성으로 '재현'될 수 있다. 그러나 점진적으로 한 사태에서 다른 한 사태로 이행할 수 있다고 해서 두 사태 간의 본성상의 차이가 사라지는 것은 아니다." 들뢰즈는 이처럼 반복의 새로운 의미성에 주목했다.

들뢰즈는 또 다른 저서 『시네마』(1983~1985)에서 영화를 "'운동-이미지'와 '시간-이미지'를 통해 사유하는 예술"로 규정한다. 운동-이미지란 사물의 운동성에 주목한 개념이며, 시간-이미지는 사물에 대한 우리의 감각이 아닌 시간이라는 형식 자체로부터 등장하는 영화적 이미지들을 지칭한다. 이러한 시간-이미지는 현실화된 단 하나의 현재인 현실태일 뿐만 아니라 잠재태적 시간의 가능성 역시 이미지화하여 스크린에 등장시킨다는 점에서 그 의미를 갖는데, 이를 통해 들뢰즈는 영화의 구성 방식이 곧 우리가 세계를 인식하는 방식과 같다고 주장한다.

들뢰즈는 『시네마』 전반을 통해 영화가 우리가 세계를 시간의 차원에서 이해하도록 함으로써 세계의 확장을 이루어낸다고 이해하고 있다. 짐 자무시 감독의 영화 〈패터슨〉(2016)은 현실태인 시의 이미지를 영화 이미지의 독특성을 활용해 새로운 의미를 창출한다는 점에서 들뢰즈의 이미지론과 방법론적으로나 서사적으로나 밀접한 연관이 있다. 특히 반복적 일상의 작은 균열에 현미경을 들이대며 '차이 나는 반복'에 주목하고 있다. 어느 시인의 말처럼 이 반복적 일상의 틈을 비집고 쓰는 시는 삶을 평범하지만은 않은 것으로 만들어주는 유일한 원동력이다. 자무시는 일상을 다른 각도에서 보는 것에서 출발하는 예술적 태도를 통해 일상을 시적으로 승화시키고자 하는 미학을 영화적으로 구현한다.

2.

영화 〈패터슨〉은 『패터슨』(1946~1958)이라는 제목의 시집을 출간한 패터슨 출신의 시인 윌리엄 카를로스 윌리엄스William Carlos Williams를 동경하는 패터슨의 일상을 조명한다. 패터슨은 버스 기사이자 시인이다. 이 영화는 시를 통해 사물 그 자체를 조명하고자 했던 윌리엄스의 시도를 영화의 방식으로 새롭게 구현하고 있다. 들뢰즈는 시에서의 이미지와 영화에서의 이미지 개념을 다른 것으로 본다. 영화 이미지는 무엇보다도 움직이는 이미지이기 때문에, 운동성과 시간성을 수반한다.

누군가는 〈패터슨〉을 시인 윌리엄 카를로스 윌리엄스의 시집 『패터슨』에 담긴 미학적 관점과 조응하는 영화로 규정한다. 이는 〈패터슨〉이 추구하고 있는 물질의 객관성, 혹은 그 실재에 대한 탐구라는 관점에서는 옳은 평가이지만, 물질의 지속이라는 관점에서 본다면 꼭 그렇지만은 않다. 〈패터슨〉은 기존의 언어 양식을 영화라는 운동적인 매체를 통해 다른 방식으로 구현하고 있기 때문에 지속이라는 관점에서는 윌리엄스 시론에 대한 이율배반적인 영화이기도 하다.

 윌리엄스는 과장된 상징주의를 배제하고 평면적 관찰을 기본으로 하는 '객관주의'적인 시를 표방한다. 그는 투철한 현실 인식과 인간미로 해체된 세계에 시적 통일성을 구현했다고 평가를 받는다. 그는 미국 구어에 토대를 두고 시작詩作을 했지만 그의 배경과 교육은 범세계적이었다. 에즈라 파운드Ezar Pound와의 교제는 윌리엄스의 삶에서 뿐만 아니라 시에서 상당히 중요했다. 윌리엄스 스스로 자신의 삶은 파운드 이전과 파운드 이후로 나뉜다고 말할 정도로 파운드의 영향력은 대단했다.

 윌리엄스는 상상력을 "지상의 모든 것을 소멸시키고 세계를 새롭게 만드는 능력"이라고 정의했다. 그는 상상력을 통해 사물의 견고하고 독립적인 존재를 강조하고, 그 표면을 주의 깊고 정확하게 인식하고자 노력했다. 상상력의 관점에서 그의 시는 자연의 단순한 복사가 아니라 상상력에 의해 창조된, 자연 속의 사물과 전혀 다른 새로운 사물이다. 그렇기 때문에 그의 시는 다양한 해석을 가능케 한다.

 윌리엄스 시의 특징은 철저히 일상적인 언어를 사용해 이념에 의하여 사물을 희석하거나 과장하지 않고 일상을 그대로 그려냈다는 데 있다. 그는 미국의 감수성을 미국적 화법과 영어의 리듬을 바탕으로 표현하려고 했기 때문에, 그의 시는 동시대의 모더니스트 시보다 이전 시대의 로버트 프로스트Robert Frost나 월트 휘트먼Walt Whitman의 시적 전통과 닿아 있다. 특히 "관념이 아닌 사물로 말하라"는 윌리엄스 시의 모든 것을 압축적으로 말해준다. 그는 이미지즘의 창시자인 파운드의 시론을 따르면서도 자신만의 즉물시를 고집했다. 그는 파운드나 T. S. 엘리엇T. S. Eliot의 시에서 볼 수 있는 국적도 지방성도 없는 시, 그리고 종교적, 사상적, 문화적 이데올로기에서 출발한 시를 배격했다. 그는 사물과의 직접적인 '접촉'을 강조했고, 직접적인 접촉을 통해 면밀히 검증한 사물들을 시적 소재로 삼았다.

윌리엄스는 시를 통하여 독자들에게 도덕이나 교훈 같은 것들을 가르치려고 했던 것이 아니라, 독자들이 자신만의 시적 감성을 통해 '현실'의 아름다움을 보기를 원했다. "관념이 아니라 사물에서"라는 표현에서 알 수 있듯이 그는 자신의 시에 이미지즘의 원칙을 충실하게 반영했다. 『패터슨』에는 그의 시 세계가 잘 드러나 있다. 그는 다음과 같이 주장한다. "사물 속에서가 아니라면 아무런 개념이 없다. 시인은 그가 다루고 있는 것의 문맥에서 발견될 수 있는 것 이상으로 자기 자신이 나아가는 것을 허용해서는 안 된다. 시인은 자신의 시를 갖고 생각해야 한다." 마치 〈패터슨〉의 패터슨처럼 말이다.

윌리엄스는 시와 일상의 분리가 아니라 시와 일상이 혼합된 상태에서 시를 썼다. 그는 무엇이든 시의 좋은 제재가 될 수 있다고 생각했다. 윌리엄스는, 시는 도서관 같은 고독한 공간에서 벼려진 시인의 독특한 관념을 표현하는 것이 아니라 지금껏 거의 무시되어온 사물이나 환경과 직접적으로 접촉하면서 그것과의 상호작용을 통해 이루어져야 한다고 믿었다. 윌리엄스는 어느 자리에서 시가 무엇인지 간단하게 알기 쉽게 말해달라는 요청을 받자 "시는 감정으로 가득 찬 언어입니다. 그 시어들은 리드미컬하게 조직화되어 있습니다"라고 답했다. 윌리엄스 시의 특징은 '명쾌하고 직접적이고 대화적인 언어'라는 데에 있다. 그는 불필요한 단어를 줄이고 거창하게 세상에 대해 시를 쓰는 게 아니라 구체적인 '누군가'에게 말하듯 시를 쓴다. 각각의 시는 내적으로 완결된 세계이고, 시인의 삶을 압축하는 소우주다.

3.

『패터슨』 5부작을 쓴 윌리엄스는 의사로서 패터슨의 퍼세익 강 폭포 주변에 사는 가난한 공장 노동자들을 환자로 만났고 그들과의 만남을 통해 소외된 사람들의 현실을 직시하고 이해했다. 그는 지역성을 어떤 장소의 기후, 지리적 지역, 역사와 같은 큰 특징뿐만 아니라 흙이나 꽃과 같이 상대적으로 중요하게 여겨지지 않는 작은 특징까지 포괄하는 개념으로 파악했다. 일찍이 그는 "도시와 현대인의 정신의 유사성"에 관한 시를 쓰는 게 자신의 시작의 목표라고 말한 바 있다. 즉 그는 "내 주변에서 알 만한 모든 세상을 구현할 정도의 큰 하나의 이미지"를 찾는 것을 일차적인 목표로 삼았다.

언어의 부재로 인해 서로 소통하지 못하는 패터슨 주민은 결과적으로 소외 및 단절을 겪게 된다. 자신들의 뿌리를 찾지 못했기 때문에 패터슨은 그들에게 집으로서의 의미를 박탈당한 장소이며, 정체성의 상실로 인한 이들의 심리적 혼란은 가시적인 '폭력'의 모습으로 제시된다. 어떤 장소 안에 있다는 것은 거기에 소속된다는 것이고, 그곳과 동일시되는 것이다. 더욱 깊이 내부에 있게 될수록 장소의 정체성은 더욱 강해진다. 윌리엄스는 『패터슨』을 통해 미국의 현실이 가지고 있는 병증을 진단하고 치유하고자 했다. 윌리엄스는 도시와 인간이 밀접한 관계를 맺고 있음을 패터슨의 화자의 이름을 도시 패터슨의 이름과 동일하게 설정함으로써 보여준다.

『패터슨』에서 화자 패터슨은 도시의 아름다움을 탐색해야 하는 사명을 띤 인물이다. 하지만 그는 그 아름다움을 외면하려 든다. 이는 아름다움을 탐색하는 길이 녹록치 않은 여정이 될 것이라는 것을 암시한다. 패터슨은 도시의 거리로 나와 거리를 지나가는 사람들을 관조한다. 외부와의 소통이 단절된 채 살아가는 주민에는 패터슨 자신도 포함된다. 그는 패터슨이라는 도시에 실망한다. 패터슨의 공원, 대학, 교회는 본래의 기능을 상실했다. 그가 추구하는 순수하고 완전무결한 아름다움은 패터슨에 더 이상 존재하지 않는다. 그는 있는 그대로 사랑하고 자신의 장소로 포용할 수 있는 방법을 찾기 위해 도서관에서 나와 퍼세익 강가로 향한다. 그곳에서 그는 더 고차원적인 소속감을 느끼고자 시도한다. 결국 그는 생의 의미를 찾은 순간 삶을 마감한다. 하지만 그의 죽음은 잠들었던 도시에 잠재적인 변화를 가져온다.

윌리엄스는 『패터슨』의 집필을 자신의 환경이 제공하는 부분적 경험들을 하나의 질서로 끌어올리는 문화적 실천행위로 간주했다. 『패터슨』 서두에서 그는 "개별적인 것들로부터 출발하여 총합을 이루어 보편에 이르기"라는 텍스트의 구성 원칙을 선언한다. 그는 자신이 시작 초기부터 일관되게 강조해 온 개별 사물들의 독자성과 다양성을 보존하면서도, 그러한 개체들 간의 차이 또한 연결할 수 있는 소통과 총합의 방법을 모색한다. 윌리엄스는 전체주의의 위험성을 경계하고 다문화적 개인 주체들의 욕구가 서로 화합하지 못할 경우 민주적 공동체의 와해를 초래할 수 있다는 점을 지적한다.

『패터슨』에서 시인이 추구하는 것은 미국 건국의 이상인 다양성과 통일성을 모두 만족시킬 수 있는 민주적 시 형식을 완성하는 것이다. 그는 시와 산문이 독특하게 병치된 콜라주 형식을 채택한다. 『패터슨』은 다른 시와 산문들이 앞뒤로 교차하면서 새로운 의미를 발전시키는 불규칙한 나선형의 진행 구조를 갖고 있다. 서문에서 화자 패터슨은 이 작품은 "아름다움을 찾는 고된 탐색이다"라고 선언한다. 미국의 건국이념은 다양성과 총체성이다. 그런데 여기에서 말하는 총체성은 다양한 민족의 사회, 문화 요소를 혼합하여 새로운 체계를 만드는 것이라기보다 식민지 시대 초기 뉴잉글랜드 지역을 중심으로 형성된 주류 문화에 새로운 이주민들을 흡수, 통합하는 것을 의미한다.

『패터슨』은 미국의 정체성이 단일한 형식으로 규정될 수 없을 뿐만 아니라, 끊임없이 새롭게 만들어지는 과정 중에 놓일 수밖에 없다는 점을 일깨운다. 『패터슨』이 보여주는 구성과 해체, 그리고 재구성의 미학은 무책임한 유희에 그치는 것이 아니라 커다란 질서 속에서 개별 주체들이 최대한 자신의 고유성을 발현시킬 수 있는 절제된 자유를 지향한다.

윌리엄스는 각각의 특수한 역사적 지점의 차이를 측정하는 상대성에 대해서는 민감하게 반응하지만, 상호 소통을 강조하며 아무런 중심도 없는 상대주의적인 공허함 또한 경계한다. 그는 유럽 중심적 단일 문화의 절대성을 해체하고자 하지만, 구체적인 상황 속에서 매순간 구성되는 경험적 진리들이 보존된 지역 문화의 구성을 포기하지 않는다. "개별적인 것만이 보편적이다"라는 윌리엄스의 주장은 영화 〈패터슨〉을 통해 그 유효성이 입증된다.

4.

〈패터슨〉은 주인공 패터슨이 매일 아침 비슷한 시간에 침대에서 잠을 깨는 장면으로 시작되는 일주일의 시간을 다루고 있다. 버스 기사인 그는 같은 이름의 도시 패터슨에 살았던 시인 윌리엄스의 시를 좋아하고 지하실에 마련된 서재에서 윌리엄스의 시를 읽는다. 그는 하루 종일 23번 버스를 운전하면서 틈틈이 시를 쓰고, 퇴근해서는 아내와 저녁을 먹는다. 식사를 마친 뒤에는 아내의 요청에 따라 반려견 마빈을 산책시키고, 동네 바에 들러 주인과 담소를 나누며 맥주를 마시다가 집으로 돌아온다.

〈패터슨〉은 패터슨의 똑같은 일상이 반복되는 것처럼 보인다. 하지만 반복의 차이가 이 영화의 주제이다. 그의 사소한 일상은 비슷한 것 같지만 조금씩 다르다. 일상적 행위의 반복처럼 보이는 일상에서 미세한 차이를 발견하는 것이 곧 문제를 해결하는 것이다. 그 미세한 차이에서 의미가 발생한다. '헤테로피아heterotopia'는 일상 공간이면서도 구성원들이 꿈꾸는 비현실적인 유토피아를 가리킨다. 헤테로토피아는 일상에 실재하는 공간이면서 동시에 일상성에 매몰되지 않는 개인적인 공간이다. 헤테로토피아적 사고는 곧 창의적 사고이다.

패터슨은 버스를 운전할 때 승객들이 하는 이야기에 주의를 기울인다. 그는 버스 안에서 만나는 인간 군상을 관찰하고 사색한다. 영화는 버스 안을 떠도는 말들과 그것을 경청하는 패터슨의 모습을 자세하게 보여줌으로써 영화를 보는 이들로 하여금 이런 자극들이 언젠가 그의 시가 되어 나올 것이라는 기대를 갖게 한다. 버스 기사인 패터슨은 승객을 선택할 수 없다. 그렇기 때문에 그는 승객의 말에 귀를 기울인다. 그는 버스 승객의 모든 이야기에 귀를 열고 그들과 혹은 그들의 삶과 접촉한다. 그는 버스 운행을 통해 평소에 주목받지 않는 사람과 사물을 주목하며 도시와 연결한다.

패터슨에게 시 쓰기는 위대한 작품을 제작하는 고독한 작업이 아니라 일상에서 접촉하는 사물과 타인의 이야기가 자기 안에 스며들어 의도치 않은 응답을 하게 되는 활동이다. 다시 말하면 그의 쓰기는 들려오는 모든 소리를 누락시키지 않는 성실한 청자로서 반응하는 활동이다. 그가 시를 쓰면서 갖게 된 민감한 감각은 다양한 목소리에 더 주의를 기울이고 경청하게 함으로써 타자들의 서사와의 접속을 더욱 용이하게 한다. 그 경청에 응답하는 활동과 그것을 음미하는 시 쓰기를 통해 그는 자신의 삶에서 자기 서사의 변화 가능성을 극대화한다. 그는 관념적인 것이 아닌 일상에서 마주치는 사물에서 시의 이미지를 얻어낸다.

참고로 패터슨과 그의 아내 로라는 여러 면에서 차이점을 보인다. 패터슨은 자신이 쓴 시를 다른 사람에게 보여주려 하지 않는데 반해, 로라는 끊임없이 자신을 드러낸다. 감정 표현에 있어서도 마찬가지다. 그는 자신의 감정을 솔직하게 털어놓지 않는데 반해, 그녀는 감정을 솔직하게 드러낸다. 패터슨과 로라는 '정지'와 '역동'이라는 점에 있어 큰 차이가 있다. 하지만 그들은 자신의 삶의 방식을 스스로 선택했고, 상대방에게 변화를 요구하지 않는다는 점에 있어서 유사하다. 그들은 있는 그대로의 모습을 사랑할 줄 아는 사람들이다.

〈패터슨〉의 자무시 감독은 패터슨의 시 쓰기를 통해 '시를 왜 쓰는가?'라는 질문을 던진다. 이 질문은 '패터슨에게 시 쓰기는 어떤 의미일까?'라는 질문으로 환원될 수도 있다. 패터슨이 시를 쓰는 본질적인 이유는 이름을 알리기 위해서가 아니다. 즉 그는 공명심이나 인정 욕구 때문에 시를 쓰는 게 아니다. 그렇다고 자기 치유를 위해서 시를 쓰는 것도 아니다. 물론 그는 시를 통해 어느 정도 자신을 치유하지만 근원적인 이유는 아니었다. 원래 문학치료에서 쓰는 행위는 작품의 완성도나 탁월성과 무관하게 쓰는 자의 삶에 영향을 미치는지에 대한 관심으로부터 시작한다.

　패터슨은 자신이 쓴 시를 완성품의 형태로 세상에 내보내는 일에 열의를 보이지 않는다. 그는 시를 쓰지만 위대한 시인이 되려는 열망이 없다. 또 시를 통해 유명해지겠다는 열망도 없다. 그에게 '시 쓰기'는 세상과 대화하는 방식이자 도구이다. 시와 일상, 그에게는 예술과 일상이 분리된 것이 아니라 예술이 곧 일상이고, 일상이 곧 예술이다. 패터슨에게 시는 고독의 산물이라기보다는 사람과 장소, 그리고 시간과의 대화의 결과물이다. 그렇기 때문에 그와 그의 아내 로라가 외출한 사이 마빈이 그의 시집을 물어뜯어 망가뜨렸을 땡도 그의 반응은 무심하다. 로라가 안타까워하자 그는 "시는 물 위에 쓴 낱말일 뿐이야"라고 말한다. 그에게 시를 쓴다는 것은 시간의 흐름과 함께 하는 행위이며, 작품의 보존이나 시집의 출간은 시 쓰기의 행위로서의 본질을 온전하게 드러내지 못한다.

　패터슨에게 시는 내적으로 완결된 세계이고 시인의 삶을 압축한 소우주이다. 그는 모든 사람들이 시인이 될 수 있고, 모든 것들이 시의 소재가 될 수 있다고 믿는다. 예컨대 그가 래퍼에게 세탁소가 랩을 만드는 작업실이냐고 묻자 래퍼는 "느낌이 오는 곳이라면 어디든"이라고 답한다. 래퍼에게 느낌이 오는 곳이라면 어느 곳이든지 랩을 만들 수 있는 장소가 될 수 있는 것처럼 시인 또한 마찬가지다. 패터슨은 시간이 날 때마다 시를 생각하고 시를 쓴다.

패터슨은 패터슨을 대표하는 퍼세익강의 폭포 앞에서 매일 점심을 먹고 시를 쓴다. 패터슨은 한때 번창했던 공업도시였고, 섬유와 방적은 도시의 주요 산업이었다. 퍼세익강은 방적 산업에 필수적인 산업용수를 제공했다. 하지만 산업이 쇠퇴하면서 퍼세익강을 찾는 사람은 거의 없다. 퍼세익강은 영화에서 패터슨이 자주 가는 바의 '명예의 전당wall of fame'에 가깝다. 패터슨은 반려견 마빈이 자신의 시집을 망가뜨린 후에도 폭포를 찾고 그곳에서 한 일본인을 만난다. 일본인은 위대한 시인들이 각자의 삶 속에서 전혀 시인과 어울리지 않는 생업에 매달렸고, 그럼에도 불구하고 훌륭한 시를 남긴 사례들을 언급한다. 패터슨이 시를 좋아하냐고 묻자 그는 "시로 숨을 쉰다"고 답한다. 또한 그는 "예술적 태도를 가지고 살아가는 사람은 어디에서나 시를 쓴다"는 알쏭달쏭한 이야기를 한다. 그리고 헤어지면서 패터슨에게 '빈 노트'를 선물하며 "때로는 텅 빈 페이지가 더 많은 가능성을 선사하죠"라는 말도 남긴다. 일본인이 패터슨에게 남긴 말은 일상 속의 새로움, 익숙한 것의 낯섦, 그 깨달음과 예술적 각성의 순간을 함께 나누자는 제안으로 읽힐 수 있다. 일상을 다른 눈으로 바라보면 다르게 보이고, 평소에 보지 못했던 부분도 볼 수 있다는 금언으로도 읽힐 수 있다.

5.

일상 속에서 예술이 탄생한다는 것은 창작이 일상적 삶의 테두리 밖에 있는 것이 아니라, 일상적인 지각 자체에서 발생한다는 것을 의미한다. 영화 속에서 래퍼가 부르는 노래의 한 소절인 "관념이 아닌 사물로"가 잘 예거하듯이 일상 속의 예술은 관념이 아니라 실재에 대한 탐구를 목표로 한다. 〈패터슨〉이 보여주는 시인의 공적의 자리는 그가 일상이 그리는 순환적 궤도에 덮쳐오는 사건들과 목소리에 감각을 열어둔 채 모든 존재들의 청자로서 존재함으로써 공적 공간의 복수성을 실현하는 자리이다.

〈패터슨〉은 이러한 점에서 윌리엄스의 시적 이미지가 만들어내는 순간의 심상에 주목하는 것이 아니라, 이러한 순간의 심상을 만들어내는 세계의 운동-이미지 전체에 주목하고 있다. 〈패터슨〉은 기존의 언어 양식을 영화라는 운동적인 매체를 통해 다른 방식으로 구현하고 있기 때문에 지속이라는 관점에서는 윌리엄스 시론에 대한 이율배반적인 영화이기도 한 것이다. 〈패터슨〉은 시로 가득 찬 영화이며 그 자체로 한편의 시가 되는 영화다. 이 영화는 공공의 삶 속에서 시가 존재하는 방식에 대해 질문한다. 이 영화는 '시작詩作'에 관한 영화로서 시 쓰기에 대한 성찰을 시의 존재 의미를 새롭게 조명한다.

일찍이 플라톤은 시가 공공의 질서를 유지하는 데 도움이 되거나 공공의 삶에 기여한 모범적인 인물들에 대한 문학적 형상화를 통해 교육적 기능을 수행할 때에만 존재의 의미가 있다고 보았다. 반면 테오도어 아도르노Theodor Adorno는 시의 무기능성을 주장했다. 즉 그는 시의 치료기능에 대해 회의적이었다. 아리스토텔레스Aristoteles는 감정의 '카타

르시스' 기능을 강조했다. 문학 텍스트를 읽고 쓰면서 자기 서사를 구서해가는 문학치료의 활동은 오히려 사회적으로 강요된 정상성으로 인해 상처 입은 사람들이 자신의 고유한 삶의 이야기를 찾아가는 과정을 포함한다.

〈패터슨〉은 단순히 윌리엄스의 시 창작 방식에 대한 오마주를 담은 영화가 아니다. 영화는 시의 창작이라는 대상의 분절 작용을 영화라는 운동-이미지 안에서 새로이 구성한다. 사물의 지속을 직관하는 인물의 운동을 지극히 영화적인 형식미 안에서 시각화함으로써 새로운 의미를 창출해낸 작품인 것이다. 윌리엄스의 시가 사물의 순간 상태에 대한 시적 의미에서의 심상을 보여주는 것이라면, 자무시의 〈패터슨〉은 이러한 심상이 만들어지는 감각-운동적 도식에 의한 과정 자체를 운동-이미지를 통해 표현하는 영화라고 할 수 있다.

〈패터슨〉에서의 시는 언어가 아닌 운동-이미지로 구현된 사물, 즉 이미지의 총체이다. 영화는 시 창작 과정은 이미지를 구축하는 과정, 즉 운동-이미지와 시간-이미지를 배치하는 방식과 같다는 것을 보여준다. 다시 말해 세계가 구성된 방식, 나아가 우리가 세계를 인식하는 방식 자체가 영화가 이미지를 갖는 방식과 같다는 것을 보여준다.

정념으로부터의 자유, 역량을 향한 자유

1.

톰 스토파드Tom Stoppard는 영화 〈로젠크랜츠와 길덴스턴은 죽었다〉(1990)로 베니스영화제에서 황금사자상을 수상했고, 〈셰익스피어 인 러브〉(1998)로 아카데미영화상에서 최우수각본상을 수상했다. 하지만 그에 앞서 현대 영국희곡을 대표하는 극작가 중 한 명이다. 사실 〈로젠크랜츠와 길덴스턴은 죽었다〉도 그의 동명 희곡에 바탕을 둔 영화다. 스토파드의 극은 무거운 주제를 가볍게 다루기 때문에 '진지한 사람들을 위한 경박한 연극'이라고 평가되곤 하는데, 그 평가는 『희작』(1974)에도 어느 정도 유효하다. 이 작품은 제1차 세계대전 중 스위스 취리히를 배경으로 하고 있다. 작품의 구체적인 시간적 배경이 되는 1917년은 제1차 세계대전이 종결되고 러시아 혁명이 성공하는 해로서, 표면적으로는 평화롭고 안정되어 보이지만 실제로는 그보다 훨씬 더 가혹한 전쟁과 냉전구도라는 미래의 씨앗을 품은, 정치적으로나 예술적으로나 이념의 갈등이 극단적으로 팽배한 시기였다. 공간적으로 취리히는 전쟁과 혁명이라는 역사적 소용돌이에서 비켜나 있지만, 바로 그 때문에 세상 도처의 망명자들과 스파이들로 넘쳐나는 기이한 도시였다.

스토파드는 바로 이 당시 취리히에 체류한 것으로 알려진 블라디미르 일리치 레닌Vladimir Ilyich Lenin, 제임스 조이스James Joyce, 트리스탕 차라Tristan Tzara가 우연히 만났다는 가정 하에 이들을 한 자리에 모아 놓고 당대의 정치와 예술을 '희화화travesty'하고 있다. 희화화는 고상한 주제를 우스꽝스럽고 품위 없는 방법이나 스타일로 다룸으로써 특정 작품을 조롱함을 목적으로 한다. 반면 패러디parody가 특정 예술 작품의 진지한 태도와 특징, 특정 작가의 스타일, 진지한 문학 장르의 다른 특징을 모방하고 저급하거나 희극적으로 어울리지 않는 주제에 적용된다는 점에서 희화화와 구별된다.

실제 역사에서 제1차 세계대전이 한창이던 1917년 레닌은 사회주의 이데올로기를 보급하기 위하여 전력했고, 차라는 다다이즘 운동을 통해 예술을 정치적인 소용돌이로부터 구하려는 일련의 작업을 시도하였으며, 조이스는 모더니즘의 태동을 예고하고 실천했다. 스토파드는 레닌, 차라, 조이스가 실제로 취리히에서 만났다는 역사적 '사실fact'보다도 그들이 비슷한 시기에 취리히에 머물렀다는 '일화episode' 그 자체에 주목했다. 스토파드는 조이스, 레닌, 차라가 만났을 수도 있다는 개연성을 부여하기 위해 그 당시 조이스와 안면이 있는 실존 인물 헨리 카를 등장시키고, 그가 젊은 시절 그들과 교류가 있었던 것처럼 이야기를 전개시킨다.

따라서 『희작』은 마치 위대한 역사적 인물들과 친분을 나누었던 과거의 경험에 대한 카의 자전적인 '회상극a memory play'처럼 보인다. 하지만 역사적인 사실과 인물들을 다룬다 해도 그의 기억이 사실성이나 객관성을 보장받기가 어렵다. 왜냐하면 그의 기억은 일정한 통일성이 없는 우연과 의도적인 설정의 연속적인 나열에 불과하고 그의 기억 속에 등장하는 인물들과 역사는 우리가 흔히 알고 있는 공식적이고 객관적인 역사가 아니라 끊임없이 왜곡되고 희화화된 비공식적이고 주관적인 역사이다. 즉 『희작』에서 다루어지는 역사는 그의 주관에 의해 선별되고 굴절된 역사이다. 그렇기 때문에 그 역사는 실체로서보다는 파편화된 언어적 이미지로 존재할 뿐이다.

『희작』은 이처럼 카의 불규칙한 의식의 흐름에 기초하기 때문에 역사적 사실의 정확성은 기대할 수 없고 오히려 기억과 주관적 감정의 예측 불가능함만을 실감하게 된다. 카는 자신의 기억을 역사적 사실로 확정하기 위해 자신이 예전에 출연하기도 했던 오스카 와일드Oscar Wilde의 희곡 『어니스트 되기의 중요성』(1895)을 기억의 틀로 삼고 여러 가지 허구들로 빈틈을 채운다. 『어니스트 되기의 중요성』의 중심 서사는 빅토리아 시대 두 쌍의 남녀 간의 '복잡다단한' 사랑 이야기다. 존은 시골에서는 잭이라는 이름으로 세실리의 후견인 노릇을 하며, 도시에 어니스트라는 남동생이 있다고 그녀를 속이고 있다. 존으로부터 이 이야기를 들은 친구 앨저넌은 어니스트로 위장하고 시골로 찾아가 세실리와 사랑에 빠진다. 도시에서 어니스트로 위장하는 존은 앨저넌의 사촌 여동생 궨들른과 사랑에 빠지게 된다.

카의 회상극도 『어니스트 되기의 중요성』의 줄거리와 등장인물이 비슷하다. 그는 실제로 와일드의 연극에서 앨저논 역할을 맡은 적이 있다. 그는 차라가 마이어라이 바에서는 트리스탄이라는 본명을 쓰지만 도서관에서는 잭이라는 가명을 쓴다는 사실을 알게 된 후, 트리스탄으로 신분을 속이고 도서관에 가서 세실리를 만나 그녀와 사랑에 빠진다. 짜라 역시 카의 여동생인 궨들른과 사랑에 빠지게 된다. 카는 자신과 세실리, 차라와 자신의 여동생 궨들른의 행복한 결말을 상정한다. 나머지 다른 인물들은 주변부 인물로 설정하고 『어니스트 되기의 중요성』에 어울리는 배역을 준다. 예컨대 그는 예전에 출연료 문제로 소송을 벌였던 조이스를 어니스트와 궨들른의 사랑을 방해하는 브랙넬 부인으로 설정한다.

카는 자신이 취리히 주재 영국 영사관의 영사로서, 조이스, 레닌, 차라 못지않은 인물로서, 레닌이 러시아 혁명을 지휘하기 위해 취리히를 떠나는 것을 막을 수 있을 정도로 중요한 위치에 있었다고 주장한다. 엄밀하게 말하면 그는 그런 듯한 인상을 준다. 하지만 극의 결말 부분에서 이 모든 것이 그의 '환상'이었다는 사실이 드러난다. 카가 자신의 과거를 계속 이상화하며 언어적인 유희를 즐기자 그의 아내 세실리는 구체적인 사실들로 그의 주장을 반박하며 그의 환상을 깨뜨린다. 그녀에 따르면, 그는 레닌 곁에 가본 적도 없다. 그리고 그가 조이스의 연극에 출연한 것은 1918년이다. 따라서 레닌이 취리히를 떠난 것과 그가 출연한 연극은 시간적으로 맞지도 않을뿐더러 둘 사이에는 아무런 관계가 없다.

또한 카는 결코 영사였던 적이 없다. 카가 자신의 과거를 계속해서 이상화하자 세실리는 그에게 "당신은 영사였던 적이 한 번도 없었어요"라고 말한다. 카는 그녀의 말을 반박하지 못하고 "내가 그거였다고 말한 적은 한 번도 없어"라고 말하며 말꼬리를 흐린다. 카가 영사였던 적이 없었다는 세실리의 이 말은 그때까지의 카의 기억이 모두 그 자신의 '환상'에서 비롯된 것으로서 사실과 다르며 전체 극이 하나의 '익살극'이었다는 것을 보여준다. 역사적 사실의 세목을 꼼꼼히 따지는 세실리에게 카는 "이미 다 가버린 세월의 이야기인데 그렇게 세세하게 따져서 무슨 소용이 있느냐"라고 말하며 푸념을 늘어놓는다. 그는 "좋은 시절이었지"라고 말하며 과거를 '뭉툭하게' 매조진다.

결론적으로 말해 카는 레닌, 조이스, 차라 등 역사적으로 위대한 인물들과 비교될 수 없는 주변부 인물에 불과하다. 하지만 그는 기억의 재창조 과정을 통해 주변부 인물에서 중심인물로 상승한다. 즉 카는 역사가 자신에게 부여한 것보다 훨씬 더 큰 중요성을 부여하며 자신에 대해 '새로운 역사'를 쓴다. 그는 현실에서는 무명의 존재이지만 과거를 이상화하며 상상의 과거에서 영광을 마음껏 즐긴다. 그는 역사 속의 인물들을 전형화하고 자신의 기억을 허구적으로 극화해 통제하려 했으나 결국 실패하고 만다. 스토파드는 카의 기억의 재창조 과정을 통해 '역사는 창조적인 기억에 의해 왜곡되는 또 하나의 허구'라는 것을 예증하고 있다. 『희작』에서 카의 기억의 재창조 과정은 '역사 다시 쓰기'로 정식화될 수도 있다. 이는 본질적으로 스토파드의 글쓰기 과정으로 볼 수도 있다. 요컨대 『희작』은 실제 역사의 '희화화'를 통해 '역사라고 하는 것이 얼마나 허구적이며 주관적일 수 있는가를 시사하고 있다.

2.

『희작』에서 카의 환상은 '익살극'으로 끝난다. 그는 과거에 대한 아쉬움 또는 그리움 때문에 '환상'에 종종 빠져들지만 언제든지 현실로 돌아올 수 있다. 그의 거짓 환상은 무해하고 그에 대한 대가 또한 그렇게 크거나 가혹하지도 않다. 그의 환상은 일종의 '거짓 추억 만들기'라고 말할 수 있다. 그런데 그 반대를 상상 또는 가정해 보자. 현실이 너무나 끔찍해서 더 이상 버틸 수가 없어 자꾸만 환상 속으로 빠져든다. 환상에 너무나 오랫동안 머물러 있어서 이제 돌아올 수도 없고 돌아오기도 싫다. 그리고 그 환상에 대한 대가는 너무나 크고 가혹하다. 그런 환상은 마치 영화 〈멀홀랜드 드라이브〉(2001)에서의 환상과 비슷하다. 일찍이 철학자 슬라보예 지젝Slavoj Žižek은 어느 글에서 데이비드 린치 감독의 〈로스트 하이웨이〉(1997)와 〈멀홀랜드 드라이브〉는 두 개의 버전으로 된 한 편의 영화라고 말했다. 현실과 환상이라는 두 개의 차원을 수평적으로 나란히 놓고 있다. 그에 따르면, 이 영화들의 초점은 '여성 주체성의 수수께끼', 즉 인과관계의 갭에서 기인한다.

다이앤은 시골 출신으로 댄스 경연대회에서 우승하고 영화배우가 되기 위해 LA에 왔다. 그녀는 스타배우라는 자신의 꿈이 곧 이루어질 것이라고 기대하지만 현실은 녹녹치 않아 단역 배우를 전전하고 있다. 주변 사람들은 그녀를 함부로 대하고 아무도 관심을 두지 않는다. 설상가상으로 그녀의 동성 연인 카밀라마저 그녀로부터 떠나려 한다. 그러던 어느 날 다이앤은 카밀라로부터 파티 초대를 받는다. 그녀는 가고 싶지 않았지만 카밀라와 관계를 호전시키기 위해 파티에 참석한다. 하지만 카밀라는 다이앤을 초대한 파티에서 영화감독과 결혼을 발표하며 그녀를 더욱 더 절망감에 빠뜨린다. 다이앤은 분노에 가득 차 카밀라를 살해하기 위해 살인청부업자를 고용한다. 살인청부업자가 거듭 다이앤의 의사를 확인하자 그녀는 테이블 위에 돈다발을 올려놓으며 '카밀라를 살해하라'는 자신의 뜻을 확고하게 전한다.[111] 결국 카밀라는 다이앤이 고용한 살인청부업자에 의해 살해된다. 다이앤은 카밀라가 죽으면 자신의 절망감이 사라질 것이라고 생각했지만 더욱 고통스럽기만 하다. 결국 그녀는 카밀라를 죽였다는 죄책감을 못 이겨 권총으로 자살한다.

---

111) 환상에서 리타는 영화 초반 자동차 사고를 당하고 기억을 잃은 상태에서도 돈다발이 든 가방을 갖고 있다. 현실에서 그 돈은 카밀라의 살인 청부에 사용된다. 그 돈은 다이앤이 죽은 숙모로부터 물려받은 유산으로 추정된다.

베티는 환하게 LA 공항을 나선다. 같은 비행기를 타고 온 노부부는 환한 미소로 영화배우를 꿈꾸는 그녀의 앞날을 축복한다. 그녀는 LA에 있는 동안 잠시 여행을 떠난 숙모의 고급 맨션에서 지낼 예정이다. 그런데 숙모의 집에는 이미 리타라는 여인이 있다. 베티는 리타를 숙모의 지인으로 생각하고 그녀를 진심으로 '환대'한다. 리타는 교통사고로 기억상실증에 걸린 여성으로서, 리타라는 이름 또한 그녀의 진짜 이름이 아니다. 베티는 한편으로는 영화 오디션을 준비하고, 다른 한편으로는 리타가 기억을 찾도록 도와준다. 베티는 주변 사람들 모두로부터 환대를 받는다. 그녀는 영화 오디션에서 배우로서의 능력도 인정받는다. 하지만 그녀는 오디션에서 자신의 순서를 앞두고 갑자기 오디션 현장에서 뛰쳐나간다. 대신 리타가 과거를 찾는 일을 돕는데 전념한다. 자동차 사고로 기억을 잃어 자신의 이름조차 모르는 리타는 '다이앤 셀윈'이라는 이름을 기억하고 있다. 베티와 리타는 그 이름의 진짜 주인공을 찾아 나서기로 작정한다. 베티와 리타는 리타의 지워진 과거의 기억에 점점 가까이 다가간다.

마침내 다이앤의 집에 찾아간 리타와 베티는 변사체로 누워 있는 한 '여성'을 발견한다. 그들은 처음에는 충격에 사로잡히지만 이 일을 계기로 더욱 가까워진다. 그들은 사랑을 나누며 연인과 같은 관계로 발전한다. 리타는 '실렌시오'라고 계속 잠꼬대를 하고 두 사람은 새벽에 '실렌시오'라는 캬바레를 찾아간다. 둘은 그 곳에서 공연을 보고 눈물을 흘린다. 공연 후 그들은 푸른색의 작은 상자를 얻는다. 그런데 상자의 열쇠는 처음부터 리타에게 있다. 리타가 상자를 열려고 할 때 갑자기 베티가 사라지고 리타가 열쇠 구멍에 열쇠를 넣자 그녀는 그 속으로 빨려 들어간다.

다이앤과 리타의 각각의 이야기는 린치 감독의 영화 〈멀홀랜드 드라이브〉(2001)를 재구성한 것이다. 사실 위 두 이야기는 완전하다고 말할 수 없다. 중간에 빠진 부분도 있고, 따로 채워 넣은 부분도 있다. 이 영화가 방영이 취소된 TV 시리즈의 남아 있는 촬영한 영상을 이리저리 끼워 맞추고 나중에 추가로 촬영한 일부 분량을 추가한 작품이라는 사실은 잘 알려져 있다. 이 영화는 비교적 최근 영국 BBC에서 선정한 '21세기 위대한 영화 100선'에서 1위를 차지했다. 꼭 이 조사가 아니더라도 이 영화는 개봉당시부터 수많은 영화 관계자와 관객들로부터 극찬을 받았다.

사실 〈멀홀랜드 드라이브〉에 대한 리뷰와 분석은 차고 넘친다. 하지만 그 어떤 리뷰나 분석도 이 영화를 완전하게 설명하지 못한다. 그렇기 때문에 누군가는 다음과 같이 말했다. "이 영화를 90퍼센트까지 이해할 수 있는 사람은 많지만 100퍼센트 이해하는 사람은 없다. 오직 데이비드 린치 감독만이 이 영화를 완전히 이해할 수 있다." 영화평론가로서 에버트는 "드러내 놓고 몽환적인 이 영화는 우리가 꾸는 대부분의 꿈이 그러는 것처럼 갈림길이 많은 경로를 머뭇머뭇 이동해 내려간다"라고 말한다. 그는 한 강연에서 나흘 동안 청중들과 함께 신과 쇼트를 분석하면서 이 영화의 해석을 시도했지만, 결국 해석에 대한 합의는 도

출되지 않았다. 그는 "이 영화가 재미있기 때문에 억지로라도 감상할 만한 작품이면서도 어떤 해석을 내놓기를 거부한 채로 남았다는 것은 린치에게 바치는 헌사였다"라고 말한다.

한마디로 말해 〈멀홀랜드 드라이브〉는 '어려운' 영화다. 그냥 어려운 게 아니라 아주 어려운 영화다. 어쩌면 이 영화는 해석이 불가능한 영화일 수도 있다. 그렇기 때문에 영화에 대한 해석은 전적으로 관객의 몫으로 남을 수밖에 없다. 기술적으로 말하자면, 이 영화의 플롯은 시간적 순서에 따른 순차적 구성을 취하지 않고 현재와 과거, 현실과 환상이 아주 복잡하게 교직되어 있다. 등장인물들은 두 이야기에서 중복되거나 변주되고, 영화 속 소품은 반전과 복선의 매개체가 된다. 현실과 환상의 경계 또한 흐릿하고 모호하다. "베일에 가려 계속 들추어내도 알 듯 말 듯 한 모호함이 연속되는 린치 감독의 이와 같은 영상구조는 완전한 꿈의 세계, 무의식의 영역에 관해 끝없는 모호함을 추구하는 작가주의적인 영화라고 말할 수 있다."[112]

아무튼 이 영화에 대해 뭐라도 말을 하기 위해서는 한 번으로는 부족하고 여러 번 봐야한다. 여러 번 봐야 복잡하고 흐릿한 줄거리라도 개략할 수 있고, 영화 주제, 영화 속 장치의 비밀, 그리고 영화 기법의 효과를 조금이나마 이해할 수 있다.

---

112) 이태훈, 「꿈 시퀀스 이미지에 대한 프로이드의 정신분석학적 연구」, 《디지털융복합연구》 제14권 12호, 한국디지털정책학회, 2016, 435쪽.

3.

 다시 처음으로 돌아가자. 앞서 살펴본 다이앤의 이야기와 리타의 이야기는 서로 다른 인물의 다른 이야기처럼 보이지만 사실은 한 인물의 이야기다. 전자가 현실이고 후자가 환상이라는 차이가 있을 뿐이다. 다이앤과 리타는 같은 인물로서 다이앤이 현실의 인물이라면 리타는 환상의 인물이다. 리타라는 이름을 가진 실제 인물이 나중에 등장하기는 하지만 영화 속에서 리타는 기본적으로 다이앤에 의해 허구적으로 창조된 인물이다. 따라서 첫 번째 이야기가 다이앤의 현실이라면 두 번째 이야기는 그녀의 환상이다. 현실의 다이앤은 경제적으로도 힘들고 주변 사람들과의 인간관계도 순탄치 않다. 그녀는 그런 자신을 끔찍하게 혐오한다. 그녀는 남루한 현실에서 벗어나기 위해 현실과는 전혀 다른 정반대의 환상을 꿈꾼 것이다.

 환상 속에서 그녀의 이름은 '베티'다. 다이앤이 베티로 호명되는 과정은 언어의 수직 계열 축에서 단순한 대체가 일어나는 과정과 닮아 있다. 베티라는 이름은 윌키스, 즉 그녀가 카밀라의 살인 청부를 의뢰하기 위해 살인청부업자를 만났던 식당의 웨이트리스 이름이다. 다시 말하지만 환상 속에서 베티는 현실 속의 다이앤과는 정반대다. 그녀는 숙모의 재정적인 도움으로 경제적으로 어렵지 않고 주변 사람들과도 두루두루 잘 지낸다. 저택의 관리인인 코코를 비롯해 영화 관계자들 모두 그녀를 좋아한다. 그녀는 영화배우로서 잠재력도 충분하고 인간적으로도 따뜻하고 배려심이 넘친다.

베티는 기억을 잃은 리타를 성심성의껏 잘 돌봐준다. 바로 이 점은 베티와 다이앤의 가장 큰 차이라고 말할 수 있다. 현실에서 다이앤은 카밀라로부터 배신당하고 버림을 받는다. 그녀는 카밀라에게 일방적으로 매달린다. 하지만 환상 속에서 베티는 기억을 잃은 리타를 잘 돌봐준다. 베티는 중요한 오디션을 중간에 포기할 정도로 리타에게 헌신적이다. 리타 역시 그런 베티에게 고마워한다. 이처럼 현실의 다이앤과 카밀라의 관계와 달리 환상 세계에서 베티와 리타의 관계는 사랑과 믿음으로 가득하다.

프로이트는 현실은 '꿈이 두려워서 깨어나는 곳'이라고 말했다. 그렇다면 꿈은 남루한 현실을 벗어나기 위한 환상의 공간이다. 시골 출신의 다이앤이 할리우드에서 스타배우라는 자신의 꿈이 좌절되자 권총으로 자살하면서 죽기 직전에 꾼 꿈을 영화의 전반부에 배치하여 억압된 생각과 소망이 왜곡된 방식으로 만족을 얻으며, 그 본질인 희망을 실현하는 모습을 통해 그녀의 성공을 향한 강박관념을 보여주고 후반부에서는 그 꿈의 몽환적 설정의 절정인 '클럽 실렌시오에서의 공연'[113] 관람과 비현실적인 형태의 파란 상자와 베티의 행방불명 등은 실제가 아니

---

[113] 〈멀홀랜드 드라이브〉에서 클럽 실렌시오는 상징계의 논리와 질서가 통용되지 않는 공간이다. 베티가 "모든 것이 환상이다"라는 남자의 말에 갑작스럽게 경련을 일으키고 여가수의 립싱크 노래에 눈물을 흘리는 것은 그녀가 유지하고 있던 환상에 직접적인 균열

라는 힌트를 점차적으로 부여하며 꿈에서 현실로 넘어가는 의식의 전환점을 만들고 있다.[114]

〈멀홀랜드 드라이브〉는 대부분 주인공 다이앤이 죽기 직전 꾼 꿈으로 묘사되고 나머지는 현실 속 리얼리티를 폭로하는 형태의 독특한 스토리 구조로 현실과 망상을 오가는 스타지망생의 애증과 욕망을 다룬 꿈이 의식의 수면 위에 떠오르는 설정으로 질투와 좌절 등 비참한 현실의 모습을 통해 자본과 권력이 지배하는 할리우드의 냉정하고 비정한 현실을 비판하고 있다. 다시 말하면 주인공 다이앤의 억눌린 욕망, 잠재된 무의식이 현실 또는 기억의 조각들과 뒤섞여 재구성된 컬트 형식의 구조로 할리우드에서는 꿈도 사랑도 영화도 모두 허상이며 성공에 대한 꿈은 인생의 파멸을 부른다는 감독의 사회 의제를 표현하고 있다. 따라서 다이앤/베티의 내적 진실에 도달하기 위해 의식과 무의식, 현실과 꿈, 일상을 장악한 물리적 시간과 그것에서 벗어나려는 불가능한 의지의 충돌지점을 밝혀야 한다. 하지만 앞서 언급한 에버트는 이 영화를 두고 "순수한 형식을 갖춘 필름 누아르의 관습들을 채택"하는 필름 누아르라고 말한다. 통상적으로 누아르 영화는 범죄나 도덕적인 죄를 저

과 충격을 가하는 실재계의 침입을 증명하는 지표이다. 민윤경, 「라캉의 주체논의에 근거하여 살펴 본 데이빗 린치의 〈멀홀랜드 드라이브〉와 〈인랜드 엠파이어〉」, 서강대학교 대학원 석사논문, 2008, 56~57쪽.
114) 이태훈, 「프로이드의 정신분석학에 의한 영화 꿈 속 표현의 비교 연구」, 《디지털융복합연구》 제15권 10호, 한국디지털정책학회, 2017, 442쪽.

지른, 죄책감에 사로잡힌, 자신이 저지른 일에 대한 응보를 받기 두려워하는 캐릭터들을 다룬다. 다이앤처럼 말이다. 〈멀홀랜드 드라이브〉는 누아르 특유의 죄책감을 자아내면서도 무엇이건 구체적인 것에는 결코 결부되려 하지 않는다. 이 영화는 깔끔한 솜씨로 만들어진 작품이며, 순수한 영화다.

대부분의 경우 〈멀홀랜드 드라이브〉는 '기억', '욕망', '꿈' 등의 키워드로 분석된다. 그와 같은 분석의 출발이자 중심은 지그문트 프로이트 Sigmund Freud의 정신분석학이다. 프로이트에 따르면, 인간은 자신이 의식하는 과정에서 놓치거나 신경 쓰지 않은 기억들을 전부 '무의식' 속에 저장하며 이러한 무의식은 인간의 행동을 결정하는 데에 있어 의식보다 더 중요한 비중을 차지한다. 이성이 지배하는 낮 시간에서 억눌려 있던 반사회적인 욕구를 꿈을 통해 보상, 충족하려고 꿈은 억압된 생각과 소망을 위장된 방식으로 만족을 만들며, 그 본질은 '희망의 실현'이다. 라캉은 야콥슨의 언어학적 통찰을 경유해 매우 복합적인 잠재 내용을 단순하게 '응축'시켜 표현하는 것을 '은유'라고 설명한다. 프로이트가 '전치'라고 말한 개념은 관심 대상을 인접성의 원리에 입각해 이동시키는 '환유'의 메커니즘으로 재해석된다.

프로이트의 『꿈의 해석』(1899)에 따르면, 압축은 잠재몽의 축약 버전으로서 현재몽의 성격을 말하며, 대개는 일련의 공통점을 가진 몇몇 잠재 요소가 현재몽 속 하나의 대체되는 특징을 드러낸다. 전치는 연상 작용에 의해 인접한 낱말, 의미, 이미지로 옮겨 간 진실을 소환해내는 작업을 요청한다. 꿈을 꾸는 사람은 꿈 작업이라는 과정을 통해서 억제되어 있는 욕구, 즉 잠재몽 내용을 이상한 발현몽 내용으로 전치함으로써 스스로 받아들이기 어려운 욕구를 피한다. 실제 깨어 있을 때 충족되지 않은 충동이 꿈속에서 지각 영상이나 장면으로 나타나며 추상적인 용어가 구체적인 모습으로 되살아나거나 특정한 물건이나 행위를 나타내기 위해 매우 많은 상징이 이용된다.

위장이란 억제되어 있는 욕구인 잠재몽을 발현몽으로 바꾸어냄으로써 의식이 스스로 받아들이기 어려운 욕구를 피하는 것이라면서 깨어 있을 때 충족되지 않는 충동을 표현하기 위해 추상적인 용어가 구체적인 모습으로 되살아나거나 특정한 물건이나 행위를 나타내기 위해 매우 많은 상징이 이용된다. 발현몽은 기억에 남아 있는 꿈의 사실적 내용이고 잠재몽은 그 꿈의 내용의 이면에 숨겨져 있는 무의식적 의미를 일컫는다. 꿈을 해석한다는 것은 이 무의식적인 의미를 찾아내는 것이다.

다이앤의 꿈속에서 아파트매니저였던 코코가 현실에서는 영화감독 아담 캐셔의 어머니인 것은 [겉으로는] 친절한 것 같지만 [실제로는] 도도한 차별주의자라는 다이앤의 무의식적 느낌에 의한 설정이라고 할 수 있으며 자신의 처지와 같다는 무의식적 공감에 기인한다. 현실에서 식당의 종업원 이름을 꿈속에서 자신의 이름이라고 믿고 각인하고 있는 장면 등은 꿈속의 투영체들이 무의식에 의한 느낌에 입각하여 설정된 인물들임을 알 수 있다.[115]

코코는 다이앤의 환상에서 그녀가 리타와 함께 머물러 있는 것을 못마땅하게 여기지만, 실제에서는 카밀라가 다이앤과 함께 있는 것을 못마땅하게 여긴다. 다이앤은 대타자의 질서 내에서 왜소해지자 무의식 속에서 이와 같은 환상을 구성했다.

프로이트의 정신분석학은 인간의 무의식을 탐색하면서 허구적 욕망의 대상을 옮겨 다니는 인간의 욕망을 사유해 왔다. 자크 라캉Jacques Lacan은 인간의 삶이 허무감을 낳는 욕망의 환유적 운동으로 점철된다는 사실을 규명했다. 그에 따르면 인간의 삶 충동은 욕망의 대상을 옮겨 다니는 과정의 반복을 낳고, 이는 다른 형태의 결여를 재체험하는 결과의 반복으로 이어진다. 환상은 우리로 하여금 실재를 경험하게 한다. 왜냐하면 환상은 상징적 질서가 무너지는 라캉 정신분석학에서 상징계, 상상계, 실재계는 말하는 존재인 인간이 자신과 세계에 대해 말하고 생각할 때 반드시 가정해야 할 최소한의 전제 조건이다. 이는 각각 언어, 의미, 대상으로 치환될 수 있다. 상상계, 상징계, 실재계를 오가는 삶의 궤적에 포박당한 주체는 그처럼 자신의 불충분함과 불완전함을 이겨내기 위한 '반복'으로서의 삶에 투신하게 된다. 따라서 라캉이 내세운 주체 개념은 외부 세계를 질서지우고 대상들을 합리적으로 사유하는 르네 데카르트René Descartes 이후의 보편적 주체 개념과 완전히 구

---

115) 이태훈, 「프로이드의 정신분석학에 의한 영화 꿈 속 표현의 비교 연구」, 《디지털융복합연구》 제15권 10호, 한국디지털정책학회, 2017, 440쪽.

별된다.

4.

정신분석학에 따르면 현실과 이상을 구분하는 것은 그다지 중요하지 않다. 인간은 욕망의 존재이고, 인간의 욕망은 곧 타자의 욕망이다. 린치가 일련의 영화들에서 여성 욕망의 수수께끼를 파헤치려고 했던 점을 받아들인다면 그가 현실과 환상이라는 두 차원을 수평적으로 나란히 배치한 이유는 분명해진다. 요컨대 환상 공간은 현실을 떠받쳐주는 버팀목이다. 누군가의 말처럼 우리가 린치의 작품을 통해서 알 수 있는 것은 "환상이 없는 현실은 맹목적이고 현실이 없는 환상은 공허하다"라는 정신분석학적 진리에 다름 아니다.

영화이론에 전유된 꿈의 논리는 보통 두 가지 관점으로 나뉜다. 하나는 환영으로서의 영화이고, 다른 하나는 꿈의 논리를 이미지로 차용하는 것이다. 전자가 할리우드를 비롯한 여러 주류 영화들에서 공통적으로 나타나는 특징으로 현실을 외면하게 하여 안전한 쾌락을 준다면, 후자는 무의식의 창으로서 꿈이 의식 바깥의 진실을 드러내는 방식으로 정신분석 담론을 열어준다. 토드 맥고완Todd McGowan은 『불가능한 데이비드 린치』(2007)에서 '향락의 불가능성'을 린치 영화를 특징짓는 핵심 요소로 파악한다. 그는 린치가 현실에서 환상으로 옮겨가는 이동 지점을 날카롭게 포착하는 능력을 지니고 있으며, 이러한 능력을 이용해

욕망과 환상의 영역을 서로 구분하고 욕망의 충족 불가능성을 제시한다고 말한다.[116]

주지하듯 인간의 욕망은 타자의 욕망이거나, 타자의 욕망에 대한 욕망이다. 환상 또한 마찬가지다. 욕망과 환상은 타자로부터 만들어지는 것이며 타자와 밀접하게 연계된다. 주체는 타자가 원하는 것과 동일시하고 직접적으로 그것이 되고자 한다. 다시 말하면 주체는 자신의 모습이 아니라 타자가 원하는 모습과 다름이 없다. 자연스럽게 다이앤이 누구인지, 베티가 과연 다이앤과 동일 인물인지, 어느 것이 환상이고 어느 것이 현실인지를 비롯한 불가해한 기표에 대한 물음이 생겨난다.

다이앤은 카밀라를 욕망한다. 더 정확히 말해 다이앤은 자신이 카밀라의 결여, 즉 타자의 불완전함을 채워줄 수 있는 대상이 되기를 욕망한다. 카밀라는 다이앤의 욕망의 투영체다. 그녀는 카밀라가 자신의 연인으로 남기를 욕망하고, 그녀처럼 섹시하고 성공한 여배우가 되기를 욕망한다. 그녀는 할리우드의 스타라는 타자의 욕망을 전유하면서 상징계적 질서 안에 편입되었고, 카밀라를 만나면서 그녀가 자신의 결여를 보상받을 수 있으리라는 환상을 갖게 되었다.

하지만 카밀라는 다이앤의 그런 욕망을 거부한다. 카밀라가 다이앤과의 관계를 모든 차원에서 거부한 것은 히스테리적 주체의 존재 방식

---

116) Todd McGowan, *The Impossible David Lynch*, New York; Penguin, 2007, p. 166.

이 타자의 원인으로 존재하기 때문이라는 점을 미루어 볼 때 다이앤의 실존에 대한 과도한 위협이 된다. 카밀라가 다이앤을 욕망하는 방식은 '팔루스적 주이상스Phallic Jouissance'를 경험하는 방식이다. 반면 다이앤은 자신이 카밀라의 결여를 채워줄 수 있는 대상이 되기를 욕망한다. 결여를 지닌 타자로서의 카밀라가 다이앤으로부터 주이상스를 얻는 방식에서 다이앤은 주이상스를 경험한다.

다이앤은 현실에서 카밀라로부터 거절당하고 자신의 존재를 부정당하자 환상을 통해 베티와 리타라는 새로운 인물을 만들어 내고 자신의 욕망이 투영된 인물들의 세계로 도피한다. 하지만 그녀가 만들어낸 환상 세계는 오래지 않아 붕괴되고, 잔혹한 현실을 피해 환상으로 도망쳤던 그녀는 자신이 부정하고자 했으나 부정할 수 없는 현실의 냉혹함이 주는 과도한 긴장을 견디지 못하고 결국 자살하기에 이른다. 그녀가 만들어 낸 베티와 리타의 환상 공간은 분열되어 있는 주체가 타자의 욕망에 대한 주체적 응답으로서 내놓은 무의식적 환상이다. 그녀의 환상은 타자의 욕망이라는 기표의 의미를 찾고, 그 속에 존재하는 수수께끼를 풀기 위해 노력했으나 결국 실패하고 타자로부터 거부당한 주체가 방어적으로 구축한 세계이다. 그녀는 카밀라가 자신을 단지 도구적인 부분 대상, 즉 성적 욕망의 대상으로만 받아들이기를 원했을지도 모른다는 사실에 분노하고 절망해 복수심을 품었다.

히스테리적 주체는 궁극적으로 타자의 욕망을 욕망한다. 베티와 리타의 관계에서 리타는 카밀라의 외양을 하고 있지만 카밀라가 갖고 있는 모든 '주인적' 특성이 거세되어 있다. 다이앤은 카밀라의 구원자가 되어 그녀를 지배하고 그녀로 하여금 그녀의 임무가 끝나지 않았다고 말하기 위해서 '무력한' 리타를 환상 속에서 만들어 낸 것이다. 신경증적 주체는 희생을 받아들임과 동시에 타자의 면전에서 자신의 희생을 보상해줄 만한 또 다른 만족 대상을 얻으려 한다. 하지만 그 만족감을 얻지 못할 때 혹은 만족감을 얻는 데 어려움을 겪을 때 그 또는 그녀에게 남은 선택지는 '욕망의 본 모습을 직시하고 상실을 인정하거나' 아니면 '오히려 더욱 강화된 상상적인 고착 단계로 들어서거나' 두 개 뿐이다. 다이앤은 후자를 선택했다. 그녀는 카밀라의 상실을 인정하지 않고 더욱 강화된 상상적인 고착 단계로 들어섰다. 그녀는 카밀라를 영화감독 아담 캐셔에게 빼앗길 바에야 차라리 그녀를 죽이기로 결심한다.

　LA에 도착했을 때 다이앤은 자아실현과 결부된 신분상승 욕망이 충일했다. 그러나 현실에서 점차 소외되자 그녀는 카밀라라는 '대상 a'에 몰입하게 되었고 그녀와의 극단적인 애증관계에 처하게 된다. 그 과정에서 카밀라는 다이앤에게 거세 불안과 죽음 충동이 투사된 대상으로 더 큰 고통의 원인이 되었고, 그렇기 때문에 다이앤은 카밀라를 청부 살해한 것이다. 불안은 주체가 느낀 만족감과 같은 어떤 감정이 어떤 측면에서는 주체가 원하지 않았거나 주체를 혼란스럽게 만들도 있는 상태에 대한 지표이다.

　다이앤은 카밀라를 욕망하는 동시에 그녀를 질투하고, 시기하고, 의심한다. 이 장면에서는 환상과 현실이 뒤섞이고 둘의 경계가 허물어진다. 〈실비아 스토리〉라는 영화의 연출을 맡게 된 아담 캐셔는 카밀라를 여주인공으로 발탁한다. 주인공을 원했지만 단역에 그치고 만 다이앤은 캐스팅 과정에서 연기력 이외 다른 요인이 작용했다고 믿는다. 그렇기 때문에 그녀의 환상에서 아담 캐셔는 카우보이라고 불리는 남자로부터 영화의 주인공으로 카밀라 로즈를 기용하지 않으면 목숨까지 위태로울 것이라는 협박을 받는다. 그리고 그는 협박에 굴복해 영화 오디션에서 카밀라라는 이름의 여배우를 주인공으로 낙점한다.

카밀라는 다이앤의 환상에서도 여배우로 등장한다. 그런데 환상 속 그녀는 현실에서 카밀라의 동성 연인으로 등장하면서 다이앤의 질투의 대상이 된다. 이는 카밀라도 무능한데 [실력이 아니라] '빽'으로 성공했을 것이라는 다이앤의 무의식 속 질투심이 두 인물을 하나의 이름으로 압축시킨 설정이라고 할 수 있다. 정작 자신은 꿈속에서 캐스팅을 통해 인기를 누리는 성공을 거두는 설정을 통해 자신의 스타를 향한 욕망을 드러내며 강한 대조를 이루고 있다. 다이앤은 실제와 환상을 뒤섞는다. 실제를 환상으로 재구성한 뒤에는 실제를 통해 환상을 해석한다.

5.

'린치의 영화가 현실성이 없다'고 일컬어지기도 하는데, 이는 그의 영화가 현실에서 벗어나 있다는 의미가 아니다. 좀 더 정확히 말하면 그의 영화가 의심의 여지없이 자명하고 단단한 삶의 규칙이자 중심으로서의 현실성이 없다는 말이다. 설사 그것이 존재했고 그런 위상을 가지고 있다 한들, 린치가 끌어들이는 형식들은 거기에 수많은 구멍을 뚫으며 '그럴 수는 없다'고 다그친다. 린치의 영화는 외상, 주이상스, 환상, 그리고 욕망 등이 두드러지게 실연되고 있고 주체와 실제계의 중핵 간의 외상적 조우를 그려내고 있다.

〈멀홀랜드 드라이브〉는 주인공 다이앤의 병리적 환상에 입각한 서사와 그녀가 자기 환상의 실체를 횡단한 후 벌어지는 서사로 구성된다. 환상 안에서 그녀는 자신의 은닉된 열망을 확인한다. 〈멀홀랜드 드라이브〉의 서사 무대는 자아의 지배력을 벗어나 구축된 환상인 셈인데, 이는 관객이 갖는 질서정연한 서사 체험에의 욕망을 매혹적으로 교란한다. 영화 말미 주인공은 자기 환상을 성찰적으로 횡단하며, 관객을 그 미스터리한 횡단 작업에 동참시킨다.[117]

〈멀홀랜드 드라이브〉의 주인공 다이앤은 대타자의 질서에 포박당한 주체의 한 전형을 보여준다. 대타자의 욕망은 주인공들의 진짜 욕망에 한계를 지우고 그것을 규율한다. 현실에서 우리도 사회를 구성하는 다른 주체와의 관계 안에서 대타자의 질서에 순응해야 한다는 현실적 요구와 진짜 욕망을 포기하지 말라는 내면의 요구 사이에서 갈등한다. 이 영화는 그런 우리의 처지를 극단적으로 보여주면서 상징계와 실재계

---

[117] 안숭범, 「타자의 담론으로서의 영화」, 《문학과영상》 제15권 3호, 문학과영상학회, 2014, 521쪽.

사이의 경계에 대해 이의를 제기하는 주인공의 궤적을 쫓는다. 한마디로 말해 이 영화는 관객으로 하여금 주인공의 비의적인 내면을 합리적으로 설명할 근거를 찾도록 추동하는 일종의 '분석게임'이다.

환상은 우리로 하여금 실재를 경험하게 한다. 왜냐하면 환상은 상징적 질서가 무너지는 가장 명백한 장소이기 때문이다. 하지만 환상은 환상일 뿐이다. 환상에서 빠져나오면 현실은 다이앤에게 더욱 냉혹하다. 환상은 또 다른 실제라기보다는 실제의 또 다른 왜곡일 뿐이다. 다이앤의 경우, '현재의 나what I am'와 '내가 원하는 나what I want to be' 사이의 괴리가 너무 크다. 바뤼흐 스피노자Baruch Spinoza의 용어를 빌리자면, 다이앤은 '욕망'과 '역량' 사이에서 끊임없이 갈등한다. 그녀는 '스타배우'라는 욕망을 갖고 있지만, 그 욕망을 추동할 힘과 능력이 결여되었다.

또한 사랑에 있어도 마찬가지다. 다이앤은 카밀라와 사랑을 지속하고 싶지만 실제로는 파국 직전이다. 어쩌면 이미 끝난 상황인지도 모른다. 일과 사랑 그리고 인간관계에 이르기까지 모든 면에서 다이앤의 삶은 한마디로 '지리멸렬'하다. 그렇기 때문에 그녀는 현실의 고통에서 벗어나기 위해 현실과 정반대되는 또 다른 자아를 환상 속에서 욕망한 것이다. 욕망은 충동의 만족보다 환상의 쾌락을 선호한다. 욕망은 충동에 고삐를 조이며 충동의 만족을 억제한다. 왜냐하면 충동은 지나친 만족을 추구하기 때문이다. 지나친 만족은 욕망을 죽이며 또 질식시킨다. 욕망은 여기에서 방어에 지나지 않으며 욕망하는 주체도 주이상스에 대한 방어에 다름이 아니다.

 거듭 말하지만 환상을 욕망한다고 해서 환상이 현실로 되지 않는다. 현실은 현실이고 환상은 환상일 뿐이다. 현실로 돌아온 다이앤에게 이제 남은 것은 '자기경멸'과 '복수심'뿐이다. 스피노자는 인간을 '자기감정의 노예'로 규정했다. 그에 따르면, 인간의 감정 대부분은 외부 대상의 자극에 의해 '수동적'으로 발생되고, 이렇게 발생된 감정은 '정념passion'으로 정의된다. 이런 정념으로부터 '경쟁심', '경외감', '경멸'의 감정이 분화한다. 다이앤의 경우, 정념은 경멸, 특히 '자기경멸'로 치달았다. 그녀의 자기경멸은 상대방에 대한 열등감 또는 복수로 분열했다. 그녀의 열등감은 자존감의 증발과 함께 삶의 의지마저 무력화했고, 복수는 그녀에게 양심의 가책이라는 무거운 짐을 부과했다.

 프로이트에 따르면, 이드의 본질은 원래 잠드는 것이고, 에고의 본질은 잠에서 깨어나는 것이다. 이드는 '죽음의 충동'이고 에고는 '삶'의 충동이다. 우리의 삶은 이드와 에고의 반복으로 점철되어 있다. 다이앤은 이 끝없는 반복을 견디지 못하고 스스로를 파괴한 것이다. 그러한 자기파괴와 환상과 현실 사이의 메울 수 없는 간극과 모순을 목격하는 또 다른 신경증적 주체로서의 우리는 그녀의 죽음과 동시에 전이에 실패한다.

 주지하듯, 욕망이란 내가 진정으로 원하는 것이 아니라 상대방이 원하기 때문에 내가 따르는 것이다. 즉 나의 욕망이란 사실 타인으로부터 전염된 것에 다름없다. 심강현은 『욕망하는 힘, 스피노자 인문학』(2016)

에서 스피노자의 말을 빌려, "전염된 타인의 욕망으로부터 벗어나기 위해서는 개인의 '진정한 자유'가 필요하다"고 역설한다. 여기에서 자유란 '수동적 반응이 아닌 능동적 행동', '욕망을 역량으로 실현시키는 것', '하고 싶은 것을 할 수 있게 해나가는 노력'으로 수렴된다. 이때 욕망을 잉태하고 생산하는 매개체는 '이성'이다. 이성은 욕망의 반대말이 아니라 욕망의 빛을 넘어서는 일종의 '구원', 철학적이고 추상적인 개념이 아닌 능동적 삶을 추동하는 동인, 반복적인 과정인 습관을 통해 길러진 사고의 산물이라는 중층적 의미를 갖는다.

스피노자는 『에티카』(1677)에서 다음과 같이 말한 바 있다. "이성의 지도에 따라 생활하는 사람은 가능한 자신에 대한 타인의 미움, 분노, 경멸 등을 반대로 사랑이나 관용으로 보상하고자 노력한다. (…) 정신은 무기가 아니라 사랑과 관용에 의해 정복된다." 즉 스피노자는 자신을 돌보고 상대방을 대하는 데 있어 사랑과 관용의 태도를 중요하게 여겼다. 그리고 이것을 추동하는 궁극적인 힘은 이성이다. 하지만 〈멀홀랜드 드라이브〉에서 다이앤은 사랑과 관용이 아닌 무기를 택했다. 이 잘못된 선택으로 결국 그녀는 카밀라를 파괴하고 자신도 파괴하고 말았다.

문학과 영화의 변형적 교류

1.

문학 텍스트와 영화 텍스트 사이의 가장 일반적이며 빈번한 상호교류를 우리는 '각색adaptation'이라고 부른다. 사전적으로 각색은 시, 희곡, 소설 등 활자로 이루어진 문학 작품이 시각적 이미지로 전환되어 영상화 되는 것을 의미한다. 그런데 각색은 단순히 읽을거리를 볼거리로 전환시키는 것만을 의미하지 않는다. 문학 작품의 플롯이 주물이라고 한다면 각색은 주형틀을 이용해서 새로운 주형을 만드는 작업이라고 할 수 있다. 새롭게 제작된 주형이 원주물과 내용물이 같지만 형태가 다르듯이, 문학을 영상화한 작품도 플롯의 구성물이 같더라도 형태면에서 차이가 난다. 각색된 작품은 원작의 감동을 전달하는 한편 원작과는 다른 의미와 시사점을 만들어낸다.

문학은 언어 예술이다. 넓은 의미로 보면 말로 된 것이든 글로 표현된 것이든 언어 예술이면 모두 다 문학에 포함된다. 반면 영화는 영상 예술로서 글이 아닌 영상을 통해 실현되지만 기본적인 구성요소가 언어이기 때문에 문학과 여러 면에서 비슷하다. 물론 여기서 말하는 문학은 각색의 대상이 되는 것으로서 광의의 문학이라기보다는 좁은 의미의 문학이다.

문학을 좁게 규정지으면 영화는 그 이전에 넓은 의미에서 가질 수 있었던 문학과의 공통적 성질을 잃는 것처럼 보인다. 글로 표현되었다는 조건을 잃기 때문이다. 그러나 영화를 만들기 위한 필수 작업이자, 영화의 근간이 되는 시나리오에 대해 생각해 본다면, 영화와 문학 사이의 관계는 다시 한번 긴밀해진다. 시나리오를 통해 영화는 '텍스트성을 가진 서사'라는 요소를 확보하게 되고, 그에 따라 '좁은 의미의 문학'과 교집합을 형성하기 때문이다. 이러한 특성상의 공유는 영화의 사건 전개가 소설이나 희곡에서의 사건 전개와 아주 비슷한 양상을 가지게 되는 데까지 나아가게 만든다.

문학 중에서도 특히 소설이 영화적 재료로 가장 선호된다. 소설이 관념적인 형태라면 영화는 지각적이고 재현적인 형태의 예술이다. 영화가 소설을 아무리 충실하게 각색한다고 해도 근본적으로 창작이기 때문에, 시나리오 작가는 언어적 감각에만 제한되어 있는 소설의 원작을 주관적으로 해석해서 알기 쉽게 해설해야 한다. 소설을 영화로 각색하는 것에는 단순한 시각적인 재현에만 만족할 수 없기에 그 어려움이 따른다. 소설을 영화적인 언어로 재창조해야 한다는 원칙과 당위성을 얼마만큼 충족시켜주어야 하느냐에 따라 각색의 성패 여부가 갈린다.

대부분의 소설과 희곡은 플롯 중심으로 진행되고, 주지하듯 플롯의 3요소는 인물, 사건, 배경이다. 소설이나 희곡에서 사건 전개를 간단하게 도식화한 것이 바로 프라이타크의 삼각형이다. 이에 따르면 사건은 발단, 상승, 위기 혹은 절정, 하강, 파국의 단계로 전개된다. 즉 발단과 상승 단계에서는 자극적 계기를 만들어서 보는 이들의 관심을 집중시키고, 최고조에 이른 사건을 파국으로 끌어내리기 위해서는 비극적 계기를 만들어 사건의 흐름을 위기나 절정에서 끌어내어 매듭을 짓는다. 영화의 대본인 시나리오 또한 이런 사건 전개 방식을 기본적으로 따른다.

물론 희곡과 시나리오는 분명히 다르다. 희곡은 그 자체로 문학의 한 장르가 된다. 즉 연극으로 상연하지 않아도 작품을 감상하는 것이 가능하다. 하지만 시나리오는 독자적인 문학의 장르로서 존재하기보다는 영화를 찍기 위한 보조적 수단으로 기능한다. 거칠게 말해 희곡의 본령이 대사라면 영화의 본령은 이미지다. 영화는 대사 없이도 존립이 가능하지만 희곡은 대사 없이는 존립할 수 없다. 하지만 대사와 이미지는 서로 분리되기보다는 통합될 때 더 큰 효과를 발휘한다. 문학 작품을 영화로 옮기는 '문학의 영화화'는 이를 방증한다. 문학의 영상화는 영화사 초기부터 이루어져 왔고 지금도 진행 중에 있다.

최근에는 영화로 제작되고 나중에 소설이나 희곡으로 변용되는 경우도 종종 있지만 대체로 문학 작품을 바탕으로 영화가 제작된다. 보통 문학의 영화화로 명명된다. 문학의 영화화로 영화의 저변이 폭발적으로 확대되고 있다. 이에 대해 문학 전문가들의 입장은 둘로 나뉜다. 크게 '문학의 위기'로 보는 입장과 '문학의 확대'로 보는 입장이다. 위기로 보는 입장은 영상매체가 단편적·감각적·즉물적인 특징에 상업적 특징까지 결합되어 있는 것에 따라서 문학 작품을 읽지 않는 세태에 우려를 표한다. 반면 확대로 보는 입장은 영화와 문학을 가르는 대신에 이 둘의 상호소통을 인정해서 영화를 현대적으로 변용된 문학 향유방식으로 해석한다. 어떤 관점을 취하든지 현대에 문학과 영화가 상호 공존하는 현상을 간과하기 어렵다.

2.

문학은 영화의 소중한 재료이고 영화는 문학의 새로운 '독자'다. 이처럼 수많은 문학작품이 영화로 재탄생하고 있다. '문학 없이는 영화도 없다'는 말은 췌언이 아니다. 문학이라는 재료가 없었다면 영화는 지금만큼 풍요롭고 다양하기는 어려웠을 것이다. 문학의 경우도 마찬가지다. 문학이 훨씬 더 오랜 역사를 가지고 있다고 하지만 영화가 없었다면 딱딱하고 밋밋한 활자에 머물렀을 것이다. 문학과 영화는 운명처럼 만났다. 그 운명적인 만남에는 '서사'라는 공통의 본질이 있다. 만일 문학이 이야기가 아니었다면 영화도 독자적인 길을 걸었을 것이다. 이야기는 인간의 가장 원초적인 욕망으로 공감과 소통의 무기이자 인간의 사고와 언어, 문학과 예술의 기원이다. 이야기가 담고 있는 현실과 상징의 세계는 삶을 파악하는 소중한 수단이 된다.

같은 이야기라도 영화와 문학은 그것을 전달하는 수단과 방식이 다르다. 일차적으로 문학은 글로, 영화는 영상으로 이야기를 전달하기 때문이다. 그렇다고 둘의 구성이 완전히 다르지는 않다. 문학이나 영화에서 스토리의 '주체'는 변화를 시도하는 인물의 의도적 선택으로 구체화되고, '공간'은 인물이 처한 상황으로 제시되며, '시간'은 하나의 상황이 다른 상황으로 변화하는 과정에서 드러난다. 사건의 순서도 시간적 흐름과 논리적 인과관계를 반드시 따를 필요는 없다. 상황과 목적에 따라 어떤 것은 강조되고, 추측되고, 단순히 제시되고, 주석이 달리고, 침묵된다. 사건의 순서를 어떻게 정하느냐에 이야기의 수와 구성이 달라진다.

같은 문학작품을 원작으로 해도 어떻게 각색하느냐, 어떻게 연출하느냐에 따라 영화는 달라진다. 문학은 그 자체로도 재미와 가치를 갖지만, 영화라는 장르로 옮기면 거기에 맞게 변형을 해야 한다. 수사적, 논리적, 역사적 변형이 있어야만 이야기의 재미를 그대로 전달하면서도 현실과 상상, 시대와 역사의 맛을 느끼게 할 수 있다. 굳이 이런 설명이 아니라도 독자나 관객들은 직감적으로 안다. 소설과 영화가 빤한 상투인지, 삶과 시대의 보편적 경험을 녹여낸 원형인지. 같은 이야기라도 문학과 영화가 똑같은 스토리텔링, 플롯이어서는 안 된다는 사실을. 영화와 소설은 인물과 사건으로 이야기를 만들지만, 서로 다른 언어와 표현의 양식, 독자적인 영역과 한계를 가지고 있기 때문이다. 원작과 영화가 한 뿌리지만 가는 길이 다른 이유다.

　원작이 뛰어나면 영화도 그럴 것으로 기대하지만 항상 그렇지는 않다. 그런 경우도 있고, 그렇지 않은 경우도 있기 때문에 쉽게 일반화할 수 없다. 어떤 영화는 원작을 무작정 따라가기만 하고, 또 어떤 영화는 원작을 듬성듬성 따라가고, 또 어떤 영화는 원작을 제멋대로 바꾸거나 맥락을 완전히 무시한다. 아무리 문학을 원작으로 하더라도 영화는 영화다. 문학이 영화가 가질 수 없는 언어의 자유로운 표현과 상상력을 가지고 있듯이, 영화는 문학이 가질 수 없는 영상언어의 상징성과 은유가 있어야 한다. 이를 무시하거나 간과할 때 '원작만 한 영화 없다'는 소리를 듣는다. 좋은 문학만 있다고 해서 좋은 영화가 저절로 나오지는 않는다.

　주지하듯 언어의 힘은 상상력에 있다. 독자는 소설에서 묘사되고 설명하는 것들을 상상한다. 그 상상은 사고와 감정을 움직인다. 반면 영화의 힘은 이미지에 있다. 영화는 상상으로 길어 올린 추상적인 사고와 감정을 영상으로 구체화, 감각화해야 한다. 원작의 무게에 짓눌리지 않고 원작을 과감히 덜어내고 거기에 자신의 눈으로 본 세상을 더해야 한다. 글이 가진 힘이 강하면 강할수록 그것을 해체할 더 강력한 영상 언어를 구축해야 한다. 글의 힘이 강하다고, 그 힘에 굴복하고 의존하면 영화는 언제나 소설의 흉내 내기에 머물 뿐이다. 좋은 문학이 좋은 영화의 필요조건임에는 틀림없다. 왜냐하면 문학이 풍성하면 영화도 풍성해지고, 그것이 다시 문학을 살지게 하기 때문이다. 따라서 문학과 영화의 '윈-윈'을 위해서라도 원작을 뛰어넘는 영화가 많이 나와야 한다. 그렇다면 무라카미 하루키의 소설을 원작으로 한 하마구치 류스케의 〈드라이브 마이 카〉(2021)는 어느 경우에 해당될까?

3.

영화 〈드라이브 마이 카〉는 무라카미 하루키의 소설집 『여자 없는 남자들』(2014)을 원작으로 하고 있다. 감독 하마구치 류스케는 현재 일본에서 가장 주목받는 젊은 영화감독으로 이 영화를 통해 2021년 칸 영화제 각본상, 제94회 아카데미 시상식 국제영화상을 수상했다. 그는 무라카미 하루키 소설이 지닌 복합적인 감정적인 질감을 잘 살려냈다는 평가를 받았다. 국내에서도 많은 영화평론가들이 〈드라이브 마이 카〉를 상찬했다. 이동진은 "치유도 창작도 그 핵심은 어디에 귀기울일 것인가의 문제라는 경청의 걸작", 임수연은 "언어의 우연적 감각에 대한 천착이 엔진의 리듬을 만났을 때", 김혜리는 "생의 사각지대로 가는 장거리 드라이브"라고 평했다.

소설집 『여자 없는 남자들』은 「드라이브 마이 카」, 「예스터데이」, 「독립기관」, 「세에라자드」, 「기노」, 「사랑하는 잠자」, 「여자없는 남자들」 등 총 일곱 개의 작품으로 구성되어 있다. 모두 남성이 주인공이고, 여자를 '상실'한 남자들, 다시 말하면 '여자 없는 남자들'의 이야기다.

통속적으로 말해 『여자 없는 남자들』에는 '이루어질 수 없는 사랑'이라는 주제가 작품집 전체를 관통하고 있다. "여자 없는 남자들이 되는 것은 아주 간단하다. 한 여자를 깊이 사랑하고, 그후 그녀가 어딘가로 사라지면 되는 것이다."[118] 때로 한 여자를 잃는다는 것은 모든 여자를 잃는 것이기도 하다. 그렇게 우리는 여자 없는 남자들이 된다(「여자 없는 남자들」, 335-336).

무라카미 하루키의 소설집은 별개의 작품이지만 각 작품이 특정 테마나 모티브로 일관성 있게 연결되어 있다는 특징을 보인다. 〈드라이브 마이 카〉는 이 가운데 「드라이브 마이 카」를 중심축으로 「세에라자드」와 「기노」를 부분적으로 차용하고 있다. 하지만 영화 곳곳에서 소설집에 실린 다른 작품의 흔적을 읽을 수 있다. 작품의 중심축이 되는 「드라이브 마이 카」에는 외도를 한 아내를 병으로 잃은 가후쿠라는 남성이 등장한다. 그는 자궁암으로 세상을 떠난 아내가 왜 외도를 했는지, 자신이 무엇이 부족했는지 그 이유를 찾으려 한다. 하지만 결국 실패하고 마음에 커다란 의문과 구멍만 남는다.

가후쿠는 음주 교통사고로 인한 면허 정지와 시력 문제 때문에 전속 운전기사를 찾고 있다. 평소 잘 알고 지내던 카센터 사장에게 부탁하자 젊은 여자를 추천한다. 그의 말에 따르면 그녀는 운전 실력 하나만큼은

---

118) 무라카미 하루키, 「여자 없는 남자들」, 『여자 없는 남자들』, 양윤옥 옮김, 문학동네, 2004, 330쪽. 이하 작품 인용은 본문에서 작품 제목과 쪽수로 표기한다.

확실한데 "무뚝뚝하고, 말수도 적고, 담배를 엄청 피"(「드라이브 마이 카」, 12)운다. 그의 차는 "노란색 사브 900 컨버터블"(「드라이브 마이 카」, 13)이다. 사브를 새 차로 구입했을 때 아내는 아직 살아 있었다. 노란 보디컬러는 그녀가 고른 것이다. 처음 몇 년 동안은 곧잘 둘이서 드라이브를 했다. 아내는 운전을 하지 않았기 때문에 핸들을 잡는 건 언제나 가후쿠의 몫이었다(「드라이브 마이 카」, 14).

가후쿠의 아내는 이따금 다른 남자와 잤다. 그가 아는 한, 상대는 총 네 명이었다. 최소한 정기적으로 성적인 관계를 가졌던 남자가 네 명이었다. 물론 그의 아내는 그런 얘기를 입도 뻥긋하지 않았지만, 그녀가 다른 남자에게 안겼다는 것을 그는 금세 알 수 있었다. 가후쿠는 그런 쪽의 감이 원래 좋은 편이었고, 상대를 진심으로 사랑하면 그 정도 기미는 싫더라도 느껴지기 마련이기 때문이다. 그런데 그는 왜 그녀가 다른 남자들과 자야 하는지 이해할 수 없었다. 그리고 지금도 이해하지 못한다. 그런데도 왜 다른 남자들과 잠자리를 했는지, 아내가 살아 있는 동안 그 이유를 마음먹고 물어봤더라면 좋았을 것이다. 그는 자주 그렇게 생각했다. 실제로 그 질문을 입 밖에 낼 뻔한 적도 있었다. '당신은 대체 그들에게서 뭘 원했어?', '도대체 내가 뭐가 부족했어?'라고 말이다. 그녀가 죽기 몇 달 전의 일이었다(「드라이브 마이 카」, 26-27).

가후쿠는 아내의 내연남과 친구가 된다. 처음에 그는 미사키에게 아내의 내연에게는 "나는 갖지 못한 것이 몇 가지 있었을"(「드라이브 마이 카」, 37) 것이라고 생각했다고 고백한다. 하지만 그는 아내가 "그런 아무 것도 아닌 사내에게 마음을 빼앗겨 그 품에 안겼는지"(「드라이브 마이 카」, 58) 모르겠다고 토로한다. 하지만 그 아무 것도 아닌 사내는 가후쿠에게 술을 마시며 다음과 같이 말한다.

"아무리 잘 안다고 생각한 사람이라도, 아무리 사랑하는 사람일지라도, 타인의 마음을 속속들이 들여다본다는 건 불가능한 얘깁니다. 그런 걸 바란다면 자기만 더 괴로워질 뿐이겠죠. 하지만 나 자신의 마음이라면, 노력하면 노력한 만큼 분명하게 들여다보일 겁니다. 그러니까 결국 우리가 해야 할 일은 나 자신의 마음과 솔직하게 타협하는 것 아닐까요? 진정으로 타인을 들여다보고 싶다면 나 자신을 깊숙이 정면으로 응시하는 수밖에 없어요. 나는 그렇게 생각합니다."(「드라이브 마이 카」, 51)

어쩌면 가후쿠는 이 말 때문에 더 괴로워했는지도 모른다.

「셰에라자드」는 집밖으로 나갈 수 없는 남자를 위해 며칠에 한 번씩 찾아와 음식을 챙겨주고 성욕을 풀어주는 유부녀에게 빠진 남자 하바라의 이야기다. 하바라는 그녀에게 셰에라자드라고 이름을 붙였다. 그녀 앞에서는 그 이름을 꺼내지 않았지만, 그녀가 찾아온 날이면 매일 쓰는 작은 일지에 '셰에라자드'라고 볼펜으로 메모해 두었다. 그리고 그날 그녀가 해준 이야기 내용도 간단히—나중에 누가 보더라도 무슨 뜻인지 알 수 없을 정도로—기록해 두었다(「셰에라자드」, 174-175). 그는 그녀의 이야기를 더 이상 듣지 못하게 될까봐 걱정한다. 하지만 그녀가 돌아오지 않으면 어떡하나, 하는 두려움이 더 크다. 그는 그녀의 이야기보다도 그녀, 더 정확히 말하면 그녀의 몸에 중독되어 있다.

「기노」는 작은 선술집을 운영하는 기노의 이야기다. 원래 그는 평범하고 안정적인 삶을 추구하는 인물이었다. 하지만 어느 날 출장에서 예정보다 일찍 집으로 돌아와 자신의 아내가 회사 동료와 침대에 있는 모습을 목격하고 회사를 그만둔다. 그런데 그는 이상하게도 헤어진 아내나 그녀와 동침한 옛 동료에 대한 분노와 원망은 일지 않았다. 물론 처음에는 큰 충격을 받았고 한동안 제대로 뭔가를 생각할 수 없는 상태가 이어졌지만, 이윽고 '뭐 어쩔 수 없는 일이지'라고 생각하게 되었다. 결국에는 이런 날을 맞닥뜨리게 되어 있었던 것이다. 원래부터 아무런 성취도, 아무런 생산도 없는 인생이다. 누군가를 행복하게 해주지 못하고 당연히 나 자신을 행복하게 하지도 못한다. 행복이라는 것이 도대체 어떤 것인지, 이제 기노는 이렇다 하게 정의 내릴 수 없었다. 고통이나 분노, 실망, 체념, 그런 감각도 뭔가 또렷하게 와 닿지가 않았다. 그가 할 수 있는 일이라고는 그렇듯 깊이와 무게를 상실해버린 자신의 마음이 어딘가로 맥없이 떠내려가지 않도록 단단히 묶어둘 장소를 마련하는 것 정도였다. (「기노」, 226-227)

그는 처음에는 자신이 상처를 받지 않았다고 생각했지만, 나중에는 자신이 상처를 받았다는 사실을 깨닫는다. 그는 "나는 상처받아야 할 때 충분히 상처받지 않았다. (…) 진짜 아픔을 느껴야 할 때 나는 결정적인 감각을 억눌러버렸다. 통절함을 받아들이고 싶지 않아서 진실과 정면으로 맞서기를 회피하고, 그 결과 이렇게 알맹이 없이 텅 빈 마음을 떠안게 되었다(「기노」, 265)"고 후회한다.

『여자 없는 남자들』의 남자들은 한 여자를 깊이 사랑했지만, 그 이루어질 수 없는 사랑 때문에 고통을 받는다. 그들이 고통을 받은 이유는 그들이 특별히 큰 잘못을 했기 때문이 아니다. 오히려 마땅히 해야 했지만 하지 않았기 때문에 고통을 받았다.

무라카미 하루키의 작품에는 정신적·신체적 장애가 있는 주인공들이 많이 등장한다. 사실 근대적 질서는 장애를 빈곤, 무능력, 불행 등으로 치환하는 경향이 있다. 문학에서는 장애를 정상이라는 잣대로 비정상으로 분리하고, 이를 사회 질서로 위계화·구조화한다. 무라카미 하루키의 작품은 철저하게 이런 시선을 차단하고 배격한다. 물론 현실적인 문제를 회피하거나 장애인의 삶을 지나치게 이상화한다는 지적도 있다.

4.

영화 〈드라이브 마이 카〉는 주인공 가후쿠와 그의 아내 오토 부부의 이야기다. 카후쿠와 오토는 네 살 된 딸을 폐렴으로 잃고 삶의 희망을 잃어버리고 실의에 빠졌다. 그들의 유일한 행복이었던 딸의 죽음은 관계를 악화시키게 된다. TV와 영화 분야에서 감독이자 배우였던 가후쿠는 딸의 죽음 이후 대중의 관심이 덜한 연극 무대로 자리를 옮겼다. 배우였던 오토 역시 딸의 죽음 이후에는 딸의 죽음을 잊기 위해 글을 쓰기 시작한다. 그런데 그녀의 극작 방식은 독특하다 못해 기이하다. 그녀는 남편과 성관계를 할 때 자신이 머릿속에 구상하고 있는 이야기를 남편에게 들려준다. 가후쿠는 이를 기억했다가 다음 날 다시 오토에게 말해준다. 그러면 오토는 이를 바탕으로 극본을 쓴다.

딸을 잃은 슬픔으로 인해 서로 멀어졌던 가후쿠와 오토는 조금씩 관계를 회복하며 행복하고 무난한 부부생활을 이어가고 있는 것처럼 보인다. 그런데 성관계를 하며 글을 쓰는 오토의 극작 방식은 남편 가후쿠에만 국한되지 않는다. 그녀는 작품을 구상할 때 남편이 아닌 다른 남자, 즉 자신의 작품에 출연하는 배우와도 성관계를 맺는다. 가후쿠는 오토의 외도를 눈치 채고 있고 심지어는 직접 목격했음에도 이를 외면하고 있다. 그는 자신이 아내의 외도를 알고 있다는 사실을 아내가 알게 되면 딸에 이어 아내까지 잃게 될까 두려워하고 있다.

가후쿠는 집에서 오토의 외도 장면을 목격하고 아무 말 없이 밖으로 나온다. 그는 운전 중에 교통사고를 당한다. 그런데 그는 이 뜻밖의 교통사고로 자신이 녹내장이 있고 이 때문에 실명에 이를 수 있다고 의사로부터 전해 듣는다. 의사는 그에게 "다른 눈이 보조하고 있어서 녹내장이라는 걸 알았을 때는 실명에 이르는 경우가 많다. 빨리 발견해서 다행이다"라고 말한다. 즉 가후쿠는 의도치 않게 아내의 외도를 직접 목격하게 되었고 이는 녹내장의 조기 발견으로 이어진다. 녹내장으로 인한 완전 실명은 곧 이별을 의미하는데, 조기 발견으로 이별은 일정 기간 동안 유예된다.

  아무 일도 없었던 것처럼 평온한 일상을 보내던 가후쿠는 어느 날 아침 출근하려는데 할 말이 있다는 아내를 뒤로하고 서둘러 집을 나온다. 가후쿠는 아내가 외도 사실을 고백하려 한다고 생각하고 집에 들어가지 않고 집 주변을 배회한다. 밤 늦게 집에 들어간 그는 아내가 지주막하출혈로 쓰러진 것을 발견하고 구급차를 부르지만 이미 늦었다. 그는 "진실은 그 어떤 형태로든 두려워 할 필요가 없다, 진짜 두려운 건 진실을 모르는 것이다"라는 아내의 말을 떠올린다.

  이 년의 시간이 흘러 가후쿠는 히로시마시의 제안으로 안톤 체호프 원작의 연극 〈바냐 아저씨〉의 연출을 담당하게 된다. 그는 아내를 잃은 상처 때문에 주인공 바냐 역을 거절하고 대신 연출만 담당한다. 그런데 시 관계자는 그에게 전속 운전기사를 고용할 것을 제안한다. 그는 평소 차 안에서 아내가 녹음해준 카세트테이프로 대사 연습을 하기 때문에 그 제안을 거절한다. 하지만 계약 필수 조건이라는 관계자의 말에 따라 어쩔 수 없이 그 제안을 받아들인다.

  가후쿠의 전속 운전기사는 스물세 살의 젊은 여성 미사키다. 삿포로 출신의 미사키는 중학생 때부터 장거리 출장을 다니는 엄마를 대신에 운전을 해왔기 때문에 운전에 능숙하다. 그녀는 오 년 전 산사태로 엄마를 잃은 뒤 히로시마에 정착해 전속 운전기사로 일을 하고 있다. 그녀는 불필요한 말은 절대로 하지 않고 시종일관 무표정하게 운전만 한다.

가후쿠는 연극 〈바냐 아저씨〉에 출연할 배우들의 오디션을 진행하다가 이 년 전 아내와 불륜 관계에 있던 젊은 배우 다카츠키와 재회한다. 다카츠키는 가후쿠의 곁을 맴돌면서 가후쿠가 연출하는 연극 오디션에 지원했다. 가후쿠는 다카츠키와 함께 술을 마신다. 죽기 전 아내는 '칠성장어가 전생인 여학생' 이야기를 한 적이 있다. 아내의 이야기에 따르면 그 여학생은 자신이 짝사랑하는 남학생의 집에 몰래 들어가 탐폰을 두고 오기도 하고 연필을 집어 오기도 한다. 자신이 입고 있던 속옷을 옷장 깊숙한 곳에 숨기기도 한다. 하지만 가후쿠는 아내가 갑자기 죽는 바람에 그 이야기의 뒷 이야기를 듣지 못했는데, 바로 그 뒷 이야기를 아내의 내연남이었던 다카츠키로부터 듣게 된다. 가후쿠는 다카츠키에게 "자신의 마음과 능숙하고 솔직하게 타협해야 해요"라고 말하는데, 그 말의 수신자가 다카츠키인지 아니면 그 자신인지 분명치 않다.

　다카츠키의 말에 따르면 그 여학생은 남학생의 집에 들어온 빈집털이범으로부터 성폭행을 당할 위기에 처하지만 가까스로 위기를 넘긴다. 그녀는 빈집털이범을 죽이고 그대로 나왔다. 그럼에도 불구하고 남학생은 다음 날, 그 다음 날에도 아무 일도 없었던 것처럼 평소와 똑같이 행동한다. 달라진 것이라면 그의 집 현관에 CCTV가 새로 설치되었다는 것뿐이다.

　다카츠키가 여학생 이야기의 그 뒷이야기를 알고 있다는 것은 자신이 가후쿠의 아내 오토가 불륜 관계였다는 것을 그에게 고백하는 것이나 다름없다. 가후쿠는 고통스럽고 두렵기 때문에 외면했던 아내의 외도 사실을 그 당사자로부터 고통스럽게 듣고 있다.

다카츠키는 가후쿠에게 "결국 우리가 해야 할 일은 자신의 마음과 능숙하게 솔직하게 타협해 가는 것이 아닐까요?"라고 말한다. 사실 가후쿠는 아내의 외도를 알고 있으면서도 회피했다. 아내가 털어놓으려고 하자 이를 외면했다. 그는 자신의 비겁함 때문에 사랑하는 아내를 잃었다고 자책한다.

다혈질의 다카츠키는 공연 연습 기간 중 파파라치와 시비가 붙는다. 다카츠키는 몸싸움 끝에 그를 살해하고 이 때문에 구속된다. 이제 가후쿠에게 남은 선택지는 공연을 포기하느냐, 아니면 이제 다카츠키가 맡은 바냐 삼촌의 역할을 자신이 하느냐, 둘 중 하나다. 가후쿠는 쉽게 결정을 내리지 못한다. 대신 미사키와 함께 그녀가 살던 고향으로 드라이브를 떠난다.

미사키는 중학교 때부터 술장사를 하는 엄마를 위해 운전을 배웠고 매일 왕복 두 시간씩 운전을 했다. 그녀는 운전이 능숙한데 그 이유는 운전할 때 차가 조금이라도 흔들리면 엄마로부터 맞았기 때문이다. 그러던 어느 날 폭설로 산사태가 일어나 집이 눈에 파묻혔고 그녀 혼자 빠져나왔다. 그녀는 숨이 붙어 있는 엄마를 일부러 구하지 않았다고 눈물을 흘리며 고백한다.

가후쿠도 그 동안 아무에게도 말하지 못했던 과거의 일들을 털어놓는다. 그는 만일 그때 자신이 일찍 귀가했더라면 아내가 죽지 않았을 것이라고 자책한다. 그는 아내를 다시 만날 수 있다면 아내에게 화를 내고 외도에 대해 책망하고 싶다고 말한다. 그리고 자신이 그녀의 말에 귀를 기울이지 않은 것과 자신이 강하지 못한 것에 대해서는 사과하고 싶다고 말한다. 하지만 그러기에는 너무 늦었다고 후회한다. 하지만 미사키는 가후쿠에게 "당신을 진심으로 사랑하면서 동시에 많은 남자들을 필요로 하는 것, 그대로 믿어줄 수 없나요? 거기에는 어떠한 거짓도 모순도 없어 보이는데요."라고 말한다.

마침내 가후쿠와 미사키는 미사키의 고향에 도착한다. 비슷한 상처와 아픔을 지닌 가후쿠와 미사키는 서로 위로한다. 가후쿠는 미사키 덕분에 무거운 짐을 내려놓는다. 망설이던 바냐 연기도 성공적으로 해 낸다. 가후쿠는 예전에 아내의 도움으로 바냐 역을 연기한 적이 있었고 아내가 죽었기 때문에 그 역할을 망설였다. 하지만 바냐 연기를 통해 아내의 죽음에 따른 고통과 슬픔으로부터 벗어난다. 연극에서 소냐 역을 맡았던 이유나의 수어로 전달되는 "바냐 아저씨, 우리 살아가도록 해요. 길고 긴 낮과 긴긴밤의 연속을 살아가는 거예요. (…) 저 세상에 가서 얘기해요. 우린 고통 받았다고 울었다고 괴로웠다고요."라는 대사는 그에게 큰 힘이 되었다.

영화의 마지막 장면에서는 공간적 배경이 일본에서 한국으로 바뀐다. 미사키는 한국의 대형마트에서 장을 보고 계산할 때 한국어로 말한다. 그리고 그녀는 가후쿠의 차를 운전하고 있다. 이 장면을 통해 가후쿠가 그렇게 애지중지하던 자신의 차를 미사키에게 넘겨주면서 새로운 삶을 시작했다고 추정할 수도 있다. 미사키 또한 전속 운전사의 삶에서 새로운 삶을 살고 있다고 추정할 수도 있다. 그녀의 옆 자리에는 한국인 부부가 기르던 반려견이 앉아 있다.

5.

영화 〈드라이브 마이 카〉는 애써 외면해 온 진실이 어느 날 불쑥 고개를 내밀어 그 과거를 정산하려는 이야기. 두려워 멀리했던 그 진실과 비로소 마주하며 삶의 다음 챕터로 넘어갈 문을 열어젖히는 이야기. 안톤 파블로비치 체호프Anton Pavlovich Chekhov의 희곡 『바냐 아저씨』(1897)의 바냐 이야기, 그리고 세상을 떠난 가후쿠의 아내가 들려준 전생이 칠성장어인 소녀의 이야기 등 여러 겹의 이야기가 복층 구조를 이룬다. 그런데 이 영화에서 중요한 것은 이야기들이나 사건이 아니라 등장인물의 내면에서 일어나는 감정의 파동이다. 감정은 피하고 외면해도 어김없이 스며들어 마음을 할퀸다.

〈드라이브 마이 카〉는 현대 일본 문학의 전형적인 주제, 즉 섬세하기 때문에 느낄 수밖에 없는 강렬한 심리적 고통, 항상 그늘 속에서 억압된 욕구들, 타인을 두려워하는 동시에 타인을 원하기에 겪는 갈등, 경직된 사회와 통제된 개인, 남성성을 상실한 유약한 남성성 등을 잘 보여주고 있다. 일본은 한 발 잘못 내디디면 추락하는 집단주의적 사회이기에 자신에 대한 억압이 강하다. 올바른 삶을 살아가기 위한 속죄와 구원을 강박적으로 모색한다. 그리고 이런 강박적인 속죄와 구원의 모색은 종종 현실과 충돌한다.

〈드라이브 마이 카〉는 가후쿠와 그의 아내 오토, 그리고 그녀의 내연남 다카츠키와 운전사 미사키의 서사를 통해 감독은 타인의 잘못을 방관하고 지켜만 보다 사랑하는 사람을 잃은 가후쿠의 죄책감과 반성을 그려내고 있다. 그런데 영화가 진행되면서 가후쿠와 미사키의 거리는 점점 가까워진다. 심리적인 거리뿐만 아니라 물리적인 거리도 가까워진다. 처음에 가후쿠는 미사키와 대각선 자리에 앉았다. 그 후 그는 운전석 뒤, 마지막에는 그녀의 옆자리인 조수석에 앉는다.

사실 가후쿠는 자동차에 과도하게 집착하는데, 그 이유는 가후쿠에게 자동차의 운전석은 자신만의 공간이고 조수석은 죽은 아내의 공간이기 때문이다. 그래서 그는 처음에 미사키가 자신의 차를 운전하는 것을 달갑게 여기지 않고 조수석에 앉지 않는다. 하지만 자신의 차를 미사키에게 운전하게 하고 나중에는 조수석에 앉으며 아내에 대한 집착, 절망, 체념, 상실의 고통으로부터 벗어난다.

가족을 잃은 상실과 죄책감이란 공통의 고통 속에 있던 가후쿠와 미사키는 함께 앉은 자동차의 공간과 내면의 울림을 실은 대화, 그리고 함께 찾은 목적지에 다다르며 공감의 순간을 마주한다. 타인의 삶을 경험하고 마음을 헤아리는 시간 속에서 비로소 마음 깊이 감춰진 상처와 고통을 직시한다. 인생에 완전한 위안이라는 게 있을 리 없지만 무너지는 삶을 일으켜 세우는 데 그것 하나만으로도 충분한 때도 있다. 가후쿠와 미사키는 서로의 아픔에 경청하며 공감하고 서로를 위로한다.

감독은 〈드라이브 마이 카〉에서 타인의 잘못을 방관하다가 사랑하는 사람을 잃은 가후쿠의 죄책감과 그에 대한 반성을 그리고 있다. 자신과 관련된 타인의 잘못을 방관하기보다는 자신의 감정에 솔직해지고 솔직하게 타인에게 말할 수 있는 용기를 지녀야 한다고 웅변한다. 그는 상처를 극복하기 위해서는 상처를 피하지 말고 마주해야 한다고 역설한다. 관계가 망가지는 것을 걱정하며 진실을 외면하기보다는 상처받을 용기를 가지고 진실을 마주하는 게 더 나을 수도 있다.

원작 소설에서는 도쿄의 차 안에서 가후쿠와 미사키가 대화를 나누는 것이 대부분이지만, 영화에서는 〈바냐 아저씨〉 공연 준비와 미사키의 고향인 홋카이도로 떠나는 내용이 추가된다. 〈바냐 아저씨〉에서 배우들은 중국어, 일본어, 영어, 수어 등 각기 다른 언어로 대사를 한다. 이유나는 수어로 대사를 전달한다. 그녀는 "내말이 전해지지 않는 건 나에겐 평범한 일이에요."라고 말하며 진정한 의사소통은 언어가 아니라 감정을 통해 이루어진다는 사실을 역설한다. 상대방의 말에 담긴 뜻을 제대로 이해할 수 없는 상황에서도 상대방의 감정을 이해하면 언어를 뛰어넘는 교감이 가능해진다. 요컨대 〈드라이브 마이 카〉는 각자의 슬픔을 안고 살아가는 일상 속에서의 타인과의 소통에 대한 중요성을 강조한다. 바로 이 점은 원작 소설과 일맥상통하는 부분이다.

6.

 문학의 영화화의 사회적 의미는 영화가 예술작품을 집단적, 동시적으로 수용하게 함에 따라서 대중들은 비평적 감상을 할 수 있게 된다. 이는 자기만의 공간에서 이루어지는 문학작품 읽기의 방식과는 다른 문학 향유방식이다. 영화에 대한 관객들의 반응은 자신만의 내적 체험일 수는 없으며 영화의 관객들은 영화나 비디오 출시에 따라서 나오는 공식적, 비공식정 평들과 함께 작품을 접하게 되고 본인 스스로도 그런 평을 하기도 한다. 즉 영화는 집단성과 동시성을 최대한 부각시킨 매체이다. 따라서 문학의 영화화에 대한 심층적 해석은 사회라는 거시적 차원에서의 관점을 필요로 한다. 이는 영화가 다른 어떤 예술 분야보다 정치학, 경제학과 밀접한 관련이 있는 이유이기도 하다. 문학의 영화화는 단순히 원작소설을 영상화하는 것에 그치는 것이 아니라, 당대의 사회문화적 이념에 기반한 집단적 독해라고 할 수 있다. 특정 시대와 대중의 요구를 반영해서 원작을 재생산한 것이라 할 수 있다. 원작과 영화화된 작품의 차이는 감독과 관객이 처하고 있는 시대의 욕망과 가치관을 보여준다고 할 수 있다.

 많은 영화제작자들은 소설 속의 이미지나 장면, 관념, 내러티브 등을 기반으로 영화를 만들곤 한다. 그렇게 영화를 만드는 데에는 복합적인 요인들이 있겠지만 다음과 이점들을 꼽을 수 있다. 첫째, 상업적인 이득 획득이다. 대중에게 잘 알려져 있는 고전적 소설이나 최근의 인기작을 영상화하는 것은 많은 관객 동원으로 이어질 가능성이 높기 때문에 상업적으로 이득을 낼 가능성도 높아진다. 개인이 부담 가능한 범위 내의 소자본으로도 출판이 가능한 소설과는 달리 막대한 자본이 투입되는 영화라는 매체의 특성상 경제적 위험부담을 줄이고 이윤을 극대화하고자 할 수 밖에 없기 때문이다. 둘째, 예술성의 획득이다. 20세기 초반부터 본격화된 소설의 각색을 통해서 영화의 지위는 향상되었다. 이전에는 노동자를 위한 오락적인 문화양태로 인식되던 보잘것없는 지위에 있었지만, 문학적 내러티브를 시각적으로 구현하는 존경받을 만한 예술작품으로서의 지위에 놓였다.

　문자의 시대에는 문자를 통해 배우고 익힐 수 있지만 디지털 멀티미디어 시대에는 배우고, 느끼고, 선택하고, 감지하고. 기억하는 과정이 순환 체험되면서 문화를 익힌다. 더 이상 문자는 기득권을 유지할 수 없다. 이러한 탈 중심적, 다매체적 사고는 문학과 각색의 관계에도 적용된다. 항상 각색 작품은 원작의 주제와 내용에서 너무 벗어났다느니 의도를 못 살렸느니 비난받았던 반면 문학작품은 상위의 가치를 유지해 왔다. 그러나 각색은 한 장르 내에서, 또는 여러 장르 간에 걸쳐서 실행되면서 상호간에 표현 내용이나 형식에 영향을 미칠 수 있다. 이에 따라서 원래 텍스트마저 변형시키고 새로운 창조적 의미를 가질 수 있다. 그러므로 문학의 영화화를 대할 때 선입견에서 벗어나 문화산업의 관점에서 바라봐야 한다. 하나의 재료를 토대로 다양한 재창조를 시도하는 창작을 폄하해서는 안 된다.

소설과 영화 두 매체 사이의 교류는 여전히 활발하게 이어져 오고 있는 것에 따라서 100년 이상이 지난 오늘날 상업적인 목적으로 만들어진 모든 영화의 절반 이상이 문학작품을 바탕으로 하고 있다. 시나 희곡을 비롯한 다양한 문학 장르로부터 각색된 많은 영화들이 있지만 그 중에서도 소설은 특히 영화 역사상 가장 인기 있는 내러티브의 원천이 되어 왔다.

그런데 문학작품으로부터 각색된 영화에 대해서는 종잡을 수 없는 평가의 차이가 존재한다. 같은 영화에 대해서 비평가들은 서로 상반되는 극단의 평을 내리곤 한다. 그런 평가의 차이는 비평가 개개인의 주관적인 성향에 의한 것이기보다는 근본적으로 비평가들이 저마다 서로 다른 이론적 패러다임을 기준으로 각 영화를 판단하고 비평하기 때문이다.

베르그송의 '기억론'을 통해 본 〈메모리아〉

1.

아피찻퐁 위라세타쿤은 태국의 영화감독이자 설치미술가로 2000년 이후 전 세계적으로 평론가들한테 크게 주목받고 있는 감독 중 한 명이다. 그는 1970년 태국 방콕에서 중국계 태국인 의사 부모 밑에서 태어났다. 원래 그는 태국의 콘캔대학교에서 건축학을 공부했지만 미국으로 유학한 후에는 시카고 아트 인스티튜트에서 영화를 전공했다. 그는 1990년대 초부터 영화 연출과 비디오 작업을 시작했고 태국의 엄격한 스튜디오 시스템 밖에서 활동하는 몇 안 되는 영화감독 중 한 명이다. 그는 1999년에 설립한 영화사 '킥 더 머신'에서 실험영화와 독립영화를 제작하며 현재까지 활발한 활동을 해오고 있다.

아피찻퐁 위라세타쿤은 다큐멘터리와 픽션이 뒤섞인 영화 〈정오의 낯선 물체〉(2000)로 데뷔해 영화계에 파란을 일으켰다. 그는 〈친애하는 당신〉(2002)을 칸 영화제 주목할 만한 부문에 출품하면서 세계 영화계에 본격적으로 알려지기 시작했다. 〈정오의 낯선 물체〉는 《필름 코멘트》와 《빌리지 보이스》가 선정한 2000년 최고의 영화 중 하나로 선정되었고 2001년 전주국제영화제에서 우석상을 수상했다. 〈열대병〉(2004)은 태국영화 최초로 칸 영화제 경쟁 부문에 선정되어 심사위원상을 수상했고 도쿄 필름엑스에서 그랑프리를 수상하였다. 마침내 그는 〈엉클 분미〉(2010)로 칸 영화제에서 황금종려상을 수상했다.

아피찻퐁 위라세타쿤의 영화의 특징 가운데 하나는 태국의 정글을 아름답게 보여주는 '영상미'에 있다. 그의 영화에 우호적인 국내 한 영화평론가는 그의 영화 속 정글 장면을 '미장 정글'이라고 명명했다. 아피찻퐁 위라세타쿤의 영화에서 정글은 중요한 배경이자 서사의 중핵으로 작용한다. 반면 그가 정글의 이미지와 태국이라는 국가의 오리엔탈리즘 요소를 이용하여 서구 영화계에서 사랑을 받는 게 아닌가, 하는 의혹도 제기된다.

아피찻퐁 위라세타쿤의 영화의 또 다른 특징은 내러티브가 없고 영화의 내용이 영화의 구조 자체를 파고든다는 데 있다. 즉 그의 영화에서는 구조 속에 내용이 담기는 게 아니라 구조와 내용이 서로 길항관계를 형성한다. 앞서 언급한 〈열대병〉의 경우에는 영화가 중간에서 완전히 다시 시작한다. 심지어 타이틀도 새로 뜬다. 즉 한 편의 영화 속에 또 한 편의 영화가 있는 셈이다. 〈엉클 분미〉에서는 이와 같은 실험은 안 했지만 그의 영화는 이해하는 게 여전히 녹록치 않다. 비선형적인 서사

구조에 다큐멘터리와 픽션을 뒤섞는 독특한 연출은 여전하다. 기록이 아닌 구술을 적극적인 서사 기법으로 활용하기도 한다.

구술은 기억을 바탕으로 한다. 그런데 그 기억은 현재 상황에서 필요에 따라 끄집어내는 기억의 조각들이 아니라 원뿔 한참 깊은 곳에 흐르고 있는, 그래서 의식적으로 끄집어내지 않으면 그런 기억이 있다는 것조차 모르는 그런 기억들로, 의식적인 지각이 아닌 우연한 마주침에 의해 작동된다. 이 기억은 순수 기억으로 명명된다.

순수 기억은 의식의 표상적 차원 배후에서 끊임없이 후퇴하면서 의식을 가능하게 하는 기원의 자리에 존속하고 있는 무의식적인 심리학적 실재로 존재한다. 순수 기억은 차이들의 집합이지 보편자의 집합이 아니다. 순수 기억은 완성된 형상들로 존재하는 게 아니라 다양한 형상들을 산출할 잠재성으로 존재할 뿐이다. 그래서 순수 기억은 그 자체로 '기억-이미지'들의 총체가 아니다. 순수 기억은 병진운동과 순환운동이 동시에 일어나면서 현실화한다. 병진운동이란 과거 전체가 나누어지지 않고 수축하면서 현재의 경험 앞으로 이동하는 운동이다. 반면 순환운동이란 이 선택된 과거의 수준이 주어진 상황에 가장 유용한 측면을 제시하는 운동이다. 즉 현재의 감각-운동 체계가 수용하고자 하는 기억만을 기억이미지로 현실화하도록 선택하는 운동이다.

구술과 기억을 주요 동인으로 삼는 '요령부득'인 아피찻퐁 위라세타쿤의 영화는 내러티브 중심의 서구 영화와 정반대 지점에 위치하고 있다. 다르게 말하면 그의 영화는 '메시지'가 아니라 '이미지'를 추구한다.

질 들뢰즈Gilles Deleuze는 앙리 베르그송Henri Bergson의 이미지 개념을 차용해 영화를 철학적 사유의 도구로 활용했다. 일찍이 베르그송은 현실적 유용성에 따라 삶에 주의하는 지성의 공간화된 사유 바깥에서 시간 실재, 즉 생성과 지속의 우주 그 자체를 직관하는 것이 철학의 과제라고 천명했고, 들뢰즈가 바로 그 직관의 방법을 영화가 실현할 수 있다고 파악했다. 영화는 단순히 허구적 가상이나 상상의 오락물에 불과한 것이 아니라 습관적 사유에 의해 가려져 있던 역동적인 실체를 보여주는 철학적 사유의 방법이다. 영화의 이미지야말로 운동하는 실제 시간, 생성, 지속을 보여준다. 마치 아피찻퐁 위라세타쿤의 영화 〈메모리아〉(2021)처럼 말이다.

2.

아피찻퐁 위라세타쿤은 〈메콩 호텔〉(2012)과 〈찬란함의 무덤〉(2019)을 끝으로 더 이상 태국에서 영화를 찍지 않겠다고 선언했다. 그의 선언대로 〈메모리아〉는 콜롬비아를 배경으로 한다. 〈메모리아〉는 아피찻퐁 위라세타쿤이 처음으로 태국과 정글을 벗어나 콜롬비아에서 만든 영화다. 그는 한낮의 환각 같은 열대우림의 더위 없이도 여전히 '환상'에 대한 영화가 가능하고 유효한지 질문을 던진다. 〈메모리아〉는 그 질문에 대한 그 자신의 고민과 답변처럼 보인다. 이 영화에는 수면과 꿈에 대한 관심(〈찬란함의 무덤〉), 전반부와 후반부로 느슨하게 나뉜 구조(〈징후와 세기〉(2006), 〈열대병〉)와 같은 전작들의 흔적이 인장처럼 남아 있다.

〈메모리아〉의 영화 배경이 콜롬비아가 된 이유는 감독 아피찻퐁 위라세타쿤과 주연 배우 틸다 스윈턴 모두 전혀 모르는 나라를 배경으로 삼자는 의도에서 비롯되었다. 아피찻퐁 위라세타쿤 감독은 한 인터뷰에서 〈메모리아〉의 촬영에 대해 다음과 같이 밝혔다.

"보고타에서 변덕스러운 날씨를 접했고 그로 인해 집 밖에 나갈 때 항상 많은 준비물이 필요했던 것이 마치 대자연과 소통하는 것만 같았다. 잘 알지 못하는 나라인 콜롬비아에서 미지의 것을 주제로 관객의 눈과 귀를 열고 감각을 작동시키려 했고 이는 '단절된 상태와 연결을 시도하는 과정'과 다름이 없다. 이 과정은 우리 인류가 현재를 살아가는 방식과 밀접한 관련이 있다."

원론적으로 말하자면 〈메모리아〉는 역동적인 극영화라기보다는 정적인 비디오 아트에 가깝다. 극을 이끌어가는 중심 사건도 명확하지도 않고 이야기도 유기적으로 연결되지도 않는다. 그럼에도 불구하고 이 영화는 지금까지 나온 그의 영화와 비교했을 때 진입 장벽이 현저히 낮은 편에 속한다. 영화 속도가 느리고 숏들은 정제되어 있기 때문에 보는 데 상당한 인내를 요구한다. 하지만 태국 문화에 대한 선행 학습이 줄었고 비교적 선명한 미스터리 플롯 덕분에 이전 영화와 비교했을 때 훨씬 더 수월하다. 주제 의식 역시 전작보다 좀 더 보편적인 테마를 다루고 있다. 무엇보다 이 영화의 문턱을 낮추는 가장 큰 요인으로 틸다 스윈턴과 잔 발리바 등 유명 배우가 출연한다는 점은 결코 빼놓을 수 없다.

　새벽의 적막을 깨는 '쿵' 소리에 제시카는 잠에서 깬다. 그날 이후 '쿵' 소리는 그녀의 일상에 침투하며 삶에 균열을 일으키고 그녀의 닫힌 기억을 깨운다. 그녀의 기억은 주변 사람들의 기억과 조금씩 어긋나고, 그녀는 그것 때문에 혼란스러워한다. 그녀는 소리의 가장 깊숙한 비밀이 이끄는 대로 움직인다. 그녀의 기억은 각성과 잠 사이에서 흐릿하게 배회하는 유령과도 같다. 처음에 제시카는 '쿵' 소리를 공사장에서 들리는 소음으로 생각했지만 아파트 관리인으로부터 주변에 공사가 없었다는 말을 듣고 혼란에 빠진다. 제시카는 제부 후안의 소개로 사운드 엔지니어를 만나 자신이 듣는 소리에 대해 상의하고 그의 도움으로 그 소리를 재현한다. 그와 인간적으로 가까워지면서 여러 가지 이야기도 나누고 서로에게 호감을 느끼기도 한다.
　그런데 나중에 제시카가 사운드 엔지니어를 다시 방문했을 때 아무도 그의 존재를 증명하지 못한다. 퇴원한 동생 가족과 식사를 하면서 이야기를 나누지만 그녀의 기억과 동생 가족의 기억은 서로 다르기 때문에 대화는 점점 부유되고 만다. 그녀는 자신의 기억조차 의심하는 지경에 이른다. 그녀는 환청이 아닌가 싶어 병원을 찾아 진찰받는다. 그런데 의사는 의학적 처방보다는 종교와 예술로 치유할 것을 권한다.
　제시카는 생선을 손수 손질하는 숲속의 남자 에르난을 찾아간다. 그는 자신이 사물의 진동을 통해 사람의 이야기를 들을 수 있다고 주장한다. 그는 꿈도 꾸지 않으며 원숭이의 언어를 알아들을 수 있다. 그는 "경험은 기억을 난폭하게 휘젓기 때문에 해롭다"고 말한다. 그는 제시카에게 자신은 "저장 장치"고 그녀는 안테나라고 말한다. 제시카가 소리의 정체를 찾는 치유 여정은 터널의 건설 현장에서 발굴된 유골을 탐구하는 고고학적 작업과 희미하게 유비된다.

다른 한편으로 제시카의 치유 여정은 '무의식의 탐험'으로도 규정될 수도 있다. 하지만 그녀의 무의식은 지그문트 프로이트Sigmund Freud가 말하는 억압된 욕망이나 상처 입은 기억이 아니다. 베르그송의 무의식에 가깝다. 베르그송의 무의식은 과거는 끊임없이 재구성되고 재해석되어야 하는 억압된 무의식이 아니라, 예측 불가능한 미래를 향해 현재의 변화를 가능하게 하는 풍부한 잠재력이다.

〈메모리아〉는 청각적 충돌이 자아내는 얼얼함 속에서 확장되는 영화적 허구를 감각하고, 더 나아가 두터운 역사적 기억의 존재감을 감지하는 관객의 역량을 자극하는 영화다. 이 영화에 체험이라는 수식을 붙일 수 있다면 그런 의미에서일 것이다. 소리의 파동을 따라 숲으로 끌려온 제시카는 그곳에서 모든 것을 기억하는 에르난이라는 남자를 만난다. 남자의 기억과 제시카가 듣는 소리는 모종의 관련이 있다.

〈메모리아〉는 '쿵' 소리의 미스터리와 이를 추적하는 여정이라는 고전적인 플롯을 충실히 따르며, 마지막에 이르러 시간의 지층이 누적된 기억의 저장고와 같은 소리의 정체에 도달한다. 아피찻퐁 위라세타쿤의 영화들은 신화와 꿈, 경계, 환상 등 비가시적인 것에 골몰하지만 동시에 꽤 정치적이다. 〈찬란함의 무덤〉에서 일종의 체념증후군처럼 끊임없이 잠에 빠져들었던 군인들은 쿠데타가 한창이었던 태국의 혼란스러운 정치 상황에 대한 모종의 비유이기도 했다.

　콜롬비아 또한 최근까지 내전을 겪었다는 점에서 정치적으로 지리멸렬한 상태다. 아피찻퐁 위라세타쿤이 콜롬비아에서 영화를 촬영한 것은 태국에 대한 이야기를 태국 바깥에서 하기 위한 방편처럼 보인다. 그는 한 인터뷰에서 콜롬비아에 내재된 무거운 기억들, 정치적 기억들에 매료되었으나 콜롬비아에 뿌리가 없는 자신이 그것들을 보여주는 것은 타당하지 않다고 느꼈다고 말한 바 있다. 그는 〈메모리아〉에서 역사의 구체적인 상을 소환하는 대신 소리의 파동이라는 물리적 성질을 통해 인류가 쌓아온 기억의 퇴적을 감각적으로 물화한다.

3.

　영화 〈메모리아〉는 제목 그대로 '기억'을 소재로 한다. 감독은 '상대방의 기억이 나의 될 수 있을까?', '상대방의 기억에 공감하는 게 가능할까?' 등 여러 가지 질문을 던진다. 일반적으로 시간과 기억의 관계에서 시간은 기억을 선행하고 장면, 소리, 냄새 등 감각이 시간과 기억을 매개한다. 하지만 〈메모리아〉에서 시간과 기억의 관계 또는 순서는 전도된다. 이 영화에서 시간과 기억의 논리적 구조는 중요하지 않다. 그렇기 때문에 기억이 시간을 선행하기도 한다. 그런데 〈메모리아〉에서 말하는 기억은 베르그송이 말하는 기억과 상당 부분 겹친다. 그 기억은 흔히 말하는 좁은 의미의 심리작용으로서의 기억이 아니라 생명 그 자체로서의 기억이다. 그는 생명론을 근거로 윤리, 종교, 미학 등 여러 문제들을 제기한다.

베르그송은 근대 기계론적 시간론을 비판한다. 그는 시간이 아무런 일을 하지 않는다면 그것은 아무것도 아니라고 역설한다. 모든 것이 이미 주어져 있고 단지 시간만 지나면 이미 만들어진 프로그램에 의해 세상이 돌아간다면 그때 시간은 아무런 의미가 없다. 기계론적 세계관에 따르면 과거와 미래는 현재가 어떻게 되어 갈 것인가를 충분히 예측할 수 있다. 근대 기계론적 시간론은 '시간의 공간화'로 요약된다. 시간을 공간화한 가장 대표적인 예는 시계다. 시간을 공간화하면 '시간의 연속성'이 소거되고 시간은 '동질화'된다. 시간은 분절되고 질적 차이는 사라진다. 시간의 공간화는 모든 게 인과적으로 결정되어 있다고 파악하는 '결정론'으로 귀결된다. 반면 베르그송이 생각하는 진정한 시간의 의미는 연속성, 질적 차이, 창조다.

베르그송의 철학은 설령 지상의 모든 시곗바늘이 멈춰 선다 해도 '시간은 끊임없이 흘러간다'는 실재적 사실에 대한 놀라운 인식에서 출발한다. 그리고 이 소박해 보이는 출발점은 시간의 본질에 관한 환상과 잘못된 분석에 대한 비판과 더불어 그의 저서들에 따라 각기 다른 문제 지평 속에서 매번 새롭게 확증되고 심화된다. 『의식에 직접 주어진 것에 관한 시론』(1884)이 기하학적인 공간 표상과의 대립 속에서 의식의 순수 지속을 확증해 내면서 실재 시간의 불가분한 질적 연속성을 강조했다면, 『물질과 기억』(1896)은 이 지속의 불가분한 연속성 안에서 일어나는 기억의 수축-팽창 운동을 통해서 과거와 현재의 탈자적인 분리와 재결합의 구조를 보여준다.

『물질과 기억』은 시간, 기억, 이미지, 차이, 반복, 다양성, 잠재성, 무의식 등 현대 철학의 핵심 키워드를 모두 다루고 있다. 『물질과 기억』의 중심 과제는 기억에 대한 실증적 분석을 토대로 물질과 정신 사이의 관계를 해명하는 것이다. 그에 따르면 과거와 현재는 동시적으로 공존하며 시간은 끊임없이 분열한다. 그가 생각하기에 기억이라는 것은 단순한 암기력을 말하는 것이 아니라 정신의 삶이 전개되는 모든 시간 속에서 지나온 과거 전체를 고스란히 보존했다가 현재의 순간으로 연장하여 적절하게 활용하는 정신의 운동성을 말한다. 현재 상황의 실천적 유용성에 따라 무의식적인 과거를 현재의 의식으로 연장하는 기억의 운동이야말로 불가분한 질적 변화의 연속인 정신의 실재적인 지속을 보장할 뿐만 아니라 행위를 수행하는 실천적 의식의 다양한 수준들도 가능하게 할 수 있다.[119]

베르그송에 따르면 '시간의 흐름'에 대한 전통적인 이해는 역동적인 생성과 창조라는 시간 그 자체의 양상에서 직접적으로 이루어진 것이 아니라 부동하는 공간 표상을 매개로 간접적으로 이루어진 것에 지나지 않으며, 따라서 추상적인 순간일 뿐인 현재를 특권화된 기점으로 삼

---

[119] 앙리 베르그송, 『물질과 기억』, 김재희 옮김, 살림출판사, 2008, 103쪽.

고서 이를 중심으로 과거와 미래를 동질적인 연속선상의 앞과 뒤로 놓는 선형적인 시간 이해를 벗어나지 못했다.

'기억한다'는 말에는 '과거를 보존한다'는 것과 '보존된 과거를 다시 상기한다'는 뜻이 포함되어 있다. 그리고 '과거를 보존하고 재생하는' 이런 '기억(작용)'을 의식의 한 능력으로 간주한다. 그러나 베르그송의 기억 개념은 단순한 심리학적 능력이 아니다. 이것은 간헐적으로 작동되며 두뇌 어딘가에 잠시 저장했던 과거를 동일하게 반복 재생하는 그런 능력에 국한되지 않는다. 베르그송의 기억은 의식과 외연이 같은 것으로서 무엇보다 삶에 주의하는 지성적 의식의 본성이자 미래를 겨냥하여 행해지는 과거와 현재의 원초적인 종합으로 정의된다.

베르그송의 기억은 끊임없는 과거의 보존을 통해서 자신의 잠재성을 키워감과 동시에 이 잠재성을 현실화하면서 창조적인 미래를 향해 나아가는 의식의 활동성이며, 바로 이런 기억이야말로 과거를 과거의 즉자태로 남겨두거나 현재로 현실화하면서 과거와 현재라는 시간의 탈자적인 분리와 연속성을 가능하게 한다.

우리는 통상 과거는 일단 현재였다가 그 다음에 구성된다고 생각한다. 또 현재는 다른 현재로 대체될 때 과거로 지나간다고 생각한다. 그러나 베르그송의 기억 개념에 의하면 과거와 현재는 동시에 성립하여 공존한다. 지속하는 현재는 매 순간 과거와 미래로 동시에 분열한다. 연속적인 질적 변화로 의식에 현전하던 내적 지속은 이제 현재로부터 과거로 내면화하면서 기억의 총체를 부풀리는 동시에 과거로부터 현재를 통해 미래로 나아가는 구조를 갖는다.

시간의 흐름은 더 이상 선형적인 연속성을 본질로 삼지 않는다. 시간은 매 순간 스스로를 보존하는 과거와 끊임없이 지나가는 현재로 자기 분열하면서 새로운 미래를 향해 흘러간다. 이 시간은 무엇보다 추상적인 시간, 공간화된 시간이 아니라 구체적인 삶의 시간이자 삶에 대해 주의하는 의식의 시간이다. 이 시간이야말로 동일하면서도 동시에 변화하는 존재의 시간, 창조적인 지속의 시간, 자기 자신에 의한 자기 자신의 변용으로 정의될 수 있는 시간이다.

베르그송의 기억 개념은 존재이자 동시에 생성인 시간의 비연대기적인 다층 구조를 잘 보여준다. 그리고 그의 기억은 무엇보다 지금껏 주목받지 못했던 과거, 즉 무의식이자 잠재성의 힘을 복원시키고 이 과거의 관점에서 창조를 설명할 수 있게 했다. 또한 그의 기억이 보여준 시간의 역설적 구조는 시간의 흐름이 우리의 삶을 무력하게 하고 획일적으로 만드는 게 아니라 오히려 각자의 삶을 긍정하고 창조하게 하는 힘이라는 사실을 일깨워 준다.[120]

베르그송의 기억은 심리학적 능력이 아니라 삶에 주의하는 신체적 존재자의 의식과 동연적인 것으로 항상 미래를 향하여 과거와 현재를 수축하는 시간적 의식의 활동성이다. 이 기억은 과거의 모든 경험을 매

---

120) 김재희, 「베르그손의 기억 개념과 시간의 역설에 대하여」, 《철학연구》 제63집, 철학연구회, 2003, 157~176쪽.

순간 자신의 잠재태인 순수 기억으로 보존하면서 물질적 세계와의 마주침에서 현실적으로 유용한 과거의 기억들만을 현실화하여 현재의 감각-운동 체계를 움직여 나간다.

과거와 미래를 향해 수축하는 기억의 이중 운동은 특히 과거와 현재에 관한 역설들, 예컨대 사라지지 않는 과거의 존재, 과거와 현재의 동시간적인 형성과 공존, 과거의 가장 수축된 지점에 불과한 현재, 순간이 아닌 이중분열체로서의 현재, 현재와 미래를 창조하는 과거의 힘 등을 보여줌으로써 선형적이고 연대기적인 시간관을 전복시키고 다층적이고 비연대기적인 시간관을 보여준다. 베르그송의 기억은 과거의 재생을 '차이를 낳는 현실화 운동'으로 해석하여 과거와 창조를 연결시킴으로써 삶의 시간성에 대한 긍정적 관점을 제공해 준다.

4.

시간과 기억은 불가분의 관계에 놓여 있다. 한 생리심리학 연구에 따르면 인간이 자극받은 감각을 의식하는 데 약 0.3초에서 0.5초 정도 걸린다. 지금 의식하고 있는 느낌은 과거에 관한 것들이고, 의식하지 않고 기억하지 않는다면 시간은 존재하지 않을지도 모른다. 시간은 마음, 즉 뇌의 활동에 전적으로 의지하기 때문에 때로는 빠르게 때로는 느리게 간다고 느껴진다. 시간은 부풀려지거나 쪼그라든다. 충격적인 사건 앞에서 시간은 멈춰버리기도 하고, 십 년이 지났지만 바로 어제 일어난

일처럼 선명하게 기억되기도 한다.

시간의 길이와 속도는 뇌의 기억이 만든 결과물이다. 기억은 화가가 원근법으로 그려낸 공간처럼 시간 속에서 경험한 사건들을 정돈한다. 그렇기 때문에 같은 시간이라도 기억할 만한 사건이 많으면 시간은 길게 느껴진다. 10대와 20대에는 수많은 첫 경험들이 시간을 채운다. 젊은 날의 삶은 다채롭고, 기억의 표식도 많아진다. 80대의 노인에게 자전적 기억을 물어보면 20대의 일을 가장 많이 이야기한다고 한다. 과학자들은 이를 '회상 효과'라는 부른다. 중년 이후에는 기억할 말한 일들이 줄어들면서 시간이 더 빨리 흐르는 것처럼 느낀다. 심리학의 역사를 연구하는 다우어 드라이스마Douwe Draaisma는 실험적으로 재현할 수 없는 인간의 내면세계에서 일어나는 현상과 시간에 대한 주관적인 인식에 영향을 미치는 심리적 요인들에 천착했다.

시간과 기억은 흥미로운 관계를 형성한다. 물리적으로 같은 시간이라고 하더라도 우리가 빨리 지났다고 생각하면 그 시간 속에서 엄청 많은 일들을 기억하고, 반대로 지루하게 생각하면 거의 생각나는 게 없다. 같은 시간 동안 얼마나 재미있고 의미 있는 일이 많았는지에 따라 기억의 양이 달라진다. 즉 과거의 시간은 우리가 받아들인 정보의 양의 따라 길이가 달라진다. 동일한 현재를 반복하며 진부하고 평범한 물질적 수준의 삶을 사느냐, 아니면 새로운 차이를 산출하며 현재의 질적 변화를 만들어 내는 창조적인 삶을 사느냐는 결국 잠재적인 과거를 현실화하여 활용하는 기억의 강도와 주의하는 정신의 긴장 정도에 달려 있다.

베르그송은 지속적인 변화를 일으키는 시간에 대한 적극적인 개념을 도입해 시간은 새로운 무엇인가를 만들어 내는 과정이라고 정의한다. 인간이 존재한다는 것은 이렇게 시간이 끊임없이 지속적으로 변화하는 것을 경험하는 것이다. 이처럼 시간의 의미를 지속적인 변화로 이해하는 것은 새로운 것이 계속해 나타날 가능성을 열어 놓게 된다. 다시 말해 삶이라는 것은 새로운 개념, 생각, 형태를 만들어 내는 끊임없는 진행의 과정이다.

베르그송의 시간에 대한 개념은 내적 자각을 활용하면서 현재를 통해 과거를 밝혀내는 데 있어 근본적으로 시간의 인식 과정을 육체와 정신의 측면에 모두 연결한다. 그는 『물질과 기억』에서 '순수 과거'와 '과거' 그리고 '현재'를 육체적 인식과 정신적 기억의 과정을 통해서 설명한다. 역설적이지만, 그에 따르면 과거는 기억 속에 지금 살아 있고 현재는 그 순간을 잡을 수 없기에 이미 존재했었을 뿐 지금은 없다고 한다. 순수 과거는 일반적으로 현재와 연결된 과거와는 달리 무의식적 자각이라고 할 수 있는 가상기억이다. 이러한 무의식적 자각은 우리의 정신적 기억 속에 회상처럼 남아 있는 기억이 아니라 우리의 육체가 외부의 자극에 의해 미래에 어떻게 반응할지를 위해 지니고 있는 행동 습관처럼 존재하는 기억이다. 베르그송은 가상기억의 영역은 단지 가능성이 실현화된 영역이라기보다는 베일에 가려져 있는 실재의 한 부분이 자극을 통해서 그 모습을 드러낸다고 주장한다.[121]

베르그송의 '현재'는 '과거'와의 관계에서만 존재가 가능하다. 즉 현재를 인식하는 것은 과거의 기억을 현재에 연관시킴으로써 가능하다. 결국 현재가 아닌 과거를 인식하는 것이다. 이러한 '순수 과거', '과거' 그리고 '현재'의 역학적 시간 개념은 월러스 스티븐스Wallace Stevens의 시적 세계를 더욱 정확하게 이해하는 데 도움이 된다. 왜냐하면 베르그송의 접근한 방식은 두뇌와 자각의 심리학적 이중구조보다 마음과 물질의 형이상학적 이중구조에서 시간의 의미를 찾는 접근 방식이기 때문이다. 더욱이 그는 인식 과정에서 인식자가 외부의 자극을 받아들일 때 양자의 상호 차이점을 공유한다는 점을 강조한다.

베르그송의 시간은 기존에 우리가 인식해 온 시간에 대한 고정관념을 전면적으로 거부하는 새로운 창조적 개념이다. 그동안 시간은 그냥 지나가는 것으로 우리가 존재하고 살아가는데 부수적으로 놓여 있는 존재론적 배경에 불과했지만, 베르그송의 시간은 우리가 시간에 의해 새롭게 변화하고 만들어지는 능동적인 힘이다. 베르그송의 시간 개념적 측면에서 보면, 무의식적 자각인 가상기억이 지속적인 현재의 인식적 자극을 통해 새롭게 정제된다.

과거는 우리의 기억 속에서 우리 스스로를 행위자로 볼 경우에만 생동감 있게 다가온다. 매 순간 우리가 했던 행위와 경험이 있어야 '나'라는 존재를 만드는 기억의 밀도가 높아지고 우리의 인생은 더욱 길어질

---

121) Henri Bergson, *Matter and Memory*. Trans. Nancy Margaret Paul and W. Scott Palmer. New York: Doubleday, 1959, p. 126.

수 있다. 무엇을 알고 있다는 단순한 지식은 오래 기억되기 어렵다. 그 것을 얻으려는 적극적인 노력이 선행될 때 사건은 기억되고 자신의 이 야기가 된다. 삶은 모자이크다. 밝고, 어둡고, 복잡하고, 단순하고, 화려 하고, 우중충한 순간이 모여 우리의 전체 삶을 구성한다. 과거는 현재 와 접목되고 미래를 조망하게 한다. 흐르는 시간을 주체적으로 잡아당 겨 살아갈 때 정체성은 뚜렷해지고 기억은 서사가 될 수 있다.

시간은 인간만이 갖고 있는 개념이다. 동물에게 시간의 개념은 따로 존재하지 않는다. 오직 인간만이 시간을 구분하고 만들 수 있다. 시간 은 과거, 현재, 미래로 구분된다. 그런데 한나 아렌트Hannah Arendt가 『과거와 미래 사이』(1961)에서 지적하듯이, 과거와 미래 사이에 현재는 존재하지 않는다. 현재는 지금도 흐르고 있고 시간에 존재하지만, 과거 와 미래 사이에는 나 그리고 우리가 존재한다. 그 존재에는 '사유'라는 조건이 선행되어야 한다.

행위에 이어 사유를 통해 완성되지 않는다면, 다시 말해 기억에 의해 명확한 표현을 얻지 못한다면, 우리는 또 다른 유서 없이 남겨진 유산 을 후대에 물려주어야 한다. 평면적인 시간관념에서 입체적인 시간관 념으로 나아가야 한다. '과거와 미래 사이로의 틈입'을 통해 우리는 진 정한 의미에서 새롭게 시작할 수 있다. 과거를 돌아보고, 현재를 인정 하고, 미래를 바라보며 그사이에 틈입할 때 새롭게 시작할 수 있다.

기억의 힘은 단순히 과거를 반복하고 재현하는 데 있는 것이 아니라 적절한 망각과 선별을 거쳐 과거를 현실화함으로써 현재를 변화시키는 창조성에 있다. 과거를 수축하여 현재로 연장하는 기억의 강도에 따라 과거 전체는 상이한 정신적 수준에서 반복되면서 실존적 삶의 질적 변화를 산출한다.

우리는 기억의 근거로 고정된 내용의 경험이 존재하고, 우리의 기억은 그런 경험을 수동적으로 재현하는 것으로 생각한다. 그러나 기억의 주체는 모든 것을 있는 그대로 반영하기보다 자신의 이해관계, 선호하는 것, 감정적 요소, 욕망 등에 따라 특정 요소들을 선택하거나 배제하며, 어떤 것은 부각하고 어떤 것은 감추거나 침묵시킨다. 재현은 편집과 왜곡이 불가피하고, 그렇기 때문에 불완전하다. 그렇다고 모든 재현이 다 주관적 편집에 불과하고 신뢰하기 힘들다고 단정할 수 없다. 재현의 불완전성 그 자체보다 총체적 진실이라는 이름 아래 다른 대안적 재현을 배제하는 억압적 권력이 훨씬 더 위험하다. 물론 재현 철학에는 여전히 이론적으로나 실천적 차원에서 불분명한 부분이 존재한다. 이 문제에 대한 답은 재현의 유물론적 근거나 다양한 재현의 상호 교차와 작용에서 찾아야 한다.

〈옐로우 멜로디〉: '스밈과 섞임의 미학'

1.

미국 하버드대학교에서는 해마다 저명한 예술가나 학자를 초청해 미술, 문학, 건축, 음악 등에 관해 이야기와 이론을 듣는 '찰스 엘리엇 노턴 강연'을 개최한다. 1925년에 개설되어 지금까지 이어지고 있고 '넓은 의미의 시학 강연'이라고도 불린다. 움베르토 에코Umberto Eco, 레너드 번스타인Leonard Bernstein, 토니 모리슨Toni Morrison, 호르헤 루이스 보르헤스Jorge Luis Borges 등 세계적으로 저명한 예술가들이 강단에 섰다.

1956년에는 화가 벤 샨Ben Shahn이 찰스 엘리엇 노턴 강연에 초청되었다. '미국의 국민화가'로 불리는 샨은 사회적·정치적 메시지를 담은 작품으로 고유의 스타일을 확립했다. 그의 작품과 철학은 다양한 사회 운동과 결부된 작업을 하는 여러 예술가에게 영향을 미쳤다. 그는 총 여섯 번의 강연에서 예술과 대학의 관계, 자신의 작업 과정과 예술관, 예술에서 형식과 내용의 관계, 예술/예술가의 비순응성, 현대 예술의 가치를 평가하는 일, 예술가가 되기 위해 필요한 공부 등 다양한 주제에 관하여 명쾌한 어조로 친절하게 설명했고, 그 흥미로운 강연 내용을 엮은 책이 바로 『예술가의 공부』(1956)다.

샨은 「내용의 형상」이라는 장에서 다음과 같이 말한다.

"보통 저는 예술의 형식에 대한 논의를 꺼내지 않습니다. 내용에 대한 논의도 마찬가지예요. 저에게 둘은 불가분합니다. 형식이란 형상화입니다. 즉 내용을 물질적인 실체로 바꾸는 것, 내용을 다른 이에게 다가갈 수 있게 만드는 것, 내용에 영속성을 부여하는 것, 그리하여 내용을 인류에게 남기는 것입니다. 형식은 자연의 우연한 만남만큼이나 다채롭습니다. 예술에서 형식은 아이디어 자체만큼이나 다양해요."

샨은 예술에서 형식과 내용의 관계를 살펴볼 수 있는 여러 사례를 언급하며 "형식은 내용의 시각적 형상"이며 "형식이 곧 내용"이라는 자신의 예술관을 천명한다. 장르마다 조금 차이가 있을 수 있지만 우리가 예술이라고 부르는 것 대부분은 형식과 내용으로 구성된다. 예술에서 형식과 내용의 결합이 그냥 또는 우연처럼 보이지만, 사실은 창작자의 무수한 요소의 선택과 배제, 그리고 구성과 연결 등을 거쳐 형식이 결정된다. 예술의 형식은 수용자들이 인식할 수 있는 어떤 '모습'이나 '상태'로 나타나고, 그렇게 나타난 형식에 예술의 내용이 담긴다.

 그렇다면 예술에서 내용과 형식은 어떤 관계일까? 예술은 창작의 결과물로서 인간의 의지와 움직임이 더해지며 점점 모습을 갖추어 간다. 우리는 형식과 내용이 유기적으로 잘 연결되었을 때 '예술 작품'이라고 부른다. 내용이 아무리 좋아도 형식이 뒷받침되지 않으면 위태롭다. 반대로 형식이 아무리 좋아도 내용이 부실하면 공허하다. 예술에서 형식과 내용의 관계는 상호유기적이다. 내용이 형식을 결정하기도 하고 형식이 내용을 결정하기도 한다. 다시 말하면 원론적으로는 주제와 내용이 먼저고 그에 따라 적당한 양식과 형식이 선택된다. 하지만 형식이 먼저고 거기에 담길 내용이 나중에 결정되기도 한다.

 형식과 내용은 '상보적' 관계에 놓여 있다. 혹자는 예술에서의 형식과 내용의 관계를 '남녀 간의 연애'에 비유한다. '형식'이라는 남성과 '내용'이라는 여성이 있다. 그들은 만나자마자 첫눈에 반해 사랑에 빠진다. 그들의 관계가 늘 좋은 것만은 아니다. 사이가 좋을 때 그들의 사랑은 태양보다 더 뜨겁지만, 나쁠 때 그들의 분노는 모든 것을 집어삼키는 폭풍우처럼 맹렬하다. 그들은 싸우더라도 함께 있을 때 서로의 존재 의미가 있다는 것을 잘 알기에 곧 화해한다. 하지만 그들은 또 싸우고 또 화해한다. 이 과정을 반복한다. 이처럼 예술에서 형식과 내용은 헤어질 것도 아니면서 서로 투덜거리지만 결국 함께 붙어 다닐 수밖에 없는 한 쌍의 연인이다.

 플라톤Platon과 아리스토텔레스Aristoteles 이후 서양 철학에서 '미美'

는 곧 '선善'이다. 임마누엘 칸트Immanuel Kant의 미학은 이를 예거한다. 칸트는 인간의 경험을 '내용'으로 파악한다. 그에 따르면, 인간에게는 경험과 상관없이 선천적으로 타고난 인식 능력이 있는데, 예술의 경우에는 '형식'을 통해 드러난다. 인간은 절대 신과 상관없이 스스로 내용을 형식으로 창조하여 아름다움을 판단한다. 예술이란 관조의 대상일 뿐, 과학을 통해 그 아름다움을 분석할 수 없다는 것이 칸트 미학의 기본 입장이다. 칸트 미학에서 형식과 내용은 서로 반목하지 않고 그 자체로 하나다.

하지만 19세기 후반 과학 발전의 영향 아래, 일부 학자들은 예술 작품을 관조의 대상이 아닌 연구 대상으로 파악하기 시작했다. 그들은 예술심리학, 형태이론, 예술사회학, 실험미학, 정보이론 등의 다양한 이름으로 예술 작품을 분석하기 시작했다. 다시 말하면 본격적으로 예술의 형식과 내용을 꼼꼼하게 따져 보기 시작했다. 형태심리학은 형식 또는 형태가 예술 작품 안에서 어떻게 나타나는지를 다룬다. 예술사회학과 예술심리학은 예술 작품의 맥락, 의미, 내용 등에 천착한다. 이 연구들은 예술을 탈신비화하고 인간과 예술 사이의 의미를 과학적으로 탐구하는 시도였다. 다시 말하면 '저 높은 곳에 있는 예술이 아니라 실제의 삶 속에서 의미가 있는 예술을 만나려는 노력이었다.

2.

　예술 작품에는 형식과 내용이 있기 마련이다. 형식은 작품을 이루는 외형, 윤곽, 형태나 구조, 내용은 그 형태 사이로 배어 나오는 생각, 정신, 이념이나 이야기를 가리킨다. 예술 작품의 형식과 내용은 철학적인 사고에 뿌리를 두고 있기에 온전히 감상하기 위해서는 형식과 내용을 유기적으로 파악할 필요가 있다. 예술에서 형식과 내용이 유기적으로 연결되었을 때 좋은 예술 작품이라고 부른다.

　연극 〈옐로우 멜로디〉는 형식과 내용이 유기적으로 잘 연결되어 있다는 점에 있어 좋은 예술 작품이라고 말할 수 있다. 이 작품에서 형식은 내용을 잘 품고 있고, 내용은 그런 형식을 잘 뒷받침하고 있다. 조금 더 구체적으로 살펴보면 이 작품은 형식 면에서 '극중극'과 '메타연극'을 특징으로 한다. 내용 면에서는 '베이비 박스'와 '가족 간의 갈등', 특히 '모녀간의 갈등' 등으로 요약될 수 있다. 희곡을 직접 쓰고 연출한 작가 위선일도 이 작품을 형식적으로 '연극에 관한 드라마', 즉 '메타연극'으로 규정하고 있다. '연출의 글'에서 이 작품의 주제와 소재를 '베이비 박스'와 '가족 간의 갈등'으로 넌지시 말하고 있다.

　먼저 〈옐로우 멜로디〉의 줄거리를 간단히 살펴보자. 〈옐로우 멜로디〉는 정혜를 축으로 이야기가 전개된다. 정혜는 원치 않는 일을 겪어 원치 않는 임신을 했고 원치 않는 아기를 낳는다. 하지만 그녀는 "자신의 아이를 차마 키울 수 없어 '베이비 박스'에 넣고 자신의 과거를 봉인한다." 그녀는 "지키고 싶은 것과 부정하고 싶은 것 사이에서 몸부림치지만 결국 그녀의 비밀은 드러나고 만다." 작가는 정혜를 통해 "인간은 완전한 행복도 가질 수 없으며, 끝없는 비극 속에 함몰될 수도 없다"고 역설한다.

정혜, 상우, 동건, 유리는 "연극이 좋아서 모인 사람들"이다. "관객이 많든, 적든 따지지 않고 무대에 선다. 그저 등장인물보다 많이 온 관객들에게 감사할 뿐이다. 작품을 선정하고, 연습을 하고, 무대에 올린다. 배우, 스태프, 기획, 포스터 붙이기 등 전천후로 일한다. 그들의 현실은 예전이나, 지금이나 별반 나아진 것이 없다. 그런데도 그들이 연극을 계속하는 이유는 연극에 말로 설명할 수 없는 그 '무엇'이 있기 때문이다."

어느 날 '다정'이 그들을 찾아온다. 아니 엄밀히 말하면 그녀는 그들이 공연하는 연극 〈햄릿〉에 관객으로 찾아온다. 그런데 그녀는 '일반적인' 관객이 아니다. 배우의 대사를 모두 외워서 따라 할 정도로 '열정적인' 관객이다. 하지만 그 지나친 열정 때문에 결국 공연은 중단되고 만다. 그녀는 자신 때문에 공연이 중단된 것에 대해 백배사죄한다. 그러면서도 자신의 꿈은 배우가 되는 것이라고 서슴없이 말한다. 그녀는 연극이 아니면 죽을 것 같고 정혜를 하늘처럼 존경하고 그녀처럼 되는 게 소원이라고 말한다. 그녀는 연극에 대한 기초 지식은 부족하지만 그녀는 연극에 대한 열정, 뛰어난 암기력, 직관에 따른 연기로 오디션을 통과해 극단에 들어온다.

다리를 저는 다정에게는, 배우로서는 치명적인 신체적 결함이 있다.

하지만 그녀는 과도한 열정을 넘어 집착에 가까운 연기 욕심으로 이를 상쇄한다. 상우와 동건은 그런 다정이 왠지 불편하다. 반면 그녀와 비슷한 나이 또래인 유리는 특유의 낙천적이고 쾌활한 성격으로 다정을 살갑게 대한다. 둘은 서로 언니 동생이라고 부르며 곧 친해진다. 극단의 차기 공연 작품으로 '엄마와 딸의 이야기'를 다루고 있는 〈잘 자요, 엄마〉가 결정되면서 좋았던 둘의 관계는 변곡점을 맞는다.

 엄마 역할은 정혜로 이미 정해졌고, 딸 역할은 다정과 유리 가운데 오디션을 통해 결정된다. 딸 역할이 다정에게 돌아가면서 둘 사이에 균열이 생기고 갈등이 불거진다. 유리는 자신이 무대에 서지 못하는 것에 실망하고 다정은 유리가 정혜의 딸이라는 사실에 큰 충격을 받는다. 다정은 공연 연습을 하면서 정혜에게 집착하고 정혜는 그런 다정을 자꾸 밀어낸다. 정혜가 오디션 탈락으로 상심한 유리에게 더 관심을 보이자 다정은 이에 분노하고 유리에게 극단적인 반감을 갖는다. 결국 정혜와 다정, 유리와 정혜, 다정과 유리, 사이의 관계는 점점 파국을 향해 치닫는다. "그녀들의 비밀과 진실이 하나둘씩 벗겨진다."

3.

 〈옐로우 멜로디〉에서 각각의 형식과 내용은 적절하게 균형을 이루며 어느 하나가 다른 하나를 압도하거나 밀어내지 않는다. 형식과 내용이 서로 잘 '스며들고' 잘 '섞인다'. 앞에서 이 작품은 형식 면에서는 '극중극'과 '메타연극', 내용 면에서는 '베이비 박스'와 '가족 간의 갈등', 특히 '모녀간의 갈등' 등으로 요약된다고 말한 바 있다. 각각의 키워드로 이 작품을 조금 더 자세히 살펴보자.

먼저 극중극이다. 극중극은 고대 그리스 시대로부터 현대까지 이어지는 연극 형식이다. 시대와 작가에 따라 그것이 지니는 의미와 효과는 다를 수 있으며 특히 현대 작가들은 극중극을 통해 연극의 본질에 대해 성찰하게 하고 나아가 삶에 대한 성찰에까지 이르게 한다. 연극과 삶은 서로 명확하게 구분할 수 없다고 할 정도로 연결되어 있으며 극중극은 그러한 연극의 특성을 효과적으로 보여주는 장치라고 할 수 있다. 극중극은 여러 가지 기능이 있지만 연극을 통해 연극의 메커니즘을 인식시키고, 나아가 삶에 대해 성찰하게 한다는 점에서 흥미롭다.

극중극은 테두리 극과의 관계에 따라 그 효과 혹은 기능이 큰 차이가 있다. 극중극은 극 중 현실의 거울과 같은 역할을 한다. 연극 자체가 일종의 현실의 거울이라고 할 때 극중극은 거울의 이미지 속에 투영된 또 하나의 이미지, 즉 '허구 속의 허구'가 된다. 극중극은 일종의 일탈 행위로서 현실 속에서 자신이 소유하지 못하고 이루지 못한 것을 연극을 통해 누리는 방법이 되기도 한다. 극중극은 연극을 통해 연극의 메커니즘을 보여준다는 의미에서 메타 연극의 성격을 띠기도 한다. 극중극은 서사극의 '소외효과'를 창출한다. 연극을 보고 있다는 사실을 자각하는 관객은 무대 위에서 또 다른 연극이 진행되는 것을 보면서 극에 몰입하기보다는 거리를 두게 된다.

〈옐로우 멜로디〉에는 두 개의 극중극, 즉 윌리엄 셰익스피어William Shakespeare의 『햄릿』(1601)과 마샤 노먼Marsha Norman의 『잘 자요, 엄마』 (1983)가 펼쳐진다. 첫 번째 극중극은 〈햄릿〉의 3막 4장이다. 원작에서 왕비 거트루드와 폴로니어스는 햄릿의 동정을 살피기 위해 햄릿을 호출한다. 폴로니어스는 왕비의 침실 뒤에 숨어서 지켜보고 있다. 햄릿의 당돌하고 강고한 태도에 놀란 왕비는 소란을 피우고 이에 동요한 폴로니어스도 소란을 일으키다가 햄릿의 칼에 찔려 죽는다. 햄릿은 클로어디스를 비난하고 왕비에 대한 질타한 후 폴로니어스의 시체를 끌고 퇴장한다. 〈옐로우 멜로디〉의 극중극 〈햄릿〉에서는 바로 이때 다정이 중간에 끼어들면서 공연은 중단되고 만다. 관객은 장면을 통해 지금까지 본 것이 극중극이었다는 사실을 깨닫게 된다.

〈옐로우 멜로디〉에서 두 번째 극중극은 〈잘 자요, 엄마〉다. 이 작품은 너무 가까워서 오히려 소통하기 힘든 엄마 델마와 딸 제시 사이의 이해와 용서를 그린 연극이다. 델마와 제시의 일상은 십여 년 전이나 지금이나 변한 게 없다. 제시는 늘 그랬듯이 능숙하게 델마를 돌본다. 제시는 오래전 이혼하고 혼자인 델마 곁에 온 후 계속 돌보았다. 하지만 '오늘'은 다르다. 제시는 '자살'을 앞두고 있다. 그녀는 자신이 죽고 난 후 집안일을 어떻게 해야 하는지 엄마 델마에게 알려준다. 하지만 델마는 자신의 과거 이야기를 시작으로 딸의 아들 이야기, 남편 씨슬, 동생의 부인 로레타 등 주위 사람들의 이야기를 꺼내며 제시의 자살을 만류한다. 하지만 제시는 자신의 자살 결심을 실행하기 위해 방으로 들어간다.

그녀는 "잘 자요, 엄마"라는 마지막 인사말을 남기며 방아쇠를 당긴다. 총소리가 울려 퍼지고 엄마는 가버린 딸을 향해 뒤늦게 후회한다. 여기에서도 예기치 못한 일이 벌어진다. 하지만 그 일은 실제 공연이 아니라 리허설에서 벌어진다는 점에 있어 〈햄릿〉과 차이가 있다.

4.

다음으로 메타연극이다. 메타연극은 '연극에 대한 연극'으로 '연극 자체를 문제 삼는 자기 반영적인 연극'이다. 메타연극이라는 용어는 극중극에 대한 연구가 활발하게 이루어졌던 1960년대의 분위기를 반영하기 위해 극작가이자 연극평론가인 라이오넬 아벨Lionel Abel이 1963년에 만든 신조어다. 메타연극의 주제와 기법 등은 모두 연극 자체와 관련이 있다. 연극 속에 연극이 등장하다 보니 연극이라는 예술 형식과 연극 고유의 연극성이 논의된다. 메타연극에서는 주인공, 혹은 주요 등장인물이 배우로 설정되기 때문에 관객은 연극 속에서 연극을 하며 삶과 연극을 돌아보며 고민하는 등장인물들을 마주하게 된다.

메타연극은 연극이라는 예술 형식에 관한 문제를 주로 다룬다. 그것이 옳다 그르다는 것보다는 주어진 현실과 이상 사이의 고민을 주로 다루며 삶과 연극의 문제에 천착한다. 메타연극은 연극과 비연극, 현실과 재현의 경계를 설정하며 관객으로 하여금 연극에 관해 고민하고 성찰하도록 한다. 메타연극을 보는 관객은 주인공의 감정에 쉽게 동화되지 않는다. 더 엄밀히 말하면 메타연극은 관객이 주인공에게 감정적으로 동화되는 것을 방해한다. 그렇기 때문에 관객은 연극 속의 연극에서 빠져나와 연극이라는 상황을 보다 객관적이고 이성적으로 인식한다. 더 나아가 연극과 배우에 대해 진지하게 고민한다.

〈옐로우 멜로디〉에서 상우와 동건은 시종일관 연극에 대해 고민하고 연극과 관련된 이야기를 주로 나눈다. 연극을 하는 사람들은 연극과 관련된 문제로 늘 고민한다. 때로는 연극과는 전혀 관련이 없는 삶의 문제조차도 모두 연극과 관련지어 고민한다. 그들에게는 삶의 문제를 연극으로 풀고 연극으로 해결하고 싶은 소망 또는 욕망이 내재되어 있다. 아마도 그들이 '연극은 곧 인생이다'라는 말을 가슴에 새기며 살기 때문일지도 모른다. 시대와 관계없이 연극인들의 모든 고민은 오직 연극이다. 하지만 연극을 직업으로 하지 않는 사람들조차도 인생과 연극의 관계를 연극인과 비슷한 시각으로 바라보며 인식하고 있기 때문에 메타연극은 무대 위에서뿐만 아니라 무대 아래서도 유효하다.

5.

고레에다 히로카즈 감독의 영화 〈브로커〉(2022)는 유아들이 익명으로 다른 사람들에 의해 보살핌을 받을 수 있도록 하는 '베이비 박스'를 소재로 한다. 세탁소를 운영하지만 늘 빚에 시달리는 상현과 베이비 박스 시설에서 일하는 보육원 출신의 동수는 거센 비가 내리는 어느 날 밤 베이비 박스에 놓인 한 아기 우성을 빼돌린다. 하지만 이튿날 생각지 못하게 엄마 소영이 아기를 찾으러 돌아온다. 아기가 사라진 것을 안 소영이 경찰에 신고하려 하자 상현과 동수는 아이를 잘 키울 부모를 찾기 위해서 그랬다는, 말도 안 되는 변명을 한다. 소영은 아이의 새 부모를 찾는 여정, 엄밀히 말하면 '인신매매'에 동참한다. 이 모든 것을 알고 있는 형사 수진과 이 형사는 그들을 인신매매 현행범으로 잡기 위해 조용히 뒤쫓는다. 영화 〈브로커〉의 이야기의 시작은 '베이비 박스'다. 영화의 카피처럼, 바로 그곳에서 '특별한 거래'가 이루어지고 그들 각자의 이야기가 시작된다.

〈옐로우 멜로디〉에서도 엄마 정혜와 딸 다정의 가혹한 운명은 '베이비 박스'에서 시작된다. 정혜는 베이비 박스에 딸을 '남겼고', 다정은 베이비 박스에 '남겨졌다'. 베이비 박스는 '키울 수 없는 아기를 두고 가는 장소'다. 주사랑공동체교회의 이종락 목사가 한 대학병원 의사의 부탁을 받아 부모가 병원에 버려두고 잠적한 장애 아기 4명을 거두었고, 그 소식을 들은 누군가가 2007년 이 목사 집 근처에 다운 증후군 아기를 두고 가면서 베이비 박스가 시작되었다.

원치 않았던, 혹은 계획에 없었던 아이라도 책임감으로 키우는 부모들이 많지만 모든 부모가 그렇게 하지는 않는다. 그렇다고 아이를 문자 그대로 버리게 되면 유기죄가 되기 때문에 베이비 박스는 영화 〈브로커〉에서 상현의 말처럼 법의 처벌과 현실적인 양육 불가능, 영유아의 안위 사이에서 선택할 수 있는 단어 그대로 최후의 보루다.

주사랑공동체교회에서는 베이비 박스를 '생명 박스'라고 부른다. 베이비 박스가 아니었다면 길거리에 버려졌을 아이들을 살리기 때문이다. 이종락 목사는 베이비 박스에 온 아이들은 버려진 아이가 아니라 '지켜진 아이'라고 말한다. 주변에 임신과 출산 사실을 알릴 수 없는 엄마들이 유기를 선택하지 않고 아기를 살리기 위해 베이비 박스로 온다. 베이비 박스를 두고 찬성과 반대 의견이 팽팽하다. 베이비 박스가 벼랑 끝에 내몰린 사람들이 찾는 마지막 수단이라는 주장도 있지만 반대로 베이비 박스가 아기의 유기를 유발한다는 주장도 있다. 반대하는 사람들은 어차피 아기를 유기할 부모는 베이비 박스가 없더라도 그렇게 하므로 법적으로 이를 처벌해야 한다고 주장한다.

〈옐로우 멜로디〉는 베이비 박스에 대한 논쟁을 표면화하지는 않지만 서사의 출발점으로 삼고 있다. 정혜는 집단성폭행을 당해 원치 않는 임신을 했고 다정을 낳았다. 하지만 다정의 얼굴을 볼 때마다 자신이 당한 고통이 떠올랐기 때문에 키울 수 없다. 결국 그녀는 어느 교회 앞에 다정을 두고 떠난다. 바로 그때 아이가 울었고 아이의 울음소리를 듣고 나온 교회 목사는 정혜에게 한 번 더 생각하고 결정하라고 만류한다. 하지만 정혜는 발길을 돌리고 만다. 다정이 그때 음악 소리를 듣는데, 바로 그 소리가 바로 '옐로우 멜로디'다.

시간이 흐른 후 정혜는 연극 공연을 위해 그곳을 방문한다. 하지만 그녀는 교회의 이름이 바뀌었기 때문에 거기가 자신이 예전에 아이를 버렸던 교회라는 사실을 알지 못한다. 다정은 먼발치에서 무대 위에서 공연하는 '친엄마' 정혜를 바라본다. 마침내 그녀는 정혜가 있는 극단에 들어와 꿈에 그리던 엄마를 가까이서 볼 수 있게 되었다. 그녀는 이제 엄마의 사랑을 받을 수 있을 것으로 기대했지만, 엄마 곁에는 유리라는 딸이 있다. 전술했듯이 정혜는 유리를 지키기 위해 다정을 밀어내려 한다. 다정은 그러면 그럴수록 정혜에 더욱 집착하고 유리에 대한 반감을 키워간다. 유리 또한 엄마 정혜를 빼앗기지 않기 위해 극단적인 시도를 한다. 정혜와 다정, 다정과 유리, 유리와 정혜 사이 갈등의 파고가 점점 거세진다.

6.

극중극 〈잘 자요, 엄마〉는 〈옐로우 멜로디〉의 극적 주제 '엄마와 딸의 갈등 상황'을 잘 예거한다. 엄마와 딸의 그 떼려야 뗄 수 없는 관계는 이 세상에 존재하는 그 어떤 관계보다도 특별하다. 서로에게 필요하고, 서로에게 중요한 존재다. 엄마와 딸 사이에는 더욱 특별한 '정서'가 작동한다고 사람들은 말한다. 그런데 누군가는 엄마와 딸 사이의 애정이나 애틋함은 신화일지도 모른다는 회의적인 의견을 제출한다. 그들의 관계는 때로는 아름답기도 하지만 때로는 대화조차 단절될 정도로 안타깝다. 너무 가까워서 당연히 잘 알고 있다고 생각한다. 존중받아야 할 한 개인이기 이전에 서로를 나의 엄마, 나의 딸이라고 여기며 자기 뜻에 맞추려 한다. 서로 상처를 주고 서로의 고독을 외면한다. 서로 존중

하지 않아서가 아니다. 서로 잘 모르기 때문에 이해하지 못한다. 반대로 너무나 잘 알기 때문에 이해하려 하지 않을 수도 있다. 〈옐로우 멜로디〉에서 정혜는 다정을 잘 모르기 때문에 이해하지 못하면서도 동시에 너무나 잘 알고 있기 때문에 그녀를 이해하려 하지 않는다.

사람은 세상에 태어나 가장 먼저 엄마와 관계를 맺는다. 딸은 아들보다 더 엄마와 친밀한 관계를 맺는다. 엄마는 아이가 딸이라는 것만 알아도 영원한 내 편이 생겼다며 좋아한다. 엄마는 딸을 가리켜 '친구 같은 사이'라고 말한다. 태어날 때부터 엄마의 편으로 결정된 딸은 세상에 태어나 처음 만난 사람인 엄마의 모든 것에 영향을 받는다. 엄마의 말, 행동, 태도는 딸의 말, 행동, 태도의 준거이자 우주다.

그런데 엄마와 딸은 세상에서 가장 가깝지만 그렇기 때문에 불편한 관계이기도 하다. 엄마와 딸은 너무 가까워서 서로를 만만하게 여기며, 서로 주는 게 당연하다고 생각한다. 세상에 당연한 것도 끝없이 만만한 것도 없는데도 말이다. 너무 가깝기 때문에 알지 못하는 사이에 상처를 주고 상처를 받는다. 문제를 직시하고 있지만 해결책을 찾지 못한 채 갈등을 끌어안고 산다. 그들 사이에서 생기는 갈등은 그 누구도 자세히 들여다보지 않는다.

〈옐로우 멜로디〉의 공연 팸플릿 카피는 "우린… 만나지 말았어야 했어…"다. 정혜와 다정, 다정과 유리의 파국을 생각한다면 충분히 납득이 간다. 그런데 공연을 보고 나면 이 문구가 '그럼에도 불구하고 우리는 만나야 했어'라고 반어적으로 들린다. 마지막 장면에서 상우과 동건을 통해 정혜, 다정, 유리가 함께 여행을 떠났다는 정보가 관객에게 전달된다. 그들이 서로 화해하고 새로운 관계를 형성했는지 정확히 알 수 없다. 하지만 함께 여행을 떠났다는 것만으로도 그들이 새로운 관계를 형성하려 한다고 짐작할 수 있다.

앞서 내용이 아무리 좋아도 형식이 뒷받침되지 않으면 위태롭고 반대로 형식이 아무리 좋아도 내용이 부실하면 공허하다고 말한 바 있다. 예술에서 형식과 내용의 관계는 상호유기적이다. 예술에서 형식과 내용이 유기적으로 연결되었을 때 '좋은' 작품이라고 부른다. 〈옐로우 멜로디〉는 형식과 내용이 유기적으로 잘 연결되어 있다는 점에 있어서 좋은 작품이라 말할 수 있다. '극중극'과 '메타연극'이라는 형식에 '베이비 박스'와 '가족 간의 갈등'이라는 내용이 잘 담겨 있다. 즉 형식과 내용이 서로 잘 스며들고 잘 섞인다. 그뿐만 아니라 이 작품은 '베이비 박스'라는 소재를 사회적 의제로 확장하고 있다는 점에서 더욱 특별하다.

제4부

충북 영화의 역사적 고찰

1.

한국영화사 연구자인 정종화는 '한 권으로 읽는 영화 100년'이라는 부제의 『한국영화사』(2008)에서 한국영화의 출발점을 1897년으로 잡는다. 그의 한국영화사 분류에 따르면 1897년부터 1923년까지는 '활동사진의 도래 그리고 한국영화의 탄생', 1924년부터 1934년까지는 '무성영화의 르네상스', 1935년부터 1945년까지는 '발성영화의 시대 그리고 국책영화', 1945부터 1953년까지는 '해방 그리고 6.25전쟁', 1954년부터 1961년까지는 '한국영화의 성장과 중흥', 1962년부터 1969년까지는 '한국영화의 르네상스', 1970년대는 '통제와 불황의 악순환', 1980년대는 암흑 속의 모색', 1990년대는 '다시 르네상스', 그리고 마지막으로 '2000년대의 한국영화'다. 그는 2000년대 한국영화에 대해서 부제를 붙이지 않았지만, 만일 필자라면 '한국영화, 세계와 마주치다'라는 정도의 부제를 붙이겠다. 조금 더 자신 있다면 '한국영화, 세계영화와 어깨를 나란히 하다'라고 붙일 수도 있다.

우리나라에 영화가 처음 들어온 시기를 획정하는 것은 그동안 한국 영화사가들이 실증 자료 수집과 함께 연구에 천착해온 중요한 주제 가운데 하나다. 학계에서는 조선 대중에게 활동사진이 널리 공개된 최초의 시점을 1903년 6월 전후로 보는 게 일반적이다. 이는 우리나라에서 영화의 대중 상영과 관련한 가장 오래된 사료인 1903년 6월 23일 《황성신문》의 광고문에 근거한다. 몇몇 영화사가들은 조선에 영화에 처음 들어온 시점을 1897년으로 보기도 한다. 대표적으로 김종원을 들 수 있다. 그는 1897년 '본정좌'에서 일본인 거류민을 위해 실사 몇 권을 가져다가 상영했다는, 1929년 1월 1일의 「조선영화총관」의 기록에 무게를 두고 있다. 하지만 영화라는 매체가 한 공간에 모인 다중과 만남을 통해 최종적으로 완성된다는 점을 고려할 때, 일반 대중에 대한 공개 시사가 본격화된 1903년 전후를 활동사진이 조선에 들어온 최초의 시점으로 간주해도 큰 무리가 없고 타당해 보인다.

다시 말하지만 우리나라에서 공식적으로 영화가 최초로 상영된 시기는 1903년이고 상영 장소는 영미연초회사 창고다. 우리나라에서 영화가 상영된 최초의 시점을 이해한다는 것은 단순히 한국영화의 역사적 시간 확인이 아니라 한국영화의 발전과의 관계 속에서 이해되는 역사상의 발전이라는 데 큰 의의가 있다. 1903년부터 시작된 영화의 상영은 흥행이라는 산업적 요소를 동반했고, 창극, 판소리, 연쇄극을 상연하던 극장들이 1910년을 전후로 점차 영화상영관으로 개축되었다. 하지만 당시 조선총독부는 조선인 명의의 극장 허가를 억제하였기 때문에 대부분은 일본인 명의나 서양인 명의를 얻어 운영되면서 각 지역으로 극장들이 확산되었다.

초창기 영화가 상영된 극장은 오늘날의 복합 문화 공간에 가까웠다. 당시 극장에서는 영화뿐만 아니라 연극, 판소리, 전통 연희 등도 함께 공연되었다. 영화를 전문으로 상영하는 상설영화관은 서울에서 1910년을 전후로 등장했다. 주로 일본인들이 거주하던 남촌에는 경성고등연애관, 대정관, 황금관 등이 개관했고, 조선인들이 거주하던 북촌에는 1912년 우미관이 개관했다. 특히 우미관은 조선인을 대상으로 한 본격적인 상설영화관이라는 점에서 역사적 의의가 크다. 우미관은 경성고등연애관이 점차 영화상영관으로서의 세를 잃자 그 공백을 메우며 조선인 관객을 상대로 운영하는 대표적인 극장이 되었다. 이후 우미관은 그 후 단성사, 조선극장과 함께 각축전을 벌이게 된다.

당시 극장에서 상영하는 영화들은 주로 '연쇄극'이었다. 키노드라마라고 불렸던 연쇄극은 연극무대에서 표현 불가능한 야외장면을 필름으로 미리 촬영하여 무대 위의 스크린에서 연극 공연과 연결하여 상영했다. 신파극의 인기 하락으로 불황을 겪고 있던 신파극계는 연쇄극의 흥행으로 새로운 돌파구를 마련할 수 있었다. 참고로 신파극은 메이지 중기 일본 연극계에서 가부키나 노와 같은 전통극에 대항해 등장한 현대극으로 소시나 서생을 주로 다루어 초기에는 '장사극'으로도 불렸다.

신파극은 계몽극, 정치 선전극 등 사회적 주제를 다룬 신연극으로 출발했지만 나중에는 대중적 통속극으로 의미가 변했다. 즉 신파극의 레퍼토리는 처음에는 일제의 정책적 의도나 근대적 가치를 권선징악 구도에 담은 목적극이 많았으나, 이후 단순한 줄거리와 과장된 감정 연기로 관객의 눈물샘을 자극하는 가정비극이나 비련의 로맨스로 옮겨갔다.

1923년 극영화의 형식을 갖춘 〈월하의 맹서〉가 서울에서 첫선을 보였다. 이 영화는 조선총독부 체신국이 저축 계몽을 목적으로 제작한 관제 영화이지만 무성영화 시대의 막을 열었다는 데 그 의의가 있다. 연쇄극과 달리 기승전결의 스토리를 온전히 필름으로 소화한 극영화라는 점, 그리고 각본, 감독, 출연이 모두 조선인의 손으로 이루어졌다는 점이 영화사적 의의로 기록된다. 〈월하의 맹서〉보다 앞서 계몽 영화가 제작되었다는 기록도 있다. 공식적으로는 〈월하의 맹서〉가 최초의 극영화이지만 새로운 연구를 통해 최초의 극영화의 자리가 바뀔 수도 있다. 하지만 1923년이라는 연도는 바뀌지 않을 것 같다. 이처럼 '활동사진의 도래 그리고 한국영화의 탄생'은 1897년부터 1923년까지의 시기를 아우른다.

2.

우리나라 초창기 지역 영화의 역사는 곧 극장의 역사다. 충북 지역 또한 예외가 아니다. 따라서 충북 극장의 역사를 살펴보는 것은 충북영화의 역사를 이해하는 데 대단히 중요하다. 충북 최초의 극장은 '덕영좌'로 알려졌다. 덕영좌는 일본인 도쿠가나 소베에가 지역 친일 재력가 방인혁의 도움을 받아 자신의 이름을 따서 1914년에 4월 청주에 설립한 극장이다. 덕영좌는 낮에는 주로 신파극을 공연했고 밤에는 환등기를 이용해 외국의 자투리 영화들을 상영했다. 덕영좌는 지방 최초의 극장으로 기록되어 있는 대구의 '조선판'보다도 시기적으로 앞선다. 덕영좌는 당시 문화의 혜택을 받지 못하고 있던 지방의 대중문화 공간으로 자리매김하였다. 하지만 덕영좌는 완전한 극장의 형태를 갖추지 못했다. 1923년 발간된 『청주연혁지』에는 덕영좌의 시설이 형편이 없어 청주 지역 주민의 불만이 높았다고 적혀 있다.

  완전한 형태를 갖춘 극장은 1916년 12월에 착공하여 이듬해에 완공된 '앵좌극장'이다. 앵좌극장도 덕영좌와 마찬가지로 일본인이 친일 재력가들의 도움으로 설립되었고 주로 신파극과 연쇄극을 공연하였다. 앵좌극장의 관리는 청주소방서에서 하다가 해방 후 민간인에게 양도되었다. 앵좌극장의 입장객은 비교적 많았으나 시설은 그리 양호하지 않았다. 청주의 일본인들은 1923년 앵좌극장의 수리 계획을 수립하고 이듬해부터 대대적인 개축에 들어갔다. 『청주연혁지』에 따르면, "1923년 5월에 공사를 시작하여 7월에 접어들어 낙성을 알리게 되어 내면과 외관의 면목을 일신하여 시민들에게 만족을 가져다주었다." 하지만 『청주연혁지』는 일본인이 일본의 시각으로 쓴 책이다. '도시 발전', '시민들에게 만족' 등의 표현이 이를 증거한다. 당시 시민은 주로 청주에 거주하는 일본인을 가리킨다. 그렇기 때문에 청주 제1호인 앵좌극장은 당시 서민들의 삶과 직접적으로 관련이 없었을 수도 있다. 그럼에도 불구하고 앵좌극장이 충북 영화의 발전에 어느 정도 영향을 끼쳤다는 사실만큼은 부인하기 어렵다.

일제 강점기 충북 지역 극장의 상황은 열악했다. 1926년 1월부터 6월까지 실시된 조선총독부 경무국 도서과의 「영화검열 관계 통계」 자료에 따르면 전국에 50개 상설관 중 충북에는 단 한 곳만 있었고 연간 관객 입장 숫자는 7,205명에 불과했다. 충북 지역 극장 상황이나 관객 입장 숫자는 전국에서 가장 낮은 비율이다. 충북 지역의 극장 형성 시기는 타지역과 비슷하거나 조금 빨랐지만 영화에 대한 대중들의 인식

1916년 12월 15일 개관한 청주 최초의 극장 '앵좌'. 극장 설립을 주도한 인물은 청주경찰서의 사이토(齊藤) 경찰서장으로 극장의 임대수익은 청주소방조의 경비로 이용하였다. 한국영상자료원 참조.

이 제대로 형성되지 않은 채 1940년대와 1950년대의 수난기를 보냈다. '청주극장', '현대극장', '시공간', '공보관', '시민회관' 등의 극장이 생겨났지만 상황은 크게 개선되지 않았다.

하지만 1960년대에 들어서면서 충북의 극장들은 본격적으로 모양을 갖추며 발전하기 시작한다. 특히 1980년대에는 지역 상권의 다원화가 이루어지지 않은 상태에서 소극장들이 대거 등장한다. 한때 청주에만 22개의 소극장이 있을 정도로 인구와 비교했을 때 극장은 포화상태를 이룬다. 하지만 1990년대 초부터 소극장은 감소 추세를 보였다. 그 이유는 극장의 노후화로 인한 낙후된 시설과 불충분한 부대시설 등이었다. 즉 1980년대 중반을 정점으로 소극장 수는 계속 감소 추세를 보이다가 1990년대 후반 이후 복합상영관이 등장하면서 거의 완전히 사라진다.

요컨대 충북은 덕영좌와 앵좌 극장을 통해 일찍부터 영화 문화를 수용했지만 지역적인 정책 부재와 극장 대표들의 소외와 등한시로 지역 영화 문화 저급화 현상을 초래했고 결과적으로 영화 문화 의식의 주체성을 상실했다. 극장은 관객이 영화를 직접 접하는 물리적 장소이자 영화문화의식이 형성되는 중요한 문화적 공간이다. 하지만 충북의 극장 대부분은 시설이 낙후되고 열악한 소극장이었다. 영세한 데다가 운영 또한 체계적이지 못했다. 결국 충북의 극장 대부분은 영화문화의식의 형성이라는 본래의 기능을 제대로 하지 못한 채 1990년대 후반 역사 속으로 사라지고 만다.

이숙영은 「충북 영화문화 현황 연구: 지역 영화문화의식 중심으로」 (1999)라는 논문에서 충북영화가 안고 있는 문제점을 지적하고 나름의 해결책도 제시했다. 발표된 지 이십 년도 훨씬 지났고 그동안 내부적으로 외부적으로 영화 환경이 너무나 많이 바뀌었기 때문에 논문의 시의성이 떨어진다고 생각할 수도 있지만, '지역 영화문화의식'이라는 문제의식은 여전히 유효하고 시사하는 바가 크다. 논문 필자에 따르면, 충북 영화문화에서 가장 큰 문제점은 관객들이 영화문화의식에 대한 주체성을 확립하지 않았다는 데 있다. 바로 그 이유로 충북에는 충북 영화 문화가 제대로 형성되지 못했고, 서울을 비롯한 대도시권에서 영화문화를 수용하는 수동적인 소비자로 전락했고, 영화문화의식의 주체성이 상실되었다. 상실된 주체성을 회복하기 위해서는 대도시의 영화문화 유입을 기다리는 수동적인 역할에서 벗어나 지역 영화 문화의 주체적이고 창조적이고 능동적인 문화수용자로서의 인식과 의식적 대변혁이 필요하다. 이십 년이라는 긴 시간이 흘렀다고 하더라도 논문 필자의 제언은 여전히 유효하고 충분히 곱씹을 만하다.

 주지하듯 영화는 시각적 텍스트로 읽히는 사회문화적 경험을 제공하는 문화 상품의 기능을 한다. 그리고 이것을 하나로 만드는 영화제는 예술과 산업으로서의 속성을 지닌 영화를 하나의 공통된 지역, 주제, 소재를 통해 축제 형식으로 관람객들에게 특별한 경험을 할 수 있게 하는 문화상품이다. 21세기 문화 콘텐츠 중에서 가장 대중적인 영화 콘텐츠는 거대한 산업으로 부상하였고 매력적인 문화상품으로 우리의 일상에 자리 잡고 있다.

3.

1990년대 들어 충북영화는 크게 '제도권 영화교육'과 '영상문화운동'이라는 두 가지 큰 흐름 속에서 성장한다. 제도권 영화교육은 대체로 대학 내 연극영화과를 중심으로 전개되었고 영상문화운동은 대학 내 영화동아리와 예술단체 등을 중심으로 전개되었다. 먼저 제도권 영화교육에 대해 살펴보자.

한국에서 제도권 영화교육이 본격적으로 시작된 것은 1953년 서라벌예술대학이 설립되면서부터다. 이후 동국대, 서울예대, 중앙대, 한양대 등에 연극학과, 영화학과 또는 연극영화학과가 개설되었다. 현재는 수십 개의 대학에서 영화 전공자가 배출되고 있다. 이아람찬은 『영화교육과 영화 리터러시』(2021)에서 한국 영화교육의 궤적을 1953년의 서라벌예대 설립 이전과 이후로 구분하고, 이를 다시 태동기, 도약기, 성장기, 발전기 등 네 단계로 나누어 살펴본다. 즉 태동기는 조선배우학교를 기준으로 1924년부터 1952년까지로 서라벌예대 설립 이전까지의 기간이다. 도약기는 1953년부터 1980년 청주대의 영화과 설립 이전까지의 기간이다. 성장기는 1981년부터 1988년 단국대의 영화과 설립까지의 기간이다. 마지막으로 발전기는 1989년부터 현재까지 이르는 영화교육의 확대 시기다.

다시 말하지만 1980년대는 한국 영화교육의 성장기로 그 출발점은 1981년 청주대의 연극영화과 설립이다. 1983년에는 부산의 경성대에 연극영화과가 설치되었다. 그 이듬해인 1984년에는 1년 과정의 한국영화아카데미가 개교한다. 청주대의 연극영화과 설립은 예술대학 내에 연극영화과를 설립함으로써 그동안 서울에서만 영화교육을 받을 수 있던 한계를 극복하는 전기를 마련했다는 점에서 의의가 크다. 하지만 청주대의 연극영화과 설립은 경성대의 연극영화과 설립과 비교했을 때 상대적으로 크게 주목받지 못했다. 개인적인 생각에 그 이유는 영화 도시라는 부산의 도시 위상과 관련이 더 크다. 부산은 일본과의 지리적인 근접성으로 예전부터 영화 도시라는 명성을 오래전부터 갖고 있었다. 부산에 1924년에 국내 최초의 영화사인 조선키네마주식회사가 설립되었고 1996년부터는 부산국제영화제가 매년 열리고 있다. 무엇보다도 경성대의 연극영화과 설립은 부산의 영화 도시 이미지 형성에 결정적으로 기여했다.

청주대 연극영화과도 충북 지역에서 제도권 영화교육을 담당하며 청주가 영화 도시라는 위상을 확립하는 데 크게 기여했고 앞으로의 역할이 더 기대된다. 학과 홈페이지의 설명에 따르면 "청주대 영화학과는 40여 년의 전통과 국제화의 위업을 바탕으로 4차 산업혁명의 선도학과로서 다양하고 입체적인 첨단실습교육과 영화 한류를 통한 국제화에 최적의 학과로 성장하고 있습니다. 21세기가 요구하는 전문 영화 영상 예술인 육성을 위해 최상의 교육을 구현하고 있으며, 보다 세계적인 영화 인력을 창출하기 위해 노력을 다하고 있습니다. (…) 1981년 연극영화학과로 개설되어 오늘까지 37년 넘는 전통을 이어오고 있습니다. 2005년에 공연영상학부 내 연극전공과 영화전공으로 분리하였고, 2012년부터는 영화학과로 분리되어 오늘에 이르고 있습니다."

 영화 예술은 인류의 모든 예술 분야를 포함하는 총체적 종합 예술로써 21세기 4차 산업혁명의 핵심이다. 청주대 연극영화과는 이와 같은 영화 예술의 전반적인 작업의 과정을 파악하며 영화의 제반 테크놀로지를 습득하고, 창작자로서의 철학과 창의성을 체계화시키는 것을 교육의 목표로 삼고 있다. 더불어 Industry4.0의 AR, VR을 선도할 지도자를 양성함에 있어서 한국은 물론 국제적 영상 산업을 이끌어 나갈 국제적인 안목과 실력을 갖춘 인재 양성에 중점을 두어 교육 체계를 구축하고 있다. 이를 통하여 영화 영상 콘텐츠 산업이 요구하는 창의력과 이를 구현할 수 있는 뛰어난 실무 능력을 겸비한 전문 인력을 배출하고, 영화와 영상 제작 분야 전반에서 우리나라와 국제 사회를 이끌어 나갈 수 있는 인재를 교육하는 데 중심적 역할을 담당하고 있다.

4.

 충북지역의 영상문화운동은 1980년대 충북대학교의 '아리랑'과 같은 대학 내 영화동아리, 〈파업전야〉의 공개 상영을 이끈 학생운동 진영, 문화운동연합을 중심으로 펼쳐졌다. 하지만 대학 내 영화동아리는 동호인 성격이 강하고, 학생운동 진영은 거의 와해되었고, 문화운동연합은 구성원이 계속 바뀌고 영화에 대한 관심이 지속적이지 않기 때문에 영상문화운동의 큰 흐름을 형성하고 있다고 말하기 어렵다. 무엇보다도 활동 내용이나 과정이 체계적으로 정리되어 있지 않다. 현재까지 영상문화운동을 지속적이고 일관되게 전개하고 있는 단체는 청주시네마테크 '씨네오딧세이'가 거의 유일하다.

씨네오딧세이의 태동은 1994년 충북민예총이 주최한 가을 문예아카데미에서 시작되었다. 당시 처음으로 문예아카데미에 영화강좌가 개설되었고, 커리큘럼은 세계영화사와 영화학개론을 중심으로 구성되었다. 영화강좌 수강생은 10명 남짓 정도 되었고 반응이 크지 않아 일회성 강좌로 끝났다. 하지만 당시 아카데미 수강생들을 중심으로 1년 뒤 씨네오딧세이를 창립했다. 창립 직후부터 씨네오딧세이 회원들은 수개월 동안 동양일보 사옥 지하 강당에서 열악한 환경을 무릅쓰고 비디오테이프로 영화를 보고 영화에 관해 토론을 했다. 당시 씨네오딧세이가 본격적인 영화연구 활동을 했다거나 유의미한 성과를 이루었다고 할 수는 없다. 하지만 씨네오딧세의 활동이 충북 지역에서 영화연구와 관객운동에 지향을 둔 최초의 영상문화운동이었다는 데 의의가 있다.

씨네오딧세이의 활동이 충북 지역 영상문화운동의 전부라고 말할 수는 없다. 하지만 1990년대 중반부터 현재까지 지속적이고 일관되게 영화 활동을 이어가고 있기 때문에, 씨네오딧세이 관계자의 말처럼 "최소한 1990년대 중반 이후 현재까지 씨네오딧세이가 충북영화 역사의 중심이다"라고 말할 수 있다. 시대도 바뀌었고 시간이 많이 흘렀기 때문에 시네마테크가 예전과 같을 수는 없고 같아서도 안 된다. 하지만 '영화를 보고 이야기한다' 혹은 '영화를 읽는다'라는 본령만큼은 유지해야 한다. 아니 그렇게 되기를 소망한다. 씨네오딧세이에게는 앞으로 다른 단체와 연대하고 영화에 관심이 많은 개인을 이끌어 충북 지역의 영상문화운동을 보다 체계적이고 단단하게 이끌어나가야 하는 고민과 숙제가 함께 놓여 있다. 어쩌면 이는 충북영화의 고민과 숙제이기도 하다.

충북민예총의 영화 분과를 대표하는 씨네오딧세이가 충북 지역 영상문화운동의 한 축이라면 또 다른 축은 충북예총의 영화 분과다. 충북예총의 영화 분과는 씨네오딧세이처럼 별도의 단체명이 있지 않고 '한국영화인협회 충북지회' 혹은 '충북영화인협회'다. 충북영화인협회는 충북지역문화예술인 상호 간의 친목을 도모하고 그 권익을 옹호하며 건전한 한국영화의 문화 정립을 위한 영화문화 저변 확대 및 충북지역 사회문화예술교육 확립에 기여하기 위해 1999년 지역문화예술인들을 중심으로 발족했다. 지역 영화의 주체성 확립을 위해 충북 지역 출신 영화인들의 우수 작품들을 '청풍명월 영상제'를 통해 지속적으로 초청 상영함으로써 지역 영상문화의 질적 향상과 활성화에 그 목적을 두고 있다. 이 목적을 달성하기 위해 다양한 영상 활동을 했다.

충북영화인협회에서는 영상창작 활동에 관한 사업, 청소년 문화예술교육 및 사회문화예술교육에 관한 사업, 지역문화예술인을 위한 권익 옹호 사업, 국내외 영상 문화 교류에 관한 사업, 각종 지역 문화예술

행사에 관한 사업, 지역영화문화 관련 여론 조사 및 정리, 영화문화 세미나 개최, 충북출신 영화인 작품 초대전 및 충북영화문화상 시상, 가입단체 및 회원 친목에 관한 사업 등 각종 사업을 실시하고 있으며, 충북 청소년 영상제, 청풍명월 영상제, 청풍명월 거리축제, 청주 디지털 영화제, 각종 영화제작 등 지역의 수많은 영화제와 영상제를 기획 관장하고 있다.

앞에서 살펴본 것처럼 1990년대 이전까지 충북영화가 극장 중심이었다면, 1990년대 이후 충북영화는 크게 '제도권 영화교육'과 '영상문화운동'이라는 두 가지 큰 흐름 속에 성장해 왔다. 1990년대 이후로 한정해서 말하면 영화라는 같은 콘텐츠를 공유하고 즐기면서도 제도권 영화교육과 영상문화운동은 별도로 전개되었다. 즉 제도권 영화교육은 청주대 연극영화과, 특히 영화과를 중심으로 전개되었고, 영상문화운동은 '아리랑'과 같은 대학 내 영화동아리, 씨네오딧세이와 충북영화인협회 등의 예술단체 등을 중심으로 전개되었다. 씨네오딧세이와 충북영화인협회는 독자적으로 영상문화운동을 전개해왔다. 지금까지 제도권 영화교육 기관이나 영상문화운동 단체는 독자적으로 충북영화사를 써왔다. 지금까지의 역사도 매우 훌륭하고 충분히 유의미하지만 앞으로 나아가기 위해서는 새로운 변화가 필요하다. 따라서 이제는 함께 충북영화사를 함께 써야 할 때다. 물론 이는 모두 똑같은 목소리를 내야 한다는 게 아니라 충북영화사라는 같은 공간에서 서로 다른 목소리를 내야 한다는 말이다.

'서로 이해할 수 있으면 좋지만 이해 못해도 상관없다. 서로를 이해한다는 것은 생각처럼 쉽지 않고 시간도 오래 걸린다. 안미옥 시인이 「사운드 북」이라는 시에서 말했던 것처럼 "이해는 젖은 신발을 신고 / 신발이 다시 마를 때까지 달리는 것이"다. 즉 서로를 이해하기 위해서는 꽤 오랜 시간이 필요하다. 충북영화사를 쓸 시간은 충분하므로 서로 이해하는 데 많은 시간을 써도 괜찮다.

영화 속 충북

1.

 영화는 공간 프레임에 시간 띠를 둘러 만들어지는 매체다. 대부분의 영화는 실체적 배경을 가진 공간에 시간을 담아 서사를 이끌어간다. 영화의 배경은 실제 공간일 수도 있고 세트나 컴퓨터그래픽으로 만들어진 가상의 공간일 수도 있다. 그런데 영화의 배경이 실제 공간이든 가상의 공간이든 중요하지 않다. 더 중요한 것은 영화에서 공간이 수행하는 역할과 기능이다. 즉 영화 속 공간이 구체화하는 인물의 세상을 경험하는 방식, 주체 의식을 외형화하는 과정, 상황과 사건의 상징화 등이 더 중요하다. 영화의 공간은 이야기가 전개되는 물리적 공간이자 동시에 시간성을 내포한다. 영화적 공간은 그곳에 사는 사람들의 감성과 문화와 역사를 포함하며 시대상을 창출하는 메타적 장소로 기능한다. 영화적 공간은 표피적 현실 그 자체를 넘어 시대정신과 사회·문화의 상호 관계가 형상화된 실체의 환영이다.

　도시는 영화에서 중요한 공간을 차지한다. 도시는 인구가 밀집되어 있고, 사회적·경제적 활동의 중심 공간이다. 『영화로 읽는 도시 이야기』(2019)에서 서성희는 도시의 다양한 순간을 담은 영화들은 아름다운 도시, 낡은 도시, 안전한 도시, 낙후된 도시, 정의로운 도시, 행복한 도시 등 당대 도시의 사회적·시대적·경제적 상황을 고스란히 간직하며 배경 이상의 역할을 해왔고, 도시는 살아 있는 생명체와 같이 끊임없이 변화하고 있다고 설명하고 있다. 영화 속에 재현된 도시는 영화가 당대의 현실을 드러내는 방식이자, 영화 속 인물들이 도시를 경험하는 방식이자, 관객이 영화를 통해 보고 싶은 도시에 대한 기대가 투영된 방식이기도 하다. 도시의 끊임없는 변화가 멈추지 않는 한, 영화는 더 많은 도시의 더 다양한 측면을 담아낼 것이다.

　백정우는 『영화, 도시를 캐스팅하다』(2019)에서 "급격화된 도시화, 근대화의 물결 속에서 억압받은 수많은 소시민의 삶을 그린 영화들을 다시 보는 일이야말로 1970년대를 이해하는 가장 좋은 지침서 중 하나"라고 논평한다. 그에 따르면 조국 근대화와 경제개발계획이라는 미명하에 벌어진 부조리한 관습과 사회의 구조적 모순 속에서 영원한 타자로서 변경을 맴돌다 좌절한 많은 이들의 삶과 아픔은 소설과 영화를 통해서 우리에게 전시된다. 1970년대와 1980년대 표현의 자유가 억압된 군사독재 시절, 영화는 때로는 유쾌하고 통쾌하게, 때로는 페이소스 가득한 처연함으로 도시의 병폐를 담아냈다. 하지만 정작 민주화 이후 도시는 영화 담론에서 슬그머니 사라졌다.

사전적으로 도시는 "일정한 지역의 정치, 경제, 문화의 중심이 되는, 사람이 많이 사는 지역"을 가리킨다. 도시는 통상적으로 시골의 반대말이기도 하지만 동시에 사람들이 많이 사는 지역이다. 그런데 '많이'라는 부사는 상대적이기에 많다는 기준은 제각기 다르다. 예컨대 청주는 서울과 비교하면 인구가 많다고 할 수 없지만 제천과 비교하면 많다. 제천 또한 청주와 비교하면 인구가 많지 않지만 옥천과 비교하면 많다. 옥천 또한 마찬가지다. 이처럼 '많이'라는 부사는 상대적인 개념이다. 도시는 상대적인 개념이다. 따라서 이 글에서는 위의 도시의 상대적 정의와 개념을 받아들여 제천, 옥천, 청주를 편의상 모두 도시로 명명한다. 먼저 제천, 옥천, 청주가 주요 배경인 영화를 간략하게 살펴보고, 이후 영화 속에서 보고 싶은 충북의 모습을 제언하려 한다.

2.

제천이라는 도시를 네 글자로 나타내면 '청풍명월'일 정도로 제천은 수려한 풍광을 자랑한다. 그런데 개인적으로 제천 하면 한 인물이 가장 먼저 떠오른다. 그는 실존 인물이 아닌 영화 속 인물로서 다름 아닌 홍상수 감독의 영화 〈잘 알지도 못하면서〉(2009)의 '구경남'이다. 최근에는 어떤지 잘 모르겠지만 예전에 홍상수 영화 속 남자들은 한결같이 열등감과 피해의식, 위선과 가식으로 똘똘 뭉쳐 있었다. 자신의 무능력은

영화 〈잘 알지도 못하면서〉의 한 장면. 영화감독 구경남은 영화제에 심사위원으로 초청되었지만 늘 그렇듯이 영화인들과의 술자리를 핑계로 영화제 심사는 뒷전이다. 참고로 사진 속 가운데 인물은 카메오로 출연한 소설가 김연수다.

절대로 인정하지 않지만 상대방의 능력을 인정하는 것은 죽기보다 싫어한다. 더 나아가 그들은 비겁하고 찌질하다. 구경남도 그런 비겁하고 찌질한 그들 중 하나다. 〈잘 알지도 못하면서〉는 제천국제음악영화제에 심사위원으로 참석한 영화감독 구경남이 겪은 소란스러운 백일몽을 홍상수 특유의 냉소로 유쾌하게 풀어내고 있다.

〈잘 알지도 못하면서〉의 줄거리는 대략 이렇다. 영화감독 구경남은 영화제에 심사위원으로 초청되었지만 늘 그렇듯이 영화인들과의 술자리를 핑계로 심사는 뒷전이다. 그는 의무적으로 영화를 보다가 한때 절친이었던 부상용을 우연히 만나고 그의 집으로 향한다. 그는 밤늦게까지 상용 부부와 술자리를 갖는데 상용의 아내 유신 때문에 분위기는 묘해진다. 다음 날 아침 그는 파렴치한으로 몰려 도망치듯 제천을 떠난다. 그는 제주도로 특강을 갔다가 학생들과의 뒤풀이 자리에서 선배인 화백 양천수를 만나고 그의 집으로 향한다. 그곳에서 구경남은 한때 연모했던 후배 고순과 재회한다. 하지만 그는 그녀와 밀회를 즐기다가 동네 주민 조씨에게 들키자 도망친다. 다시 말하지만 구경남은 참 한결같이 비겁하고 찌질하다.

구경남이 제천에서 도망치기 전 영화제 프로그래머인 공현희는 그에게 "정말 더러워서 못 살겠어. 다신 내 앞에 나타나지 마요. 당신은 주둥이만 살았지, 쓰레기야!"라고 악다구니 친다. 그런데도 그는 연신 난처한 표정으로 일관한다. 변명도 사과도 하지 않고 일관되게 비겁함과 찌질함으로 응수한다. 비겁하고 찌질한 영화 속 경남은 홍상수 영화에서 전혀 낯설지 않은 인물이다. 구경남은 홍상수의 그 이전과 그 이후의 영화에서 볼 수 있는 전형적인 인물이다. 〈생활의 발견〉(2002)의 경수, 〈극장전〉(2005)의 동수, 〈옥희의 영화〉(2010)에서의 진구, 〈우리 선희〉(2013)의 문수 등은 또 다른 구경남들이다.

〈잘 알지도 못하면서〉의 로케이션은 제천 시내와 영상미디어센터와 청풍리조트다. 상영관인 TTC와 제천 인근에서도 시퀀스 몇 개를 찍었다. 그런데 중요한 것은 영화제 푯말과 인물의 언술이 없다면 영화 속 공간이 제천인지 알기 힘들다는 점이다. 구경남의 도착 시퀀스에 제천 터미널이 모습을 드러내지만 그걸로 끝이다. 이후로는 방과 식당과 극장이 주요 공간인 탓에 제천이라는 지역성이 도드라지지 않는다. 그럼에도 불구하고 제천이라는 지역성이 영화를 채운다. 심지어 제주도로 도망친 경남의 모습에서 그가 여전히 제천에 머물고 있는 듯한 느낌이 들 정도다.

많은 사람들이 영화 속 제천을 이야기할 때 〈잘 알지도 못하면서〉보다 〈박하사탕〉(1999)을 꼽는다. 잘 알려져 있듯이 이 영화의 백미인 철로 시퀀스는 제천 진소마을에서 촬영했다. 테스트에서만 스태프의 도움이 있었을 뿐 실제 촬영에선 기차가 가까이 오는 줄도 몰랐을 정도로 주연 배우 설경구가 연기에 몰입해 얻어낸 명장면이다. 영화의 개봉 이후 사람들은 철로 신을 찍은 장소를 찾았다. 탐방객이 몰리자 하루 한 번 완행버스가 다니던 벽지에 교통편이 증편되었다. 숙박시설도 생겼고 현재는 전원주택단지도 들어섰다.

영화의 힘에 놀란 제천시는 로케이션 유치에 적극적으로 나서기 시작한다. 도시 산업지형도가 변하고 제천은 영상산업도시를 꿈꾸기 시작했다. 대형 복합상영관 하나 없고, 영화 인프라가 전무한 지역의 한 작은 도시가 영상산업도시라는 미래를 꿈꾸었고 마침내 그 꿈이 실현되었다. 그 꿈의 결과물이 바로 〈잘 알지도 못하면서〉에서 구경남이 심사위원으로 참석한 '제천국제음악영화제'다. 청풍명월이 제천의 현재라면 영상산업도시는 제천의 미래다. 그 미래의 시작이 〈박하사탕〉이었다면 〈잘 알지도 못하면서〉는 미래로 향하는 현재다. 그 미래를 향해 지금도 많은 영화와 드라마가 제천에서 촬영되고 있다.

3.

옥천을 로케이션으로 하는 영화 〈용순〉(신준, 2017)은 열여덟 살 여고생 용순의 철없지만 순수하고 용감했던 시절을 떠올리게 만드는 유쾌하면서도 가슴을 아리게 하는 소동극이다. 그녀의 질주하는 사랑과 우정이 영화의 전부일 정도로 영화는 단순하다. 초등학교에 입학하기도 전에 친엄마를 병으로 떠나보낸 용순은 불행하고, 불우하고, 불량하다. 그녀의 아버지는 소통을 단절한 채 술로 허송세월한다. 미래가 희망적이지도 않고 꿈조차 없을 것 같은 용순은 여름을 견디기 위해 육상을 한다. 그녀는 자신에게 관심을 가지고 말을 걸어 준 학교 체육 선생에게 호감을 느끼고 이윽고 그와 연애를 시작한다.

교생이었던 체육 선생은 정교사로 계약하기 위해 학생들과 문제를 일으키는 것을 꺼리고 시간이 지날수록 용순을 멀리한다. 하지만 용순에게 체육 선생은 놓칠 수도 없고 놓고 싶지 않은 첫사랑이다. 그녀는 치기 어린 소녀 감성을 걷어 내고 전투력을 증강해 체육 선생을 잡기 위해 임신 중이라고 고백한다. 그때부터 영화는 복잡한 인물관계는 탈각되고 오직 용순의 사랑 투쟁기로 수렴한다. 으레 등장하는 입시 문제는 이 영화에서는 언급조차 되지 않는다.

그러나 용순에게는 모든 게 험난하기만 하다. 연애 당사자인 체육 선생은 마음이 떠나 그녀에게 종말을 고하고 있었고, 엄마가 세상을 떠난 후 대화가 없었던 아버지는 갑자기 외국인을 새엄마로 들이겠다고 폭탄선언을 한다. 그녀는 한편으로 자신의 연애를 지키기 위해 체육 선생, 그리고 그를 빼앗으려는 영어 선생과 싸워야 하고, 다른 한편으로는 엄마의 자리를 지키기 위해 아버지, 그리고 새엄마 에바와 싸워야 한다.

선생님을 짝사랑한 여고생이 연적과 결투 끝에 패배해 제자리로 돌아가는 과정은 사회적 질서에 편입할 수 없는 용순의 한계를 드러낸다. 그녀는 체육 선생에게 겉으로는 임신했다고 당돌하게 말했지만 속으로는 노심초사했다. 사실 그녀의 팬티에 생리혈이 비칠 때 승부는 이미 끝났다. 그녀는 사랑도 잃고 엄마도 잃었다. 영어 선생과 육탄전을 벌이며 체육 선생의 마음을 돌리려 했지만 실패했고 에바에게 엄마 자리를 내주고 말았다. 하지만 그녀는 곁에서 그녀를 지지하는 친구 문희와 빡큐, 그리고 자신과 아버지 사이를 이어주는 이음새 역할을 하는 새엄마 에바 덕분에 체육 선생에 대한 집착과 미련을 떨쳐내고 다사다난한 여름을 마무리한다.

영화 〈용순〉의 단조로운 플롯을 지탱하는 힘은 감독의 특별한 재능에서 비롯된다. 특히 귀에 착착 감기는 찰진 충청도 사투리가 잘 어우러진 대사는 더욱 도드라진다. 감독은 대전을 중심으로 천안과 옥천 일대에서 사용되는 사투리로 구성했다고 밝힌다. 그에 따르면 아이들과 어른들이 구사하는 사투리는 농도와 질감이 다르다. 학교에서의 대화는 표준말과 사투리가 섞이면서 언어에 민감한 사춘기 여고생의 정서를 잘 반영한다. 그 때문에 사투리는 투박하고 어눌하지만 서툴지도 과하지도 않다.

전술했듯이 영화 〈용순〉은 옥천 일대에서 촬영했다. 사실 옥천 하면 많은 사람들이 드라마 〈제빵왕 김탁구〉(2010)를 가장 먼저 떠올린다. 그 정도로 이 드라마는 대단한 인기를 구가했고 촬영지인 청산면에는 수많은 관광객에 몰리기도 했다. 누군가는 시골 할머니와 도시 손자의 이야기를 그린 영화 〈집으로〉(2002)를 먼저 떠올릴 수도 있다. 그런데 옥천을 대표하는 영화 혹은 드라마 그 목록에 〈용순〉을 추가할 수 있을 것 같다. 이 영화는 옥천의 아름다움을 맘껏 펼치고 있다. 개인적인 생각에 용순과 그녀의 친구가 장래 희망을 나누는 시퀀스와 엔딩에 롱 숏으로 등장하는 강가는 옥천의 전부라고 해도 과언이 아니다.

아름답고 아늑하고 인상적인 엔딩에 등장하는 영화 속 강가는 옥천군 안남면 지수리 대청댐 상류다. 감독 신준은 "어릴 적부터 부모님을 따라 옥천에 종종 나들이를 왔었다. 지금껏 살아오며 난 옥천만큼 수심이 얕으면서 탁 트인 경치를 자랑하는 장소를 본 적이 없다. 비록 사춘기라는 격랑의 시기를 다루고 있지만, 옥천의 잔잔하면서도 얕은 강물이 용순 같은 사춘기 아이들의 심리를 잘 대변해준다고 생각했다"고 밝혔다.

감독의 유년 시절 추억이 담긴 로케이션은 의심할 바 없이 완벽했다. 온통 답답한 환경에 둘러싸인 용순과 친구들에게 얕은 강물은 학창 시절을 안전하게 건널 수 있으리란 믿음의 발로였다. 〈용순〉이 그려내는 세상은 높은 담 너머에 있다는 것을 확인시켜줄 뿐이었지만 그해 여름

영화 〈용순〉의 한 장면. 육상부 담당 체육 선생과 사랑에 빠진 열여덟의 고등학생 용순은 어느 날 체육 선생에게 다른 여자가 생긴 것 같아 불안해하고 친구 문희, 빡큐와 함께 체육 선생과 그 주변 인물들을 조사한다. 옥천의 잔잔하면서도 얕은 강물은 사춘기 아이들의 심리를 잘 대변해준다.

뜨거웠던 용순의 분투는 삶의 자양분으로 남을 것이다. "뭘 하나 끝까지 해본 적이 없는" 아이가 가장 좋아하는 것을 놓치지 않기 위해 온 힘을 다해 움켜쥐기 시작했고, 가정과 학교라는 공동체 질서를 넘어서려던 열여덟 용순은 그렇게 여름을 견뎌냈다. 영화 〈용순〉은 단순히 그녀의 성장담으로 그치지 않는다. 어쩌면 '용순의 여름'은 우리의 삶을 대변하고 있는지도 모른다. 사실 우리 대부분은 "뭘 하나 끝까지 해본 적이 없"지만 또 그녀처럼 삶을 때로는 치열하게, 때로는 되는 대로 견디고 있다.

4.

　예전에는 연초제조창이었고 현재는 청주첨단문화산업단지에 '청주영상위원회'라는 기관이 있다. 청주영상위원회의 핵심 사업 가운데 하나가 '로케이션 지원사업'이다. 홈페이지에 따르면 이 사업 목적은 영화·드라마 로케이션 장소의 마케팅·홍보를 통한 도시관광 활성화, 지역 내 영상물 제작에 따른 소비 촉진을 통한 지역경제 활성화, 영상인프라인력·기업 연계 활성화를 통한 청주 영상산업 진흥, 청주시 미래먹거리산업으로 영상관광산업 성공모델 창출 등이다. 사업내용은 영화·드라마 등 영상콘텐츠 제작 지원, 시나리오 맞춤형 청주 촬영지 발굴 및 행정적 지원, 영상물 제작사 유치 및 촬영지 홍보를 위한 로케이션 팸투어, 영상산업과 연계한 지역 촬영지 관광투어 상품 개발, 청주시 영상산업 육성을 위한 대외 교류사업 협력 등이다.

　청주영상위원회는 '영상문화도시'라는 청주의 꿈을 품고 2017년 5월에 출범했다. 하지만 영상문화도시를 향한 청주의 꿈은 그보다 조금 더 오래전부터 시작되었다. 최고 시청률 49.3%를 기록한, 앞에서 언급한 드라마 〈제빵왕 김탁구〉, 천만 영화 〈베테랑〉(2015), 숱한 명대사로 관객의 뇌리에 각인된 영화 〈신세계〉(2013) 등 수많은 작품이 청주에서 촬영되었고, 그 작품들은 '영상문화도시 청주'의 꿈을 조금씩 현실로 만들었다. 최근 들어서는 '로케이션 in 청주'라는 지원사업을 통해 신청을 받고 있고 추천 촬영지까지 소개하고 있다. 소개한 추천 촬영지는 특정 시설에 그치지 않고 주거, 업무, 도로, 교통, 공공, 생활, 영업, 교육, 의료, 복지, 문화, 관광, 종교 시설 등 다종다양하다.

청주가 배경으로 나오는 영화나 드라마는 일일이 열거할 수 없을 정도로 너무나 많다. 이 글을 쓰고 있는 2022년 6월 현재 기준 청주영상위원회 홈페이지에는 〈카인과 아벨〉(2009)을 시작으로 〈돼지의 왕〉(2022)에 이르기까지 총 81건의 게시물이 포스팅되어 있다. 2009년부터 2022년까지로 기간이 한정되어 있음에도 불구하고 대단히 많다. 홈페이지에 포스팅되지 않은 작품을 포함하고 기간을 넓힌다면 청주에서 촬영한 영화나 드라마는 이보다 훨씬 더 많을 것이다. 수암골, 청남대, 청주국제공항, 성안길, 무심천 등을 랜드마크로 삼고 있는 청주는 도시와 농촌이 공존하고 6, 70년대와 현대를 넘나들며 앵글에 따라 다른 분위기를 자아낸다.

청주영상위원회는 2018년부터 매년 '영화와 함께하는 11월'이라는 행사를 매년 해오고 있다. 청주영상위원회가 로케이션·인센티브 지원한 작품을 비롯해 청주를 배경으로 촬영한 영화들을 엄선해 시민과 함께 무료로 관람하고 감독 등 제작자들이 직접 관객과 대화를 나누며 작품의 이해도와 공감대를 넓히는 프로그램이다. '영화와 함께하는 11월'은 청주영상위원회의 중점 사업 중 하나다.

지금까지 상영한 영화는 〈비행〉(2018), 〈너의 결혼식〉(2018), 〈동물,

원〉(2018), 〈로망〉(2019), 〈가을 이야기〉(2018), 〈바람이 전하는 말〉(2019), 〈칼국수 먹으러 가는 길〉(2018), 〈두번할까요〉(2018), 〈디바〉(2020), 〈어린 의뢰인〉(2019), 〈런보이런〉(2020), 〈오!문희〉(2020), 〈시동〉(2019), 〈우리집에 왜 왔니〉(2019), 〈정희〉(2019), 〈구절초 필 무렵〉(2019), 〈배아기〉(2019), 〈봉명주공〉(2020), 〈아이들은 즐겁다〉(2020), 〈앞니〉(2020), 〈청대 테스형〉(2020), 〈난 김치가 싫어〉(2020), 〈슈퍼히어로〉(2020), 〈이웃사촌〉(2020) 등으로 상업영화, 독립영화, 단편영화, 다큐멘터리 등 다양하다.

이 가운데 영화 〈로망〉은 영상문화도시 청주를 구현하는 청주영상위원회가 영상콘텐츠 제작지원 및 로케이션 지원한 작품으로, 유난히 뜨

영화 〈로망〉의 한 장면. 청주의 곳곳을 주요 배경으로 촬영한 이 영화는 '동반치매'라는 새로운 소재로 고령화 사회의 현실적 문제에 새로운 화두를 던진다.

거웠던 2018년 여름 크랭크인 해 청주의 곳곳을 주요 배경으로 촬영했다. 〈로망〉은 무심천, 동물원, 청주대학교, 청주의료원 등 청주의 익숙한 공간과 장소가 영화를 가득 채우고 있다. 특히 무심천은 노부부의 애틋한 로맨스를 상기시키는 영화적 기능을 수행한다. 영화를 제작한 이창근 감독 역시 매자가 치매에 걸려 찾는 곳도, 두 사람이 예전의 기억을 떠올리면서 찾는 곳도 무심천이었기에 개인적으로도 가장 기억에 남는 장소로 꼽았다.

영화 관계자들은 청주는 한적한 중소 지방 도시를 배경으로 한 현대극 촬영지로 안성맞춤이라고 한결같이 말한다. 청주시의 예산을 받아 청주대가 운영하는 영화촬영지 정보사이트 '레디~고 청주'도 드라마·영화 촬영 유치에 한몫하고 있다. 청주대는 이 사이트를 중심으로 지역 내 영화촬영지 개발 및 DB구축, 영화·드라마·뮤직비디오·CF 등 촬영 유치, 영상문화산업을 통한 지역경제 활성화 방안 연구 등을 펼치고 있다.

충청북도는 청주대 산학협력단과 함께 드라마·시나리오 작가, 감독, PD 등 30여 명을 초청해 팸 투어를 기획했다. 충주 조정경기장, 충주호, 청주 수암골, 오픈세트장이 설치된 옛 청주연초제조창 내 동부창고, 진천 농다리 등을 둘러보았다. 드라마·영화 촬영 유치를 통한 한류 관광상품 및 활성화, 충북 영상산업의 미래 비전 등을 논의하는 세미나도 개최했다. 충청북도 관계자는 "영상산업은 지역 경제 활성화는 물론 지역 홍보와 이미지 쇄신에도 큰 도움이 된다"며 "충북이 국내 영상

산업의 중심지로 발돋움할 수 있도록 다양한 작품의 제작 유치에 노력하겠다"고 말했다.

충청북도와 청주시는 영상문화도시의 방점을 영화와 드라마의 촬영 공간, 다시 말하면 청주영상위원회의 사업명처럼 '로케이션 in 청주' 또는 '로케이션 in 충북'에 찍고 있는 것 같다. 이를 통해 지역 경제를 활성화하고, 지역을 홍보하고, 이미지의 쇄신을 꾀하려 한다. 이는 결코 소홀히 해서는 안 되는 대단히 중요하고 의미 있는 작업이다. 그런데 이 글을 쓰기 위해 여러 자료를 찾아보는 내내 한 가지 생각이 머릿속에 계속 맴돌았다. 다름이 아니라 '로케이션으로서의 충북이나 청주'가 아니라 '콘텐츠로서의 충북 또는 청주'다. 어쩌면 이는 개인적인 아쉬움일 수도 있고 바람일 수도 있다.

이 글을 쓰는 동안 예전에 보았던 자연스럽게 장률의 여러 영화들이 떠올랐다. 예전에 어느 글에서 썼듯이 장률 영화는 형식적으로는 '장소성locality'이라는 키워드로 수렴된다. 사막과 초원의 경계에서 살아가는 몽골의 유목민을 그린 〈경계〉(2007)와 감독 자신이 오랫동안 관심을 두고 있던 탈북자 이야기인 〈두만강〉(2009년)은 한국 영화에서 보기 드물게 강렬하고 묵직하면서도 보는 사람의 가슴을 먹먹하게 한다. 조선족 출신인 그는 한국으로 건너와 쌍둥이처럼 연결된 연작 영화 〈이리〉(2007)와 〈중경〉(2008)을 내놓는데, 그때부터 '장소성'은 그의 영화적 특장特長이 된다.

개인적으로 충북이나 청주가 영화의 로케이션으로 그치지 않고 장률의 영화처럼 도시 자체가 영화의 콘텐츠가 되는 영화가 나오기를 기대한다. 그렇다면 영화의 콘텐츠가 될 수 있는 충북 또는 청주의 콘텐츠는 뭐가 있을까? 깊고 멀리 생각하지 않아도 신채호, 직지, 무심천 등 수많은 콘텐츠들이 떠오른다. 시간을 두고 생각하면 콘텐츠는 훨씬 더 많을 것이다. 이미 영상 작업이 되었거나 작업 중인 것도 있을 것이다. 영상문화도시의 성공이 관건은 영화적 콘텐츠의 유무가 아니다. 그보다는 기존의 '일상적인' 콘텐츠를 얼마나 '드라마틱하게', 또 얼마나 '창발적으로' 개발하느냐에 달려 있다. 그리고 역사가 예거하듯이 콘텐츠의 창발적 개발은 어느 날 갑자기 불세출의 한 천재에 의해 이루어지지 않는다. 그보다는 오랜 시간 동안에 걸쳐 많은 사람들의 크고 작은 노력이 하나로 모아질 때 이루어진다.

충북의 영화인

1.

영화는 연극, 회화, 무용, 조각, 문학, 음악에 이어 '제7의 예술'로 불린다. 연극, 회화, 무용, 조각, 문학, 음악은 그 연원을 정확하게 규명하기 어렵다. 즉 어떤 장르가 더 오래되었고, 그 장르에서 어떤 작품이 최초의 작품인지 명확하게 규정하기 어렵다. 반면 영화는 언제 태동했는지, 어떤 작품이 최초의 작품인지가 비교적 명확하다. 주지하듯 세계 최초의 영화는 프랑스의 오귀스트 마리 루이 니콜라 뤼미에르Auguste Marie Louis Nicholas Lumière와 루이 장 뤼미에르Louis Jean Lumière, 즉 '뤼미에르 형제'가 연출한 〈열차의 도착〉(1895)이다. 그에 따라 공식적으로 영화의 원년은 1895년이다. 누군가는 〈열차의 도착〉이 단순한 기록영상에 불과하기 때문에 혹자는 조르주 멜리아스Georges Méliès의 〈달나라 여행〉(1902)을 최초의 영화로 꼽기도 한다. 어찌 되었든 간에 영화는 다른 예술 장르와 다르게 그 연원과 연혁이 명확하다.

영화는 제7의 예술이라는 명명에서 알 수 있듯이 종합예술이다. 영화는 촬영할 때는 카메라, 상영할 때는 영사기와 같은 기술적 장치가 필요하기 때문에 '과학'이다. 영화는 아리스토텔레스Aristoteles가 『시학』에서 말하는 3막 구조를 따르기 때문에 영화는 '스토리'라 부를 수 있다. 또한 영화는 '예술'이기도 하고 산업이기도 하다. 배우들이 '드라마는 작업, 영화는 작품'이라고 부르는 것만 보아도 영화가 예술이라는 것을 쉽게 알 수 있다. 동시에 영화는 다양한 부가가치를 창출하고 파생 효과를 유발하기 때문에 '산업'이다. 관객의 입장에서 보면 영화는 '힐링'이고 '소통'이다. 하지만 다른 예술 장르도 힐링과 소통의 기능을 하기 때문에 힐링과 소통을 영화의 유일한 영역이라고 단정하기는 어렵다.

영화는 다른 예술 장르와 비교했을 때 장단점이 분명하다. 영화를 제작하기 위해서는 시간, 돈, 인력, 기술, 공간 등 많은 자원이 요구된다. 심지어 저예산 영화라고 하더라도 제작하는 데 다른 장르와 비교할 수 없을 정도로 큰 비용이 발생한다. 하지만 영화는 일단 제작 후에는 추가 비용이 많이 발생하지 않는다. 시간적 공간적 제약도 상대적으로 크지 않다. 즉 언제든지 어디에서든지 쉽게 상영할 수 있다. 최근 들어서는 영화가 예전처럼 꼭 극장에서 필름의 형태로 상영되는 게 아니라 다양한 장소에서 다양한 형태로 접근하기 때문에 소구성이 더 크다고 말할 수 있다. 또한 영화는 심리학, 정치, 법, 사회, 종교 등 전혀 다른 분과

학문과 쉽게 결합될 수 있다. 요컨대 영화는 이처럼 장단점이 명확하다.

하지만 영화는 자체적으로 큰 어려움을 안고 있다. 전술했듯이 영화는 많은 인적·물적 자원이 소요되기 때문에 '지역성'을 전면에 내세우기가 어렵다. 일반화의 위험을 무릅쓰고 말하자면 연극, 회화, 무용, 조각, 문학, 음악의 경우 특정 지역을 전면에 내세우고 그 안에서 상호작용하는 게 가능하지만 영화는 현실적으로 어렵다. 즉 지역 연극, 지역 문학, 지역 미술 등은 상정할 수 있지만 지역 영화는 상정하기 어렵다. 지역에서 자체적으로 영화를 제작할 수 있는 물적, 인적 자원이 충분하지 않다. 그렇기 때문에 영화는 특정 지역을 영화 소재 또는 공간으로 삼고 있다고 하더라도 특수성보다는 보편성을 지향한다. 그럼에도 불구하고 영화는 또한 특수성, 즉 '지역성'을 배제할 수 없다.

이 글의 제목은 '충북의 영화인'이다. '충북의 영화인'에서 충북에 방점을 두면 일반적으로 보통 충북 출신의 영화인을 가리킨다. 충북 출신은 아니지만 충북에서 활동하는 영화인, 또는 충북 출신도 아니고 충북에서 활동하지도 않지만 충북의 정체성을 잘 담아내는 영화인을 가리킬 수도 있다. 기준이 어떻든 간에 '충북'이라는 지역이 핵심이다. 반면 '충북의 영화인'에서 영화인에 방점을 둔다면 영화계에 종사하는 모든 직업인, 즉 배우, 감독, 작가를 비롯한 영화 스태프, 심지어 영화평론가를 포함한다. 이 글은 후자의 성격을 갖는다. 하지만 '충북'의 모든 '영화인'을 담아낼 수 없다. 일단 그 일을 감당하기에는 필자의 능력이 한참 모자란다. 또한 현실적으로는 한정된 지면과 정해진 시간이라는 한계도 있다. 따라서 이 글에서 필자는 오로지 개인적인 기준으로 충북의 영화감독, 영화평론가, 영화배우 가운데 등 단지 몇몇을 살펴보려 한다.

2.

다른 지역과 마찬가지로 충북지역에도 최근 몇 년 사이 서원대, 중원대, 세명대, 충청대 등 여러 대학에 연극, 영화, 방송, 멀티미디어 관련 학과가 신설되었지만 눈에 띌 만한 성과를 내기 위해서는 어느 정도의 시간이 필요해 보인다. 반면 청주대 연극영화과는 최근 주목할 만한 성과를 내고 있다. 더 정확하게 말하면 예전부터 꾸준하게 성과를 계속 내고 있고 최근 들어 더욱 빛을 발하고 있다. 주지하듯 청주대 연극영화과는 비수도권 지역 연극영화과 가운데에서 가장 오랜 역사와 전통을 자랑하고 있다. 이계백 감독은 유해진을 주연으로 제작한 영화 〈럭키〉(2016)로 흥행 돌풍을 일으켰다. 그는 이미 〈야수와 미녀〉(2006)와 〈남쪽으로 튀어〉(2012) 등의 제작을 통해 능력을 입증했다. 김정민 프로듀서는 〈짝패〉(2006)와 〈베테랑〉(2014)을 제작했다. 정지훈 프로듀서는 〈최종병기 활〉(2011), 〈광해, 왕이 된 남자〉(2012), 〈오빠생각〉(2015) 등을 제작했다. 이들뿐만 아니라 청주대 연극영화과 출신의 영화인들은 현재 한국영화의 중심이 되고 있다.

하지만 그들에 앞서 충북 출신으로 한때 한국영화계의 중심이었던 인물이 있다. 다름 아닌 영화감독 정지영이다. 그는 청주 출신으로

1980년대 후반 1990년대 초반 한국영화를 이야기할 때 빼놓을 수 없는 영화인 중 한 명이다. 그는 오랜 기간 동안 김수용 감독의 조연출을 하다가 〈안개는 여자처럼 속삭인다〉(1982)로 감독으로 정식 데뷔한다. 1980년대에는 특별한 주목을 받지 못했지만 1990년대 들어 큰 주목을 받게 된다. 그 시작은 〈남부군〉(1990)이었다. 그는 이 영화를 통해 흥행과 비평에서 모두 성공하며 한국 영화계의 중심으로 발돋움한다. 〈하얀 전쟁〉(1992)과 〈헐리우드 키드의 생애〉(1994)를 연이어 발표하고 뛰어난 연출력으로 국내외 유수의 영화제와 영화상에서 감독상과 작품상을 수상한다. 한동안 침체기를 겪다가 〈부러진 화살〉(2011), 〈남영동 1985〉(2012), 〈블랙 머니〉(2019)를 통해 감독으로서 재기에 성공한다.

정지영 감독은 특히 실화 또는 실존 인물에 바탕을 둔 영화의 연출에서 타의 추종을 불허한다. 예컨대 그의 이름을 본격적으로 알린 〈남부군〉은 실제 빨치산이었던 이태의 소설을 장선우의 각색으로 연출한 영화로 "한국 전쟁에 대해 이분법적 사고를 벗어난 대한민국 최초의 영화"라고 평가를 받는다. 〈부러진 화살〉은 2007년 석궁 사건을 다루고 있고, 〈남영동1985〉는 정치인 김근태가 민주화 운동 시절 민주화운동청년연합 사건으로 1985년 9월 남영동 대공분실에 끌려가 고문을 받은 22일을 다루고 있다. 〈블랙 머니〉는 론 스타 외환은행 매각 사건의 진실을 다루고 있다. 지방 소읍의 한 슈퍼에서 발생한 강도치사 사건의 범인으로 지목된 소년들에 대한 재수사에 나선 수사반장의 이야기를 그린 〈소년들〉(2022)은 1999년에 발생한 '삼례 나라슈퍼 사건' 실화에

론스타 게이트 사건을 모티브로 한 금융 사건을 추적하는 검찰 내부의 갈등을 그린 영화 〈블랙 머니〉의 한 장면. 사건을 추적하는 검사 양민혁 역할을 한 조진웅은 이 영화를 두고 "눈 뜨고 코 베인 이야기"라고 말하고 있다.

바탕을 두고 있다.

정지영 감독은 대한민국 사회의 이면을 조명해온 '한국 영화계의 명장'이다. 그의 영화의 특징은 한마디로 '실화가 주는 강렬함'과 '사건을 바라보는 담담한 시선'으로 요약된다. 영화감독을 넘어 영화인으로서 정지영을 이야기할 때 결코 빠뜨릴 수 없는 키워드가 바로 '스크린 쿼터'다. 그는 스크린 쿼터를 지키기 위해 결성한 영화인대책위원회의 위원장을 맡는 등 스크린 쿼터 문제에 대해 한국 영화인들의 입장을 대변하며 적극적인 목소리를 냈다. 청와대 앞 1인 시위의 선두에 서기도 했다. 그는 스크린 쿼터를 지키기 위해 UIP 직배 영화를 상영하는 극장에 뱀을 풀어놓는 테러를 감행했다가 옥고를 치르기도 했다.

정지영 감독은 제주 해군기지 건설에 대해서 반대했고, 천안함 사건에 대해서도 의혹을 제기하며 〈천안함 프로젝트〉(2013)라는 영화를 제작했다. 개봉 도중 보수 단체의 압력으로 상영이 중단되자 그는 '소통의 문제'를 이야기했다. 그의 말처럼 "힘 있는 자가 [시민들에게] 의문을 더 이상 갖거나 제기하지 못하도록 하면 소통이 막힌다." 현재 정지영 감독이 대한민국에서 가장 훌륭한 영화감독이라고 단언하기는 어렵다. 하지만 그가 영화를 통해 자신의 목소리를 꼿꼿하고 차갑게 전하는 시네 아티스트라는 것만큼은 분명하게 말할 수 있다. 그는 아직도 현역이다. 즉 그는 과거의 감독의 아니라 동시대 감독이다.

3.

청주대 연극영화과는 서울의 중앙대, 동국대, 한양대를 제외하고는 비수도권에서 가장 오랜 역사와 전통을 자랑한다. 1995년에는 중부권 최초로 연극영화학과 대학원 과정이 개설되어 전문적인 학식과 기량을 갖춘 인재들을 배출하고 있다. 청주대 연극영화과는 영화 전문 인력 배출뿐만 아니라 지역의 영상문화운동을 주도하며 넓게는 한국영화사 좁게는 충북영화사에 크게 기여하고 있다. 그 중심에는 김수남 교수가 있다. 그는 청주대 연극영화과 교수 임용 전에는 극단 '거론'을 통해 다양한 작품을 연출했고, 교수 임용 후에는 연극과 영화 관련 수많은 학술 논문과 저서를 발표했다. 그의 논문과 저서는 일일이 열거하기 힘들 정도로 방대하고 우수하다. 주제 또한 영화이론, 영화사, 연기론, 작품론, 감독론, 메타비평 등 다양하다. 심지어 「한국영화 문화의 사유와 쟁점」이나 「인터넷 영화 관람의 순기능과 역기능에 대한 논의」 등의 논문에서는 영화문화와 영화산업 환경의 변화에 대해서도 깊이 통찰한다.

김수남 교수의 수많은 저서 가운데 몇몇을 살펴보면 다음과 같다. 『영화예술 기초강독』(2006)은 영화미학, 영화사, 영화제작, 영화평론 등 영화에 대한 기초를 설명하는 입문서다. 특히 영화를 보는 관점을 기술적인 메커니즘의 측면보다 영화를 복합예술로서 분석하는 총체예술의 논리로 접근하고 있다. 또한 영화제작 기술론을 영화의 미장센 측면에서 총체적으로 다루고 있다. 『영화예술의 이해』(1997)는 미국과 유럽의 실험영화를 비롯한 영화 예술론뿐만 아니라 세계영화사, 한국영화사, 북한영화사까지 일별한다. 『영화 예술 입문』(2001)은 세계영화사의 고찰을 통해 한국 영화의 영화사적 위상을 알아보고, 영화제작 기술 분야의 이해를 바탕으로 영화를 어떻게 만들어야 하는가를 서술한다. 또한 영화문화를 구조적으로 이해하고자 영화평론의 방식을 소개하고 영상문화의 발전 방향을 제시한다. 『영화예술의 모든 것』(2011)은 영화를 이해하기 위해서 영화이론은 어디서부터 접해야 하는가, 영화예술은 영화사를 통해서 어떤 모습으로 발전해왔는가, 영화는 어떻게 만들어지는가, 영화를 다른 예술처럼 형식적인 구조물로써 이해하려면 어떻게 접근해야 하는가 등 영화와 관련된 본질적인 질문을 던진다.

『조선 영화사 논점』(2008)은 조선에 영화가 전래된 이후 영화문화가 조선 대중의 의식 변혁에 미친 영향을 근대화라는 관점에서 파악하고, 그 이전에 협률사에서 시작된 우리의 극장 문화와 영화문화와의 관련성을 조망한다. 연극문화를 비롯한 개화기의 예술문화의식이 영화문화에 수용된 이후의 조선영화사의 흔적을 다양한 시각에서 제시하고 있다. 『광복 이전 조선영화사』는 조선영화에 대한 기록은 물론 영화제작 과정의 영화사적 제 논의를 체계적으로 소개하면서 광복 이전 조선영화의 진면목을 예거한다.

무엇보다도 총 4권으로 된 『한국영화감독론』(2002~2015)은 감독별 영화 스타일과 시대의 흐름을 짚어내는 역작이다. 각각 일제 강점기 조선영화작가들이 쟁취한 조선영화 존립, 해방 뒤부터 1970년대까지 한국영화의 부활을 이룩하고 한국영화의 세계화를 꾀한 한국영화작가들, 1970년대에서 1980년대를 관통하는 산업화한 한국사회에서 속출하는 사회문제와 독재정권에서 파생된 정치적 여러 문제들에 대한 비판의식을 표출시킨 1980년대 대표적인 감독군에서 1990년대를 넘어서서 전환기의 새로운 한국영화를 모색해온 새로운 감독군들에 이르는 그들의 자화상, 서구 '작가주의론'의 중심사상인 '영화감독 우위론'을 긍정적으로 수용한 '한국영화작가론'을 다룬다.

『한국영화 전복의 감독 15인』(2011)은 이를 바탕으로 〈아리랑〉의 나운규와 〈유랑〉의 김유영부터 〈악어〉의 김기덕과 〈돼지가 우물에 빠진

날)의 홍상수까지 조망한다. 『한국 영화작가 연구』는 한국 영화감독들의 영화에 대한 열정과 작품세계, 연출했던 작품만큼이나 극적이었던 그들의 인생역정을 한국의 작가주의 재해석론'이라는 새로운 시각으로 재조명한다. 즉 한 영화감독이 영화인으로서 한 시대를 어떻게 극복했으며, 그의 인생이 영화 창조 작업에 어떤 흔적을 남겼는지를 추적한다. 김기덕, 홍상수 등 현재의 문제적 감독들도 다루지만, 대중들에게 잘 알려지지 않은 이봉래, 고영남, 정장화, 이강천 감독 등 과거의 감독들도 다룬다.

『한국영화문화』(2005)에서는 한국영화문화 현황을 고찰한다. 『한국독립영화』(2005)는 한국독립영화의 역사를 서술하며 그 정체성과 미학을 탐색하고 있다. 한국의 독립영화사의 흐름을 일제강점기 독립의식의 발로에서부터, 해방 후 서구 독립영화의 영향, 1970~80년대와 사회참여적 경향, 1990년대 개인의 대두에 이르기까지 시기별로 일별하고 있다.

김수남 교수의 학술적 성과를 일반화하기는 쉽지 않다. 단순화의 위험을 무릅쓰고 일별하면 이렇다. 영화사의 경우 그는 한국영화사뿐만 세계영화사를 아우른다. 한국영화사의 경우에도 특정 시기를 집중적으로 연구하기보다는 조선영화사부터 시작해 현대영화사에 이르기까지 시간적 스펙트럼이 대단히 넓다. 영화사의 접근 방식도 때로는 거시적이고 때로는 미시적이다. 감독론의 경우 김기덕, 홍상수 등 현재의 문제적 감독들을 다루지만, 대중들에게 잘 알려져 있지 않은 이봉래, 고

영남, 정장화, 이강천 감독 등 과거의 영화 작가들을 다루기도 한다.
「한국영화 문화의 사유와 쟁점」이나 「인터넷 영화 관람의 순기능과 역기능에 대한 논의」 등과 같은 논문에서는 영화산업 환경의 변화에 대해서도 깊이 통찰한다. 김수남 교수 논문과 저서의 연구 주제가 구체적으로 충북영화로 한정되지 않는다고 하더라도 그의 영화적 성과는 넓게 보면 한국영화 좁게 보면 충북영화에서 대단히 중요하다. 참고로 그의 방대한 학술적 성과에 대해서는 추후 자세히 다루려 한다. 요컨대 청주대 연극영화과와 김수남 교수가 이룬 제도권 영화교육 분야에서의 성과는 충북영화사뿐만 아니라 한국영화사에서 학술적으로 대단히 유의미하고 기념비적이다. 그런 점에서 그는 마땅히 충북의 영화인으로 불려야 한다.

4.

충북 출신의 영화감독과 충북에서 활동한 영화평론가를 살펴보았다. 이번에는 충북 출신의 배우다. 그런데 충북 출신의 배우는 충북 출신의 영화감독이나 영화평론가와 다르게 그 수도 많고 연령대도 다양하다. 한 인터넷 포털 사이트를 기준으로 했을 때 배우의 연령대는 1934년생 윤일봉으로부터 2009년생 김강훈에 이른다. 이미숙, 이범수, 유해진, 이진욱, 엄정화, 엄태웅, 정웅인, 박보영, 한효주, 유해진, 이시영 등이 잘 알려진 충북 출신의 배우들이다. 물론 이 명단은 지극히 주관적인 기준에 따른 것이기 때문에, 실제로 충북 출신의 배우는 이 보다 훨씬 더 많을 것이다. 이 짧은 글에서 충북 출신의 배우들을 모두 다 살펴볼 수 없고, 대신 전술한 명단에 들어있지 않지만 최근 들어 영화와 드라마에서 좋은 연기를 보여주고 있는 배우에 대해 살펴보려 한다. 그는 알 만한 사람들은 모두 다 아는 배우 유순웅이다.

유순웅 연기의 시작은 연극이다. 포털 사이트 프로필에도 그는 연극배우이자 연극연출가로 소개되고 있다. 실제로 그는 충북에서 오랫동안 연극을 했고 1999년에는 충북연극제에서 연기상, 2004년에는 충북민예총 '올해의 예술가상'을 수상했다. 그는 충북문화운동연합 사무국장, 한국민족극운동협회 이사, 충북민예총 감사·조직국장·예술사업위원장·이사장 등을 역임했다. 또한 예술공장 '두레' 상임연출가이자 극단 놀이패 열림터의 대표이기도 하다. 25년 이상 연극 무대에 섰기 때문에 대표작을 꼽는 것 자체가 결례가 될 수도 있지만, 연극인으로서 그를 이야기할 때 빼놓을 수 없는 작품이 바로 〈염쟁이 유氏〉다. 1인극인 〈염쟁이 유氏〉는 1000회 공연이라는 한국연극사에 전무후무한 기록을 남겼다.

그런데 〈염쟁이 유氏〉는 한국연극사뿐만 아니라 개인적으로도 유순웅에게 큰 의미가 있는 작품이다. 이 작품을 계기로 그는 영화 〈빗자루, 금붕어 되다〉(김동주, 2010)에 출연하며 영화배우로서 더 많은 관객과 만나게 된다. 이 작품을 시작으로 그는 짧은 기간 동안 장르를 가리지 않고 수많은 영화에서 크고 작은 역할을 하면서 그동안 연극을 통해 다져

온 깊은 내공을 쏟아낸다. 그중에는 규모가 큰 영화도 있고 작은 영화도 있다. 대중적으로 흥행한 작품도 있고 그렇지 않은 작품도 있다. 하지만 그는 영화의 크기와 상관없이, 흥행과 상관없이 배우로서 자신의 진가를 유감없이 보여주었다. 2014년부터는 그는 영화뿐만 아니라 TV 드라마로까지 영역을 넓힌다.

포털 사이트로 검색해보면 알겠지만 유순웅이 출연한 작품은 일일이 다 열거하기 힘들 정도다. 초창기 영화의 경우에는 출연 분량이 적고 크레디트에도 거의 맨 뒤에 나온다. 심지어 나오지 않는 경우도 종종 있다. 하지만 그는 모든 작품에서 인상적인 연기를 보여주었다. 개

영화 〈이장〉의 한 장면. 〈이장〉은 아버지 묘 이장을 위해 흩어져 지낸 오남매가 오랜만에 모이며 "세기말적 가부장제와 작별을 고하는" 이야기다.

인적으로는 〈광해, 왕이 된 남자〉(추창민, 2012), 〈마담 뺑덕〉(임필성, 2014), 〈명량〉(김한민, 2014), 〈남한산성〉(황동혁, 2017) 등의 영화에서 그가 보여준 연기가 인상적이었고 기억에 남았다. 하지만 그의 이름과 얼굴이 잘 매치되지 않았다. 특히 그의 이름은 귀에 설었다. 그의 이름과 얼굴이 기억되기 시작한 것은 〈이장〉(정승오, 2020)과 〈삼진그룹 영어토익반〉(이종필, 2020)을 통해서였다. 유순웅은 〈이장〉에서는 가부장제 사고에서 벗어나지 못하는 큰아버지 관택, 〈삼진그룹 영어토익반〉에서는 폐수 유출 사건으로 피해를 본 마을 사람들을 대변하기보다는 삼진전자의 편에 서서 합의를 끌어내는 마을 이장으로 나온다.

〈이장〉은 한 가족 안에서 벌어지는 가부장적 사고를 네 자매의 시선으로 독특하게 풀어간다. 육아 휴직과 퇴사 권고를 동시에 받게 된 장녀 혜영과 결혼을 앞두고 경제적 어려움을 겪고 있는 셋째 금희는 우리 주변에서 쉽게 볼 수 있을 것 같은 딸, 언니, 그리고 누나다. 이 영화는 여성들이 직면한 현실을 진솔하게 보여주며 관객들의 공감을 끌어내며 호평을 받았다. 특히 영화 속 아버지의 묘 이장을 위해 모인 네 자매에게 "어떻게 장남도 없이 무덤을 파냐!"라고 소리치는 큰아버지 관택의 불호령은 가부장제의 모순을 가감 없이 드러낸다. 그 큰아버지 관택 역을 맡은 배우가 바로 유순웅이다.

최근 들어 배우 유순웅의 진가가 드러나는 분야는 TV 드라마다. 멧돼지 사냥에서 실수로 사람을 쏜 후 실종된 아들을 찾아 나서는 한 남자의 사투를 그린 시골 미스터리 스릴러 〈멧돼지 사냥〉(2022)에서 유순웅은 고지식하고 무뚝뚝하면서도 책임감이 강한 마을 이장으로 나온다. 그는 주인공 영수가 아버지처럼 따르는 중요한 인물이다. 실제로 드라마 타이틀에도 등장하고 크레디트에도 비교적 앞에 등장한다. 〈멧돼지 사냥〉은 시골을 배경으로 의심스러운 인물을 대거 배치하며 스릴러 장르에 충실한 전개를 이어 나가고 곳곳에 의심스러운 장치를 심어두고 회마다 반전을 선사하며 긴장감을 놓치지 않았다는 호평이 이어졌다. "극한까지 몰리는 인물들의 감정을 충실히 재현하며 몰입감을 더했다"는 평은 결코 췌언이 아니다. 박호산, 예수정, 김수진 등 주요 인물뿐만 아니라 유순웅을 비롯한 주변부 인물들의 밀도 깊은 연기가 인

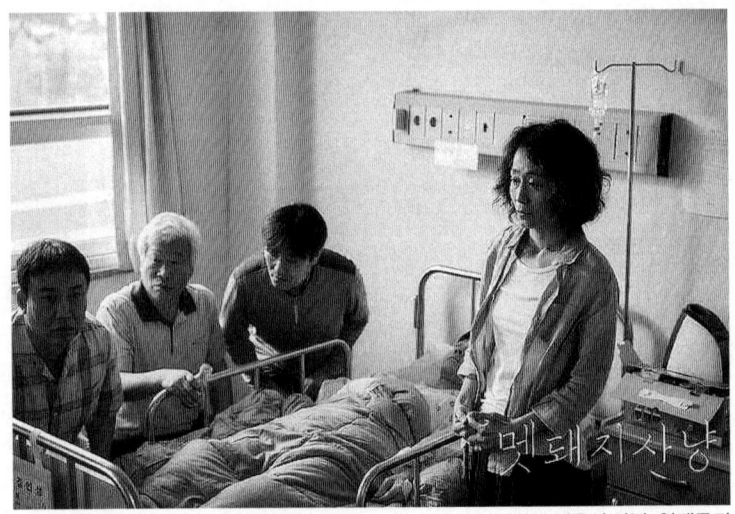

드라마 〈멧돼지 사냥〉의 한 장면. 이 드라마는 이미 괴물이 되어버린 이들이 아닌, 언제든지 괴물이 될 수 있는 우리 모두에게 더욱 서늘한 자화상이다.

상적이다.

유순웅은 삶의 끝에 내몰린 위태로운 청년이 호스피스 병원에서 사람들의 마지막 소원을 들어주며 아픔을 치유해가는 힐링 드라마 〈당신이 소원을 말하면〉(2022)에서 호스피스 병원 청소노동자 황차용으로 분한다. 극 중 황차용은 '팀 지니'의 없어서는 안 될 인물로 말수는 적지만 누구보다 성실하고 묵묵하게 마지막 소원 성취에 힘을 쏟는다.

지금까지 유순웅은 영화나 드라마 속에서 염전 주인, 상회 노인, 가게 주인, 관리인, 단속반, 형사, 경찰, 경비원, 옆집 할아버지, 마을 이장 등 다양한 역할을 했다. 마을 이장 역할은 여러 번 했고 노인 역할은 그보다 훨씬 많다. 크레디트에 노인으로 명시되지 않는다고 하더라도 실제로 그가 맡은 역할은 노인, 그것도 비중이 크지 않은 노인 역할이 대부분이었다. 하지만 그는 자신만의 연기로 작은 역할도 크게 만든다. 〈멧돼지 사냥〉과 〈당신이 소원을 말하면〉에서 그가 맡은 마을 이장과 청소부는 직업적으로 예전의 역할과 크게 다르지 않다. 하지만 서사적으로 그는 주변부 인물이 아니라 중심인물이다.

유순웅은 지금까지 많은 영화에서 여러 역할을 통해 다양한 모습을 보여주었지만, 그의 진짜 연기는 이제 시작이다. 그렇기에 앞으로도 그가 보여줄 연기가 더욱 기대된다. 그를 보면서 유해진을 떠올리는 사람이 필자만이 아닐 것이다. 둘은 외모보다도 배우로서의 행보가 비슷하다. 유해진이 배우로서 시작은 크지 않았지만 지금은 그 누구보다도 큰 것처럼 유순웅도 그렇게 될 것이라고 기대하고 소망한다.

'충북의 영화인'이라는 제목으로 제법 거창하게 글을 시작했지만 막상 글을 끝내려니 부끄럽고 민망하다. 사과와 변명, 그리고 바람으로 글을 마치려 한다. 부족한 능력과 게으른 성격 탓에 충분한 자료 조사를 하지 않은 상태에서 글을 쓰다 보니까 설명도 부실하고 그 근거는 더욱 부실하다. 틀렸을 수도 있고 누락되었을 수도 있다. 이 모든 것은 전적으로 필자의 책임이다. 그래도 변명을 하자면 이 글은 완료형이 아니라 진행형이다. 즉 충북 영화사가 계속 이어질 것이기 때문에 '충북의 영화인'이라는 제목의 이 글 또한 계속 고쳐질 것이다. 거기에 부족하고 부끄러운 이 글이 충북 영화사에 조금이나마 도움이 되었으면 하는 바람을 더한다.

충북의 영화제

1.

다른 지역이 그런 것처럼 충북 지역에도 알게 모르게 수많은 영화제가 있다. 그중에는 충청북도, 청주시, 충북문화재단 등 관이 주최하는 영화제도 있고, 시민단체, 시네마테크, 영화동아리 등이 주최하는 영화제도 있다. 그것도 아니면 민간 사단법인이 주최하는 영화제도 있다. 이 짧은 글에서 충북의 모든 영화제를 다룰 수 없기 때문에 각 유형에 해당하는 몇몇 영화제를 통해서 충북의 영화제를 톺아보려 한다. 더 나아가 충북의 영화제가 직면한 문제들과 이 문제들을 해결하기 위해서는 어떤 노력이 필요한지도 살펴보려 한다.

관이 주도하는 대표적인 영화제로 청주국제단편영화제, 충북세계가족영화제, 충주국제부예액션영화제 등을 들 수 있다. 이 영화제들은 대체로 관이 개최하거나 주관한다. 아니면 관이 개최하고 학교 또는 민간 전문 기관에게 주관 기관으로 선정한다. 먼저, 청주국제단편영화제는 1999년 발족한 사단법인 한국영화인총연합회 청주지부 주최로 2004년 '청주시 단편영화제'라는 이름으로 출발했다. 당시 영화제의 주요 프로그램으로는 '국내 우수 단편영화 초청 상영회'와 미래의 영화 인재 양성을 목표로 하는 '청주시 청소년 영화제작교실'이 있었다. 이후 영화제의 명칭은 2006년 디지털 시대에 발맞춰 청주시 디지털 단편영화제, 2013년에는 '청주국제단편영화제로 바뀌어 오늘날에 이르렀다.

청주국제단편영화제가 국제단편영화제로 도약하기 위한 본격적인 작업은 2019년도에 이루어졌다. 청주 시민과 함께 점점 성장하는 영화제라는 뜻의 '점, 점, 점'을 슬로건으로 내걸었던 2020년에는 111개국 2,807편의 영화가 접수되며 비약적인 성장의 신호탄을 울렸다. 2021년에는 새로운 로고 변경을 진행했고 122개국 4,050편의 영화가 접수되었다. 영화제 운영위원회는 외적 성장과 더불어 내실 있는 영화제를 만들기 위한 조직 개편을 단행했고 영화 선정, 디자인 자문, 기획 총괄 부문에 운영위원을 신규 위촉했다.

청죽국제단편영화제는 2022년 영화진흥위원회 국내영화제 육성지원 사업 선정되어 한 번 더 도약했다. 운영위원회는 "저물어가는 팬데믹 시대에 전 세계 모든 영화인을 응원하는 마음을 담아 '눈부시게, 그리고 더 새롭게'를 슬로건으로 내걸었다"고 자신감을 내비쳤다. 125개국 5,128편의 영화 중 최종 60편을 상영작으로 선정했다. 경쟁 섹션은 사회드라마, 코미디멜로·호러·멜로, 애니메이션·다큐멘터리, 실험영화, 올해 신규 개설된 시스프 시네파운데이션 등 총 5개 부문으로 구성되었다. 비경쟁 섹션은 올해 신규 파트너십을 맺은 영화제 토론토 릴 아시안 국제영화제의 프로그램 언성 보이스를 초청한 섹션인 '토론토 릴 아시안 국제영화제 특별 섹션: 언성 보이스' 섹션과 지역에서 제작된 '네트워크 시네마'로 구성되었다. 우크라이나의 올하 즈후르바 감독의 〈운동화〉(2021)와 스위스의 바냐 빅터 카비르 토그놀라 감독의 〈춤추는 남자〉(2020) 등이 관객들로부터 호평을 받았다.

다음으로 충북세계가족영화제다. '영화를 통한 가족의 소통'을 지향하는 충북세계가족영화제는 충북에서 유일한 가족영화제로 나이에 상관없이 가족 모두가 한 공간에서 영화를 즐길 수 있는 것이 영화제의 가장 큰 장점이자 특징이다. 충북세계가족영화제는 '충북예술제'의 일환으로 충청북도가 지원하는 예산의 일부를 지원받아 청주에서 운영되는 지역영화제로 2017년부터 시작해 올해로 여섯 번째를 맞이했다. 충북세계가족영화제는 청주시에서 활동하는 영화인을 중심으로 활동하고 있는 한국영화인협회 충북지부 회원 및 청주대학교 영화학과가 주체적으로 운영하고 있다. 충북세계가족영화제는 '가족 모두 함께 관람할 수 있는 영화'로 출품작을 공모하고 출품된 작품으로 영화제의 프로그램을 구성한다. 영화제 프로그램은 '국내단편초청작', '해외단편초청작', '사전제작지원작' 등으로 구성된다.

마지막으로 충북국제액션무예영화제다. 충북국제액션무예영화제는 '무예와 액션을 주제로 한 국내 유일의 영화제'다. 2019년을 시작으로 2021년까지 총 세 차례 치러졌다. 특히 지난해에는 세계 67개국 556편의 작품이 출품되며 국제영화제로서 위상을 높였다. 올해 4월에는 집행위원회를 본격 출범시키며 성공적인 행사 추진을 위한 채비에 나섰다. 충북국제무예액션영화제 집행위원회는 영화제를 '젊고 역동적인 영화제'로 만들기 위해 충무로에서 왕성하게 활동 중인 영화감독, 배우, 영화제작사 및 연예기획사 대표 등 젊은 영화인들을 집행위원으로 영입하며 새로운 변화를 모색했다.

충북국제액션무예영화제를 주최하는 충북문화재단은 충북무예액션영화제의 성공적인 개최를 위해 오기환 감독을 집행위원장으로 새

영화 〈고통을 못 느끼는 남자〉의 한 장면. 이 영화는 고통을 못 느끼는 남자 수리야가 정의를 지키는 여자 수프리와 함께 위기에 처한 사부를 구하기 위해 나서는 '일당백 액션 코미디'다.

롭게 임명했다. 오기환 감독은 영화 〈선물〉(2001), 〈작업의 정석〉(2005) 등을 연출했고 지난해에는 영화제 심사위원장으로 활약했다. 그는 "영화제를 통해서 그동안 누릴 수 없었던 소중한 일상을 되찾을 수 있도록 알차고 풍성한 프로그램을 준비하겠다"고 힘찬 포부를 밝혔다. 충북문화재단 이시종 이사장은 "올해 영화제는 코로나19로 침체되어 있던 영화계와 지역사회에 활기를 불어넣을 수 있는 축제"가 되기를 바란다고 위원들에게 적극적인 협조를 당부했다.

충북무예액션영화제는 국내외 22개국의 장·단편 영화 70여 편을 영화관, 야외상영관 등 오프라인 중심으로 상영하고 액션배우 와이어 체험 등 다양한 부대행사를 선보일 예정이었다. 하지만 6.1지방선거 이후 신임 김영환 충북지사가 "무예 관련 모든 일정과 행사에 도의 예산과 인력 지원을 중단하겠다"고 선언하면서 '무예'를 테마로 한 충북국제무예액션영화제 개최 여부는 불투명해졌다. 실제로 도지사의 이 선언 이후 영화제 관련 모든 업무가 중단되었고 사람들의 관심에서도 멀어졌다.

충북무예액션영화제뿐만 아니라 많은 지역 영화제가 지역과 영화제 간의 크고 작은 갈등을 겪고 있다. 영화제 고유의 가치는 인정하지만 그 운영에 있어서 지역의 세수로 재정의 상당 부분을 충당되고 있다. '지역민이 당연히 큰 목소리를 낼 수 있는 것 아니냐'라는 주장도 나름대로 설득력이 있다. 지역의 경제적 이익과 문화적 이익 중에 무엇이 더 우선인가, 하는 문제는 단언하기 쉽지 않다.

하지만 정치적인 입장을 떠나 지역 예술계와 영화인들은 충북무예액션영화제가 폐지될까 우려하는 분위기다. 지난해에 이어 올해도 영화제 총감독을 맡은 김윤식 청주영화인협회 회장은 "다른 도시의 국제영화제 10분의 1, 5분의 1도 안 되는 예산으로 여러 비판 속에서도 3년을 잘 끌어온 영화제"라며 "영화제 초기에 부정적인 시선도 있었던 것이 사실이지만 이제 어느 정도 기틀을 잡아가는 시점"이라고 설명했다. 이어 "만일 이번에 영화제를 접게 된다면 충북에서 열리는 영화제는 앞으로 다시 만들 수 없을 것"이라고 우려했다. 그의 우려는 곧 현실이 되었다. 10월 20일부터 24일까지 청주시 일원에서 개최될 계획이었던 충북무예액션영화제는 뉴스에서 사라졌다.

2.

청주YWCA는 충청북도 여성정책관실의 후원으로 여성주의 가치 확산과 성인지 의식을 고취하기 위해 매년 '충북여성영화제'를 개최한다. 2022년 올해는 '우리의 세상을 함께 짓는다', '여성의 눈으로 세상을 바라보다'라는 주제로 다양한 삶 속에서 각자의 주체가 되고자 했던 여성들의 이야기를 다룬 〈미싱타는 여자들〉(김정영·이혁래, 2020), 〈정순〉(정지혜, 2021), 〈오마주〉(신수원, 2021), 〈코다〉(션 헤이더, 2021), 〈더 노비스〉(로런 헤더웨이, 2021), 〈말임씨를 부탁해〉(박경목, 2022), 〈스펜서〉(파블로 라라인, 2021), 〈어거스트 버진〉(조나스 트루에바, 2019), 〈허셀프〉(필리다 로이드, 2020) 등 총 9편의 영화를 상영했다.

영화 〈미싱타는 여자들〉은 1970년대 평화시장 소녀 미싱사들의 어제와 오늘을 다시 그려낸 영화다. 개봉 전부터 제25회 부산국제영화제 다큐멘터리 경쟁 부문을 포함한 제13회 DMZ국제다큐멘터리영화제, 제12회 광주여성영화제, 제22회 제주여성영화제 등 유수 영화제에 공식 초청되며 관객들에게 눈도장을 찍었다. 영화는 1970년대 평화시장에서 청춘을 보낸 이들의 목소리에 귀 기울이며 알려지지 않았던 과거 여성들의 소망과 투쟁의 순간들을 빼곡히 기록한다.

〈정순〉은 한국 사회를 분노하게 만들었던 N번방 사건의 영향권 안에 자리하는 영화로 중년여성의 디지털 성범죄를 다루고 있다. 동네 식품공장에서 일하는 정순은 세월에 억척스러워질 법도 한데 그 이름처럼 정순하게 살아간다. 그런 정순에게 공장 동료이자 또래인 영수가 다가온다. 두 사람은 점점 가까워지며 둘만의 은밀한 관계를 즐긴다. 영수는 정순과의 관계를 휴대폰 카메라로 담는다. 그러던 어느 날 주변 사람들이 그녀를 이상한 시선으로 바라보기 시작한다. 영수가 찍은 영상을 본 것이다. 그 영상을 본 딸은 자신이 문제를 자신이 처리하겠다고 하고 정순은 "모두 내 일이니 내가 다 알아서 하겠다"고 소리친다. 내면의 괴로움, 딸에 대한 섭섭함, 그리고 자존감 등의 복합적인 감정은 그녀를 결단력 있는 행동으로 이끈다.

올해는 영화 상영뿐만 아니라 〈미싱타는 여자들〉의 김정영 감독과 신순애 배우가 참여하는 관객과의 대화, 〈정순〉의 시네톡이 부대행사로 진행되었다. 김정영 감독과 신순애 배우는 관객과의 대화를 통해 세대를 넘는 연대와 감동을 전했다. 충북여성영화제 담당자는 〈정순〉의 "팝콘톡 테이블을 통해 서로의 영화 소감뿐만 아니라 여성주의 시각에 대해 다양한 의견을 나눌 수 있을 것으로 기대한다"고 말했다.

시네마테크는 "영화 관련 자료를 보존하고, 이것을 일반인들에게 공개하여 그 자료의 가치를 공유하기 위해 설립된 상영관"이라는 점에 있어 일반 개봉관 극장과 다르다. 필름 영화들은 상영 종료 후 필름 창고에 보존되었다. 홈비디오 개념이 없던 시절 상영이 종료된 영화를 극장에서 다시 볼 수 있는 방법은 재개봉관이 유일했다. 영화 산업의 특성상 팔리지 않을 법한 영화들은 일반 공개가 이뤄지지 않는 경우도 있다.

시네마테크는 그런 약점을 보완해 상영 종료되었거나 개봉하지 않은 영화들을 선정해 상영하는 영화관이다. 이런 미개봉작을 상영 또는 재상영하는 기획, 강연회, 대담을 통해 영화의 가치를 대중들에게 알리는 역할도 담당한다. 시네마테크의 기획 영화들은 시네마테크 상주 프로그래머가 결정한다. 블록버스터로 대표되는 상업 영화도 상영되지만, 대체로 예술영화, 독립영화 등 비상업 영화들이 상영된다. 시네마테크는 필름을 수집, 보존, 그리고 복원하기도 한다. 간단히 말해 시네마테크는 '영화 도서관'이자 '재개봉관'이라 할 수 있다.

시네마테크는 1935년 프랑스 파리에서 영화인 앙리 랑글루아와 조르주 프랑주가 만든 영화 클럽에서 비롯된다. 이 영화 클럽은 아직 복원과 발굴 개념이 없던 시절 영화관에서 개봉하지 않았거나 묻힌 영화들을 발굴해 상영했고 '시네마테크 프랑세즈'로 발전한다. 시네마테크 프랑세즈는 누벨바그와 카이에 뒤 시네마 출신 감독들의 중요한 자산이 되었고 전 세계적인 시네마테크 열풍에 큰 역할을 했다.

우리나라에서는 한국영상자료원와 프랑스 문화원이 최초의 시네마테크로 거론된다. 하지만 본격적인 시네마테크의 출발은 1990년대 초반 '문화학교 서울'에서 비롯해 서울아트시네마와 부산시네마테크 등이 등장하면서부터다. 1990년대 중반에는 대전, 광주, 대구, 강릉, 제주, 청주 등 전국적으로 퍼져나갔다. 각 지역의 시네마테크는 전용관을 중심으로 '영화 보기' 운동을 펼쳤고, 한국시네마테크협의회, 일명 '한시협'이라는 전국 규모의 단체도 형성했다.

홈비디오가 등장하고 파일 형태로 영화 관람이 가능해지면서 다소 입지가 좁아졌지만, 시네마테크는 영화를 상영할 뿐만 아니라 수집, 보관, 복원한다는 점에서 여전히 중요한 위상을 지니고 있다. 현재 우리나라에서 활동 중인 시네마테크로는 한국영상자료원, 국립현대미술관 서울관, 영화의전당, 대전아트시네마, 광주극장, 강릉독립예술극장, 청주씨네오딧세이, 제주씨네아일랜드, 대안영상문화발전소 아이공, 동성아트홀 등이 있다.

청주의 시네마테크 씨네오딧세이는 카페 홈페이지에서 '시민들의 자발적인 참여에 기초한 회원단체', '영리를 추구하지 않는 비영리 민간단체', '우리 지역에서 영화의 문화적, 예술적 가치가 향유될 수 있도록 노력하는 지역단체'로 그 성격을 규정하고 있다. 목적으로 '영화를 통해 삶과 세계의 이해, 영화를 통한 담론 형성을 명시한다. 씨네오딧세이는 일반 영화 동호회와 다르게 특정의 가치를 추구하고 '한국시네마테크협의회'와 '한국독립영화협회'의 일원으로 독립영화의 지역 확산과 '시네마테크'의 지역적 기반을 마련하기 위해 노력한다.

1995년에 출범한 청주 시네마테크 씨네오딧세이는 1996년부터 '야외영화제'를 시작으로 수많은 영화제를 기획하고 진행했다. 시네마테크 전국 조직인 '한시협'에 가입함으로써 당시 수입되지 않은 예술영화와 희귀한 작품과 자료에 대한 접근이 가능해졌다. 다른 지역의 시네마테크와 연대하고 소장 자료를 공유하면서 순회영화제도 개최했다. 토요일 정기상영회와 자체적으로 기획한 영화제를 통해 지역 관객을 활성화하고 지역의 영상문화운동을 전개해나갔다. 영화 보기와 토론으로 진행되는 '정기상영회'는 단체를 홍보하고 신입 회원을 확보하는 주요 통로일 뿐만 아니라 각종 감독전, 기획전, 장르전 등 영화제 기획의 기반이 되고 있다.

씨네오딧세이 카페 홈페이지에는 2004년부터 현재까지 진행한 영화제들이 일목요연하게 정리되어 있다. 개인적으로 씨네오딧세이와 처음 인연을 맺게 된 계기는 '2008년 한국시네마테크협의회 필름라이브러리 순회상영: 세르지오 레오네 컬렉션'이라는 기획전이었다. 세르지오 레오네는 '마카로니 웨스턴' 혹은 '스파케티 웨스턴'이라는 불리는 독창적인 영화 형식을 창조했고 웨스턴과 갱스터를 결합해 미국문화와 신화를 탐구했다. 그는 하워드 혹스처럼 유희적이고 실험적인 방식

영화 〈석양의 무법자〉의 한 장면. 이 영화는 총잡이 블론디와 범법자 투코가 우연히 20만 달러가 묻힌 묘지를 알게 되면서 벌여지는 추격전을 그린 스파게티 웨스턴이다. 세르지오 레오네의 '무법자 시리즈'의 완결판으로 흥행과 비평에서 모두 성공한 최고의 걸작으로 꼽힌다.

으로 장르영화를 변주했고 앨프리드 히치콕처럼 영화의 스타일을 완벽화한 순수영화를 만들어낸 작가다. 무엇보다 1960년대 유럽 모던 영화의 새로운 물결에 합류하면서도 그 누구도 쉽게 도달하지 못한 지극히 실험적인 작가가 어떻게 대중과 화해할 수 있는가의 성공사례를 보여주었다. 장장 이틀에 걸쳐 거의 열두 시간 동안 〈옛날 옛적 서부에서〉(1968), 〈석양의 무법자〉(1966), 〈석양의 갱들〉(1971), 〈원스 어폰 어 타임 인 아메리카〉(1984)를 보았다.

씨네오딧세이에서 주최하거나 주관하는 감독전, 기획전, 장르전 등의 영화제에 참가했고 수많은 영화를 보았다. 씨네오딧세이 영화제 감독전 또는 회고전에서는 구로사와 아키라, 오즈 야스지로, 이마무라 쇼헤이, 훌리오 메뎀, 알레한드로 아메나바르, 프랑수아 트뤼포, 장 뤽 고다르, 클로드 샤브롤, 자크 타티, 장 피에르 멜빌, 빔 벤더스, 짐 자무시, 허우샤오셴, 라이너 베르너 파스빈더, 존 포드, 테오 앙겔로풀로스 등의 영화 작가들을 다루었다. 뿐만 아니라 인디피크닉, 퀴어베리테, 빛의 영화들, 다양성영화 등의 기획전, 코디미, 액션, 멜로, 공포, SF, 애니메이션 등의 장르전, 다양한 주제의 영화아카데미도 개최했다. 개인적으로 씨네오딧세이 영화제를 통해 평소 접하기 어려운 영화들을 본 게 기억에 많이 남는다. 영화가 '보는 즐거움' 뿐만 아니라 '배우는 기쁨'도 줄 수 있다는 것을 씨네오딧세이 영화제는 일깨워준다.

문화는 보편성을 지향해야 하지만 보편성의 출발은 다양성에서 시작된다. 그런 점에 있어 청주YWCA와 씨네오딧세이가 주최하고 주관하는 충북여성영화제나 씨네오딧세이 영화제와 같은 작은 영화제도 나름대로 큰 의미가 있다.

3.

사단법인 제천국제음악영화제가 주최하고 주관하는 제천국제음악영화제는 2005년 제1회를 시작으로 '영화와 음악의 감동을 즐길 수 있는 국내 유일의 음악영화제' 또는 '중부권 최대 규모의 영화와 음악 축제'로 자리매김했다. 그동안 〈원스〉(존 카니, 2007), 〈서칭 포 슈가맨〉(말릭

벤젤룰, 2012), 〈치코와 리타〉(페르난도 트루에바, 2010), 〈프랭크〉(레니 에이브러햄슨, 2014), 〈에이미〉(아시프 카파디아, 2015), 〈하늘의 황금마차〉(오멸, 2014) 등 다양한 음악 영화를 대중들에게 소개해 왔다. 다양한 아티스트들의 공연을 만끽할 수 있는 독창적인 영화제 프로그램으로 많은 마니아들의 사랑을 받았다.

　제18회를 맞이한 2022년 올해는 제천을 상징하는 의림지 무대와 시민의 품으로 돌아온 비행장 무대에서 주요 행사를 진행했다. 39개국에서 총 139편이 초청되어 역대 최다 상영작 수를 기록했다. 축제의 정체성을 한층 더 강화한 대표 음악프로그램 '원 썸머 나잇', 새롭게 선보였던 '필름콘서트', 저스틴 허위츠의 '스페셜콘서트' 등을 통해 그동안 누리지 못했던 축제의 즐거움을 관객들과 함께 나누며 성황리에 막을 내렸다.

　경쟁 부문 국제경쟁에서는 리타 바그다디 감독의 〈사이렌〉(2022)이 대상으로 선정되었다. 바그다디 감독은 "나는 아랍 여성들이 피해자가 아니라 그들의 삶에 주인공이 될 수 있도록 하기 위해 이 영화를 만들었다. 이를 위해서는 영화에 출연한 릴라스와 세리에게 큰 용기가 필요했다. 〈사이렌〉은 중동의 여성 동성애자를 조명한 가장 첫 번째 다큐멘터리다. 그렇기에 본인들의 이야기를 들려준 이들의 용기에 고마움을 표하고 싶다. 표현의 자유가 공격받고 있는 현재, 저는 진실을 위해, 꿈을 위해 두려움에 맞서는 게 더더욱 중요하다고 생각한다. 그렇기에 이 영화를 조명해주어 감사드린다"고 수상 소감을 전했다.

오리 세게프와 노아 딕슨 감독의 공동 연출작인 〈포저〉(2021)는 심사위원 특별 언급 수상작으로 선정되었다. 세게프 감독은 "적은 예산으로 영화를 만들고 이곳에 오게 된 것은 정말 초현실적인 경험이다. 제천국제음악영화제에 참석하게 되어 영광이고 많은 뮤지션들과 필름 메이커들을 만날 수 있어 굉장히 좋았다"고 수상 소감을 전했다.

한국경쟁에서는 조하영 감독의 〈언니를 기억해〉(2022)와 권철 감독의 〈버텨내고 존재하기〉(2022)가 각각 단편 작품상과 장편 작품상을 수상했다. 조하영 감독은 "제천국제음악영화제에서 제작 지원을 해주신 덕분에 2년 동안 열심히 영화를 만들었다. 함께 고생해준 스태프 분들과 배우들께 정말 감사드린다. 그리고 곁에서 많이 응원해준 주변 사람들과 맹수진 프로그래머님께도 감사 인사를 전하고 싶다"라며 수상 소감을 남겼다. 권철 감독은 "초청받은 것만으로도 감사한 일이었는데 수상까지 하게 되어 너무 큰 영광이다. 이 고마운 에너지를 동력 삼아서 앞으로 더 재미있는 영화를 많이 만들고 싶다"라며 수상 소감을 전했다.

올해 제천국제음악영화제는 세계적으로 주목받는 다양한 해외 게스트가 참석해 어느 때보다 더욱 다채로운 관객과의 대화가 진행되었다. 개막작 〈소나타〉(2018)의 감독 바르토즈 블라쉬케, 배우 미하우 시코르스키, 뮤지션 그제고즈 플론카, 〈포저〉의 감독 오리 세게프, 노아 딕슨 등이 참석했다. 영화제 프로그램 어드바이저인 마이크 피기스 감독은 마스터클래스에 참석해 자신이 직접 선정한 영화를 설명하면서 관객

영화 〈소나타〉의 한 장면. 자폐 진단을 받은 그제고즈는 자신의 고립이자폐증이 아니라 청각장애였다는 사실을 알게 된다. 스카진스키 교수의 도움으로 말하기와 듣기 능력을 익히고 음악적 재능까지 발견한 그제고즈는 콘서트 홀에서 베토벤의 〈월광 소나타〉 피아노 연주를 꿈꾼다.

들과 깊이 있는 대화를 나눴다.

　해외 게스트 못지않게 국내 게스트들의 참여도 돋보였다. 프로그램 이벤트 '방준석을 기억하며'에서는 이준익, 류승완, 김용화, 심보경, 방준원 등이 참석해 영화 상영 후 관객들과 함께 고故 방준석 감독에 관한 대화를 나누는 시간을 가졌다. 방준석 감독과 함께 듀오 '방백'의 멤버로 활동한 백현진은 추모 공연을 선보이며 그 의미를 더했다. 올해의 큐레이터로 선정된 조영욱 음악감독은 영화 〈헤어질 결심〉(2022)과 〈겟 카터〉(1971) 상영 후 관객과의 대화와 마스터클래스에 참석해 관객들과 만났다.

　프로그램 이벤트 '히든 트랙'에서는 경쟁 부문의 한국경쟁 섹션, 다이나믹스 섹션의 감독과 배우가 토크와 공연을 선보여 관객들로부터 높은 호응을 끌어냈다. 히든 트랙에는 〈Planet A〉(2022)의 이하루 감독, 뮤지션 빌리카터와 이내, 〈오랜만이다〉(2022)의 이은정 감독, 배우 방민아와 이가섭, 〈버텨내고 존재하기〉의 권철 감독, 뮤지션 최고은, 주소영, 〈디바 야누스〉(2022)의 조은성 감독, 황덕호 재즈평론가, 재즈 보컬리스트 말로, 피아니스트 임인건 등이 참여했다.

제천국제음악영화제의 장기 프로젝트 '한국영화사는 음악영화사다' 포럼은 작년에 이어 올해도 진행되었다. 올해는 한국 대중음악산업과 영화산업이 상생을 모색하며 '타이-인tie-in' 전략을 추구했던 1960년대와 1970년대를 집중적으로 탐색했다. 이 시기 한국 음악영화의 특수성을 풀기 위해 배우 겸 가수 남진을 중심으로 한국 음악영화를 살펴보는 등 한국 음악영화를 재정의하는 논의의 장을 마련해 오직 제천국제음악영화제에서만 만날 수 있는 학술 프로그램으로서 평을 받았다.

1970년대 한국판 '사운드 오브 뮤직'을 표방한 가족 밴드 작은별 가족의 이야기에서는 자전거 탄 풍경이 함께해 그 시절의 향수와 새로운 문화를 선사했다. 이 외에도 제천 시민 및 영화제 관객들을 위해 오픈된 공간에서 펼쳐지는 음악프로그램 썸머스테이지는 홀리쉽, 현희, 큐 더 트럼펫, 케첩, 리로드, 도체, 자키, 블루엘크의 공연이 진행되었고, 파티 형식의 심야 음악프로그램 쿨나이트 역시 홍이삭, 이짜나언짜나, 유토, 욘코, 빅원, 딥샤워 등의 공연이 진행되어 축제의 열기를 이어갔다.

재능 있는 신인 영화음악가를 발굴해 그들의 영상 산업 진출을 돕기 위한 프로그램 '짐프 OST 마켓' 피칭이 올해 처음 신설되었다. 영화계각 분야의 전문 심사위원단의 심사를 거쳐 선발된 최종 진출자 5인은 100여 명의 산업 관계자, 제천영화음악아카데미 수강생, 일반 관객들 앞에서 뜨거운 호응을 얻으며 준비한 쇼케이스 무대를 선보였다. 오디션 형식의 쇼케이스 짐프 OST 마켓 피칭은 영화음악의 미래를 보는 가슴 떨리는 순간으로, 영화음악인은 물론 영화산업이 기다려온 인더스트리 프로그램이라는 점에서 앞으로의 지속 가능성을 확인할 수 있다. 영화제 관계자는 향후 실질적인 매칭에 이를 수 있도록 영화제에서는 최대한의 노력을 기울일 예정이라고 앞으로의 계획을 밝혔다.

4.

충청북도는 문화예술의 발전을 위해 다양한 문화예술 사업에 예산을 지원하고 있다. 지역 주민의 문화 향유를 위해 지역축제, 생활문화예술동아리, 그리고 다양한 예술 장르를 지원하고 있는데, 충북세계가족영화제는 충북예술제에 충청북도가 지원하는 예산의 일부를 지원받아 청주에서 운영되는 지역영화제다. 2017년부터 현재까지 청주시에서 활동하는 영화인을 중심으로 활동하고 있는 한국영화인협회 충북지부 회원 및 청주대학교 영화학과가 주체적으로 운영하고 있고 나름 유의미한 성과를 냈다. 충북세계가족영화제의 기획 및 성과는 지역영화제가 지역주민의 문화예술 향유를 위해 나아갈 방향과 지역 문화예술의 발전을 위한 모범적인 역할을 제시한다.

충북국제무예액션영화제는 충주세계무예마스터십과 연계하여 진행되는 영화제로 국내 유일의 무예 액션 영화제였다. '무예, 영화의 역사를 바꾸다!'라는 슬로건 아래 무예액션영화를 통해 무예, 무도, 무술의 핵심 가치인 삼재, 즉 하늘, 땅, 사람을 중심으로 무예 정신이 추구하는 삶의 가치를 조명하고 점, 선, 면의 공간을 중심으로 펼쳐지는 무예의 움직임을 통해 인간이 펼칠 수 있는 가장 아름다운 몸짓의 미적 가치를 탐구했다. 영화제를 통해 세계인과 함께하는 축제로 성장시킬 가능성을 선보였다.

충북국제무예액션영화제는 '무예'와 '액션'이라는 아이덴티티를 확고히 함으로써 단발성으로 사라져 버리는 영화제가 아닌 지속 가능한 영화제로의 정체성을 확립시키고, 그동안 장르 영화의 한 갈래인 무예액션 영화에 대한 이미지를 고취 시키며, 이런 이미지의 확실성을 통해 영화제만의 고유한 색깔을 가지고 국내 그리고 국제영화제들과의 차별성을 분명하게 하고, 국내에 머물지 않고 동북아시아, 동남아시아, 중앙아시아, 아울러 세계 모든 국가가 참여할 수 있는 축제의 장을 마련했다. 더 나아가 영화제의 결과를 통해 미래의 가치를 연구하려 시도했다.

하지만 이제 모두 과거가 되어버렸다. 그 과거가 다시 현재가 될 수 있을지 장담할 수 없다. 충북세계가족영화제가 공공기관과 민간이 협력해 좋은 결과를 얻은 사례라면 충북국제무예액션영화제는 정치 영역이 예술의 영역을 침범한, 예술이 정치 논리에 의해 매몰된 안타까운 사례다. 새로운 것을 만들기도 어렵지만 없어진 것을 다시 만드는 것은 그보다 훨씬 더 어렵다는 것을 우리 모두 알고 있다. 누군가의 말처럼 충북국제무예액션영화제에서 '무예'와 '액션'이 문제라면 그것을 대체할 수 있는 새로운 아이덴티티를 진지하게 고민했어야 했는데, 그런 노력이 있었는지, 그리고 있었다면 충분했는지, 하는 의문과 아쉬움이 남는다.

1996년 부산에서 개최된 제1회 부산국제영화제 이후로 우리나라에서는 부천국제판타스틱영화제, 전주국제영화제, 서울국제여성영화제, 광주국제영화제, 제천국제음악영화제, DMZ국제다큐영화제 등 다양한 국제영화제가 개최되고 있다. 국제적인 규모는 아니지만 정동진독립영화제, 서울환경영화제, 무주산골영화제, 충무로뮤지컬영화제, 천안춤영화제, 금강역사영화제 등 지역을 기반으로 하는 특색 있는 영화제도 개최되고 있다. 그중에는 오래가지 못하고 곧 폐지된 영화제도 있지만, 많은 영화제는 아이덴티티를 유지하며 지속적으로 개최되고 있다. 지역 영화제는 특화된 '장르'와 '주제'로 다른 축제에 비해 저렴한 비용으로 지역주민뿐만 아니라 외부의 사람들까지 모을 수 있다.

제천국제음악영화제는 성공적인 사례 가운데 하나 중 하나다. 국내 유일한 음악영화제며, 아시아에서 가장 큰 규모의 음악영화제인 제천국제음악영화제는 영화제를 통해 제천시 이미지와 인지도를 제고하고, 문화예술 관련 산업적 인프라 구축으로 지역경제 활성화와 도시재생을 견인하고 있다. 또한 제천 시민의 문화 향유와 삶의 질을 높이며 지역에 대한 자긍심을 고취하고 있다. 더 나아가 지역적 특성인 자연 관광지와 전통시장, 지역의 명소를 발굴하여 지역과 함께하는 영화제 지향', '문화 소외 계층의 영화 관람 편의를 위한 프로그램을 기획하여 문화 소비층 확장에 기여하고 있다. 문화적으로 소외된 지역 주민들에게는 영화를 통한 문화 활동의 기회를 제공한다.

제천국제음악영화제는 적은 예산으로 음악영화라는 좋은 콘텐츠를 기반으로 지금까지 잘 성장해오고 있다. 그간의 쌓아온 노하우를 잘 전승하고 향후 세계에서 권위 있는 음악영화제로 인정받기 위해 지역과 지역민 그리고 지역의 문화계가 더욱 관심을 갖고 육성, 지원해야 한다. 영화제가 어느 한쪽의 이익만을 위해 존재하지 않도록 지역, 영화제 사무국, 그리고 영화인 모두가 관심을 갖고 지켜봐야 할 것이다. 그런데 제천국제음악영화제가 잘 성장할수록 그리고 지역에서 많은 관심을 갖게 될수록 오히려 소규모 영화제로서 독특했던 정체성과 색깔을 잃게 되는 우를 범할 수도 있다. 바로 그 때문에 지역과 지역민 그리고 영화제의 동반자적 관계성 설정, 즉 상생 전략 수립이 필요하다.

매력적인 주제와 소재에도 불구하고 지역의 영화제가 영상문화는 물론 지역에도 기여하지 못하고 사라지는 경우가 종종 있다. 새롭게 기획되는 영화제 중 갈피를 잡지 못하는 경우도 있다. 칸 영화제나 부산국제영화제 등과 같이 상대적으로 큰 영화제만을 지향하며 몸집을 키우는 것이 바람직한지 의문을 제기할 필요가 있다. 영화제의 한계를 지역과 지역민 그리고 영화를 준비하는 사무국 전체가 분명히 공유하고, 지역의 특색이 잘 반영되고 자기 정체성이 선명한 작은 영화제로서의 운영이 현실적인 대안이 될 수 있다.

  제천국제음악영화제는 작은 영화제의 모범적인 롤 모델을 제시한다. 이를 타산지석으로 삼아 장점은 취하고 단점은 개선해 적용해간다면 영상문화는 물론 지역 활성화에 기여하는 영화제로 거듭나고 발전할 수 있을 것이다.

제5부

『시네마』에 나타난 들뢰즈의 예술 철학

1. 들어가기

관념론과 유물론의 대립은 서양 철학의 오랜 숙제였다. 관념론은 생각 속에 이미 사물의 존재가 준비되어 있다는 사상이다. 이에 따르면 세계는 어떤 존재의 생각이 실현된 것에 불과하다. 반면 유물론에서는 관념을 물질의 작용에서 부수적으로 파생된 효과에 지나지 않는다고 간주한다. 관념론이 정신에 우월성을 부여하고 정신 안에서 물질을 설명한다면, 유물론은 물질에 우위를 두고 물질의 운동을 통해 정신을 설명한다고 말할 수 있다.

현상학자 에드문트 후설Edmund Husserl과 생명철학자 앙리 베르그송Henri Bergson은 관념론과 유물론의 이원론적 대립을 해소하기 위해 각기 나름의 방식을 제시했다. 후설에 따르면 의식은 독립적으로 존재하는 것이 아니라 항상 대상과 붙어 있는 구조이기 때문에 그 자체로 이미 대상과 관계를 맺고 있다. 의식은 항상 대상에 의미를 부여하는 정신적 작용으로 대상에 열려 있다. 현상학은 의식의 지향성 개념으로 주관과 객관의 직접적 관계를 정당화한다.

반면 베르그송에 따르면 의식은 '~에 관한 것'이 아니라 '그 자체'다. 그는 관념론과 유물론의 간극을 극복하기 위해 '이미지'라는 개념을 창안했다. 그의 이미지는 관념론이 말하는 것보다 더 물질적이고 유물론이 말하는 것보다 덜 물질적이다. 이미지는 사물 자체는 아니지만 사물과 외연이 같으며 사물과 동일한 위상을 가지지만 동시에 주관성에 속한다. 이미지는 사물과 본성적으로 다르지 않다. 사물을 지각한다는 것은 곧 이미 사물 안에 있는 것이다. 이미지란 "내가 나의 감관들을 열면 지각되고, 내가 그것들을 닫으면 지각되지 않는"[122] 것으로서, "그 자체로 우리가 지각하는 대로 그림 같이 펼쳐져 있는"[123] 것이지만, 그렇다고 해서 나의 지각에 귀속되는 것이 아니라 그 자체로 존재한다. 베르그송은 자신의 이미지론을 통해 실재론과 관념론 사이에 벌어진 철학사의 오랜 대립을 종식시키려 했다.

질 들뢰즈Gilles Deleuze는 영화가 베르그송이 말하는 이미지, 즉 '물질과 동일한 순수 지각'을 가장 잘 예거한다고 생각했다. 그는 영화의 운동-이미지와 시간-이미지에 천착했다. 그 가운데 운동은 정지된 것들

[122) 앙리 베르그송, 『물질과 기억』, 박종원 옮김, 아카넷, 2005, 37쪽.
[123) 앞의 책, 2쪽.

의 모임이 아니라 그 안에서 일어나는 이행 또는 효과다. 물질의 보편적인 작용과 반작용 사이에는 미세한 간극이 발생한다. 그 간극은 물질의 기계적이고 도식적인 운동 사이에서 도식에 제동을 걸거나 그곳에 새로운 것을 삽입할 여지를 주는 틈이자 균열이다. 들뢰즈는 베르그송과 마찬가지로 관념과 실재의 대립을 거부하고 우리에게 직접적으로 주어진 이미지만 인정했다.

들뢰즈는 베르그송을 따라 운동을 크게 두 가지로 구분한다. 하나는 현실을 고정된 단면으로 둔 두 정지 지점 사이의 이동이고, 다른 하나는 매 순간 움직이는 단면으로 구성된 현실 자체다. 들뢰즈는 후자의 입장에 선다. 즉 그가 말하는 운동은 그 자체로 떨리는 이미지인 베르그송의 구체적 '지속'을 가리킨다. 하지만 영화에 대한 관점에서 들뢰즈와 베르그송은 큰 차이를 보인다. 베르그송이 영화를 '필름', 즉 기술적 관점에서 보았다면 들뢰즈는 '시네마', 즉 예술적 관점에서 보았다. 들뢰즈가 생각하기에 시네마는 단순히 스크린이나 영사기, 필름과 같은 물질적 장치들이 아니라 스크린 위의 움직이는 이미지, 즉 운동-이미지 자체다. 스크린과 관객, 영사기 등의 전체가 만들어 내는 사건이나 형상이 바로 시네마다. 시네마는 현실에서 발생하는 사건이나 현상과 다르지 않다. 그렇기 때문에 그는 "영화의 상태는 상상적 참여가 아닌, 영화관에서 빠져나왔을 때 내리고 있는 비와 같은, 꿈이 아니라 어둠과 불면이라는 등가물을 갖는다"고 말한다.[124]

2. 들뢰즈의 '이미지'

들뢰즈의 『시네마 I: 운동-이미지』(1983)와 『시네마 II: 시간-이미지』(1985)를 이해하는 가장 효과적인 도구는 베르그송의 『물질과 기억』(1896)에 연원을 두고 있는 '역원뿔 도식'이다. 철학사상 가장 유명하다고 일컬어지는 베르그송의 역원뿔 도식은 바닥 평면과 역원뿔 두 부분으로 이루어져 있다. 수평의 바닥 평면이 공간 계열, 즉 감각-운동 도식이 접하는 공간 세계를 가리킨다면, 수직의 역원뿔은 시간 계열, 즉 기억을 가리킨다. 역원뿔이 들뢰즈의 '잠재태'라면 역원뿔과 바닥 평면이 만나는 첨점에서 '현실태'가 생겨난다. 우리는 현재의 평면에서 매 순간 마주치는 대상에 대한 정보를 역원뿔의 기억에서 끌어당기며 살아간다.

평면과 기억은 누가 먼저랄 것도 없이 동시에 촉발된다. 이렇게 현실성과 잠재성은 식별 불가능한 지점에서 들뢰즈가 궁극적으로 제시하는 결정체-이미지가 된다. 『시네마』의 이미지 개념은 내면성의 평면 위에서 작용 반작용하는 미분소들이라는 긍정적 의미로 사용된다. 그에 따르면, "이 모든 이미지들의 무한한 접합은 일종의 내재성의 면plan이 된다. 이 면 위에서 이미지는 그 자체로서 존재한다. 이러한 이미지의

---

124) 질 들뢰즈, 『시네마 II: 시간-이미지』, 이정하 옮김, 시각과 언어, 2005, 333쪽.

즉자성en-soi, 이것이 물질이다. 이미지 뒤에 숨겨져 있는 그 무엇이 아니라, 반대로 이미지와 운동의 절대적 동일성이다. 바로 이미지와 운동의 동일성이 우리로 하여금 곧바로 운동-이미지와 물질의 동일성을 추론해도록 하는 것이다."[125]

들뢰즈의 운동-이미지는 작용과 반작용하는 우주의 지속이자 운동-이미지를 가리킨다. 인간이 등장하면서 자연스러운 작용과 반작용이 파괴되고 운동-이미지는 세 가지 하위 이미지로 나뉜다. 지각-이미지, 감정-이미지, 행동-이미지가 바로 그것이다. 특히 행동-이미지는 할리우드의 전형적 서사를 대표하며, 이것은 다시 큰 형식과 작은 형식으로 구분된다. 운동-이미지는 감각-운동 도식이 위기를 맞으면서 시간-이미지로 이행한다.

지각은 무엇인가를 알아채는 '행위'인 데 반해 감각은 지각을 통해 알려진 '내용'이다. 몰려드는 감각들 가운데 인간의 필요에 따라 선택된 지각이 지각-이미지다. 감정-이미지는 신경판에 붙은 머뭇거리고 떨리는 감정들을 가리킨다. 지각에 따른 즉각적 반작용 행동에 틈이 생기는데, 들뢰즈는 이 '간격'에 주목했다. 그에 따르면 한 개인에게서 벌어지는 이 간격은 한 영화에서도 벌어지기도 하고, 더 나아가 영화 이미지 자체가 하나의 간격으로 볼 수 있다. 영화라는 미디어 자체가 인간 문명에 간격을 만들어 낸 것이다. 행동-이미지는 운동-이미지라는

---

[125] 질 들뢰즈, 『시네마 I: 운동-이미지』, 유진상 옮김, 시각과 언어, 2002, 116쪽.

잠재적인 것으로부터 가장 현실화된 하위 이미지로 지각이나 감정이라는 작용에 따른 반작용적 행위를 가리킨다.

들뢰즈가 운동-이미지를 지각, 감정, 행동의 순으로 나눈 이유는 지각이 바뀌면 감정이 바뀌고, 감정이 바뀌면 행동이 바뀌고, 행동이 바꾸면 지각이 바뀌기 때문이다. 이처럼 각각의 운동-이미지는 감각-운동 도식에 의해 밀접하게 연결되어 있다. 고체적 지각이 순수하게 현실성의 층위에 있는 운동-이미지라면 액체적 지각과 기체적 지각은 그것을 벗어나는 과정에 있는 지각이다. 고체적 지각은 주관적 시점이든 객관적 시점이든 뚜렷하게 인식되는 일반적인 지각이다. 들뢰즈는 이런 인간중심적인 자연적 지각 내부로부터 탈영토화하는 이미지의 이중 운동을 탐색하고 있다.

행동이 벌어지는 이미지는 큰 형식과 작은 형식으로 나뉜다. 행동-이미지의 큰 형식은 '상황-행동-상황'의 변증법으로 두 개의 나선형으로 이루어진다. 다름 아닌 행동을 향해 좁아지는 상황의 나선형과 그 행동으로 인해 새로운 상황을 향해 넓어지는 나선형이다. 행동-이미지의 큰 형식은 서부극에서 두드러진다. 이는 1930년대에 자리 잡은 뒤 현재까지도 거의 모든 상업영화를 지배하는 할리우드 공식이 되었다. 들뢰즈는 이 할리우드 공식을 '미국 영화의 위대한 보편적 과업'이라고 지적했다.

반면 행동-이미지의 작은 형식은 행위에서 상황으로 이행함으로써 새로운 행위로 전이하는 형식으로 두 개의 작은 원으로 이루어진 타원형의 도식이다. 작은 형식은 감각-운동 도식의 역전이다. 재현은 전체적이 아니라 국지적이다. 행동-이미지의 작은 형식은 지표다. 영화 속에서 인물의 작은 행위들은 배후의 사태들을 나타내는 기호다. 행동-이미지의 작은 형식은 주로 B급 영화에서 발견된다.

감각-운동 도식에 가장 충실한 행동-이미지의 큰 형식이 작은 형식에 의해 역전되면서 행동-이미지 자체의 위기를 불러온다. 이렇게 행동-이미지 내부에서 와해가 시작된다. 행동-이미지의 몰락으로 해석되는 1950년대 이후 누벨 바그, 네오리얼리즘 등이 운동-이미지에서 시간-이미지의 전환으로 해석되는 이유도 바로 이 때문이다.

들뢰즈의 사유 이미지는 사유 가능성의 조건을 제한하는 동시에 새로운 사유를 촉발하는 내재성의 평면이다. 들뢰즈가 『시네마』를 저술한 이유도 영화 이미지가 일종의 사유 이미지로 새로운 사유를 촉발한다고 믿기 때문이다. 감각-운동 도식에 의존하던 영화 이미지가 시간-이미지가 등장함에 따라 사유의 무능력에 직면하게 되고 이것이 결국 새로운 사유를 촉발한다. 간접적으로만 재현되던 시간과 공간은 직접적인 지각의 대상으로 등장했다.

고전 영화는 유기적 운동의 재현에 집중하는 반면 현대 영화는 시간을 다룬다. 『시네마』의 주요 내용은 '운동-이미지'에서 '시간-이미지'로의 이행이다. 시간의 간접적 이미지에서 벗어나 시간의 직접적 이미지가 현시했다는 것이다. 『시네마』는 전면에서 영화를 다루고 있지만 그 배후에서 시간론을 전개하고 있다.

영화학자 데이비드 로도윅David Rodowick은 현대 영화에 등장한 새로운 지각으로서 시간은 "지속, 기억의 행위, 지나가는 현재, 그리고 들뢰즈의 표현을 빌리면 '시간의 수동적 종합'"이라고 파악한다.[126] '지속'은 『시네마 I』에서 다루고 있는 전체로서의 영화를 말한다. 들뢰즈에 따르면, "순간이 운동의 부동적 단면인 것처럼, 운동은 지속durée, 즉 전체Tout 혹은 어떤 전체un tout의 동적인 단면이다."[127] 이는 운동이 훨씬 더 심오한 그 무엇, 즉 지속 혹은 전체 안에서의 변화를 표현한다는 것을 의미한다. '기억의 행위'는 기억-이미지와 관계된 영화들을, '지나가는 현재'는 들뢰즈가 베르그송의 세 번째 도식이라고 부른 분기하는 현재와 과거, 즉 현실태와 잠재태의 공존을 가리킨다.

들뢰즈는 『차이와 반복』(1968)과 『프루스트의 기호들』(1964)에서 '사유-이미지'라는 개념을 '고정된 사유'를 가리키는 부정적 의미로 사용했다. 반면 『철학이란 무엇인가?』(1991)에서는 '사유-이미지'를 비-사유 또는 사유의 무능력에 직면하여 새로운 사유를 촉발하는 긍정적 의미로 다룬다. 사유-이미지는 그것을 가능하게 만드는 관념을 현실화하면서 일정한 한계에 달하는 동시에, 그로부터 탈영토화하고 잠재화하면서 확장한다. 이는 들뢰즈가 말하는 식별 불가능성 또는 결정체-이미지이며, 사유-이미지 또는 정신 기호들이다.

---

126) 데이비드 로도윅, 『들뢰즈의 시간 기계』, 김지훈 옮김, 그린비, 2005, 247쪽.
127) 질 들뢰즈, 『시네마 I: 운동-이미지』, 유진상 옮김, 시각과 언어, 2002, 21쪽.

들뢰즈는 영화와 사유의 문제에서 가장 중요한 것은 '사유의 무능력'이라고 말한다. 이것은 주어진 사유 이미지 안에서 사유를 개선하는 문제가 아니라 사유 이미지의 바깥을 모색하는 것이다. 동일성의 사유 내에서 어떤 우발점으로 보이는 것에서 시작하라는 것이다. 사유의 무능력이야말로 가장 강력한 사유 역량이다.

신체의 영화와 뇌의 영화는 영화가 왜 우리의 직접적 현실인지를 다룬다. 우리가 현실에서 지각하고 사유하는 것과 마찬가지로 영화는 단순한 감상 대상이 아니라 신체와 뇌로 부딪치는 현실 대상이다. 이것은 '스크린은 뇌'라는 들뢰즈의 영화 명제로부터 시작된다. 들뢰즈는 새로운 지각이 촉발하는 사유, 행동, 삶의 변화를 일종의 영화 실천론으로 가져간다. 즉 그는 기존의 사유를 강제하는 영화를 저지하고 새로운 사유를 촉발하는 영화를 지지한다. 영화는 새로운 사유에 걸맞은 새로운 민중의 창조에 기여하고 도래할 민중을 결집하는 집합적 언표를 생산해야 한다.

들뢰즈는 가장 정치적인 영화는 존재하는 민중에 대한 영화가 아니라 도래할 민중에 대한 영화라고 말한다. 원래 민중은 억압된 상태라도 엄연히 존재하는 것이었다. 그러나 현대 영화가 요구하는 민중은 아직 도래하지 않은 결핍된 민중이다. 고전적 정치 영화가 당대 민중이 처한 고통과 억압을 다루었다면, 현대적 정치 영화는 새롭게 촉발된 사유를 수용할 수 있는 새로운 민중을 창조한다.[128] 들뢰즈는 "현대의 정치 영화는 고전 영화와 달리 진화와 혁명의 가능성 위에 구성되는 것이 아니

라 카프카식의 불가능성, 즉 참을 수 없음 위에 구성되기라도 하는 것 같다"고 말한다.[129]

들뢰즈가 개념적 인식의 논리를 비판하면서 예술을 철학의 수단으로 삼는 것은 놀랍지 않다. 예술에 대해 사유하고 예술을 활용하는 것은 예술과 철학의 만남이 사유에 필수적이기 때문이다. 감각은 이질적이며 언제나 새로운 어떤 것들의 출현이며 탈중심화된 상태를 가리킨다. 반면 개념은 중심화된 재현의 형식을 통해 작동한다. 들뢰즈는 언제나 새로움이며 생성이라는 점에서 개념적 사유의 한계를 인식의 한계와 연결한다.

들뢰즈는 경험론을 새롭게 정의한다. 그가 생각하는 경험론은 결코 새로운 개념들에 대한 반동이 아니며 생생한 경험에 대한 단순한 호소도 아니다. 그는 이제까지 결코 보거나 듣지 못했던 지극히 광적인 개념 창조를 시도한다. 그의 경험론은 신비주의, 개념의 수학주의다. 정확히 말해서 경험론은 개념을 어떤 마주침의 대상으로, 지금-여기로 다룬다. 개념들은 사물들 자체, '인류학적 술어들'을 넘어서 있는 자유롭고 야생적인 상태의 사물들 자체이다. 그렇기 때문에 그는 스스로 자신의 개념을 만들고 주조하고 부순다고 말한다.[130] 이때의 개념은 미리 전제되어 있는 어떤 것들을 재인recognition하는 도구가 아니다. 들뢰즈에

---

128) 최영송, 『질 들뢰즈, 시네마』, 커뮤니케이션북스, 2017, 124쪽.
129) 질 들뢰즈, 『시네마 II: 시간-이미지』, 이정하 옮김, 시각과 언어, 2005, 424쪽.
130) 질 들뢰즈, 『차이와 반복』, 김상환 옮김, 민음사, 2004, 21쪽.

게 개념은 한정이 아니라 구체적인 다양체들 속에서 작용하는 과정이다. 그는 개념을 보편적인 것이 아니라 특이성들의 집합이라고 규정한다.[131] 개념은 형성되는 것이고 전제된 도식이 아니라 끊임없이 도식을 부수고 새로운 도식을 만들지만, 결코 도식의 틀로 한정되지 않는 탈중심화를 함축하고 있다.

진실의 변형, 예술가의 존재성은 그가 진리의 창조자라는 데 있다. 들뢰즈가 생각하기에 "진리란 도달되어야 하거나 발견되어야 하거나 재생되는 것이다. 창조되어야 하는 것이기 때문이다."[132] 진리는 새로움을 창조하는 것이다. 그래서 예술가의 창작은 우리가 대상을 개념적으로 인식하는 재인의 논리, 곧 재현의 형식과 근본적으로 다르다. 예술은 사유의 독단적 이미지를 넘어서 제한 없이 사유할 수 있는 가능성을 보여준다. 다시 말해 예술은 전제 없는 사유를 가능케 한다. 사유의 바깥을 도입하는 순간, 지금까지 내부에서 통하던 모든 논리와 규칙은 무의미해진다.

들뢰즈는 "사유의 무능력이란 사유에 속하는 것으로서, 결국 우리는 전능한 하나의 사유를 재건하려 하지 않고 이 무능력을 우리의 사유 방식으로 삼아야 한다"고 주장한다.[133] 동시에 "영화의 진정한 주체-대상을 정의할 수 있는 것, 즉 무능력감에 대한 확인서다. 영화가 주장하는

---

131) 질 들뢰즈, 『대담』, 김정호 옮김, 솔, 1993, 158~159쪽.
132) 질 들뢰즈, 『시네마 II: 시간-이미지』, 이정하 옮김, 시각과 언어, 2005, 289쪽.
133) 앞의 책, 335쪽.

것은 사유의 역량이 아닌 사유의 '무능력함'이며, 사유란 결코 이 외의 다른 어떤 문제도 가져 본 적이 없다"고 말한다.[134]

들뢰즈는 서양 철학의 개념적 인식이 사유의 참된 본성이라는 잘못된 전제에서 출발하고 있다고 비판한다. 사유의 선한 본성은 사유 주체의 능동적이고 자발적인 의지를 가정하고 있다. 여기에는 사유 주체와 세계 사이의 조화로운 일치가 전제된다. 그런데 들뢰즈는 거꾸로 사유란 수동적이며 비자발적이고 사유를 강요하는 어떤 우발적인 마주침을 통해서 발생한다고 주장한다. 그래서 사유를 사유 외부의 초월적 대상에 종속시키는 것은 교조적이며 독단적이다. 이것은 마치 플라톤Platon이 초월적 이데아와 그 그림자라는 이원론적 세계를 전제하는 것과 같다. 들뢰즈에게 이것은 일종의 가상이며 사유의 독단적 이미지다.

들뢰즈는 영화가 사유의 독단적 이미지를 넘어서 새로운 사유의 가능성을 제시한다고 주장한다. 영화의 이미지는 그 자체로 운동을 보여주지만 영화의 운동은 운동하는 대상에 종속되지 않은 순수한 운동이다. 이런 점에서 영화의 순수 운동은 사유의 자동성을 닮았다. 영화의 순수한 운동은 감각적 운동 도식을 넘어서는 새로운 지각, 즉 탈중심화된 지각이다. 감각-운동 도식의 붕괴는 사유에 충격을 가하고 전체에 대한 사유, 즉 숭고를 향해 나아가도록 한다. 그러나 전체는 인식될 수 없기 때문에 전체는 오직 이념으로서만 지향될 수 있을 뿐이다.

---

134) 앞의 책, 329쪽.

3. '운동-이미지'에서 '시간-이미지'로

들뢰즈는 『시네마』에서 단순히 영화, 영화 이론이라는 대상을 기술하는 이론을 제시한 것이 아니라, 변화와 창조의 영화 존재론이라는 문제를 우리와 그리고 영화 이론에 제기하고 있다. 전체는 부분들을 규정하지만 부분들이 전체가 될 수는 없다. 그러나 부분들의 관계가 전체를 향해 열려 있기 때문에 부분들은 하나의 의미로 이야기될 수 있다. 들뢰즈는 "가변적 현재는 간격, 질적 도약, 수적 단위, 강렬한 단위 등이 될 수 있고, 전체는 유기적 전체, 변증법적인 총체화, 수학적 숭고의 거대한 총체성, 역동적 숭고미의 강렬한 총체성 등이 될 수 있었다"고 말한다."[135]

영화에 대한 진정한 이해는 영화가 사진과 전혀 다른 뿌리를 갖고 있다는 것을 인식할 때, 즉 영화는 정적인 사진 이미지 운동을 부여한 것이 아니라, 그 자체로 운동하는 이미지를 보여주는 것이라는 것을 인정할 때 온다고 들뢰즈는 주장한다. 그에 따르면, "영화는 우리에게 운동이 부가된 이미지를 주는 대신, 즉각 운동-이미지를 준다. 즉 영화가 주는 것은 단면이지만, 그것은 동적인 단면이지 '부동적 단면 + 추상적 운동'이 아닌 것이다."[136]

---

135) 질 들뢰즈, 『시네마 I: 운동-이미지』, 유진상 옮김, 시각과 언어, 2002, 104쪽.
136) 앞의 책, 12쪽.

영화의 최소 단위는 프레임frame이 아니라 플랑plan이다. 프레임은 필름의 한 조각으로 기계적 의미로 한정되지만 플랑은 시네마 전체를 염두에 둔다. 프레임이 더 이상 나눌 수 없는 개체에 해당한다면 플랑은 나누어야만 존재할 수 있는 분할 개체를 가리킨다. 플랑은 운동의 고정적 순간이 아니라 지속적 운동을 지향한다. 플랑은 우리에게 좀 더 익숙한 영화 용어인 쇼트shot라는 용어로 바꿔 부를 수 있다. 프레임 대 플랑을 대립적으로 규정하는 개념이 닫힌 집합ensemble 대 열린 전체tout다. 프레임이 닫혀 있는 집합이라면 플랑은 열려 있는 전체다. 들뢰즈는 영화의 본질이 프레임이 아니라 플랑이라는 사실을 이미 간파했다.

들뢰즈는 "편집은 연결, 절단, 허구적 연결을 통한 전체에 대한 한정"으로 규정했다.137) 그는 플랑의 결합을 몽타주montage로 정의했기에 편집은 몽타주와 같은 맥락에서 사용될 수 있다. 그렇다면 앞의 문장은 "몽타주는 연결 절단 거짓 매치를 통해 전체를 한정한다"로 환언할 수 있다.138) 사실 몽타주는 전체라는 속성보다는 집합의 속성이 더 크다. 기본적으로 몽타주는 시간과 지속을 간접적 방식으로 보여줄 수밖에 없다. 이를 직접적으로 보여주는 것이 시간-이미지다. 그는 몽타주를 미국의 유기적 몽타주, 러시아의 변증법적 몽타주, 프랑스의 양적 몽타주, 독일의 강도적 몽타주로 구분한다. 미국과 러시아의 몽타주는 '간

---

137) 앞의 책, 62쪽.
138) 최영송, 『질 들뢰즈, 시네마』, 커뮤니케이션북스, 2017, 21쪽.

격'에 의해 구분되고, 프랑스와 독일의 몽타주는 '숭고'에 의해 구분된다. 간격이 유기적 서사에 봉사하는 것이 미국식이고 차이를 강조하는 것이 러시아식이다. 프랑스식은 수학적 숭고의 성격을 띠고 독일식은 역학적 숭고의 성격을 띤다. 몽타주 미학에서 두드러지는 것은 클로즈업의 발견이다. 유기적 몽타주에서 클로즈업이 서사적 공간의 확대라면 충돌의 몽타주에서 클로즈업은 파토스의 압축이자 폭발이다.

『시네마 I: 운동-이미지』는 『시네마 II: 시간-이미지』를 염두에 둔 저작이었다. 『시네마 I』이 주로 제2차 세계대전 이전의 고전 영화들을 다루었다면 『시네마 II』는 네오리얼리즘으로 시작하는 전후의 영화들에서 1980년대 초반까지의 영화들을 다루고 있다. 둘의 가장 큰 차이는 시간을 재현하는 방식에 있다. 운동-이미지가 시간을 간접적으로 재현한다면 시간-이미지는 시간을 직접적으로 재현한다. 운동-이미지가 서사적 시간, 혹은 연대기적 시간을 재현한다면, 시간-이미지는 그러한 연대기적 시간을 부수면서 시간의 이음새를 빠져나간 다른 시간의 가능성, 즉 잠재적 시간을 보여준다. 따라서 이미지의 잠재성은 바로 잠재적 시간을 보여주는 시간-이미지를 다룬다.

들뢰즈는 시간-이미지에 대해 "시간의 직접적 현시는 운동의 중단을 함축한다기보다 오히려 일탈적 운동의 항진을 함축한다고 할 수 있다"라고 말한다.[139] 들뢰즈는 시간이란 현재의 나열이 아니라, 현재와 과거

---

139) 질 들뢰즈, 『시네마 II: 시간-이미지』, 이정하 옮김, 시각과 언어, 2005, 81쪽.

또는 현재와 미래의 공존이며, 이를 보여주는 것이 시간-이미지라고 주장한다. 그에 따르면 "현재의 이미지와 공존하는 이 과거와 미래를 포착하는 것이야말로 영화가 속한 것이다."[140]

'시네마 베리떼cinema verite'라는 용어는 영화가 허구가 아닌 진실을 보여준다는 의미가 아니라 허구가 의존하고 있는 진리의 모델을 벗겨내고, 거기에서 허구를 해방시켜 이야기 만들기라는 순수하고 단순한 기능을 재발견한다는 뜻이다. 그럴 때 이는 진리의 영화가 아니라 영화의 진리가 될 것이다. 현대 영화는 민중은 없다는 사실에서 시작한다. 민중은 더 이상 존재하지 않거나 아직 없다. 즉 민중은 부재한다.

『시네마 I』이 수평적 운동을 보여준다면 『시네마 II』는 수직적 운동을 보여준다. 다시 말하면 『시네마 I』이 헤겔의 변증법에 따라 흩어졌다 모이는 양상이라면, 『시네마 II』는 프리드리히 니체Friedrich Wilhelm Nietzsche의 영원회귀처럼 차별을 이루고 반복되는 모양새다. 로도윅은 『정치적 모더니즘의 위기』(1988)에서 "운동-이미지는 역사에 대한 헤겔적이고 변증법적인 개념에 따라 전개되는 반면 시간-이미지는 니체적이며 계보학적이다"라고 규정했다.[141]

영화사에서 기호를 통해 영화를 분석하고 시도한 대표적인 인물은 크리스티앙 메츠Christian Metz다. 그는 페르디낭 드 소쉬르Ferdinand de

---

140) 질 들뢰즈, 『시네마 I: 운동-이미지』, 유진상 옮김, 시각과 언어, 2002, 83쪽.
141) David Rodowick, *The Crisis of Political Modernism: Criticism and Ideology in Contemporary Film Theory*, Urbana: University of Illinois Press, 1988, p. 12.

Saussure의 구조주의 언어학을 영화에 적용하여 영화의 이미지를 음소, 구, 절 등의 기호로 나누어 분석했다. 그런데 들뢰즈는 『시네마』에서 소쉬르의 기호학이 아니라 찰스 샌더스 퍼스Charles Sanders Peirce의 기호론을 택하고 있다. 퍼스의 기호학에서는 기본적으로 뇌에 포착되는 모든 대상이 바로 기호다. 퍼스는 도상, 지표, 상징으로 구분했고 그 성질을 일차성, 이차성, 삼차성으로 나누고 있다. 소쉬르의 기호학이 기표/기의, 랑그/파롤, 통시적/공시적 등 이항 대립으로 구성된다면 퍼스의 기호학은 '표상체-대상체-해석체'라는 삼항 구도로 되어 있다.

퍼스의 '대상체-표상체-해석체'는 일차적 순환이 끝남과 동시에 해석체를 표상체로 간주하면서 또 다른 삼항 관계를 만들어 낸다. 그는 해석체/표상체에 의해 끝없이 이어지는 순환을 '세미오시스semiosis', 더 정확하게는 '무한한 세미오시스'라고 불렀다. 세미오시스는 동일성과 차이를 중심으로 수렴하기도 하고 발산하기도 한다. 들뢰즈의 『시네마』가 기본적 논리로 내세웠던 닫힌 집합 대 열린 전체의 대결은 세미오시스의 수렴 대 발산으로 재정식화할 수 있다.

들뢰즈가 『시네마 I』에서 영화의 '시간-이미지'의 특징을 설명하기 위해 사용한 '잠재적인 것의 직접적인 현시'라는 개념은 들뢰즈를 이해하는 핵심 개념 가운데 하나다. 들뢰즈의 차이 철학의 기본 구도는 실재성은 현실성과 잠재성의 합이라는 도식에 기초하고 있다. 즉 실재는 현실성으로만 이루어진 것이 아니라 잠재성을 포함한다.

들뢰즈의 영화론은 그의 존재론적 구도 위에서 전개된다. 그의 존재론적 구도는 실재성=현실성+잠재성으로 정리할 수 있다. 실재성은 차이의 이데아를 가리킨다. 이데아는 차이가 나는 '차이'와 차이를 짓는 '반복'으로 이루어져 있다. 그 이데아를 규명하고자 한 책이 『차이와 반복』이고, 그 가운데 잠재성과 현실성의 문제를 영화를 통해 보여 주는 것이 『시네마』다. 그런데 여기에서 주의할 것은 들뢰즈가 현실성보다는 잠재성에 더 많은 관심을 두고 있다는 사실이다.

실재성은 현실성과 잠재성이라는 이항 대립으로 구성된 것처럼 보이지만 사실은 운동하는 '하나'다, 이 과정을 매개하는 제 삼항이 바로 개체화다. 실재의 삼항 관계, 즉 잠재성-개체화-현실성은 각각 이념, 강도, 재현에 해당한다. 들뢰즈의 현실태와 잠재태 개념은 베르그송의 역원뿔을 응용한 것으로 현실의 층위에 있는 '현재의 첨점'과 얇은 잠재성의 층들로 이루어진 '과거의 시트들'로 구성되어 있다.

현재의 첨점을 기준으로 들뢰즈의 논의는 세 방향으로 전개된다. 역월뿔의 첨점과 과거의 시트들이 조우하는 지점. 과거의 시트들 속으로 들어가는 것, 현재의 첨점들의 중첩으로 향하는 시간-이미지다. 현재의 첨점이 평면 위에서 움직이면서 과거의 시트들을 불러오는 이미지라면 과거의 시트들은 기억과 관련된 이미지들이다.[142] 스크린 뇌는 현재의 첨점에서 현실의 평면 위에서 돌아다니거나, 과거의 시트들을 끌어당긴다.[143] 기억-이미지는 시간-이미지이지만 일정한 한계를 가진

---

142) 최영송, 『질 들뢰즈, 시네마』, 커뮤니케이션북스, 2017, 79~80쪽.
143) 앞의 책, 81쪽.

다. 과거의 시트들 속에 머물러 있기 때문이다. 시간-이미지의 핵심은 현재의 첨점과 과거의 시트들이 동시에 작동하면서 식별 불가능한 것이 되는 경우다.

현재의 첨점에서 평면이 지각을 일으킨다면 과거의 시트들에서는 회로가 기억을 일으킨다고 말한다. 지각과 기억이 동시에 일어나는 지점에서 매번 다른 대상과의 조우를 통해 지우고 창조하기를 반복한다. 들뢰즈에 따르면 이러한 "창조와 지움이라는 이중적 운동" 속에서 연속적 평면들, 독립적인 회로들은 서로를 폐지하고 반박하고 다시 취하고 혹은 끝없이 갈라지면서 하나의 동일한 물리적 현실의 층들과 하나의 동일한 정신적 현실, 즉 기억 혹은 정신을 동시에 구성한다.

들뢰즈는 회상-이미지, 다시 말하면 기억-이미지를 "잠재적인 것이 아니라 그, 자신을 위해 하나의 잠재성을 현실화하는 것"으로 정의한다.[144] 기억은 지각과 함께 현실화되었거나 현실화 과정에 있는 이미지다. 기억-이미지가 잠재성의 층위에 있는 것이 아니라는 것은 그것이 진정한 시간-이미지가 아니라는 말이다. 기억-이미지는 본질적으로 '식별 불가능한' 이미지가 아니다. 기억은 어쩔 수 없이 지각과 함께할 수밖에 없기 때문이다. 우리에게 시간-이미지는 사실 기억 이미지가 아니라 "오히려 기억의 동요 그리고 재인의 실패"[145]다.

---

144) 질 들뢰즈, 『시네마 II: 시각-이미지』, 이정하 옮김, 시각과언어, 2005, 116쪽.
145) 앞의 책, 117쪽.

식별 불가능성은 현재의 첨점과 과거의 시트들, 또는 현실태와 잠재태가 끊임없이 교환되는 상태를 가리킨다. 잠재태와 현실태의 교환이 식별 불가능하다는 것은 한 장면 안에 두 개가 섞여 있다는 것이 아니라, 눈앞에 있는 장면이 구분할 수 없을 정도로 교환되고 있다는 의미다. 현실화와 잠재화가 동시에 진행되고 있기 때문에 식별이 불가능하다.

결정체-이미지는 수많은 면으로 이루어진 다이아몬드처럼 수많은 거울들이 서로를 동시에 비추고 있는 모양새다. 결정체 이미지는 "실재적인 것과 상상적인 것, 혹은 현재와 과거, 현실태와 잠재태의 식별 불가능성은 결코 머릿속에서나 정신 속에서 생산된 것이 아니라 그 자체로 이중적인 실존하는 이미지들의 객관적 성격이라 할 것이다."[146]

결정체-이미지는 기억 이미지나 꿈 이미지, 세계 이미지와 같은 큰 회로를 결합시키는 가장 작은 회로다. 이 작은 회로가 가리키는 것은 "이미지를 팽창시키는 대신 응축시킬 것, 다른 모든 것들의 내적 한계로서 기능하는 가장 작은 회로, 또한 현실적인 이미지를 즉각적이고 대칭적으로 연속적인, 혹은 동시적인 일종의 분신과 비끄러맬 가장 작은 회로를 찾을 것, 기억 혹은 꿈이라는 더 큰 회로들은 이 좁은 기반, 이 극한의 첨점을 전제하고 있는 것이지 그 역은 아니다."[147]

결정체-시간은 식별 불가능한 첨점에서 끊임없이 둘로 갈라진다. 결

---

146) 앞의 책, 146쪽.
147) 앞의 책, 143쪽.

정체-이미지에서 시간은 현재와 과거가 식별 불가능한 시간이다. 이것은 "새로운 현재가 도래하기 위해서 현재는 지나가야 하고, 현재가 현재인 순간, 현재는 동시에 현재이면서 지나가야 한다. (…) 현재, 그것이 바로 현실태적 이미지이며, 그것과 동시적인 자신의 과거, 이것이 바로 잠재태적 이미지, 거울 이미지다."[148]

결정체-이미지는 순수 과거에서의 이미지로, 현실의 이미지들과 달리 시간상의 전후를 따질 수도 없고, 원본과 복사본을 구분할 수도 없는 잠재적 이미지다. 영화에서는 현재와 과거, 여기와 저기를 구분할 수 없는 다이아몬드 결정체-이미지를 가리킨다.

4. 나가기

대부분의 철학자들에게 예술에 관한 논의는 자신의 철학적 테제들을 예술의 사례에 적용하여 철학적 의미를 확인하는 방식으로 이루어진다. 이러한 논의 방식에서 철학은 예술보다 우월한 지위를 점하며 예술은 철학적 테제들에 따라 평가되거나 분석되는 대상일 뿐이다. 특히 철학자들이 영화에 관해 쓴 글들을 보면 대부분 이런 식의 논의 방식을 취한다. 들뢰즈는 영화를 구성하는 어떤 본질이 있다고 주장했던 기호

---

148) 앞의 책, 161쪽.

학이나 정신분석학, 이데올로기적 장치론을 비판한다.[149]

 들뢰즈는 프랑스의 영화감독 알랑 레네의 영화를 언급하며 다음과 같이 말한바 있다. "우리가 레네의 인물들을 철학자들이라 할 때, 물론 이 인물들이 철학에 대해서 말한다거나 레네가 영화에 철학적 사유를 '적용한다'는 의미가 아니라 (…) 영화와 철학의 드문 결합을 성취하면서, 영화사상 완전히 새로운, 그리고 철학사상 완전히 살아있는 철학과 영화, 사유의 영화를 창조했다는 의미이다."[150] 들뢰즈의 이 논평은 단지 레네의 영화에 국한되지 않고 영화 전체에 대한 그의 생각으로 볼 수 있다.

 들뢰즈는 "영화의 위대한 작가들은 화가나 건축가, 음악가들뿐만 아니라 사상가들에 비견될 만하였다. 그들은 개념 대신 운동-이미지와 시간-이미지를 가지고 사유한다"고 말한 바 있다.[151] 사유란 우연히 마주친 대상에 의해 강제되어 시작되는 수동적인 활동이다. 이런 사유를 작동시키는 가장 우월한 대상이 예술이다. 그렇기 때문에 들뢰즈에게 예술론은 결코 철학의 하위 범주도 적용 대상도 아니다. 사유는 모든 것이 조화롭고 평화로운 상태에서 시작되는 것이 아니라 "어떤 돌발적인 충격"[152]과 같은 폭력적인 경우에 처했을 때 시작된다.

---

149) 질 들뢰즈, 『시네마 I: 운동-이미지』, 유진상 옮김, 시각과언어, 2002, 30쪽.
150) 질 들뢰즈, 『시네마 II: 시각-이미지』, 이정하 옮김, 시각과언어, 2005, 409쪽.
151) 질 들뢰즈, 『시네마 I: 운동-이미지』, 유진상 옮김, 시각과언어, 2002, 8쪽.
152) 질 들뢰즈, 『차이와 반복』, 김상환 옮김, 민음사, 2004, 296쪽.

우리의 정신은 능동적이고 자발적으로 어떤 대상을 선택하고 그로부터 사유를 시작하는 것이 아니라 기호라는 어떤 폭력적인 대상과의 우연적인 마주침에 의해 어쩔 수 없이 그 기호를 해독해내게끔 사유를 강요당해서 비로소 시작하게 된다. 들뢰즈가 사유에 부여하는 우연성, 수동성, 강제성과 같은 특성들은 사유가 기존의 사유 규칙이나 기준들을 넘어서서 새로운 무언가를 창조하는 활동임을 의미한다.

들뢰즈는 예술이 예술로 남기 위해서는 독립성과 자율성을 가져야만 한다고 생각했다. 그는 예술의 기호와 완벽한 통일을 이루는 기호의 의미가 바로 '본질'이라고 말한다. 예술 기호의 독해를 통해 본질이 드러나기 때문에 들뢰즈의 예술론은 그의 존재론적 사유의 핵심으로 다가가는 직항로라 할 수 있다. 이런 맥락에서 들뢰즈에게 "철학, 철학의 모든 방법과 선 의지는 예술 작품의 비밀스러운 압박 앞에서는 아무것도 아니다. 언제나 창조는 사유 활동의 생성과 마찬가지로 기호에서 출발한다. 예술 작품이 기호들을 탄생시키는 만큼 또한 예술 작품은 기호에서 태어난다."[153] 감각은 인간 주체로부터도 독립적이어야 하지만 재료로부터도 독립적이어야 한다.

영화가 예술이라면 구성의 평면 위에서 이미지들이 펼쳐진다고 말하는 것이 당연하다. 하지만 들뢰즈는 구성의 평면이 아니라 내재성의 평면 위에 영화 이미지들이 펼쳐진다고 말한다. 들뢰즈는 영화란 무한

---

153) 질 들뢰즈, 『프루스트와 기호들』, 서동욱 · 이충민 옮김, 민음사, 1997, 146쪽.

히 펼쳐지는 운동-이미지의 평면 위에서 개별 영화들에 따라 특정한 방식으로 분화되거나 종별화되는 다양한 이미지들의 배치로 이루어진 것이라고 보았다. 감각-운동적 도식이 깨어졌을 때 지각과 감응이 생성된다. "감각-운동적 단절을 통해 인간은 세계 내의 어떤 용인할 수 없는 것에 충격을 받은, 그리고 사유 안에 존재하는 어떤 사유할 수 없는 것에 직면하게 된 견자가 된다."[154] 들뢰즈의 예술론과 관련하여 이러한 영화, 즉 현대 영화는 지각과 감응의 구성물, 감각들의 블록으로 간주할 수 있다.

들뢰즈는 영화를 그저 철학의 개념들을 적용하여 해설하는 어떤 사례나 도구가 아니라, 새로운 사유 양태를 창조하는 사유 기계로 파악했다. 그렇기 때문에 그에게 "영화 그 자체의 본질이란, 더 고양된 목표로서 오로지 사유와 그 작용 이외의 어떤 것"도 아니라고 단언한다.[155] 영화의 임무는 "사유에 충격을 생산해 낼 것, 두피에 떨림을 전달하고, 신경 조직과 뇌 조직을 직접적으로 건드릴 것"으로 요약된다.[156] 그의 영화 철학에서 '탈중심화'란 결국 실재로의 근접이라는 긍정적인 의미를 함축하고 있다. 그의 영화 철학에서 영화적 사유는 탈중심화와 비인간화 경향성을 통해 영화가 인간의 한계를 넘어 무한으로서의 실재에 대해 새롭고 다양한 사유의 창조를 지향하고 있음을 재확인하게 된다.

---

154) 질 들뢰즈, 『시네마 II: 시각-이미지』, 이정하 옮김, 시각과언어, 2005, 334~335쪽.
155) 앞의 책, 332~333쪽.
156) 앞의 책, 314쪽.

들뢰즈는 『시네마』에서 개별 영화에 대해 직접적으로 서술하지 않는다. 그보다는 이미지 개념을 통해 영화를 철학적으로 접근한다. 그가 『시네마』를 통해 궁극적으로 말하고자 하는 바는 '영화를 통해 사유하라'라는 한 문장으로 압축적으로 요약된다. 이는 기존의 영화에 대한 인식과 통념의 전복, 즉 탈영토화이다. 그의 탈영토화의 운동 방향은 결국 실재에 대한 사유의 창조라는 목적을 향하고 있다. 영화에서 시간-이미지는 감각-운동 도식적 재현으로부터 탈영토화이자, 생에 대한 사유, 그리고 실재에 대한 사유라고 말할 수 있다.

결론적으로 말해 영화이론은 영화에 근거를 둔 것이 아니라 영화 그 자체만큼이나 실천적이고 효과를 낳는, 혹은 영화만큼 존재하는 영화의 개념들에 관한 것이다. 영화 그 자신은 이미지와 기호에 대한 새로운 실천이며, 철학은 이를 개념의 실천으로서의 이론으로 만든다.

홍명희의 삶, 문학, 그리고 문학제

1. 홍명희의 삶

 벽초 홍명희는 1888년 충북 괴산군 괴산면 인산리에서 태어나 1968년 북한에서 작고했다. 북한의 '혁명렬사릉' 묘비에는 '홍명희 동지 내각 부수상 1888년 7월 3일생 1968년 3월 5일 서거'라고 간단하게 새겨져 있다. 그는 경술년에 국치를 당하자 자결한 열사 홍범식의 아들이자, 조선의 신문학을 이끈 '삼천재' 중 한 사람으로 불렸다. 그는 작가로서 백정 등 민중 계층의 인간 해방을 다룬 대하소설 『임꺽정』(1928~1940)을 썼다. 문학뿐만 아니라 《시대일보》 사장, 오산학교 교장, 조선문학가동맹 위원장, 민주독립당 위원장 등 언론, 교육, 정치 등 여러 방면에서 중요한 역할을 하며 민족의 자존심을 회복하려 노력했다. 해방 후에는 남과 북의 통일을 위해 노력했지만 그 뜻을 이루지 못하고 일생을 마쳤다. 한마디로 그는 곡절 많은 삶을 살다 갔다.

명문가에서 태어난 홍명희는 식민지 시대에 가장 존경받던 전형적인 선비이자 지식인이었다. 하지만 그는 젊은 시절에는 '후레자식 구락부'라는 모임을 만들 정도로 반항적이면서 동시에 아들과 맞담배를 함께 피울 정도로 개방적이었다. 그는 반항과 파괴의 열정을 노래한 영국의 낭만주의 시인 조지 고든 바이런을 흠모했다. 그는 1901년 신학문을 배우기 위해 상경하고 1905년에는 일본으로 유학을 떠난다. 그곳에서 그는 문일평, 이광수, 최남선 등 우리나라 신문학과 신문화에 큰 업적을 남긴 선구자들과 교유한다. 특히 이광수, 최남선과의 만남은 여러 모로 흥미롭다.

홍명희는 이광수를 처음 만났을 때부터 무척 아꼈다고 한다. 레프 톨스토이Lev Nikolayevich Tolstoy를 소개했고 그가 톨스토이주의자가 되는 데 큰 영향을 끼쳤다. 하지만 그 자신은 톨스토이보다 표도르 도스토옙스키Fyodor Dostoevsky를 훨씬 더 높이 평가했다. 이광수는 홍명희로부터 받은 문화적 영향에 대해 "나보다 나이가 4년이나 위일뿐더러 한학의 소양이 있는 데다가 재주가 출중한 이"라고 평했다. 하지만 홍명희와 이광수는 처음부터 문학적 기질에서 큰 차이가 있었다. 이광수는 톨스토이의 계몽주의 문학에 경사된 데 반해 홍명희는 도스토옙스키의 사실주의 문학에 심취했다. 이광수는 평생 교사적 태도를 취하며 설교 문학에 머물렀다. 반면 홍명희는 누구에게도 지도하는 태도를 취하지 않았지만 언제나 지도자로 인식되었다.

홍명희, 이광수, 최남선은 우리나라 신문학의 개척자 또는 선구자로 활동하기 위한 일종의 준비기간을 거쳤으나 결국 삼인집을 발간하지 못했고 최남선이 발간한 잡지 《소년》이 이를 대신했다. 홍명희는 당대 신문화 개척자 또는 선구자로 부를 만한 여러 인물들과 두터운 교분을 맺었다. 그럼에도 특히 이광수와 최남선, 이 두 사람의 문재에 대해 상당히 높이 평가했다. 손자 홍석중은 "할아버지가 말년에 눈이 어두워지신 이후로는 자주 손자들을 시켜 큰 소리로 책을 읽게 하고 들으셨는데 그 어렵고 힘든 소임이 자주 내 몫으로 떨어지곤 했다."고 말한다. 그런데 어느 날 갑자기 책 읽기를 중단시키며 "그만 읽어라. 도무지 따분해서 들을 수가 없구나, 그저 지루하게 늘어놓기만 하구. (…) 내가 아는 사람으루 글을 곱게 쓰기루는 륙당만한 사람이 없었어. 그런데 그 사람두 제가 쓴 글이 아까워 짜르지를 못했지. (…) 글이란 결국 짜를 줄 아는 게 재주야."라며 말을 이었다.

홍명희는 1910년 깊은 회의와 절망, 그리고 번민에 빠진 채 귀국을 단행한다. 그는 귀국한 지 얼마 되지 않아 삶에서 일생일대의 가장 충격적인 사건에 직면한다. 바로 그의 부친인 홍범식이 경술국치를 당해 자결한 것이다. 부친의 순국은 그에게 식민지시대를 어떻게 살아가야 할 것인가에 대한 삶의 기본적인 원칙이자 모든 판단의 기준이 되었다. 부친의 순국으로 홍명희는 바이런주의자로, 자연주의 문학 애독자로 머물 수 없었다. 그는 잃은 나라를 되찾고 아버지의 죽음을 끝까지 욕되게 하지 말라는 부친의 유언을 따랐다. 훗날 그는 자신이 『임꺽정』의 작가나 학자보다도 홍범식의 아들로 명예를 지키며 살아왔다고 고백한 바 있다.

홍명희는 부친 삼년상을 마치고 서간도를 거쳐 해외 독립운동의 거점인 상해로 떠난다. 그는 그곳에서 일본 유학 시절부터 막역한 벗이었던 문일평, 동제사의 총재인 박은식, 평생 공경한 신채호를 만난다. 동생인 홍성희와도 재회하고, 길지 않은 기간이지만 이광수와 숙식을 같이 한다. 그는 남양으로 떠났다가 싱가포르, 홍콩을 거쳐 다시 상해로 돌아온다. 그는 동생의 간청에 따라 귀국길에 오르고 고향인 괴산에서 만세 시위를 이끌다가 일경에 검거, 구속된다. 출소 후 괴산에서 더 이상 가족을 이끌 수 없게 되자 솔가하여 상경한다.

홍명희는 《동아일보》 취췌역 겸 편집국장에 임명되면서 언론인과 사상가로서의 새로운 삶을 시작한다. 그는 사회주의 사상에 적극적으로 관심을 보이며 '신사상연구회'를 결성한다. 한학을 수학한 인물이라고는 믿어지지 않을 만큼 합리적이고 진보적이었다. 그는 근대 이후 눈부시게 발달한 자연과학의 성과를 신뢰했고, 남녀평등을 주장했고, 피임을 옹호했다. 또한 그는 한글의 횡서 및 한글 자모 풀어쓰기를 주장하고 국제어의 필요성을 역설했다. 무엇보다도 그는 민중의 힘을 강조하고 자본주의 체제를 비판적으로 바라보았다.

홍명희는 1925년 비타협적 민족주의자들이 중심이 된 '조선사정조사연구회'에 가입한다. 조선 사회의 현실을 과학적이고 객관적으로 파악하는 것을 목표로 창립된 이 연구회는 극좌 사상을 거부하며 준비론적 민족주의를 표방했다. 그는 이념과 성격이 다른 몇몇 단체에도 가입했다. 그에게 중요한 것은 이념보다는 '민족해방투쟁', '민족 통합', '국권 회복'이었다. 그는 카프 문학의 회원이 아니었지만 카프 문학에 동정적이었고 그렇기 때문에 카프 문학의 회원들로부터 존경을 받았다. 그는 카프와 동반자적 관계를 유지하면서도 카프 문학의 비예술성을 비판했다.

1920년대 중반 홍명희의 삶을 이야기할 때 빼놓을 수 없는 키워드는 역시 '신간회'와 소설 『임꺽정』이다. 그는 1927년을 전후로 신간회 추진에 나선다. 그는 국권 회복의 대도에 분파가 있을 수 없다고 생각해 이념과 분파를 벗어나 반제국주의, 민족해방에 뜻을 같이하는 모든 그룹과 제휴했다. 당시 신간회는 조직의 상층부에서 지역 지회에 이르기까지 당시의 좌, 우, 중도 세력 모두를 아울렀다. 하지만 초창기 신간회는 회원의 4할이 조선공산당원들이었을 정도로 공산주의 성향이 강했고 1928년 공산당 검거 사건으로 세력이 위축된다. 그 후 비타협 민족주의로 노선을 변경했지만 결국 1931년 일제의 탄압으로 신간회는 해체되고 만다.

홍명희는 공산당 검거 때 치안유지법 위반 혐의로 검거되지만 곧 불기소로 풀려난다. 그 후 그는 대하장편소설 『임꺽정』을 집필에 몰두한다. 하지만 그는 전술한 신간회 민중대회 사건으로 다시 검거되고 서대문 형무소에 수감되면서 『임꺽정』 집필은 중단된다. 그는 1933년부터 1940년까지 건강의 악화에도 불구하고 『임꺽정』의 연재를 이어 나간다. 『임꺽정』은 당시 많은 관심과 주목을 받았다. 일단 『임꺽정』의 작가가 학식과 재능에서 당대 최고라는 평판을 듣던 홍명희였다. 특히 내용적으로 이 작품은 큰 논란을 불러일으켰다. 주인공 임꺽정은 천민 중에서도 최하 천민으로 분류되는 백정의 아들임에도 불구하고 못된 양반층과 벼슬아치들을 혼내고, 그들의 물건을 빼앗고, 처첩까지 거느린다.

홍명희는 해방 전 여러 조직과 단체의 장으로 추대되지만 모두 거절한다. 그는 비타협 민족주의에서 중도적 민족주의로 정치적 노선을 선회한다. 하지만 해방 후 미국과 소련의 이해가 충돌하고 국내 좌우 세력의 갈등이 점차 격화되자 민족주의자로서 그는 전면에 나선다. 그는 남한과 북한이 갈라지는 것을 막기 위해 학계, 언론계, 문화계 인사들과 함께 민주통일당을 창당한다. 중간파 세력을 흡수해 민주독립당으로 세를 확장하고 위원장에 취임한다. 그는 창당 결의문을 통해 '완전한 자주독립'을 표명한다. 그는 남북을 막론하고 "외세에 편승하는 반민족적 행동으로 삼천만 동포의 염원인 자주통일과 완전 독립을 저해하는" 일체의 행위를 경계하면서 남북 분단의 고정화를 경계했다.

홍명희는 남과 북을 중재하고 갈등을 해결하기 위해 몇 차례에 걸쳐 평양을 방문하지만, 남쪽에서 친일 세력이 부활하고 득세하자 결국 평양에 남기로 결정한다. 사실 그는 공산주의자도 좌익도 아니었다. 평양과 서울을 오가며 민족의 분열을 막기 위해 노력한 민족주의자였을 뿐이었다. 그런데도 그는 오랜 기간 동안 공산주의자로 오해를 받았고 '빨갱이'로 매도되었다. 가장 안타까운 것은 『임꺽정』의 작가로서 그의 이름이 아주 오랜 기간 동안 한국문학사에서 지워졌다는 사실이다.

2. 홍명희의 문학

일제가 식민지 지배 정책으로 내세운 탈아론, 정한론, 내선일체론, 황국신민화론의 저변에는 항상 전통 문화권 내에서 자기 비하와 열등감이 전제되어 있다. 외래문화의 앞잡이가 되어 자기가 속해 있던 문화권을 공격하는 데서 쾌감을 느끼는 자학적, 병적인 복합심리가 잠재해 있어 그 복합심리가 식민지 정책으로 나타날 때 잔인한 가학성을 띠게 된다. 이는 서구 문화의 만년에서 피해자적인 충격을 받은 일본인들이 자기 전환해 가해자로 등장하는 것을 보여주고, 전통 문화권에 대한 그들의 적개심까지 엿보이게 하는 멸아鱀兒의 자기모순에 빠진 것으로 해석된다.

일제의 자기모순은 그 자체만의 문제가 아니다. 일제는 자국의 모순을 해결하기 위해 민중을 속인다. 개인의 소외는 인류 전체의 세기말적 소외라는 자기모순을 낳았다. 개인의 자유는 지배에 대한 투쟁의 의미를 가질 수밖에 없었고 그에 따라 인류 전체의 자유는 지배 계층을 합리화시켜 온 문명에 대한 투쟁의 의미를 지닌다. 그렇지 않은 차원에서 자유는 늘 경쟁적, 획일적, 형식적인 자유라는 것을 당시 서구 산업 사회가 예증한다.

일제의 가해자로서의 자기 전환은 바로 이러한 원리에 의해서다. 그들은 식민지 피지배 지식인들에게 자유인이라는 환상을 심어주었고 그들을 지배층으로 전환시켰다. 그것을 거부하는 태도는 두 가지 방향으로 나타난다. 지배자에 대한 투쟁과 그 투쟁 과정에서 나약한 퇴폐주의로의 퇴행이다. 이 두 가지 양상은 피지배국 내에서 대립이라는 자체 모순을 드러냄으로써 지식인들에게만 국한된 문제가 아니라 피지배 민중 전체의 문제가 되는 분파적 문화현상으로 나타난다. 피지배국 사회 안에서는 성공적인 식민화의 안정된 기간이 지속되는 동안 억압이 직접 생산물인 하나의 규칙적이고도 심각한 정신 병리가 존재한다.

민중을 조선 혁명의 대본영을 삼은 신채호는 피지배국의 문화 투쟁 운동은 민중들의 삶과 유리되어 있기 때문에 그 목적을 달성할 수 없다고 파악했다. 그렇다면 남은 것은 '폭력 혁명'뿐이다. 지식인은 민중 속으로 파고들어가서 민중과 손을 잡고 폭력 투쟁으로 일본의 통치를 타도하고 조선 민중의 생활에 불합리한 일체 제도를 개조하여 인류로써 인류를 압박치 못하게 하여 사회로서 사회를 수탈하지 못하게 하는 이상적 조선을 건설해야 한다고 역설했다.

홍명희의 삶에서 가장 절실하고 중요한 문제는 '민족 통합'이었다. 그는 현실 타개책으로 민족 통합 운동을 전개했다. 그가 민족 통합 운동의 길을 모색하게 된 바탕에는 성급한 투쟁 의식보다는 인간에 대한 깊은 애정에 있다. 그렇다고 그가 불의와 쉽게 타협한 것은 아니었다. 정신적 구조는 반양반, 반봉건, 반일제의 비타협으로 요약되고, 민족관은 식민지 피지배 상황에 처한 구체적인 현실에 정향되었다. 그는 현실 속에서 피지배층 간의 이념 투쟁은 민족 해방에 도움이 되지 않는다는 사실을 직시했다. 그에게 중요한 것은 식민지 실체에서 벗어날 인간 해방으로서 민족 해방이었지, 이념적인 해방으로서의 민족 해방이 아니었다.

홍명희의 삶에서 두드러진 점은 반봉건의식이다. 반봉건의식은 권력 주체의 조작에 대한, 그에 의해 형성된 기존 질서의 틀에 대한 철저한 반항 행위로 연결된다. 그러한 실천 행위가 아니고서는 삶의 실체가 역사의 진실이 제대로 드러날 수 없다. 인류의 삶에는 계급투쟁의 역사가 그대로 녹아 있다. 그는 주자학에 의해 합리화된 사대부 중심 지배체제에 철저하게 반항했다. 그는 독립운동 자체를 반봉건 운동 자체로 인식했다.

홍명희가 생각하기에 조선 사상계를 지배한 주자학의 문제는 그 방향이 다수 민생을 살리는 실리적인 방법으로 향하지 않고 소수 양반 관료들의 권력투쟁 명분으로 그쳤다는 데 있다. 그는 실학 발흥을 권력투쟁의 관점에서 파악한다. 그는 조선 후기의 권력 투쟁과 3.1운동 이후의 이념 투쟁을 유비한다. 3.1운동 이후 여러 단체들이 좌우익을 중심으로 각기 다른 노선을 취하며 노선 경쟁을 벌이며 힘을 하나로 모으지 못했다. 일제의 중국침략 이후로는 그러한 단체 활동마저도 철저하게 탄압받고 독립운동의 거점이 중국, 미국 등지로 옮겨질 수밖에 없었다. 즉 그에게 가장 중요한 것은 피지배 국민 간의 이념 싸움이나 계급 싸움이 아니라 식민지 실체에서 벗어날 수 있는 민족 해방이었다.

'민중 지도론'은 홍명희 문학관의 핵심이다. 그가 생각하기에 "문학자는 민중을 지도한다는 긍지를 가져야 하고 군중에게 영합하거나 어떤 세력에 아부해서는 진정한 문학이 나올 수 없다." 그는 대중 계몽의 최선책이 바로 문학이라는 자신의 신념을 해방 후에도 견지했다. 그의 문학을 통한 민중 지도론은 민중과 함께하는 민중을 통한 실천 문학론으로서 의의가 있다. 그의 민중 지도론은 봉건 잔재를 제거하는 것을 목표로 한다. 그는 아동 문학과 농민 문학을 수립하는 것을 당면 과제로 보았다. 그렇다고 민중 지도라는 목적성만 고집한 것은 아니었다. 그는 문학의 독자성을 중요하게 여겼다. 그는 목적성에만 얽매이다 보면 "아무리 문자적으로 도덕적이고 선적이라고 하더라도 독자가 신용하지 않는다"고 생각했다. 그는 어떤 목적을 앞세워 민중 속에 성급하게 뛰어들기보다는 언제나 관조적인 태도로 검토하고 비판해야 한다는 사실을 강조했다.

　홍명희의 민중 지도론은 자연스럽게 '민족 문학 수립론'으로 연결된다. 하지만 그는 민족 문학을 수립하는 데 있어 우리 것만 되어야만 한다는 성급한 목적론을 거부하고 있다. 그가 생각하기에 문제의 핵심은 단순히 과거의 유산을 계승하는 것이 아니라 어떻게 우리의 것을 새롭게 창조하느냐다. 그는 우리의 문학 전통을, 민중을 올바르게 지도할 수 있는 구체적인 문학 작품으로 계승한다면 자연스럽게 민족 문학이 수립될 것이라고 생각했다. 그의 민족 문학 수립론은 순수 시비론의 근간이 된 '좌파 문학이냐 우파 문학이냐'라는 형태의 분파주의를 극복할 수 있는 방법론이다. 그의 민족 문학 수립론은 '참여 문학이냐 순수 문학이냐', '민중 문학이냐 순수 문학이냐'라는 형태로 오늘날까지 이어지는 문학 분파주의에 대한 귀중한 경고로 받아들여진다.

홍명희의 문학관을 이해하는 출발점은 '일상어 사용'의 강조다. 그는 작가가 창작에서 어려운 용어나 어떤 한 계층의 목적의식을 대변하는 굳은 언어를 사용해서는 안 된다고 역설했다. 죽은 언어가 아닌 살아 있는 언어, 즉 모든 사람들이 쉽고 풍부하게 이해할 수 있는 문학 표현만이 한 시대의 전범이 되는 동시에 시대를 뛰어넘는 보편성을 얻을 수 있다. 그의 일상어 사용의 강조는 지배 계급이 아닌 피지배 계급을 대변하는 정조를 대변하고 자연스럽게 진보적 세계관으로 연결된다.

홍명희의 진보적 세계관은 『임꺽정』의 창작 의도에서 잘 드러난다. 그는 작품의 시대적 배경을 '조선 사회'라고 하지 않고 '봉건 사회'라고 분명히 밝히고, 임꺽정을 가장 학대받는 백정계급의 한 인물이라고 규정하고 있다. 반봉건과 계급투쟁이라는 키워드를 통해 『임꺽정』을 좌익 공산주의와 연결시킬 수도 있다. 하지만 앞에서 여러 차례 언급했듯이 『임꺽정』의 작품의 의의는 임꺽정을 통해 당시 식민지 현실에 처해 있던 민중을 담합시키고 인간에 대한 진정한 해방에 이르는 길을 제시하는 데 있었다. 작가는 조선 시대 백정과 일제 식민지 지배하에 있던 당시의 백성을 유비한다. 홍명희의 반봉건, 반일제, 조선 정조의 실현을 겨냥한 창작 의도와 민중 지도론에 바탕을 둔 민족 문학 수립론은 『임꺽정』에 그대로 반영되었다.

『임꺽정』은 식민주의 실체를 겨냥한 반봉건주의를 지향할 뿐만 아니라 민족사 왜곡에 대응한 민족 문학의 정점이다. 일제는 한일병탄을 합리화하기 위해 한국사를 왜곡했다. 거기에는 한국사의 주체적 발전과 한반도 지역의 독립된 역사성 및 문화성을 폄훼해 조선의 존립 근거를 없애버리려는 의도가 숨어 있었다. 실제로 일반 민중뿐만 아니라 지식인이라 할 수 있는 작가들 또한 식민주의에 의한 왜곡된 역사를 내면화했다. 하지만 『임꺽정』은 식민지 지배국의 피지배국 민족사 왜곡과 그에 따른 피지배국 민중들의 근거가 파괴된 삶의 변증법적 의미를 충분히 문제화시킴으로써 민족 문학의 정점에 이르렀다.

『임꺽정』은 봉건 군주의 파괴, 양반 계급 파괴, 봉물 진상 제도 파괴, 봉건적 신분 제도 파괴, '조선 정조'의 실현을 목표로 한다. 『임꺽정』에서 재구된 민중의 풍속과 언어는 '민중의 진실한 본질을 찾아낼 수 있다고 믿어지는 추상적인 민중론'에 그쳐질 성질의 것이 아니라, 늘 핍박한 받아온 민중들의 실체에서 나온 한에 입각된 것이다. 그 한이 바로 민중들의 삶에서 나온 내적, 외적 찌꺼기다. 그 한이 원동력이 되었기 때문에 인간 본연의 삶을 찾기 위한, 즉 자유를 위한 투쟁이 가능했다. 한 사회 안에서 봉건 질서와 화적의 질서가 병행되었다는 사실은 추상적인 형식 논리에서가 아니라 민중의 진정한 삶을 위한 실천 과정에서 확인된다. 식민지 치하에 있던 당시의 민족 문화는 민중의 실천 의지 이외에 다른 어떤 것으로도 대변될 수 없었다. 그 민중의 실천 의지가 구체화된 것이 바로 홍명희의 『임꺽정』이다.

3. 홍명희 문학제

　전술했듯이 홍명희는 한국문학사에서 오랫동안 지워졌다. 1988년 남·월북 작가 해금 조치가 이루어졌고 북한 바로 알기 운동이 본격화되었다. 당시 문공부는 박태원, 이태준, 임화, 김남천 등 월북 작가들의 작품의 공식 출판을 허용했다. 하지만 북한의 공산 체제 구축에 적극 협력, 활동했거나 현장 활동을 함으로써 북한의 고위직을 지낸 홍명희, 이기영, 한설야, 조영출, 백인준 등 5명의 작품은 문학사 정리를 위한 학문적 연구는 허용하지만 일반 출판은 계속 금지한다고 발표했다.

　그런데 홍명희의 『임꺽정』은 이미 한 출판사에 의해 출간되었다. 1980년대 중반 엄혹한 군사정권 시절 위험을 무릅쓰고 사계절출판사가 『임꺽정』을 출간했다. 『임꺽정』의 출간 직후 출판사 대표와 관계자들은 공안 기관에 끌려갔고 책은 압수되었다. 출판사는 안기부와 문공부를 상대로 소송을 벌였고 결국 승소했다. 출판사 측은 작가와 정식 저작권 계약을 맺고 책을 출판하려 했지만 작가는 이미 작고했고 저작권자는 북한에 있기 때문에 이 또한 쉽지 않았다. 그래서 출판사는 책 판매 대금으로 소설 『임꺽정』 TV 광고와 문학제를 개최했다. 그렇게 시작된 문학제가 바로 '홍명희 문학제'고 올해로 스물일곱 번째를 맞이했다.

　1996년 처음 시작할 때부터 지난해까지는 주로 청주와 괴산군 일원에서 개최되었다. 하지만 올해 제27회 홍명희 문학제는 'Pay Off, 바다를 건너 온 임꺽정'이라는 주제로 제주문학관, 포지션 민 외 제주도 일원에서 개최되었다. 문학제 프로그램은 영화 〈Pay Off〉 상영, 학술강연, 판소리 〈임꺽정가〉 공연, 제주도 답사 등으로 예년에 비해 훨씬 다채롭게 구성되었다.

학술강연은 류정환 시인의 「대하소설 『임꺽정』과 제주」와 배영환 제주대 국문과 교수의 「소설 『임꺽정』의 어휘 연구」로 구성되었다. 류정환 시인은 소설 『임꺽정』을 "우리말의 보고寶庫"인 동시에 "조선의 풍속을 세밀하게 그녀 낸 소설"이라고 평했다. 그는 『임꺽정』이 제주와 어떤 연관이 있는지 「피장편」과 「의형제편」에 나타난 '임꺽정의 제주행'을 중심으로 설명한다. 더불어 이교리의 도망길, 이봉학의 순시길, 박유복의 복수길, 병해대사와 꺽정이의 팔도 유람길도 지도를 통해 흥미롭게 보여준다. 시인은 꺽정이가 의적이고 아니고를 떠나 그를 통해 "유쾌하게 질문하고, 당돌하게 꿈꾸고, 무겁게 한 걸음을 떼어 앞으로 나아가려는 의지를" 배우는 게 『임꺽정』을 읽는 보람이라고 역설한다.

배영환 교수는 "『임꺽정』에 대한 논의는 주로 문학적인 측면에서 이루어졌으며, 국어학적인 측면에서 논의된 것은 상대적으로 적은 편"이라고 지적한다. 그는 『임꺽정』에 나타나는 어휘 가운데 사전의 처리에 따른 문제와 당시 시대상을 반영한 직업 관련 어휘 등으로 나누어 논의하고 『임꺽정』은 '우리말 어휘의 바다'라고 결론을 내린다. 이는 류정환 시인이 소설 『임꺽정』을 두고 "우리말의 보고寶庫"라고 한 것과 일맥상통한다. 한마디로 소설 『임꺽정』은 대중적으로 학술적으로 의미가 큰 작품이라고 말할 수 있다.

판소리 〈임꺽정가〉는 2020년 청주KBS 라디오 다큐멘터리 2부작 〈벽초의 고백〉의 일부로 제작된 창작 판소리다. 심수영 작가가 사설 각색을 맡았고 서동율, 조애란, 조동언 명창과 김철준 고수가 소리꾼으로 참여했다. 방송 후 2020년 전국문학인 충북대회에서 처음 공연되었고, 지난해 9월에는 KBS '국악한마당' 무대, 11월에는 제26회 홍명희 문학제에서도 공연되었다. 〈임꺽정가〉는 총 10권에 달하는 대하소설 『임꺽정』의 핵심 내용을 간략하면서도 충실하게 담아내고 있다. 무엇보다도 판소리 〈임꺽정가〉의 매력魅力은 '『임꺽정』을 한 번도 안 읽은 사람에게는 읽게 하고 읽은 사람은 또 읽게 하는 마력魔力'을 지니고 있다는 데 있다. 올해 문학제에도 그 매력은 유감없이 빛을 발했다. 더 정확히 말하면 제주문학관 무대 뒤로 펼쳐지는 수려한 풍광은 〈임꺽정가〉의 매력을 훨씬 배가시켰다.

영화 〈Pay Off〉(강상우, 2022)는 40주년을 맞은 사계절출판사의 의뢰를 받아 벽초 홍명희의 소설 『임꺽정』의 스토리를 훑어간 단편 다큐멘터리다. 영화의 주요 서사는 기념비적 소설이 기획되어 기대하지 않았던 방식으로 스테디셀러가 되고 북한에 있는 유족들과 저작권 문제를 해결하기 위해 왕래하는 과정이다. 저작권자의 승인을 얻지 않은 '도용'에 대한 우려와 달리 북한에 있는 유족들은 출판사 관계자들을 따뜻하게 환대한다. 특히 '지은이 홍명희, 펴낸이 강맑실, ⓒ 홍석중 2008'의 『임꺽정』의 서지 정보로 끝나는 영화의 마지막 장면은 한편으로 깊은 울림과 진한 감동을 주기에 충분했다. 하지만 다른 한편으로 남북의 정치, 비즈니스, 문화적 관계가 여전히 해결되지 않고 대내외적 상황에 따라 급변한다는 현실을 보여주는 것 같아 씁쓸했다. 냉전·분단체제가 강제한 공안통치적 배제, 숙청이라는 '뺄셈의 문학사' 프레임에서 벗어나 탈냉전, 평화 체제를 지향하는 '통합과 포용의 문화사'로 의제를 전환할 필요를 절감하게 된다.

영화 상영 후 이루어진 감독과의 만남에서 강상우 감독은 '인터뷰이 가운데 누가 가장 기억에 남느냐'는 필자의 질문에 김영종 사계절출판사 사장을 꼽았다. 그는 혹독한 고난이 예상됨에도 불구하고 『임꺽정』의 출간을 감행했다. 그는 안기부와 문공부에 『임꺽정』을 판매 금지한 이유를 계속 캐물었고 마침내 그들을 상대로 재판을 벌여 승소했다. 김영종 사장은 거창하게 체제와 정권에 저항한 것이 아니라 인간의 기본권 침해에 대해 이의를 제기했을 뿐이다.

참고로 대한민국 헌법 제21조는 '언론, 출판, 집회, 결사의 자유'에 대해 명시하고 있다. 이에 따르면 "대한민국의 모든 국민은 언론·출판의 자유와 집회·결사의 자유를 가진다. 언론·출판에 대한 허가나 검열과 집회·결사에 대한 허가는 인정되지 아니한다. 통신·방송의 시설기준과 신문의 기능을 보장하기 위하여 필요한 사항은 법률로 정한다. 언론·출판은 타인의 명예나 권리 또는 공중도덕이나 사회윤리를 침해하여서는 아니 된다. 언론·출판이 타인의 명예나 권리를 침해한 때에는 피해자는 이에 대한 피해의 배상을 청구할 수 있다."

소설 『임꺽정』의 출간은 헌법에서 명시한 '언론, 출판, 집회, 결사의 자유'의 결정체다. 지금 당연하다고 생각하는 자유와 권리는 그냥 얻어진 것이 아니라 오랜 세월에 걸쳐 누군가가 흘린 피와 땀의 결과다. 그런데 그 자유와 권리가 무분별하고 무차별적으로 행사되고 있다. '표현의 자유'라는 미명 하에 그 자유와 권리를 얻기 위해 평생을 바친 사람들을 비하, 조롱, 폄훼, 모독하고 있다.

강맑실 사계절출판사 대표는 홍명제 문학제 인사말에서 1948년 4월 평양에서 '남북 조선 제정당 사회단체 대표자 연석회의'가 열리기 직전 발표한 홍명희의 시국 선언 「통일이냐 분열이냐」를 언급했다. 홍명희는 이 시국선언에서 "통일 정부를 수립하는 것만이 우리 민족이 진정한 해방을 맞이하는 길이다"라고 역설한다. 이 시국선언은 남쪽의 단선과 분단이 어떤 결과를 가져올 것인지 내다보는 시각이 잘 나타나 있다. 강맑실 대표는 미국의 패권주의에서 살아남을 수 있는 길은 홍명희가 역설한 '자주독립'임을 재차 강조하며 그에 대한 감사함과 분단 상황이 현재까지 이어지고 있는 것에 대한 안타까움을 전했다.

2020년 제27회 충북민족예술제에서 연극 〈꺽정, 벽초를 쓰다〉가 공연되었다. 이 작품은 『임꺽정』이 미완성 작품이라는 사실을 바탕으로 착안한 연극이다. 공연 설명에 따르면, 이 작품은 "끝나지 않은 이야기 속에서 등장인물들이 어쩔 줄 모르고 갈팡질팡하다가 작가[벽초]의 삶을 되짚어보고 마침내 작가를 소환하여 이야기를 끝내주기를 요청한다"라는 발상에서 시작되었다. 〈꺽정, 벽초를 쓰다〉는 『임꺽정』의 주요 인물들이 등장인물들로 등장하고, 그들의 눈에 비친 벽초의 삶을 재구성하고 있다. 『임꺽정』의 등장인물, 실제의 역사적 인물, 그리고 현재의 인물이 시공간을 초월해 서로 만나고 헤어진다.

『임꺽정』에서 꺽정의 모사꾼 서림이 배신을 하면서 청석골 두령들은 식구들을 지키기 위해 회의를 열지만 뾰족한 수를 찾지 못한다. 꺽정은 이러지도 저러지도 못하고 울분만 삼킨다. 꺽정은 끝나지 않는 『임꺽정』의 이야기를 더 이상 참지 못하고 직접 소설을 쓰겠다고 다짐하는데, 그가 쓰려고 하는 소설은 다름 아닌 『임꺽정』을 쓴 벽초를 주인공으로 한 소설 『홍명희』다. 작가가 창조한 등장인물이 오히려 작가에 대해서 쓰는 격이다. 청석골 식구들의 만류에도 불구하고 꺽정은 벽초를 주인공으로 소설을 쓰기 시작한다.

꺽정은 벽초가 『임꺽정』의 집필을 끝내지 못하자 자신이 벽초를 주인공으로 소설을 쓰겠다는 호기롭게 공언했다. 사실 그는 벽초에게 인간적인 서운함과 배신감을 느끼고 있었다. 하지만 그는 벽초의 신산한 삶을 소설로 써가면서 마침내 벽초를 이해하고 그와 같은 꿈을 꾸게 된다. 벽초와 꺽정은 서로 '화합'하고 '동지애'를 느낀다. 화합과 동지애는 당연히 벽초와 꺽정의 관계에만 국한되지 않고 현실로 확장된다. 즉 현재의 남과 북의 관계로까지 확대된다. 벽초와 꺽정은 마땅히 그렇게 되어야 한다고 역설한다.

꺽정을 비롯한 『임꺽정』의 인물들이 벽초에게 "이야기를 끝내야 할 거 아니냐"고 힐난하자 벽초는 "끝내야 할 것은 이야기가 아니라 분단과 오욕의 역사 아니겠느냐"고 반문한다. 더 나아가 그들에게 이렇게 말한다. "거침없이 사랑하라, 두려움없이 저항하라, 후회없이 나아가라, 막힘없이 상상하라. 그들 또한 역시 벽초의 말을 똑같이 외친다. "거침없이 사랑하라, 두려움없이 저항하라, 후회없이 나아가라, 막힘없이 상상하라."

연극 〈꺽정, 벽초를 쓰다〉에서 벽초의 "거침없이 사랑하라, 두려움없이 저항하라, 후회없이 나아가라, 막힘없이 상상하라."는 외침은 앞서 살펴 본 류정환 시인이 말한 "유쾌하게 질문하고, 당돌하게 꿈꾸고, 무겁게 한 걸음을 떼어 앞으로 나아가려는 의지"와 일맥상통한다. 또한 『임꺽정』을 "민족 문학의 금자탑"이라고 역설하며 민족 문학의 부활을 외친 김영종 대표의 사자후와도 공명한다.

제27회 홍명희 문학제의 타이틀 'pay off'에 대한 설명으로 길고 지루한 이 글을 마무리하려 한다. 사전적으로 pay off는 '일정기간 동안 대가를 지불해야 하는 무언가에 대해 빚지고 있는 모든 돈을 갚다'를 의미한다. 그런데 전치사 off가 '접촉 표면에서 떨어져 있는 상황', 즉 '시작'을 가리키기 때문에 일회적이지 않고 지속될 것이라는 것을 함의한다. 또한 미국 영어에서는 '노력과 고생 끝에 좋은 결과를 얻다'는 의미로도 쓰인다. 그렇다면 영화 〈Pay Off〉에서 사계절출판사 강맑실 대표와 홍석중 선생이 만나 『임꺽정』의 저작권 계약을 맺는 행위와 강맑실 대표가 홍석중 선생에게 "일 년에 꼭 한 번씩 인세를 드리고 싶어요"라는 말은 그 무엇보다도 'pay off'의 정의에 가장 잘 부합된다.

현대 문명의 구원, 대칭성의 회복

1.

나카자와 신이치는 1980년대 일본 뉴아카데미즘의 기수로 등장한 종교학자이자 철학자다. 그는 많은 저서를 통해 종교학, 인류학, 양자역학, 우주론 등 다양한 영역을 자유롭게 넘나들며 이종교배를 통해 기존의 사고의 틀에서 벗어난 독특한 사고법을 제시한다. 그의 독특한 사고법은 해박하면서도 깊이 있는 지식과 방대한 정보, 그리고 자유분방하고 폭넓은 사고의 조화에 의해 가능하다. 그의 그런 사고의 결과물이 바로 총 다섯 권으로 구성된 바로 '카이에 소바주 시리즈'(2001~2004)다. 주오대학 비교종교학과 교수로 재직하던 당시의 강의록에 바탕을 두고 있는 카이에 소바주 시리즈는 『신화, 인류 최고의 철학』, 『곰에서 왕으로』, 『사랑과 경제의 로고스』, 『신의 발명』, 『대칭성인류학』 등으로 구성되어 있다.

우리말로 '야생으로의 산책'으로 번역되는 카이에 소바주는 현대라는 시대가 안고 있는 과도기적인 성격을 규명한다. 우리는 '과학 혁명'이라고 명명되는 제2차 형이상학 혁명 이후의 세계에 살고 있다. 그리고 그 세계가 마침내 머지않아 잠재적 가능성의 전모를 드러낼 것으로 여겨지는 다양한 징후들이 나타나기 시작했다.

제2차 형이상학 혁명이 묘한 성격을 갖고 있다는 점에 대해서는 클로드 레비스트로스Claude Lévi-Strauss가 이미 밝힌 바 있다. 근현대의 과학이 구사해온 사고의 모든 도구는 1만 년 전쯤 시작된 신석기혁명 시기에 우리의 선조에 해당하는 호모 사피엔스 사피엔스가 획득한 지적 능력 속에 이미 준비되어 있었다. 우리의 과학은 기술이나 사회제도, 신화나 제의 등을 통해 표현되던 그런 능력과 근본적으로 다른 시도를 해본 적인 한 번도 없다. 양자역학과 분자생물학마저도 아직 구석기를 사용하던 3만 년 전의 호모 사피엔스 사피엔스의 뇌에 일어났던 혁명적인 변화에 의해 발생한 것으로 그런 사고의 직접적인 결실이라고 할 수 있다.

제1차 형이상학 혁명에 해당하는 일신교의 성립에 의해 발생한 종교는 신석기 혁명적인 문명에 대한 대규모의 부정이나 억압 위에 성립되었다. 억압당한 야생의 사고로 불리는 그런 사고 능력이 제2차 형이상학 혁명을 통해 겉포장도 근거도 새롭게 바꾸어 과학으로 부활한 것이다. 3만 년 전 쯤 유럽의 북방으로 거대한 빙하군이 퍼져감으로써 인류는 생존을 위해 뇌 안의 뉴런의 접합 양식을 변화시키는 데 성공했다.

현대 생활은 그때 인류가 획득한 잠재 능력을 전면적으로 발휘함으로써 이루어져 왔다고 할 수 있다. 그런데 이제는 그 혁명의 성과가 거의 바닥난 것은 아닌가 하는 예감이 확산되기 시작했다.

우리는 과도기에 살고 있다. 제3차 형이상학 혁명은 아직 요원하다. 이 시대를 살아가는 지성인에게 주어진 과제는 세례자 요한처럼 영혼의 요르단강 강가에 서서 닥쳐올 혁명이 어떤 구조의 혁명이 될지를 가능한 한 정확하게 예측해 두는 일일 것이다. 종교는 과학을 억압함으로써 인류 정신에 새로운 지평을 열었다. 그런 종교를 부정하고 오늘날의 과학은 지상의 헤게모니를 획득했다. 그렇다면 제3차 형이상학 혁명이 어떤 구조의 혁명이 될지 대강 그 윤곽을 파악해볼 수 있다. 그것은 오늘날의 과학에 한계를 가져온 여러 조건들, 즉 기계론적으로 평범해진 생명과학, 분자생물학과 열학의 불충분한 결합, 양자역학적 세계관이 생활과 사고의 전 분야로 확대되지 못하도록 막고 있는 서구형 자본주의의 영향력 등을 부정하고 일신교가 개척한 지평을 과학적 사고에 의해 변혁함으로써 가능하다.

카이에 소바주에서는 구석기 인류의 사고에서부터 일신교 성립까지의 초월적인 것에 대해 인류의 사고와 관련이 있는 거의 모든 영역에 대한 답파를 목표로 하여 신화에서 글로벌리즘의 신학적 구조에 이르기까지 무척 자유분방한 걸음걸이로 사고가 전개된다.

2.

 나카자와 신이치는 우리가 오늘날 '지식'이라고 부르는 것이 불과 150여 년 전부터 현재까지 축적된 근대의 산물일 뿐이라고 말한다. 심지어 그는 철학이라고 불리는 그리스의 지식도 2,500년의 역사에 불과하다고 전제한 뒤, 인간은 이미 3만여 년 전에 축적해 놓은 지성, 즉 신화가 있다고 단정한다. 그는 신화를 인류 최고最古의 철학으로 명명한다. 그에 따르면, 그 신화는 끊임없이 변화와 변형을 해왔지만, 그 중심에 타올랐던 철학적 사고의 마그마의 열이 아직도 잘 보존되어 있다. 그렇기 때문에 신화를 배우지 않는 것은 인간을 배우지 않는 것과 같다.
 카이에 소바주의 제1권 『신화, 인류 최고의 철학』의 주제는 신화다. 어떤 형태의 형이상학 혁명도 일어나기 이전의 인류는 구석기 시대 이후부터 신화라는 양식을 이용해서 우주 안에서 자신들의 위치나 자연의 질서, 인생의 의미 등에 대해 깊은 철학적 사고를 해왔다. 신화는 후에 발생한 종교와는 달리 아무리 환상적인 상황을 상상하고 있을 때라 할지라도 현실 세계에 대한 강렬한 관심과 현실 세계를 지적으로 이해하고 싶어 하는 욕구를 상실한 적이 없다. 현실 세계를 희생시키면서까지 관념이나 환상의 세계에 몰두하려고 하는 비현실성에 빠지는 경우가 절대로 없다.
 일찍이 레비스트로스는 국가라는 형태가 갖추어지지 않았던 이른바 자연민족의 전승 신화에는 현실 세계와 단절되지 않는 소박하지만 복잡한 내력을 가진 '논리'의 체계가 내재되어 있다고 밝힌 바 있다. 『신화학』(1964)에 집약된 그의 연구는 '인류 사고의 모든 성역의 답파'를 목표로 하는 우리의 탐구에서도 절대적인 가치를 갖고 있다. 나카자와 신이치는 임마누엘 칸트Immanuel Kant로부터 초월성을 제외하고 진행된 레비스트로스의 연구를 초월적인 것의 발생도 대상에 포함시키며 킨 자신의 탐구에 충분히 활용했다. 신화의 독자성과 그 내부에 내포된 모순을 밝힘으로써 인류가 신화의 세계에서 나와서 어떤 땅에 발을 내딛게 되었는지를 규명하는 것은 나카자와 신이치의 핵심 연구 주제 중 하나다.

『신화, 인류 최고의 철학』은 신화를 단서로 태고의 인류의 우주관, 자연관에 접근을 시도한 신화학 입문으로서의 성격을 띠고 있다. 전 세계에 퍼져 있는 다양한 신데렐라 이야기를 분석하면서 저자는 단순히 이야기의 분석에 머무르지 않고 인류가 현실에 대해서 어떤 철학을 가지고 대처하고자 해왔는지를 밝혀간다. 그러면서 여러 변형된 신데렐라 이야기 속에 내포된 신화적 사고의 원형에 접근해간다.

『신화, 인류 최고의 철학』에서는 '신데렐라' 이야기가 주요 소재다. 오늘날 월트 디즈니의 애니메이션에 의해 유명해진 신데렐라 이야기는 약간씩 변형된 형태로 유럽과 아시아 일대에서 옛날부터 널리 전승되었다. 신데렐라 이야기는 민화로 구전되면서도 신화로서의 특징을 상실하지 않은 매우 드문 예에 속하고, 신화로서는 구석기 시대까지 소급될 정도로 역사가 깊다. 나카자와 신이치는 이 이야기를 철저하게 분석함으로써 신화의 생명에 대해 숙고했다. 이를 통해 그는 '철학'이라는 단어에 야생의 풍경을 회복시키고자 했다.

  나카자와 신이치는 신데렐라가 떨어뜨리고 간 신발 한 짝의 의미를 해독해가는 과정에서 지적 긴장감을 부여한다. 해박한 지식과 유연한 사고를 바탕으로 집요하게 그 수수께끼를 풀어간다. 레비스트로스의 추론과 카를로 긴즈부르그Carlo Ginzburg의 연구, 그리고 신데렐라 이야기의 여러 이본들에 대한 분석에 의해 신데렐라와 오이디푸스와의 공통점을 발견하여 결국 신데렐라는 산 자와 죽은 자를 중개하는 존재라는 결론에 이르게 된다. 신데렐라가 떨어뜨린 신발 한 짝은 그녀에게 새겨진 망자의 왕국의 각인이라고 결론을 내린다.

  종장인 「신화와 현실」에서는 신화 연구의 의미와 필요성에 대해 역설한다. 신화는 항상 현실과 밀접한 관계를 맺으며 발생했다는 것을 강조하며 가상 문화의 전성기를 살아가고 있는 현대인에게 있어서 신화가 갖는 의미에 대해 언급하고 있다. 구체성과 내용이 결여되고 양식만으로 이루어진 가상의 세계에 너무 깊이 빠져들면 인간은 이 우주 속에서 균형을 잃게 된다는 것을 신화의 힘을 빌려 경고하고 있다. 많은 시간을 가상의 공간 속에서 보내 현실 세계와의 괴리가 점점 심해지고 있는 현대인들, 특히 가족이나 이웃과의 대화보다도 가상 세계에서 만난 상대와의 채팅에 더욱 많은 시간을 소비하는 현대인들이 귀담아들어야 할 경고다.

  나카자와 신이치는 문명과 야만이라는 이분법적 사유 방식과 가치

체계에 대해 통렬하게 비판한 레비스트로스로부터 지대한 영향을 받았다. 그런 만큼 신화나 민담의 분석을 통해서 현대인들이 야만적이고 미개한 것으로 치부하는 고대인들의 사고의 가치를 일깨운다. 그는 컴퓨터 기술이나 IT혁명에 의해 생겨난 다양한 가상의 세계와 태고의 신화 세계에 대한 중개 기능을 수행하려 한다.

3.

카이에 소바주의 제2권 『곰에서 왕으로』의 주제는 국가다. 인류의 뇌는 뉴런 조직에 결정적인 비약이 일어나 현생인류인 호모 사피엔스 사피엔스의 '마음'이 생겨난 것이 후기 구석기 시대의 일이라고 한다면, 그로부터 2만 년 이상 동안 그 뉴런 조직을 사용해서 신화적 사고가 발달했을 거라는 추측이 가능해진다. 그 당시 우리 현생인류의 마음에서는 모든 사고가 '이원성binary'을 토대로 이루어졌으며, 모든 것은 '대칭성'을 실현하도록 세심한 조정이 이루어졌다.

처음부터 국가가 있었던 게 아니다. 국가 출현의 계기는 대칭성을 파괴하고자 하는 인간의 의식 변화였다. 현생인류의 뇌의 뉴런 조직이 이미 완성된 상태였으므로 이때 일어나는 변화에는 생물적인 의미에서의 진화 요소는 전혀 포함되어 있지 않다. 뇌의 구조도 완전히 똑같으며, 능력에도 변화는 없다. 하지만 그 내부에서는 힘의 배치 양식에 결정적인 변화가 일어났다.

그때 세계에 대칭성을 유지하려 해온 '마음'의 작용에 급격한 변화가 일어 수장을 대신해서 왕이 출현하고 공동체 위에 '국가'라는 것이 탄생하게 되었다. 그와 동시에 인간과 동물의 관계, '문화'와 '자연'의 관계에도 커다란 변화가 일어나 인간의 세계는 현재와 비슷한 모습으로 급속히 변모하기 시작한다. 때마침 세간에서는 '문명'과 '야만'의 대립을 둘러싸고 다양한 논의가 이루어지고 있는데, 이 책은 이러한 사용법 그 자체에 대해 이의를 제기한다. 책에 주로 등장하는 것이 곰이나 야생 염소, 연어, 범고래와 같은 것이라고 해서 현실과 벗어난 것은 아니다.

『곰에서 왕으로』는 지금 지구상에서 벌어지고 있는 위선적 전쟁의 실체를 파악하는 데 도움을 준다. 신화시대의 대칭성의 사고가 상실되면서 왕을 중심으로 하는 국가가 탄생하기까지의 과정, 그리고 국가와 함께 탄생한 '야만'에 대한 이야기가 담겨 있다. 문명에 대한 야만의 도전이라는 식의 미국의 자국중심주의적 관점에 이의를 제기한다. 저자는 테러 행위는 분명히 야만적이지만 그 야만을 유발한 것 역시 다른 형태의 야만이라고 지적한다. 9.11테러는 인류가 국가라는 체제를 갖춤으로써 야기된 사건이며 현대가 안고 있는 권력의 불균형과 비대칭적인 상황을 상징하는 사건이라는 관점을 제시한다.

나카자와 신이치의 이런 주장은 미야자와 겐지의 『빙하쥐 털가죽』(1923)에 대한 심오하고 세밀한 분석을 통해 독자에게 설득력 있게 다가온다. 9.11테러와 『빙하쥐 털가죽』의 오버랩은 현실에서 일어나고 있는 이런 일련의 사태들의 이면에 도사리고 있는 세계관의 대립을 선명하게 부각시켜준다. 그리고 독자에게 강대국의 일방적인 논리에 함몰되지 않는 균형감각과 상대적인 시각을 제공해준다.

『곰에서 왕으로』의 전반부는 수렵민들의 '대칭성의 사고'에 대한 예찬으로 채색되어 있다. 군더더기 없는 치밀한 논리 전개도 가히 감탄할 만하지만 그보다도 독자의 흥미를 자아내는 것은 곳곳에서 피력되는 저자 특유의 신화 분석이다. 신화의 세계에서는 곰이나 야생 염소, 범고래 등이 등장해 자연과 인간이 동등한 위치에서 서로를 배려하며 조화를 이루었다. 인간과 곰이 서로 결혼하기도 하고, 곰은 털가죽만 벗으면 언제든지 인간으로 변한다. 신화적 세계관에 의하면 인간과 인간, 인간과 동물, 인간과 자연계, 생명체와 영혼은 서로 단절되어 있지 않고 상호 간의 자유로운 교류나 왕래, 소통이 가능하다. 저자는 다양한 신화를 예로 들어가면 이런 고대인의 사고가 얼마나 역동적이고 합리적인지를 강조한다.

『곰에서 왕으로』의 전반부는 국가의 기원에 관한 이야기다. 인간과 자연과의 조화가 깨지면서 대칭성의 사회가 붕괴되고 왕과 국가가 탄생되는 과정이 다양한 예증을 통해 재구성된다. 특히 인상적이었던 것은 대칭성의 사회가 위기를 맞게 된 원인에 대한 분석이다. 저자는 쇠로 만든 무기, 즉 검을 인간이 갖게 된 것을 중요한 계기로 파악한다. 저자에 따르면, 검으로 인해 힘의 불균형이 초래되고, 그 결과 왕과 국가가 탄생했으며, 그와 동시에 검을 갖지 못한 자에게 함부로 검을 휘두르는 야만도 탄생했다. 검은 고도의 기술력의 총화이지만 동시에 권력이나 힘의 불균형과 비대칭성, 그로 인해 야기되는 수많은 문제들의 근본적인 원인이기도 하다.

나카자와 신이치는 검을 갖기 이전의 상태로 돌아가기 위해서는 신화적 사고, 즉 대칭성의 사고 및 야생의 사고를 해야 한다고 주장하는데, 대칭성의 사고의 회복을 위한 방안으로 불교를 제시한다. 그에 따르면, 불교는 국가와 그것이 발생시키는 야만을 초월하고자 하는 사상이기 때문에 불교적 사고에 의해 현대가 안고 있는 많은 문제점을 해결할 수 있다.

『곰에서 왕으로』는 까마득히 먼 시대의 이야기를 하면서도 동시에 신화의 시각을 통해 현재를 성찰하게 하는 내용을 담고 있다. 인류가 서 있는 위치를 정확히 알려줌으로써 독자가 '지금, 여기'를 상대화하고 객관화할 수 있는 시점과 통찰력, 사고력 등을 갖게 한다. 기계문명의 발달로 한없이 오만해진 인간 자신을 되돌아보고 겸허한 자세를 갖도록 한다. 나카자와 신이치는 인류의 현재 위치에 대한 올바른 이해와 앞으로 나아가야 할 방향의 선택을 위해 끊임없이 과거를 되돌아보게 한다. 물론 그 과거는 역사적인 시간이 아니라 신화의 시간이다.

4.

카이에 소바주의 제3권 『사랑과 경제의 로고스』에서는 새로운 증여론에 대한 탐구다. 증여에 초점을 맞추게 되면, 경제학의 전체적인 구조에 커다란 변화가 일어나게 된다. 이런 현상은 완성된 상태의 일상 언어가 아니라, 형성 도중에 있는 유아의 언어나 시적 언어에서 출발하는 오히려 언어학의 구조 전체를 뒤엎는 현상과 비슷하다고 할 수 있다.

주지하듯 경제학은 교환을 토대로 하고 있고, 교환은 증여의 내부로부터 증여를 물어뜯고 밖으로 튀어나온다. 그러나 그렇게 해서 튀어나온 후에도 교환은 증여와 밀접한 관계를 그대로 유지할 뿐만 아니라 증여의 원리 없이는 존속조차 불가능하게 된다. 이런 현상 역시 성인이 된 후의 정신생활에서 표면적으로는 유아기에 형성되는 무의식을 부정하고 있는 듯이 보이지만, 실제로는 유아적 무의식의 영향을 전혀 받지 않은 의식 활동이란 존재할 수 없는 것과 매우 유사하다. 이제까지 신화적 사고에 대해 탐구해 왔던 우리가 이런 방향으로 나아가는 것은 당연하다고 할 수 있다.

증여에 따라서 경제학과 사회학의 전체적인 체계를 재정립하고자 하는 야심 찬 계획은 1920년대에 마르셀 모스Marcel Mauss에 의해 최초로 시도된 바 있다. 모스는 『증여론』(1925)에서 경제와 정치, 윤리, 미와 선에 대한 의식, 이 모든 것을 포함한 '전체적인 사회적 사실'을 심층에서 조종하고 있는 것은 합리적인 경제활동을 가능하게 하는 교환의 원리가 아니라, '영혼'의 활동을 포함한 채로 진행되는 증여의 원리 안에 있다는 사실을 발견함으로써 자신의 야심을 실현하기 위한 힘찬 첫발을 내디뎠다. 하지만 모스는 결국 그 야심을 실현하는 데 실패하고 만다. 그는 증여에 대한 반대급부가 의무로 변해버림으로써 증여의 사이클이 실현된다고 생각했지만, 그 결과 증여와 교환의 원리상의 구별이 사라져버렸기 때문이다.

그런데 나카자와 신이치는 증여가 극한에 이르렀을 때 '순수증여'라고 하는 이질적인 원리가 출현한다는 사실을 발견했다. 아무런 답례도 바라지 않는 증여, 기억조차 되지 않는 증여, 경제적 사이클로서의 증여의 사이클을 일탈해가는 증여, 그것을 순수증여라는 창조적 개념으로 발전시킴으로써, 그는 모스가 좌초했던 지점을 발판으로 삼아 그의 야심을 실현하기 위한 새로운 점프를 시도했다.

그러자 흥미롭게도 경제학에서 말하는 '가치의 증식'에 대한 일관성 있는 이해가 가능해졌다. 그뿐만 아니라 증여에 따라서 바라보면 경제 활동의 토폴로지와 정신분석이 제시하는 마음이 토폴로지가 기본적으로 같은 틀이라는 것도 분명해진다. 말하자면 모스, 카를 마르크스Karl Marx, 자크 라캉Jacques Lacan을 하나로 묶는 시도라고 할 수 있는 셈이다. 이런 탐구를 통해서 생시몽식의 공상적 사회주의의 신봉자였던 모스와 마찬가지로 글로벌 자본주의 저편에 출현하게 될 인류의 사회형태에 대한 하나의 명확한 전망을 확보할 수 있게 된다.

그런 소망을 실현하기 위해서는 모스의 사고에 마르크스와 라캉에 의한 지그문트 프로이트Sigmund Freud의 사고를 끼워 넣을 필요가 있다. 사회학적 사고에 결핍된 것이 있다면, 그것은 마르틴 하이데거Martin

Heidegger의 철학에서 핵심적인 개념이기도 한 '물Ding'이다. 물은 증여나 교환, 권력, 지의 원활한 흐름 등을 가능하게 하는 모든 사이클에 대해, 말하자면 수직 방향으로 침입해서 사이클을 절단해버리거나 일탈시키거나 교란시킴으로써 사이클의 외부에 다른 실재가 움직이고 있다는 사실을 사람들이 실감하게끔 하는 힘을 가지고 있다.

모스의 증여론에 이런 물의 차원에 속하는 실재를 끌어들일 필요성을 역설한 것은 「모스 저작집에 대한 서문」(1950)을 쓴 레비스트로스였다. 그는 그것을 '부유하는 기표'라고 부르며, 체계의 내부를 유통하고 있는 기호나 가치와 구별하고자 했다. 이 부유하는 기표라는 개념이야말로 마르크스가 자본주의의 생명력인 잉여가치의 발생 현장에서 파악하고자 했던 '자본 증식'의 비밀의 핵심과 직접적으로 관련이 있다. 또한 그것은 정신분석학에서 열락의 발생에 관한 문제로 거론되는 것과 동일한 구조로 되어 있다.

전술했듯이 다양한 영역을 자유로이 넘나들며 이종교배를 통해 기존의 사고의 틀에서 벗어난 독특한 사고법을 제시하는 카이에 소바주 시리즈에서 저자 나카자와 신이치가 펴고 있는 일관된 주장의 핵심은 우리가 당연시하는 것들 대부분이 사실은 그리 오래된 것이 아니라는 데 있다. 즉 그는 우리가 절대적인 가치를 두고 있는 것들은 기나긴 인류의 역사 속에서 과도기적인 현상에 불과하다는 것을 끊임없이 일깨워준다. 『사랑과 경제의 로고스』에서는 그 초점을 현대 인류의 삶에 절대적인 영향력을 행사하고 있는 경제에 맞추어 현대 자본주의라는 경제 시스템에 메스를 가하고 있다.

발터 베냐민Walter Benjamin 또한「종교로서의 자본주의」(1921)라는 논문에서 자본주의를 종교로 파악하고 있다. 당연히 자본주의를 옹호하는 게 아니라 비판적 입장을 취한다. 그에 따르면, 자본주의는 종교의 기능을 수행한다. 즉 종교가 그랬던 것처럼 자본주의는 인간의 걱정, 고통, 불안을 잠재우는 핵심적인 역할을 수행한다. 자본주의는 종교적 구조로서 제의 종교, 제의의 영원한 지속, 부채를 지우는 제의, 구체화되지 않고 숨겨져 있어야만 하는 신神이라는 특징을 갖는다. 베냐민에 따르면, 자본주의는 순전히 제의로서만 이루어진 교리도 없는 종교이다. 자본주의의 종교로서의 본질은 '종말까지 견디기'다. 즉 궁극적으로 신이 완전히 죄를 짓는 순간까지, 세계 전체가 절망의 상태에 도달할 때까지 견디기다. 그리고 신이 지은 회의 정점에서야 그 신의 이름을 부를 수 있다.

『사랑과 경제의 로고스』는 모스의『증여론』을 토대로 해서 새로운 증여론에 대한 탐구로부터 출발한다. 선물 교환에 대한 체계적인 이론서라 할 수 있는『증여론』은 프랑스의 수많은 사상가들에게 영향을 끼쳤다. 그중에서도 레비스트로스에게 미친 영향은 중요한 의미를 갖는다. 나카자와 신이치는 모스의 주장에서 한 걸음 더 나아가 증여의 극한에 나타나는 순수증여라는 새로운 원리를 추가한다. 그러면서 증여의 원리를 축으로 하여 교환의 원리와 순수증여의 원리, 이 세 원리가 서로 단단하게 얽혀 있는 상태를 가장 이상적인 사회로 간주한다.

『증여론』에도 자주 나오듯이 원시사회의 사람들은 만물에는 영력이 깃들어 있어 교환이나 증여가 이루어지면 영력도 물력과 함께 이동한다고 생각했다. 하지만 현재 우리 사회는 모든 것이 화폐로 환산되어 정확하게 지불되는 등가의 교환이 주를 이룸으로써 영력의 존재는 무시당한다. 불확정한 가치를 내포한 채 서로의 마음을 연결하는 증여의 원리는 설 땅을 잃고 말았다.

나카자와 신이치는 다양한 근거를 제시하며 정반대로 향하는 것처럼 보이는 사랑과 경제가 같은 방향으로 향하고 있음을 규명한다. 경제에 관한 원리와 정신에 관한 원리가 동일하다는 것을 입증하기 위해 라캉의 이론을 근거로 삼는다. 사랑이든 경제든 인간의 욕망이 중요한 요소로 심층에 자리 잡고 있다고 생각한다. 그러면서 우리 주위에서 점점 빠른 속도로 진행되고 있는 물질세계와 정신세계의 황폐화에 대한 경고도 잊지 않는다.

나카자와 신이치는 황폐한 나라로부터 탈출하기 위한 방법으로 농업의 중요성을 강조한다. 저자는 농업의 근간이 되는 대지를 순수증여의 상징이었던 '코르누코피아Cornucopia'의 현대적 버전이라고 간주한다. 상대방을 배려하고 존중하는 마음으로 부드럽게 말을 건넨다면 대지는 아낌없이 베푸는 순수증여를 제공한다.

5.

카이에 소바주의 제4권 『신의 발명』의 주제는 초월성의 발생이다. 나카자와 신이치는 '어떻게 해서 우리 사고 안에는 사고 밖에 존재하는 것에 대한 사고가 생겨난 것일까'라고 의문을 제기한다. 그는 초월성을 체험하는 일 역시 인간의 지성 밖에서 주어지는 것이 아니라 현생인류만이 갖고 있는 마음의 구조에 의해서만 파악이 가능한 지극히 인간적인 현상임을 규명하려 시도한다.

레비스트로스의 작업은 예전에 철학자로부터 '초월자 없는 칸트주의'라고 비판을 받은 바 있다. 실제로 구조주의의 방법은 초월성이라는 문제가 끼어드는 것을 철저하게 막았다. 그 덕분에 신화 연구는 많은 발전을 이루게 되었다. 신화적 사고는 유한한 사고의 절차만을 이용함으로써 우주 안의 인간 존재의 의미를 밝히려 해왔다는 점에서, 그야말로 인류 최고의 철학이라고 좋은 것이기 때문이다.

그러나 신화가 이야기되는 바로 그 사회에도 종교적 사고는 존재하기 마련이다. 종교적 사고는 유한한 사고의 절차가 통용되지 않는 예외적인 상황이나 한계적인 상황에 접근을 시도한다. 때로는 철학이나 그 밖에 모든 양식 있는 사고의 적대자라도 되는 것처럼 행동하기도 한다. 그렇기 때문에 언어의 심층 구조와의 유추를 토대로 인간의 사고 능력을 규명하려 한 구조주의는 초월성에 관련된 종교적 사고로부터 어느 정도 거리를 유지하는 신중한 태도를 취했다.

나카자와 신이치는 구조주의와는 다른 사고를 전개함으로써 그런 신중함은 인간 연구에는 불필요하다는 것을 밝히고자 했다. 그는, 현생인류의 뇌 조직에 혁명적인 변화가 일어남으로써 신화적 사고가 발생했는데, 그와 동시에 초월성에 대한 직관이 탄생한다는 사실을 규명하려 했다. 영역화된 지성의 활동을 횡단적으로 결합해가는 유동적 지성의 활동을 가능하게 하는 뉴런의 새로운 조직체가 만들어짐으로써 은유의 축과 환유의 축의 조합에 의해 언어의 심층구조가 형성된다. 그 심층구조를 통해서 시적 언어, 신화, 음악 등이 생겨나는 것이다. 이런 형태의 '구조주의적 지성'의 활동은 유동적 지성과 영역화된 표현 기구가 만나는 지점에 형성된다.

그런데 사고가 유동적 지성 자체에 초점을 맞출 때, 거기에는 다른 광경이 펼쳐진다. 그때 사고는 어떤 지적 기능에도, 그리고 어떤 영역에도 속해 있지 않으며 어떤 제한도 받지 않는 순수한 빛으로서 유동적 지성을 파악한다. 이것이 바로 '초월성'에 대한 사고의 발생이다. 따라서 그것은 신화적 사고와 동일한 시기에 동일한 뇌의 조직체를 통해서 인류의 마음에 출현할 수 있었다.

초월성에 대한 직관은 스피리트의 활동으로 표현되어 다양한 형태의 탐구가 시도되었다. 스피리트는 매우 다양한 명칭과 형태로 모든 인간의 마음에 자리 잡았다. 인간 사회 곳곳에서 이루어진 스피리트에 관한 사고나 표현을 보면 우리는 그것이 정신적인 것과 물질적인 것 사이의 경계에서 일어나는 현상으로 기묘한 물질성을 갖추고 있다는 것을

알게 된다. 일본의 고어 '모노もの'에 담긴 심오한 의미를 상기하면 금세 이해가 갈 것이다. 이제 '초월성'은 신의 세계의 특성으로 간주되어 감각의 저편으로 밀려나 버렸지만, 처음 상태에서는 그것은 형이상도 형이하도 아니며 물질도 정신도 아닌, 불가사의한 제3의 원소재로서의 성격을 분명히 갖고 있었다.

마음의 태아 혹은 마음의 원소재라고 할 수 있는 이 스피리트가 다양한 토폴로지 변형을 일으킬 때 신의 형상이 완성되어간다. 말하자면 '아프리카적 단계'에 스피리트에 최초로 가해진 토폴로지 변형에 의해 다신교를 구성하는 신들의 체계가 형성된다. 그 과정을 추적하던 나는 그때 마음속에서 일어나는 변형 과정이 물리학에서 '자발적 대칭성 깨짐'이라는 명칭으로 연구해온 과정과 매우 흡사하다는 사실에 깜짝 놀랐다. 여기에도 원소재로서의 스피리트가 갖고 있는 반물질성이라는 특징이 잘 나타나 있다. 마음의 과학과 물질의 과학 사이에서는 이런 확실한 연관성을 발견할 수 있다. 나카자와 신이치는 바로 그 점이 21세기의 사고에서 중요한 돌파구가 될 것이라고 단언한다.

유일신을 둘러싼 종교적 사고 역시 동일한 토폴로지의 변형 과정에 의한 사고 실험을 통해 유추해 볼 수가 있다. 나카자와 신이치는 괴테의 방법을 모방하여 사고 실험의 플라스크 속에 그런 사고를 만들어보려 했다. 스피리트가 갖추고 있는 모든 덕과 사랑, 그리고 초월성을 이용하면 유일신을 만드는 것도 불가능하지만은 않다는 것을 보여주고 싶어 했다. 그 결과 뜻밖에도 오늘날 세계를 뒤덮고 있는 '비대칭성의 사고'가 인류의 마음에 탄생하는 그런 운명의 분기점에 발을 들여놓게 되었다. 현대 세계가 안고 있는 최대의 문제점은 거기서 비롯된다.

핵심은 인간의 마음이 신을 발명하려 한다는 점이다. 이런 생각에는 종교의 본질을 둘러싼 마르크스의 통찰이 큰 영향을 미쳤다. 유일신에 관한 신학이나 형이상학의 문제에 대해서도 물질적인 과정과 연동한 역사 속에서 비로소 진정한 의미를 이해할 수 있다. 나카자와 신이치는 이렇게 이해한 유물론의 방법을 구사해 이 책에서 인간의 마음에 본래 갖추어야 있는 영성을 옹호하고자 했다.

『신의 발명』에서는 인류의 사고가 발명한 초월적인 것의 대표 격이라고 할 수 있는 종교적 사고의 발생 과정을 추적한다. 인류의 마음속에서 신이 발명되기까지의 과정을 밝히기 위해 우선 저자는 자연에 깃들어 있는 눈에 보이지 않는 힘인 스피리트와의 교류를 위해 인류가 어떤 노력을 기울였는지를 다양한 예를 통해 보여준다. 특수한 식물을 이용하거나, 명상하거나, 혹은 특별한 의식을 치렀던 구체적인 예들이 등장한다. 그런 과정을 통해 스피리트와의 교류가 이루어지면서 인간이 내부 시각을 체험하게 되었고, 현생인류 특유의 유동적 지성에 의해 생겨난 사고능력과 결합함으로써 초월에 대한 사고가 발생하고, 그렇게 해서 다신교 우주가 탄생했다.

나카자와 신이치는 다신교적 우주관과 일신교적 세계관의 차이를 분명하게 보여준다. 이런 매우 관념적인 내용을 논리적으로 이끌어가는 과정에서 설득력을 획득하기 위해 인지고고학을 비롯해 인류학, 언어학, 정신분석학, 심지어는 물리학과 수학까지 동원한다. 레스트로스뿐만 아니라 라캉의 영향이 두드러진다. 라캉을 계승해 뫼비우스의 띠나 토러스와 같은 수학적 비유를 이용했다. 이를 통해 인문학과 자연과학 사이의 벽을 자유롭게 넘나든다. 마치 현생인류의 뇌조직에 유동적 지성이 발생함으로써 인간이 비유 능력과 초월에 대한 감각을 갖게 되었듯이 인문학과 자연과학을 가로지르는 유동적 지성에 의해 현대 문명을 진단하고 나아갈 방향을 제시한다.

  신의 발명 과정에 대해서는 다양한 해석이 가능하지만 신은 인간의 마음이 발명한 것이라는 결론에 대해서는 논란의 여지가 없다. 당연한 결론이지만 너무나 당연하기 때문에 많은 사람들이 이를 간과한다. 더 정확히 말하면 간과한다기보다는 부정하려 한다. 인간은 신을 발명했음에도 불구하고 스스로 자신을 구속시키고 있다. 본래 신은 인간이 어떤 의문이나 고민이 생겼을 때 모든 것을 무조건 포용해 정신적 안정을 가져다주는 존재였다. 그런데 강력한 힘으로 인간의 사고를 지배하는 유일신이 탄생하면서 인간은 불행해졌다. 저자는 유일신의 횡포를 고발하고 일신교에 의해 탄생한 글로벌리즘의 폐단을 지적한다. 유일신의 탄생과 국가 권력 및 왕의 탄생이 동일한 배경과 과정으로 이루어졌다는 그의 논리를 받아들인다면 민족주의와 종교의 결탁은 필연적이다.

6.

 카이에 소바주의 제5권 『대칭성인류학』은 시리즈 전체의 전개에 중심적인 역할을 해온 '대칭성'이라는 개념을 하나의 공리계로까지 발전시키기 위한 시도다. 이 대칭성이라는 개념은 박물학자 미나카타 구마구스에 대해 연구하던 시기로 거슬러 올라간다. 미나카타 구마구스는 생물학자로서 점균 연구에 몰두했고 인류학자로서 신화적 사고와 더불어 즐겼으며 자신의 사상을 통일하는 것으로서 『화엄경』의 사상에 따라 삼라만상의 이해에 도달하고자 했다.

 점균은 식물이라고도 동물이라고도 할 수 없는 것으로, 두 영역을 넘나들며 생활하는 독특한 생물이다. 통상적인 논리에 의하면 분리되어 있어야 하는 것이 신화적 사고에서는 이질적인 것들을 서로 잇는 심층의 공통회로를 통해 하나로 연결되어 있다. 또한 『화엄경』에는 아무리 작은 부분에도 전체에도 전체가 투영되는 방식으로 우주가 장대한 전체 운동을 하고 있다는 사상이 담겨 있다.

 미나카타 구마구스가 선호한 연구 대상은 모두 자연과학에서 말하는 '대칭성'이라는 개념과 관련이 있다는 사실을 나는 그때 깨달았다. 그는 그런 것들을 상대로 사고를 고속으로 회전시키지 않으면 자신의 머리는 미쳐버릴 거라는 말까지 했다. 현대의 정신의학은 그런 미나카타 구마구스의 사고에서 뚜렷한 정신분열증의 징후를 발견한다. 나카자와 신이치 자신도 깊은 관심을 두고 있는 그런 연구 대상들의 공통적인 특징을 '대칭성'이라는 개념으로 이해하려 한다. 『숲의 바로크』(1992) 집필 후 인간에 대한 이해를 위해 대칭성이라는 개념을 심화시킬 수 있을지 그 가능성에 대해 끊임없이 생각했다.

거기에는 티베트 불교의 체험도 커다란 영향을 미쳤다. 티베트 불교에서는 수행을 통해 인간 마음의 자연스러운 상태를 추구했다. 그렇게 언어적 사고에서 해방된 마음은 그때까지 받아온 구속을 떨쳐버리기라도 하듯이 고차원적인 본성을 드러낸다. 자유로운 활동을 시작한 유동적인 고차원의 지성으로서의 마음은 시간 계열의 질서마저도 무너뜨리고 고도의 대칭성을 유지한 채 전체 운동을 하게 된다. 미나카타 구마구스가 이상적으로 생각한 사고 상태를 만들어내려는 탐구는 어떤 의미에서는 티베트 불교의 세계에서 천 년 가까이 많은 사람들이 이루어온 것이라고 할 수 있다.

나카자와 신이치는 자신의 사고가 지향하는 것이 대칭성이라는 개념을 새로이 전개하는 과정에서 틀림없이 모습을 드러낼 것이라고 예상했다. 그것은 아직 막연한 직관 같은 것에 불과했는데 프랑스의 사회학자 브루노 라투르Bruno Latour의 『우리는 결코 근대이었던 적이 없다』(1991)를 보곤 단번에 명확한 형태를 갖추기 시작했다. 그 책에는 '대칭성인류학의 시도'라는 부제가 붙어 있었다. 이 단어를 보고 그는 비로소 자신이 추구해온 것의 이름을 알게 된 것이다. 라투르는 이 단어를 통해 근대과학의 성립기에 일어난 사고 변혁의 본질을 파악하고 근대라는 개념을 재정의할 필요가 있다고 대담하게 제안했다. 라투르가 대칭성인류학이라는 이름으로 하고자 했던 것은 나카자와 신이치가 지향하는 것과는 상당한 거리가 있는 것은 분명하지만 그 이름을 알았을 때 나카자와 신이치의 사고 속에서 어떤 결정적인 일이 일어났음에 틀림없다.

대칭성이라는 개념을 둘러싼 나카자와 신이치의 사고에 박차를 가한 것은 9.11테러였다. 이 사건을 계기로 그의 사고는 세계사 쪽으로 방향을 틀었는데, 그때 슬그머니 '압도적인 비대칭'이라는 단어가 나타났던 것이다. 그는 신화적 사고의 본질을 대칭성이라는 개념으로 재조명할 수 있지 않을까 하고 생각했다. 이는 레비스트로스의 신화론에 이따금 등장하는 사고였지만, 그는 그것을 하나의 주제로 다루지 않았다. 그러나 글로벌화가 진행 중인 세계의 본질을 파악하기 위한 유력한 개념으로서 대칭성을 하나의 주도원리로까지 승화시킬 필요성을 절감했다.

그 당시 나카자와 신이치의 이런 사고에 결여된 유일한 고리가 있다면 그것은 대칭성의 사고와 정신분열증의 관계라는 미나카타 구마구스의 연구에서 처음에 마주쳤던 바로 그 문제다. 그가 대칭성의 사고라고 부른 것은 분명히 프로이트나 라캉이 심화한 무의식이라는 사고와 깊은 관계가 있다. 그렇기에 그는 정신의학의 영역에서 그것을 명확히 해줄 연구가 절실히 필요했다. 그는 우연히 이냐시오 마테 블랑코Ignacio Matte-Blanco의 연구 『무한집합으로서의 무의식-복논리의 시도』(1975)를 접하면서 그때까지 발견하지 못했던 최후의 고리를 발견했다.

준비 기간을 거쳐 대칭성인류학이라는 사고가 점차 명확한 형태를 갖추게 되었다. 대칭성이라는 사고에 의해 나카자와 신이치는 신화적 사고의 본질을 밝힘과 동시에 무의식의 작용이 지닌 특별한 가치를 회복시키고자 했다. 그런 점에서 야생의 사고에 관한 구조인류학의 가능성을 현대에 실현하고자 하는 나카자와 신이치의 사고는 질 들뢰즈Gilles Deleuze와 피에르 펠릭스 가타리Pierre-Félix Guattari의 『앙티 오이디푸스』(1972)와 동일한 관점에 입각해 있다고 할 수 있다. 대칭성의 논리에 의해 작동하는 '무의식'은 결여된 부분이 없는 충실한 유동적 지성으로서의 본질을 갖고 있다.

한편으로 인지고고학의 연구를 통해 현생인류로서 인간의 마음을 형성한 것은 이 유동적 지성의 발생이었다는 사실이 밝혀졌다. 결국 무의식이야말로 현생인류로서의 우리의 마음의 본질을 이루는 것이며, 비대칭성의원리에 의해 작동하는 논리적 능력은 이 무의식의 작용에 협력하는 것일지언정 절대로 인류의 지적 능력의 본질이라고는 할 수 없다는 사실을 알게 되었다. 나카자와 신이치는 이 대칭성인류학이라는 학문을 통해 현대의 지배적인 사고에 도전장을 던진다.

7.

나카자와 신이치 사상의 매력은 단순히 과거만을 뒤돌아보는 게 아니라 현재의 시점에서 미래를 전망하는 다층적이고 광범위한 종교론을 펼친다는 데 있다. 그는 스피리트의 복권을 해결책으로 제시한다. 일신교가 아닌 다신교의 우주로 돌아가야 하며 글로벌리즘을 외칠 것이 아니라 다름을 인정하는 문화를 세계에 확산시켜야 한다. 그래야만 평화의 원리가 회복될 수 있다. 스피리트의 특성을 한마디로 표현하면 대칭성이다.

대칭성이란 인간의 마음의 기층인 무의식을 작동시키는 원리이자 신화가 이야기되던 시대를 지배하던 야생의 사고의 중심 원리다. 저자는 이러한 대칭성이야말로 글로벌화가 진행 중인 현대 세계의 본질을 파악하기 위한 유력한 개념이라고 간주한다. 대칭성의 상대되는 개념은 압도적인 비대칭으로 인간의 의식적 사유의 중심을 형성한다. 저자는 현대 세계에서 막강한 힘을 발휘하고 있는 압도적인 비대칭의 실상을 파헤쳐가며 현대 문명의 문제점들을 지적한다.

나카자와 신이치는 현대 문명에서 발생한 문제점을 해결하기 위한 방법으로 대칭성의 회복을 제시한다. 그가 말하는 대칭성의 회복은 야생의 사고의 부활, 무의식의 복권 등으로 환원될 수 있다. 하지만 이것은 너무 막연하고 과거회귀적인 해결책에 그칠 우려가 있기에, 그는 보다 구체적으로 불교를 대안으로 제시한다. 불교는 본래 대칭성 사고와 비대칭성 사고의 이종교배적인 성격을 띤 사상으로서의 종교다. 불교를 매개로 새로운 형이상학 혁명을 일으킬 수 있을 것이라는 전망을 피력한다.

기후위기 시대 문학의 길

1. 기후위기란 무엇인가?

'기후위기'는 지구온난화로 대표되는 급격한 기후변화로 세계 곳곳에서 재난이 발생하는 비상사태를 통칭한다. 기후위기처럼 전 지구적 차원에서 예외를 허용하지 않는 공통의 문제는 흔치 않다. 그런데 현재 진행 중인 기후위기는 자연적으로 발생했다기보다는 산업화의 결과로 진행되고 있다는 점에서 특징적이다. 인간이 지구 환경에 막대한 양적 변화를 일으켰기 때문에 인류의 활동이 본격화된 현재의 지질시대를 '인류세Anthropocene'라고 불어야 한다는 파울 크뤼천Paul Jozef Crutzen의 제안이 논란과 함께 폭넓게 받아들여질 정도로 자연에 대한 인류의 영향력은 막대하다. 근대의 산업구조와 자본주의적 생산 방식은 지구 전체의 생명을 훼손하고 멸종시키는 위험을 초래했다.[157]

'그린 뉴딜Green New Deal'과 같은 정책들은 환경과 시장의 공존을 꿈

꾸고 있지만 환경과 개발이 양립할 수 없다는 점을 고려한다면 큰 차이가 없다.158)

디페시 차크라바르티Dipesh Chakrabarty는 인문학에 인류세 담론을 도입한 가장 영향력 있는 학자 가운데 한 명이다. 그는 인간에 의한 기후 변화는 인류사와 자연사를 구분하는 인문학의 근거를 무너뜨리고 있다고 주장한다. 인간이 아닌 비인간 생명체의 관점에서 지구를 바라보면서, 전 지구적인 것the global에 대비되는, 행성적인 것the planetary을 인문학의 새로운/긴급한 범주로 도입한다. 세계화globalization는 인간 중심적인 서사라며, 행성의 생명 서사에서 중심은 인간이 아닌 다양한 생명체라고 주장한다. 어디까지나 인간 중심적인 용어인 지속가능성sustainability 대신 거주가능성habitability이란 용어를 쓰면서 인간을 생태적 사유의 중심에서 벗어나도록 요청한다. 인간을 염두에 두지 않는 거주가능성의 주요 관심사는 생명체와 인간만이 아니라 생명체를 지속 가능하게 하는 것이다.159)

현재 지구의 상태는 사회·경제적인 문제와 긴밀하게 연관된다. 기후 위기는 위기에 대한 경험과 서로 다른 정치·경제적인 배경에 따라 대응

---

157) 이혜원, 「기후 위기 시대 한국시의 생태적 감수성과 미학」, 《문학과환경》 제21권 4호, 문학과환경학회, 2022, 199~200쪽.
158) 오민석, 「기후, 위기, 화석 자본주의, 그리고 문학」, 《실천문학》 제142호, 실천문학사, 2021, 244쪽.
159) 디페시 차크라바르티, 「역사의 기후: 네 가지 테제」, 『지구사의 도전』, 조지형·김용우 편, 서해문집, 2010, 355~364쪽.

이 달라지기 때문에 전 인류의 공통된 문제이면서도 좀처럼 해결책을 찾기 어렵다. 하지만 기후에는 국가별 경계가 없고 그 영향이 지속적이기 때문에 공동 대응이 필요하다는 데는 이견이 있을 수 없다. 기후변화의 결과는 즉각적으로 나타나지 않지만 그 결과가 현실화되었을 때는 통제하기 어렵다. 기후위기가 당장의 재난으로 이어지지 않는 한 그것을 인지하고 대응하려는 노력이 미흡할 수밖에 없기 때문이다. 더구나 기후위기에 대한 대책은 현재 인류 전체를 지배하고 있는 자본주의적 욕망과 상충하기 때문에 적극적인 공동의 대응을 끌어내기 어렵다. 기후위기를 경고하는 수많은 과학적 정보가 있지만 직접 체험하지 않는 한 이를 실감하기 어렵다.

엄중하고 냉철한 시선으로 현재의 기후변화 또는 기후위기 사태를 파악하고 지속 가능성을 위한 변화를 적극적으로 모색해야 한다. 기후위기가 심화되는 상황을 인지해 과도한 발전의 속도를 늦추고 자연과 공생해야 한다. 기후 재난을 유발하는 화석 연료의 소비량이 가장 적고 가장 가난한 사람들이 가장 큰 피해를 당한다는 역설이 소위 '탄소 중립 경제Carbon Neutral Economy'의 실체다. 기후변화는 전 세계적으로나 특정 정치 조직 내에서나 부유한 자보다 가난한 자가 훨씬 심각한 피해를 입고 이로 인해 소득 불평등이 심화될 것이라는 전망이 우세하다. 인류는 필연적으로 감당하기 어려운 기후위기와 그로 인해 더 가속화되는 빈부의 격차를 인식하게 된다. 작은 도서 국가 주민들, 해안 저지대 주민들과 같이 '화석 연료 희생 구역'에 사는 사람들은 생존의 근거지

를 잃고 기후 난민으로 떠도는 신세가 되었다.[160]

인류의 긴 역사를 돌이켜보면 기후위기는 결국 제동력을 상실한 근대 이성의 재앙이다. 테크놀로지의 발전을 통해 무한 비대해진 생산력에도 불구하고 다수 인류는 여전히 가난과 불평등에 시달리고 있다.[161] 인간이 일으킨 기후변화의 심각성을 고려한다면 '지구온난화'라는 단어보다 '지구가열화'가 더 적절해 보인다. 기후변화 때문에 악화된 이상기상 현상을 전 세계 인구의 최소한 85퍼센트가 체험했고 기후변화로 인한 온열로 인한 사망자가 늘어나고 열대 지역에서 질환이 급증하고 있다. 기후변화를 이제 불확실한 예측이 아닌 과학적 사실로 받아들이고 그 위험에 대해 논의해야 하며 국제적인 기후 협정을 넘어 세계적으로 기후위기에 대한 구체적인 공동 대처 방안을 시급히 마련해야 한다.

기후변화는 인간을 포함한 전 세계 생명체의 생명권이 달린 문제이기 때문에 이 문제에 적절하게 대처하기 위해서는 우리가 할 수 있는 일을 다 해야 한다. 하지만 화석 연료를 기반으로 한 생활 방식을 변화시키는 데 있어 넘어야 할 장벽이 많다. 이산화탄소 배출을 멈추는 일은 사회 공동의 책임이고 거기에 따르는 고통을 분담해야 한다. 하지만 화석 연료와 관련 있는 기업들은 이익을 위해 책임을 회피한다. 이들과 이익을 함께하는 정치인들은 기후 문제를 정치적 의제로 삼기는커녕 탄

---

160) 권덕하, 「기후 위기 시대의 삶과 문학」, 《문학과환경》 제21권 4호, 문학과환경학회, 2022, 21쪽.
161) 오민석, 앞의 글, 249쪽.

소 배출을 제한하는 활동에 반대한다. 여러 가지 이유를 들며 기후변화에 관한 과학적 사실들을 부정하고 은폐하는 세력들은 기후변화를 개인들의 잘못된 생활 습관을 탓하며 개인의 도덕적 문제로 돌린다. 기후변화의 심각성을 알리는 과학자들과 활동가들을 다양한 방식으로 공격하며 기후 전쟁을 불사하고 있다.

이런 상황에서 기후변화를 올바르게 알리고, 기후변화에 정책과 제도적으로 대처하고, 정책과 제도를 뒷받침하는 차별화된 책임을 물을 수 있는 입법 활동과 같은 정치적인 노력이 필요하다. 그렇다고 정치적인 노력이 전부는 아니다. 문학도 마땅히 기후 전쟁에 동참해야 한다. 화석 자본주의는 이윤과 축적과 성장만을 선으로 가정하며, 그것에 방해되는 '존재'들을 지운다. 자연과 생태는 화석 자본주의가 지워버린 가장 큰 '존재'다. 문학은 존재 망각에 저항하며 사라지거나 은폐된 존재들 찾아 불러내는 언어다.[162]

기후위기는 한 개인이나 특정 국가에 국한되는 것이 아니라 전 지구적인 문제로, 인류에게는 곧 위험이다. 사회학자 울리히 벡Ulrich Beck에 따르면, 기후위기는 인류의 생존을 위협하는 위험은 산업자본주의에서 발생하는 '위해hazard'와 다르게 더 이상 특정 지역이나 집단에 한정되지 않으며 국경을 넘어서서 생산 및 재생산 전체에 퍼져가는 지구화

---

[162] 오민석, 앞의 글, 247쪽.

의 경향을 보인다.[163] 결국 현대의 위험은 자연에서 일어나는 것이 아니라 자연을 지배하려는 인류 문명에서 비롯되었다고 할 수 있다. 기후변화와 관련하여 당장 인간이 숨을 쉬는 공기의 위험 요소도 산업화의 발달과 무관하지 않다. 이처럼 환경문제는 기후위기에 대한 심각한 위험 요소이고. 새로운 근대성이 지닌 여러 문제 중에서도 가장 심각하다.[164]

2. 포스트휴먼 시대의 문학

현재 '포스트휴먼post-human' 또는 '포스트휴머니즘post-humanism'은 문학을 포함해 문화 전반에 걸쳐 가장 뜨겁고 가장 큰 영향력을 발휘하는 의제 중 하나다. 사전적으로 포스트휴머니즘은 인간을 중심으로 여기는 인본주의, 즉 휴머니즘을 부정하거나 초월하고자 하는 사상을 의미한다. 포스트휴머니즘은 반인문주의, 탈인문주의, 반출생주의, 혹은 인류의 한계를 뛰어넘어야 한다고 주장하는 '트랜스휴머니즘trans-humanism'으로도 불린다.

사실 포스트휴먼은 매우 어렵고 복잡한 개념이다. 대체로 많은 논자들은 이 용어를 탈-인간, 인간 이후의 존재, 새로운 인간으로 파악한다.

---

163) 울리히 벡, 『위험사회: 새로운 근대성을 향하여』, 홍성대 옮김, 새물결, 1997, 45쪽.
164) 남진숙, 「디스토피아적 상상력과 현실 문제 인식」, 《문학과환경》 제21권 1호, 문학과환경학회, 2022, 65~66쪽.

인간 이후의 존재로서 포스트휴먼은 기술 과학의 발전으로 전혀 달라진 능력과 조건을 지닌 미래의 인간 종이다. 탈-인간에 관한 것으로서 포스트휴먼은 이보다 더 넓은 함의를 지닌다. 인공지능, 로봇과 같은 비인간 존재나 사이보그, 합성된 생명체와 같은 새로운 존재 유형의 범주들은 나아가 인간 범주 자체에 대해 회의하게 하고 그 경계를 흐린다.

포스트휴머니즘은 휴머니즘이 이해하는 인간의 본질에 도전해 인간과 인간이 아닌 존재들의 경계를 탐색하고 둘 사이의 관계를 재설정함으로써 '인간', '기계', '생명' 등을 새롭게 이해한다. 인간 개념에 내재한 다양한 위계를 해체하고, 인간과 인간의 관계뿐만 아니라 인간과 인간이 아닌 존재 사이에서도 조화로운 공생을 시도한다. 인간과 비인간은 상호의존하며 살아가면서 함께 발전하고 진화한다. 인간은 모든 형태의 생명체 및 과학 기술적 존재와 연결되어 상호작용 가능한 네트워크를 형성한다.

포스트휴머니즘 관점에서 보면 인간은 다른 형태의 생명이나 존재와 분리되는 예외적이고 독립적인 존재가 아니다. 인간이 비인간을 지배하거나 통제할 수 있는 권리가 있다는 기존의 관념은 폐기된다. 인간은 다양한 형태의 생명체 및 과학 기술적 존재와 상호작용하고 관계를 맺으며 인간과 관련된 세계의 의미를 형성한다.

인간에 대한 근대적 관념과 철학, 즉 서양 인문학에서의 자유주의 휴머니즘은 근본적 비판에 직면하며, 배제되었던 비인간 타자에 대한 복권을 요청한다. 포스트휴머니즘의 다양한 견해들 가운데 비판적 포스트휴머니즘은 주로 이에 천착한다. 포스트휴먼 시대 또는 포스트휴먼 조건은 일차적으로는 포스트휴먼이 출현한 시대, 혹은 인간이 포스트휴먼화하는 시대의 기술 과학, 자연, 인간, 사회, 사물, 철학을 총칭한다.[165]

포스트휴먼 시대의 다양한 위기를 파악하고 대응하기 위해서는 다양한 관점과 지식이 요청된다. 현재 세계는 전 지구적으로 연결되어 있고, 기술과 과학은 명확하게 구분되지 않는다. 코로나19(COVID-19) 팬데믹의 기원에 대한 이해와 그 대응 과정 역시 의학, 수의학, 생물학, 정치경제학, 사회과학, 인문학, 디지털 기술 등 연결된 네트워크적 사고가 필요하다. 인간의 이성과 사유 능력에 대한 강조와 특권적 지위, 즉 인간 예외주의와 종차별주의에 대한 반성이 탈-인간중심주의적인 포스트휴머니즘의 기조다.

문학에서 포스트휴머니즘과 SF는 '사변적speculative' 상상력을 통해 현실의 문제를 포착하고 이를 낯설게 하여 대안적 상상력을 생성한다. 일부 트랜스휴머니즘이나 '장기주의longtermism'는 기술 자본주의의 새로운 이념으로 '투기적speculative' 서사로 작동한다. SF의 사변적 상상력은 현실에 대한 비판적 상상력인 동시에 자본주의의 새로운 서사의 두 모습을 갖는다. 이렇게 비판적, 대안적 실천적 서사를 만들어 나갈

---

[165] 노대원, 「포스트휴먼 (인)문학과 SF의 사변적 상상력」, 《국어국문학》 제200호, 국어국문학회, 115~116쪽.

것인지가 포스트휴먼 조건의 핵심 과제다.[166]

오늘날의 포트스휴먼 조건에서 요구되는 생태비평, 기술비평, 신유물론 등은 동양 전통의 일원론적 사유와 접속된다. 이에 효과적으로 대처하게 위해서는 고전과 현대의 사유, 동양과 서양 이론의 소통과 가로지르기가 무엇보다도 필요하다. 따라서 SF 비평과 연구는 단순히 문화비평/연구를 넘어 기술 포화 사회에 대한 실천적인 비평을 겨냥해야 한다. 기후위기를 관념이 아닌 현실의 문제로 각성하기 위해서는 그것을 직관할 수 있는 실감이 필요하다는 점에서 문학의 각별한 역할이 대두한다. 기후위기에 대한 각종 경고와 선언이 대중들에게 구체적인 현실로 다가오게 하기 위해서는 생태적인 감수성이 작용하도록 하는 게 필요하다. 생태적 감수성은 생명과 환경에 대한 정서적 민감성이며 감정이기도 하고, 가치이기도 하며 태도이기도 하다.

문학은 기후위기를 제어하려는 노력이 부재한 현재의 상태가 지속된다면 어떤 사태가 펼쳐질 것인지에 대한 상상과 체감의 방법을 제시해야 한다. 기후위기는 인류 전체의 운명을 좌우할 거대한 문제이지만 너무 커서 오히려 실감이 되지 않는 이런 문제야말로 뛰어난 문학적 상상력과 감수성이 요청되는 영역이다.[167] 왜냐하면 "근대적 이성이 죽인 자연과 대문자 존재Being의 빈자리를 채우는 것이 [바로] 문학(예술)

---

166) 노대원, 113~114쪽.
167) 이혜원, 앞의 글, 202쪽.

이"168)기 때문이다.

　기후위기가 심각한 현재의 상황에서 문학인들도 기후 문제에 관심을 두고 창작을 포함한 다양한 활동을 통해 탄소 배출 감축을 위해 연대하고 참여해야 한다. 지구 생명체 전체의 생존이 걸려 있는 기후위기에 대한 올바른 지식을 전하고 공유하는 일이 전적으로 과학의 책임이 아니다. 진실을 알리는 것도 중요하지만 수용자의 이해력을 고려해 진실을 알리는 방법을 고민할 때다. 참된 지식도 접하는 사람들이 정서적으로 공감하여 수용하지 않으면 행동 변화의 계기가 될 수 없다. 예술적 창작물들로 기후변화를 실감 나게 전달하는 것이 기후변화 문제를 해결하는 데 있어 더 효과적이다.

　일반적으로 시가 현실을 즉각적으로 반영한다고 하지만 소설도 그에 못지않다는 것을 최근 창작되는 작품을 통해 알 수 있다. 기후변화가 인류에게 어떤 영향을 미칠 것인가에 대한 작가들의 고민이 고스란히 작품에 반영되어 소설에서도 즉각적으로 드러난다. 이는 생태비평이나 연구가 '문학작품에 담긴 생태환경 내용과 의미, 가치를 보다 쉽게 이해시키고 전달해 주는 가교 역할을 해주거나, 제반 환경 문제나 환경 의식을 보다 다양하고 폭넓은 사회적·문화적 및 의식적·윤리적 관점에서 인식할 수 있도록 해준다. 이를 위해서는 두 가지 전제가 필요하다. 하나는 현재 일어나고 있는 환경문제를 적극적으로 다룸으로써

---

168) 오민석, 앞의 글, 246~247쪽.

독자에게 환경문제에 대한 관심을 제고시키는 일이고 다른 하나는 환경문제에 대한 독자의 관심 재고를 위해 문학의 수사학적 기능에 비평적 관심을 갖는 일이다.[169]

기후가 문학에서 오랫동안 배경 역할을 해왔지만 기후 자체가 중심 주제를 이루게 된 것은 비교적 최근의 일이다. 생태문학에서도 1990년대까지는 자연훼손과 환경오염 문제가 주를 이루었고 2000년대 이후에야 기후위기가 직접적으로 다루어지기 시작했다. 기후위기를 본격적으로 다루기 시작한 문학 장르는 소설이다. 외국의 경우에는 '기후소설'이 하나의 장르가 될 정도로 출간과 연구가 활발하다. 대표적인 예로 이언 매큐언Ian McEwan의 『솔라』(2010)를 들 수 있다. 국내에서도 최근 들어 『미세먼지』(2017), 『기후변화 시대의 사랑』(2021), 『일인용 캡슐』(2021), 『이끼숲』 등은 기후위기를 뚜렷한 주제 의식으로 표명하고 있다. 공교롭게도 이 소설들은 모두 '사변적 상상력을 통해 현실의 문제를 포착하고 이를 낯설게 하여 대안적 상상력을 생성'하는 SF다. 이처럼 SF는 다른 문학 장르보다도 기후위기를 다루는 데 효과적인 문학 장르다.

---

169) 신두호, 「기후변화 담론으로서의 소설의 수사학」, 《현대영어영문학》 제59권 1호, 한국현대영어영문학회, 2015, 129~130쪽.

3. 기후위기가 초래하는 디스토피아

　매트 벨Matt Bell에 따르면, 기후소설은 "기후변화와 현재와 미래에서 또는 지구나 더 공상적인 배경에서 인간과 비인간의 사람에 기후변화가 미치는 영향"을 다루는 소설이다.170) 기후소설은 SF의 하위 장르에서 자신만의 분류로 발전해 왔는데 변화하는 기후를 주요 줄거리로 특징으로 하는 '사변소설Speculative Fiction'의 한 형태로 자리하였다.171) 사변소설은 SF의 일종이나 과학에 지나치게 얽매이지 않으면서 그 지평을 자연과학에서 인문학과 사회과학까지 넓혀 인류의 인식을 확장하고 사고의 틀을 넓히는 데 중점을 둔다.172)

　사변소설로서 기후소설은 전통적인 SF와 달리 미래 기술이나 외계 행성에 초점을 맞추지 않는다. 대신 그 중추적인 주제는 오염, 해수면 상승, 그리고 지구온난화가 인류 문명에 끼치는 영향을 조사하는 지구에 관한 모든 것이다. 기후소설은 기후변화와 잠재적인 혹은 극단적인 결과들을 탐구하면서 사회의 가장 큰 도전일 수 있는 것에 대응하여 21세기 초에 등장한 새로운 문학 현상이며, 앞날을 헤아려 봄으로써 현재

---

170) Matt Bell, "Climate Fictions: Future-Making Technologies," *The Cambridge Companion to Environmental Humanities*. Eds. Jeffrey Jerome Cohen and Stephanie Foote. New York: Cambridge UP, 2021, p. 100.
171) 진선영, 「인류세, 기후소설과 유스터피아(USTOPIA)-김기창의 『기후변화 시대의 사랑』을 중심으로」, 《문학과환경》 제21권 2호, 문학과환경학회, 2022, 197쪽.
172) 고장원, 『SF란 무엇인가?』, 부크크, 240~241쪽.

를 주제화하기에 윤리적이고 실천적인 질문들을 담고 있다.[173]

기후소설은 적어도 1970년대로 거슬러 올라가는 문학 작품 속에서 재현되는 사례를 찾아볼 수 있음에도 불구하고 이전 장르들과 다른 범주로 간주되기 시작한 것은 최근 들어서다. 일반 대중이 최근 몇 년간 기후변화 우기의 시급성에 대해 점점 더 많은 관심을 두게 되었고, 더 많은 동시대의 작가들이 기후변화를 다양한 주제와 플롯을 통해 소설에 담아내고 있다. 이처럼 기후소설의 잠재력에 대한 현재의 관심은 놀랍도록 빠르게 성장하고 있다.[174] 기후소설은 상상, 공감, 이야기를 사용하여 현재에 대한 이해 또는 숙고의 새로운 방식뿐만 아니라 다양한 가능한 미래를 상상한다. 가장 바람직한 형태에서 기후소설은 새로운 미래를 상상하는 것뿐만 아니라 창조한다.[175]

사이먼 에스톡Simon C. Estok은 기후소설은 허구의 이야기를 쓰는 동시에 정보를 제공하며, 독자들을 흥미로운 이야기로 사로잡는 동시에 독자들이 어떤 이슈들에 대해 행동하도록 동기를 부여하며, 그리고 설교하지 않으면서 정보를 강력하게 제시하는 내용을 균형 있게 담아내야 한다고 지적한다.[176]

---

173) 유희석, 「기후변화와 기후소설」, 《현대영미소설》 제28권 1호, 현대영미소설학회, 2021, 36쪽.
174) 고민전, 「이언 매큐언의 『솔라』: 기후변화소설로 읽기」, 《문학과환경》 제21권 4호, 문학과환경학회, 2022, 8쪽.
175) Bell, *Ibid.*, pp. 101-102.
176) Simon C. Estok,"Art, ethics, responsibility, crisis: literature and climate change,"

기후위기가 가져올 미래 사회에 대한 전망은 불길하고 부정적이다. 더 이상 인류가 살아가기 힘든 환경이 된 지구에 대한 디스토피아적인 상상이 드러난다. 주지하듯 '유토피아utopia'가 안정된 질서를 바탕으로 모든 사람이 행복한 세상을 의미한다면 '디스토피아dystopia'는 억압과 통제로 인해 모든 사람이 불행한 세상을 의미한다.

매큐언의 『솔라』는 종말론적 파국을 주로 다루는 디스토피아적인 기후변화소설에서 풍자와 알레고리를 통한 사실주의 기법의 기후변화소설이다.[177] 그는 지구온난화를 일으키는 화석연료의 사용으로 인한 기후위기에서 청정에너지로의 에너지 전환에 대한 필요성을 독자들이 이해하기 쉬운 '우화allegory'를 통해 독자들에게 들려준다. 그는 주인공인 과학자 비어드의 강연 형식을 통해 실증적이고 구체적인 재생에너지로의 역사, 화석연료의 고갈, 이산화탄소 배출로 인한 지구온난화와 재생에너지로의 전환이 빠르게 이루어져야 하는 이유에 관한 정보를 구체적으로 제시한다.

매큐언은 종말론적 미래나 디스토피아적인 미래 사회에 대한 모습보다는 인간의 끊임없는 탐욕을 비어드의 신체 변화를 통해 재현하면서 하나의 디스토피아적인 비어드를 형상화한다.[178] 기후위기에 대해

Cultural, International Journal of Philosophy of Culture and Axiology 17.2, 2000, p. 30.
177) 고민전, 앞의 글, 5쪽.
178) 고민전, 앞의 글, 19~20쪽.

알고 있고 환경의식을 깨우칠 기회가 있었음에도 윤리적 책임감도 환경의식도 회복하지 못하는 반영웅적 주인공 비어드를 통해 기후변화로 인한 전 지구적 위기에서 윤리적이고 책임감 있는 개인과 사회, 그리고 국가 간의 연대와 책임이 지구 역사상 그 어느 시기보다도 중요하다는 것을 풍자와 알레고리로 재현한다. 그의 몸속에서 일어나는 그로테스크한 상태는 인간의 무분별한 자연 착취와 환경파괴로 인해 오염된 해안과 병치된다.

『솔라』는 기후변화로 인한 기후위기의 극복과 해결방안 모색을 위해서는 제반 사회구조 및 제도, 과학기술과의 밀접한 관계에서뿐만 아니라 인간 본성에 대한 탐구를 그 학문적 담론으로 삼는 인문학적 관점과 학제 간 연구가 보다 적극적으로 이루어져야 한다는 것을 인식하게 되는 계기를 마련해준다. 그리고 나아가 지속 가능한 에너지 개발 못지않게 중요한 것이 지속 가능한 환경의식의 함양이라는 것을 깨닫는 기회를 얻게 된다. 『솔라』는 전 지구적 기후위기를 극복하기 위한 탄소중립을 위해 온실가스를 배출하는 화석연료의 사용을 줄이고 태양에너지와 같은 재생에너지로 전환을 맞이하고 있는 오늘날 에너지 전환 서사와 관련하여 연구 영역의 확장 가능성을 제시한다.

4. 디스토피아 속 유토피아

미세먼지는 '대기 중에 떠다니거나 흩날려 내려오는 입자상물질인 먼지 중 다음의 흡입성 먼지'를 가리킨다. 미세먼지는 입자의 지름이 10마이크로미터(㎛) 이하인 먼지(PM-10), 초미세먼지는 입자의 지름이 2.5마이크로미터(㎛) 이하인 먼지(PM-2.5)로 세분화된다. 미세먼지 및 미세먼지 생성물질은 대기오염물질을 대기에 배출하는 대기오염물질 배출시설과 자동차, 선박, 건설기계 등에 의해 배출된다.

미세먼지는 사람 머리카락 굵기의 5분의 1정도에 불과하기 때문에 코나 기관지에서 걸러지지 않고 몸속에 스며들 가능성이 높다. 몸에 들어와 폐까지 침투한 미세먼지는 천식과 폐질환의 원인이 되고, 이를 제거하기 위한 면역세포의 작용으로 염증을 일으킬 수 있다. 초미세먼지의 경우, 미세먼지보다 더 넓은 표면적을 갖기 때문에 보다 많은 유해물질들이 흡착될 수 있고, 크기가 작아 혈관으로 침투해 다른 인체기관으로 이동할 가능성도 높다.

미세먼지를 소재로 한 소설집 『미세먼지』는 환경문제로 인해 생기는 다양한 상황과 삶, 미세먼지를 중심 소재로 미래 세상을 상상하여 그려낸 작품이다. 『미세먼지』는 류연웅의 「놀러 오세요, 지구대 축제」, 김청률의 「서대전네거리역 미세먼지 청정구역」, 박대겸의 「미세먼지 살인사건—탐정 진슬우의 허위」, 김효인의 「우주인 조안」, 조예은의 「먼지의 신」으로 구성되어 있다. 작가들 모두 기후변화 또는 기후위기 문제에 깊이 천착한다. 『미세먼지』에 실린 작품들은 장르적으로는 SF, 추리극, 스릴러극 등으로 나눌 수 있지만, 모두 미래 공상의 세계를 배경으로 하고 있다는 점에서 SF로 일반화할 수 있다. 하지만 과학기술의 발단된 모습이 소설집에 아주 강하게 드러나는 것은 아니고, 소설에서 그런 측면을 엿볼 수 있다.

무엇보다도 『미세먼지』는 "미래의 사건과 환경, 사회 변화가 인간에게 미치는 상황을 다루고 있다"는 점에서는 주목할 만하다.[179] 하지만 환경오염과 관련하여 '미세먼지'를 소재로 한 한국의 첫 소설집이라는 점에서도 의의가 크다. 미세먼지가 가득한 미래 세상에 대해 독자가 좀 더 구체적으로 그 문제점을 느끼고 상상하고 인식하게 해준다. 즉 소설을 통해 사람들이 환경에 대한 관심과 미세먼지의 심각성에 대해 인식할 수 있는 계기를 제공한다.[180] 『미세먼지』에 실린 작품들은 미래 세상에 대한 암울하고 무서운 상황을 디스토피아의 상상력으로 표상한다. 하지만 디스토피아의 세계에는 비극적이고 암울한 것만 있는 게 아니라 인간이 기본적으로 추구하는 생명, 사랑, 자유 등이 형상화되어 있다.

반면 기후변화 시대를 중심 소재로 다루는 김기창의 소설집 『기후변화 시대의 사랑』은 폭염, 혹한, 백화, 해빙 등 기후변화가 사랑에 미치

---

179) 남진숙, 앞의 글, 68~69쪽.
180) 남진숙, 앞의 글, 69쪽.

는 영향을 소재로 한다. 작가는 기후변화에 대해 문제의식을 통해 기후변화가 얼마나 다양한 방식으로 생물체에 영향을 미치는가를 살핀다. 이 작품은 지속가능한 생존을 위해 돔 시티를 건설한 미래에서부터 인간의 체온과 같은 날씨에 원룸에서 삶을 접는 백수의 이야기로, 폭염 민원으로 몸살을 앓는 동사무소 9급 공무원에서 온난화로 인간을 사냥하는 북극곰의 사투로, 발리의 소년 어부의 살인까지 다룬다. 시간과 공간, 개체와 종을 넘나드는 서사를 통해 재난 속에서도 지속 가능성에 대한 문학적 의지를 다지며 예견된 파국으로부터 어떻게 이탈할 것인지 혹은 발생한 재난의 처리와 대안적 사유를 장고케 함으로써 인류세의 문학적 수용으로서 충분한 연구적 가치를 지닌다.[181]

『기후변화 시대의 사랑』은 디스토피아적인 상상력을 바탕으로 이상기후에 맞닥뜨린 현실에 대한 비판과 함께 대재난을 버텨내는 사랑이라는 유토피아적 욕망을 추동시킨다. 사랑은 다양한 대상들과 관계 모드로 진입할 수 있는 긍정적 능력을 증가시키고 윤리적 성향을 현실화하는 공동체를 창조한다. 시간과 공간, 개체와 종을 넘나드는 서사를 통해 기후 재난 속에서도 지속 가능성에 대한 문학적 의지를 다지며, 우리가 변화를 받아들이도록 돕는다. 변화는 우주의 기본 상수이며 변화를 막을 수 없기에 좌절할 수밖에 없는 것이 아니라 적극적인 변화를 모색해야 한다. 기후소설은 우리가 전에 경험해 보지 않았던 방식으로 적

---

181) 진선영, 앞의 글, 198~199쪽.

응을 요구하는데 사고방식의 전환을 통해 좌절을 극복하는 공동체의 탄력적 회복력과 개개인의 정서적 회복력을 요청한다.[182]

작가 김기창의 말처럼 "적절하고 춥고, 덥고, 따뜻하고, 시원했던 날씨들, 그때의 햇살, 그때의 바람, 그때의 구름, 숲과 빙하와 북극곰과 피노누아 그리고 계절의 감각들. 이 모든 것을 다시 마주할 수 없을지도 모른다는 두려움"은 더 이상 두려움이 아니라 점점 현실이 되어 가고 있다.[183] 그는 라캉의 '죽음 충동'을 인용하면서 "쾌락의 한계를 넘어 질주하려는 욕망. 자본주의가 인간 본성에 걸맞은 이념이라면 '여섯 번째 대멸종'은 인류 문명의 정확한 종착역이다"라고 말한다.[184]

기후위기를 막기 위한 전 지구적 단위의 변화를 이끌어내는 게 생각만큼 쉽지 않다. 그러나 같은 방향으로 한 발짝 나아갈 방법은 있다. 인류의 종말이 찾아올지도 모른다는 두려움, 다음 세대에게 물려줄 것이 절망밖에 없을지도 모른다는 두려움, 좋은 것들을 지키기 위해 우리는 더 많은 두려움을 느껴야 할지도 모른다.

코로나19 감염병은 우리가 살아온 방식을 되돌아보게 했고, 기후변화에 대한 관심을 촉발시켰다. 기후변화는 날씨가 더워지는 단순한 문제가 아니다. 사회가 안고 있는 병폐를 심화시키고 적나라하게 드러내는 재앙이다. 이상기후라는 말이 식상해질 정도로 이제 '이상異常'은 우

---

182) 진선영, 앞의 글, 215쪽.
183) 김기창, 「작가의 말」, 『기후변화 시대의 사랑』, 김기창, 민음사, 2021, 323쪽.
184) 김기창, 앞의 글, 324쪽.

리의 '일상日常'이 되어 버렸다. 게다가 과학은 우리에게 기후변화를 되돌리기란 불가능하고 최악의 상황을 막는 선택만이 남았다는 불편한 진실을 경고하고 있다. 우리는 인류 역사에서 한 번도 겪어 보지 못한 세상으로 들어가고 있다.

지식의 앎이 아니라 감각의 앎이 필요하다. 아무리 경고해도 손으로 만져 봐야만 뜨거운 것을 아는 생물, 겪기 전에는 그것이 무엇인지 알고 싶어 하지도 않는 생물, 우리에겐 예상과 예감을 현실과 실제로 느낄 생생함이 필요하다. 감지하는, 감지되는, 감각의 지식, 실제로 행동이 멈추고 새로운 행위를 만들어 내는 진짜 앎이 필요한 것이다.[185]

기후변화 시대에서 소설이 무엇을 할 수 있을까? 지구의 운명과 인류에 미래가 불안하나 이 시대에 소설이라니, 고도의 과학과 정교한 수학을 총동원하여 진지하게 고민해도 모자랄 판에 소설이라니. 그런데 생각해 보자. 듣고 아는 것이, 듣고 아는 것에만 그치면 무슨 소용이 있단 말인가. 앎이 마음이 되고 마음은 결심과 행위로 이루어져야 한다. 감동이 필요하다. 단어가 뜻하는 그대로다. 감정이 움직여야 행위가 달라지고 시간도 미래도 달라질 수 있다. 소설은 관념으로 아는 것을 감정으로 알게 해 준다. 생각으로 이해하는 것을 감각으로 느끼게 해 준다. '뜨겁다'는 전망을 통증의 언어로 바꾸고 수치와 숫자로 가득한 예견에 일상의 디테일을 부여한다. 현실을 담아내고 미래의 현실을 보여 주는

---

[185] 정용준, 「서문」, 『기후변화 시대의 사랑』, 김기창, 민음사, 2021, 9쪽.

게 소설만의 역할은 아니다. 하지만 어떤 소설은 독자가 이 모든 것을 느끼게 함으로써 이전에 없던 감각기관을 갖게 한다. 『미세먼지』와 『기후변화 시대의 사랑』은 바로 그런 소설이다.

5. 기후위기, 지구와 인류의 미래에 대해 묻다

　소설집 『일인용 캡슐』은 김소연의 「가이아의 선택」, 윤해연의 「일인용 캡슐」, 윤혜숙의 「코찌」, 정명섭의 「빛을 찾아서」로 구성되어 있다. 소설집에 실린 작품들은 모두 기후위기를 소재로 하고 있다. 그래서 작품의 부제가 '기후위기 SF 앤솔러지'다. 이 소설집은 청소년 문학으로 분류되지만 소설의 주제와 내용은 청소년 문학으로 국한되지 않는다. 이 작품은 기후위기 시대에 청소년뿐만 아니라 어른들도 충분히 읽을 가치가 있다. 각 작품들의 줄거리를 간단하게 살펴보면 이렇다.

　먼저 「가이아의 선택」이다. 2050년 지구에서는 끔찍한 상황이 벌어지고 있다. 전염병은 끊임없이 창궐하고 기준 인구의 80%는 기아에 허덕인다. 주거 환경의 70%는 지진, 산불, 해일, 폭우, 가뭄 등의 자연재해로 초토화된 상태다. 그런데도 국가 간에는 국경 분쟁이 벌어지고, 내전이 발생한다. 기후위기로 난민이 발생하고 그들은 목숨의 위협을 무릅쓰고 대륙을 떠돌아다닌다. "기후재앙을 막는 게 아닌 기후재앙이 닥치는 걸 최대한 늦추는 것이 인류 최대의 과제가 된 해가 2050년이었다. 그해는 인류 역사와 지구 생존에 거대한 전환점을 맞이한 중요한 해로 기록되었다. 2050년 2월, 컴퓨터 공학자들의 예견대로 인공 지능 컴퓨터에게 특이점이 왔기 때문이다."[186]

눈앞에서 벌어지고 있는 기상이변, 생태계의 파괴, 재앙 수준의 환경 변화에 대해 인간은 속수무책이다. 결국 인간은 기후 관리 시스템의 리더가 된 인공지능 '네오 가이아'에게 운명을 맡긴다. 네오 가이아는 "지구상에서 인류가 존속할 수 있는, 그것도 건강하고 조화롭게 생명을 이어 나갈 수 있는 방법"(「가이아의 선택」, 50)을 결정한다.

네오 가이아는 자신이 구상하고 있는 인류의 미래에 대해 설명했다. "생존자들은 문명을 버리고 자연으로 돌아가 원시 상태로 살아가게 될 거야. 인구가 너무 줄어 더 이상 국가나 도시 단위의 사회는 이루기 어려울 테니까. 농사 역시 부의 축적이 대규모로 이루어질 만큼 크게 짓지는 못할 거야. 지금 내 예상으로는 수렵 채취의 시대로 회귀할 것 같다. 아니면 작은 마을 단위의 부족 생활 정도는 가능하겠지."(「가이아의 선택」, 52).

네오 가이아에게 최우선순위는 인류의 생존이 아니라 자신이 구상하는 미래다. 그렇기 때문에 그런 '끔찍하고 잔인한' 결정을 내린 것이다. 네오 가이아는 자신의 결정을 자발적으로 바꾸지 않을 것이다. 그

---

[186] 김소연, 「가이아의 선택」, 『일인용 캡슐』, 김소연 외, 라임, 2021, 12쪽. 이하 본문 인용은 괄호 안에 작품 제목과 쪽수로 표기함.

렇다면 그의 결정을 바꿀 수 있는 것은 역시 인간이다. 저자의 말처럼 우리의 미래는 우리의 손에 달려 있다. 지구는 외계인 침공 때문이 아니라 지구를 뒤덮고 있는 인류 문명 때문에 위태로워질 게 뻔하다.

표제작 「일인용 캡슐」은 외계 행성을 거주지로 만드는 작업, 즉 '테라포밍'을 소재로 한다. 그런데 "화성을 거주지로 만들기 위한 테라포밍 작업은 더뎠다. 화성에 있는 얼음을 녹이고 지하 도시를 만들어 내는 데 많은 노동자가 투입되었다"(「일인용 캡슐」, 57). 또한 "대기층의 변화는 지구에 많은 이변을 가져왔다. 남극과 북극의 얼음이 녹으면서 해수면에 급격하게 상승했다. 수많은 생물들이 사라졌고 새로운 바이러스가 출현했다. 전 세계적인 팬데믹으로 나라의 이해관계가 충돌하기 시작했다 더 견고해질 거라 예상했던 마지막 저지선이었던 기후협약이 깨졌다. 다음 멸종 생물은 인간이 될 거라는 불안과 위기감이 고조되었다"(「일인용 캡슐」, 57).

마지막 저지선이 무너지면서 수많은 난민이 발생했다. "나라를 잃은 채 살아남은 사람은 난민이 되었다. 시간이 흐르면서 난민과 팬데믹은 점차 같은 이름으로 불리었다. 전염병, 바이러스보다도 정체불명의 공포와 혐오가 먼저 자리했다. 그 위에 싹을 틔운 불신과 폭력은 무럭무럭 자라서 세상의 가장 취약한 곳부터 공격해 파괴하기 시작했다"(「일인용 캡슐」, 57). 난민들은 AI 인류 분석기에 걸러져 화성으로 쫓겨났다. 하지만 그들은 지구에 버리고 온 것을 찾기 위해 잡히지 않는 지구로부터의 신호를 찾아 목숨을 걸고 지구로 돌아가는 모험을 감행한다. 하지만 우리가 오랫동안 알던 '더 이상 창백한 푸른 점'으로의 지구는 더 이상 존재하지 않는다.

인류는 늘 그랬던 것처럼 불행의 원인을 찾아 그 안에서 해답을 찾으려 한다. 그렇게 해서 정답을 찾을 때도 있었지만 애석하게도 오답일 때가 더 많았다. AI 인류 분석기는 가장 이성적인 해답처럼 등장했지만 자비가 없었다. 표면적으로는 바이러스를 진단하고 효율적인 치료를 위한 분류 시스템이라고 했다. 암묵적으로는 난민을 재빠르게 걸러내려는 속셈이었다. 화성의 테라포밍 작업에 필요한 인류를 난민 중에서 선택하는 걸 모두가 찬성하는데 그리 오랜 시간이 걸리지 않았다. 사람들은 지구를 떠나 대략 5,630만 킬로미터 떨어진 화성으로 보내졌다. 진심으로 지구가 싫어서 화성에 간 사람들은 아무도 없었다. 그곳에서 다시 5,360만 킬로미터를 건너와 '이곳'에 왔다. 왜냐하면 언젠가는 돌아와야 할 곳이 바로 이곳이기 때문이다.

「코찌」는 끝난 것 같지만 끝나지 않은 팬데믹의 시기 기술이 우리를 지켜줄 수 있을 거라고 믿고 있는 사람들에게 또다시 불어닥치는 위기에 관한 이야기다. 20년 전, 지구 온도가 2도 상승하는 것을 막아낸 여섯 번째 멸종 위기에서 벗어나자는 취지에서 재개한 세계 기후 협약은 코로나19 팬데믹 이후에도 자국민의 경제 활동을 보호해야 한다는 강대국의 이해관계로 유명무실해졌다.

지구온난화는 수만 년 동안 빙하 속에 동결돼 있던 고대 바이러스를 깨웠고, 인류는 신종 바이러스 헥타드의 역습으로 절반의 인구를 잃었다. 헥타드는 전염률과 치사율이 거의 헥타급이기 때문에 붙여진 이름이었다. 엄청난 희생을 치르고서야 각국 정부는 세계 기후 협약을 재개하고, 2002년 이전 수준으로 공기를 정화하겠다는 목표 아래 세계 기후 정부를 출범시켰다. 기후 정부는 팬데믹의 종식을 위해 두 가지 정책을 동시에 추진했는데, 코찌5와 엑키의 상용화가 바로 그것이었다.

팬데믹 이후 아이들은 세상에 나오면서부터 얼굴의 반을 가린 채 살아가야만 했다. 기후 정부는 팬데믹의 종식을 위해 1마이크 미만의 작은 바이러스까지 감지할 수 있는 전자 센서, 즉 '코찌5'를 개발했다. 그런데 코찌5 시판을 앞두고 기후 정부는 예상치 못한 난관에 직면한다. 코찌5의 성능이 검증됐으니 신생아들에게도 시술하자는 여론은 가족 보건 기구와 인권 운동 연합의 거센 반대에 부딪힌다. 결국 6개월의 논의 끝에 코찌 착용 연령 기준은 면역 체계와 신체 발달 정도가 성숙 단계에 이르는 15세 이상으로 정해졌고, 50세 이상은 방독 마스크와 코찌5 중 하나를 선택할 수 있도록 했다.

코찌5는 흐린 하늘과 생존을 위협하는 바이러스들 속에 마스크와 한 몸이 되어 살던 아이들에게 한 줄기 희망과도 같다. 하지만 불안하기는 마찬가지다. 즉 정부는 15세가 되면 마스크를 벗고 코찌5를 착용할 수 있을 거라고 했지만 실상은 그렇지 않다. 이 작품은 재난을 벗어나는 방법 혹은 일상으로 돌아올 수 방법은 '기술이 아니라 결국 인간'이라는 평범한 사실을 예거한다.

「빛을 찾아서」는 여러모로 영화 〈투모로우〉(롤란트 에머리히, 2004)를 떠올리게 한다. 지구온난화로 남극과 북극에 있는 빙하들이 급속도로 녹기 시작하고 인간들로 인해 괴로워하던 지구는 인간들에게 여러 재앙을 내리기 시작한다. 토네이도, 우박 등 전혀 본 적 없는 자연재해들이 빈번하게 발생하자 공포에 질린 인간들은 살아남기 위한 치열하게 생존 전쟁을 벌이기 시작한다.

「빛을 찾아서」에서도 영화 〈투모로우〉에서처럼 살아남은 인간 혹은 살아남으려 하는 인간은 생존 전쟁을 벌이기 시작한다. 갑작스러운 빙하기의 도래로 공기 중에 살갗이 단 몇 분만 노출되어도 동상에 걸린다. 하지만 모든 게 풍족해 바깥에 나갈 필요가 없다. 정착지 바깥세상은 추위뿐 아니라 위협적인 약탈자와 떠돌이들로 가득하다. 빙하기가 도래하기 전 수없이 많은 경고가 있었지만 사람들은 갖고 있는 것을 포기하기 싫었기 때문에 이를 무시했다. 최악의 상황은 늦게 올 거라고 생각했지만 너무나 순식간에 찾아왔다. 사람들은 빛을 찾으려 하지만 그런 최악의 상황에서도 이기심은 발동한다.

승환이 "세상이 왜 이렇게 된 거예요?"라고 묻자 제이 할아버지는 다음과 같이 대답한다. "세상이 점점 망가져 갔지. 오존층이 뚫리고 기후가 악화되면서 하루가 멀다 하고 자연재해들이 일어났거든. 하지만 사람들은 그걸 무시했어. (…) 많은 걸 희생해야 했으니까. 환경오염을 줄이기 위해서는 온실가스와 쓰레기를 줄어야 하는데, 그렇게 하면 여러모로 불편했거든. (…) 일회용품을 마음대로 쓰지 못했고, 쓰레기도 분리수거를 꼼꼼하게 해야만 했지. 친환경 에너지를 개발하는 데 비용이 많이 들고 상용화되기까지 시간이 오래 걸렸단다"(「빛을 찾아서」, 148). 그럼에도 그는 희망을 잃지 않는다. "이제 곧 빛이 사라진단다. 땅 위에서는 아무것도 살 수가 없어. (…) 빛이 다시 돌아올 거야. 그때까지 참고 기다리자. (…) 우리는 다시 빛을 찾아낼 거다. 그러니 희망을 잃어서는 안 된다"(「빛을 찾아서」, 151).

나이 어린 승환은 나이 많은 제이 할아버지보다 미래에 더 회의적이다. 그는 제이 할아버지가 죽은 뒤 그의 옛 동료인 리신 할아버지에게 "그때 사람들은 정말로 세상이 이렇게까지 나빠질 줄 몰랐던 건가요?"라고 묻는다. 그 질문에 대해 리신 할아버지는 다음과 같이 대답한다. "수많은 경고를 무시했지. 가지고 있는 걸 포기하기 싫었으니까. 그리고 상황이 너무 빨리 악화되면서 모든 게 손쓸 새도 없이 끝나 버렸다. 사람들은 최악의 상황이 더디 올 거라 생각했지만 끝은 정말이지 순식간이었다"(「빛을 찾아서」, 173-174).

소설집 『일인용 캡슐』에서 그려지는 지구는 이미 병들거나 계속해서 병들어 가고 있다. 지구가 수용할 수 있는 한계가 있기에 현재의 상태라면 모두 살아갈 수 없다. 그러자 사람들은 극단적으로 이기적인 선택을 한다. 이기심의 끝에는 모두의 파멸이 기다리고 있다. 힘겨워하는 지구를 위해 정신 차리고 반성하고 행동해야 하는 주체는 청소년이 아니라 어른이다. 최악의 기후위기와 생존을 위협하는 바이러스 사이에 태어난 우리의 아이들이 더 이상 힘들어하기 전에 지구를 제자리로 돌려놓아야 한다.

최근 몇 년에 걸쳐 북미, 러시아, 인도 등지에서 살인적인 폭염이 기승을 부렸고, 일본에서는 기습적인 폭우로 산사태가 발생했다. 기후위기 혹은 기후재앙이라는 단어를 너무나 자주 접한 탓에 위기감을 느끼기 어려울 지경이다. 변덕이 심해 종잡을 수도, 예상할 수도 없는 날씨가 이번이 마지막이거나 이례적인 일이 아니라는 것을 누구나 알고 있다. 재난 영화 속의 폭염, 가뭄, 폭우, 산사태, 지진, 해일, 빙하기는 더 이상 허구의 이야기가 아니라 현실이 되어 버렸다.

지구온난화로 인한 이상 기후가 더 빈번해지고, 더 강력해지고, 더 오래 지속될 것이라는 경고는 수십 년 전부터 꾸준히 제기되었다. 그런데 더 큰 문제는 그런 기후변화가 기괴한 날씨를 체감하고 불편을 느끼는 것으로 끝나지 않고 우리 삶의 질을 낮추고 악영향을 끼친다는 데 있다. 『일인용 캡슐』에서 다루어지는 이야기들은 지구와 인류의 미래와 방향성을 묻는 동시에 지금이야말로 지구를 살릴 수 있는 마지막 기회라고 경고한다.

6. 기후위기의 마지막 경고

천선란의 연작소설집 『이끼숲』(2023)의 배경이 되는 지하 도시는 머지않아 우리가 맞이하게 될 미래의 공간으로 다가온다. 기후위기라는 단어는 더 이상 모호하게 들리지 않는다. 인간은 생태계의 종말로 인해 더 이상 지상에 살 수 없게 되어 지하 도시를 만들어 삶의 터전을 구축한다. 지하 도시에는 지상처럼 드넓은 하늘도 없고, 그 너머의 우주로 나아갈 수도 없다. 오직 인간에 의해 만들어진 도시 공간 내에서만 움직일 수 있다. 인류는 지상에서 지하로 추방되어 "짓지 않은 죄의 벌"[187]을 받고 있다. 하지만 인류가 지하 도시에서의 생활을 형벌로 느끼는 까닭은 다른 데 있다. 이곳은 철저한 감시와 통제로 이루어진 원형 감옥, 즉 파놉티콘'과 같기 때문이다.

소설 속 지하 도시에서 결혼한 부부는 출산 계획과 자산 규모에 대해 위원회에 낱낱이 보고하고, 이 계획에 의해 허가받은 아이만이 시민으로 인정받을 수 있다. 만일 예정 없이 태어난 아이가 있다면 '정체불명', '미입력자', '불법 거주자', '비시민', '침입자' 등의 이름으로 체포된다. 위원회는 모든 사람에게 태어날 때부터 머리에 칩을 심기 때문에 일거수일투족을 감시할 수 있다. 열다섯 살이 되면 부모로부터 독립해야 한다. 그렇지 않을 경우 불필요한 인간으로 낙인찍혀 정신재활원에 보내진다. 또한 지하 도시의 모든 인간은 VA2X라는 약을 반드시 복용해야 한다. 그렇지 않으면 정신재활원에 보내진다. 그 약을 구입하기 위해서는 경제활동을 해야 한다. 이처럼 위원회는 인간에 대한 강력한 규제로 도시 규율에 어긋나지 않는, 다르게 말하면 '쓸모 있는' 인간을 만들어

---

[187] 천선란, 「바다 눈」, 『이끼숲』, 자이언트북스, 2021, 84쪽. 이하 본문 인용은 괄호 안에 작품 제목과 쪽수로 표기함.

낸다.

「이끼숲」에서 소마는 친구 유오의 죽음 이후 쓸모 있는 인간이 되기를 거부한다. 밤과 낮을 구별할 수 없을 정도로 내내 집안에 칩거한다. 결근이 계속되면 정신재활원에 보낼 수밖에 없다는 팀장의 말에도 소마는 집 밖으로 나서지 않는다. 왜냐하면 유오의 죽음에 자신의 책임이 있다고 느끼기 때문이다. 소마는 유오의 죽음 이후 그의 클론마저 폐기될 위기에 처했다는 소식에 그는 친구들과 함께 유오의 클론을 구하기로 마음먹는다.

소마는 유오의 클론을 둘러업고 그가 살아있을 때 그토록 보고 싶어 했던 '온실'로 향한다. 지하 도시 사람들은 온실을 두고 '울창한 숲'을 상상했다. 하지만 그곳은 "잿빛 돔"[188]에 불과하고 "바짝 비틀려 죽은 메마른 나무"(「이끼숲」, 226)와 같은 지하 도시의 통치자, 위원장과 닮았다. 위원장은 지상으로 올라가려는 소마를 제지하지 않는다. 지상으로 가는 계단을 오르면 나오는 마지막 문이 있고, 그 문을 연다는 건 곧 생존 환경을 벗어나 죽음에 이르게 된다는 것과 같기 때문이다. 그녀는 소마에게 '만일 이곳을 나간다면 모든 기록을 삭제하겠다'고 경고한다.

그런데도 소마는 유오의 클론, 즉 '그것'을 둘러업고 지상을 향해 간다. 소마는 유오가 해준 적은 없으나 기억하는 말들을 떠올린다. "식물

---

[188] 천선란, 「이끼숲」, 『이끼숲』, 자이언트북스, 2023, 229쪽. 이하 본문 인용은 괄호 안에 작품 제목과 쪽수로 표기함.

은 죽지 않아, 소마. (…) 끊임없이 순환하며 새 모습으로 계속 재탄생해. 하지만 그건 식물에만 국한된 것이 아니라, 이 행성의 시스템이야. 모든 생명은 탄생과 죽음을 반복하고 그 과정에서 자신의 삶을 씨앗처럼 뿌린다는 걸, 비록 나는 없더라도 내 삶은 이 행성 전체에 퍼져 다른 생명을 꽃피우게 한다는 걸 잊지 마"(「이끼숲」, 293).

천선란의 『이끼숲』은 기후위기 시대를 살고 있는 지금의 우리에게 보내는 '사이렌'일 수 있다. 이렇게 말이다. '조심해. 이 세계는 조금씩 무너지고 있어. 언제 한 번에 주저앉을지 몰라. 발 딛고 선 이 자리에서 언제 추방당할지 몰라.' 작가 천선란은 단호하지만 다정하게, 조심스럽지만 분명하게 이렇게 말한다. '언제일지 모를 위험을 막을 수 있는 건 바로 지금이라고, 우리는 반드시 구해야 한다고.' 작가가 역설하는 기후위기의 마지막 경고를 늦었지만 지금이라도 마땅히 새겨들어야 한다.

7. 위기는 '위험'이자 '기회'다

'위기危機'는 '위험危險'과 '기회機會'가 합쳐진 말이다. 위기라는 단어에는 나쁜 뜻만 있는 게 아니기 때문에 위기에 처했다고 해서 좌절할 필요도 없고 그렇게 해서도 안 된다. 위험 속에 움츠리고 있거나 두려워하고 있으면 다음 단계로 나아갈 수 없다. 위기가 닥쳤을 때 기회라고 되뇌어야 한다. 다시 말하지만 위기는 위험이자 기회다. 우리는 이 점을 늘 명심해야 한다. 기후위기의 원인은 크게 자연적인 원인과 인위적인 원인으로 구분된다. 자연적인 원인으로는 태양복사에너지의 변화, 화산활동, 지구의 자연 변동성으로 인한 엘니뇨 현상, 북극 진동과 같은 변화 등이 있다. 반면 인위적인 원인으로는 산업혁명 이후 배출이 증가한 이산화탄소 등 온실가스 등을 들 수 있다. 산림훼손, 토지이용 상태의 변화 등도 인위적인 기후위기의 원인이 될 수 있다.

　기후변화는 다른 사회정치적 이슈와 달리 개인의 생각이나 문화적 요소는 거의 고려되지 않고 주로 과학 담론 및 사회정치적 담론으로서 논의되어 왔다. 그러나 기후변화는 개개인의 인식과 삶의 태도 변화에서 찾는 것이 바람직하다. 기후변화에 대한 인식 부족이나 책임감 부족은 사실 과학적 증거 부족이나 몰이해에서 비롯되기보다는 기후변화에 대한 정서적 반응과 더욱 밀접한 관련이 있다. 기후변화에 같은 불안한 현상을 마주하게 되면 일반인들은 과학적 분석과 데이터보다는 다분히 자신의 경험에 반추시켜 감정과 정서에 기대어 인식한다. 특히 국가 간 정치적 문제로 또는 국내에서 정치적인 진영 논리로 자신의 이익 논리로 기후변화를 인식하는 것은 바람직하지 않다. 따라서 기후위기의 문제나 그 해결책을 찾을 때는 합리적이고 이성적이며 과학적이고 논리적인 근거 등을 바탕으로 인식하고 해결하는 것이 중요하다.[189]

---

189) 남진숙, 앞의 글, 82쪽.

전술했듯이 지구적 위험은 모든 사람에게 공평하게 오지만 이것을 극복하거나 피하는 방법은 각기 다르다. 경제적 약자는 최첨단의 과학을 경험하지 못한다. 즉 기후위기는 가난한 이들에게 더 큰 피해와 손실을 입힌다. 과학기술은 공평하게 누구에게나 적용될 수 없는 자본의 논리에 이해 작동된다. 종말은 디스토피아의 최대치이고, 종말의 상황이 되면 인간은 종말이라는 것조차 느낄 수 없이 사라진다. 사람들은 지구 종말이 그렇게 쉽게 그렇게 빠르게 오지 않을 것으로 생각했다. 즉 언제 지구의 기후변화에 티핑 포인트가 찾아와서 암흑의 세계로 변할지 알 수 없지만 아직 그 세상은 아직 오지 않았다고 사람들은 생각했다. 그 시점은 언제가 될 지 아무도 모른다고 생각했다. 하지만 어느새 그 세계에 들어갔다.

인간은 사회적 동물이다. 그런데 이 지극한 명제는 코로나를 전후로 주춤하고 있다. 인간은 서로 교류하고 상호관계성을 맺으며 살아가야 하는데 그것을 잘못하고 있기 때문이다. 앞서 언급한 소설집 『미세먼지』에 실린 「먼지의 신」의 주인공 수안의 고립은 일차적으로 미세먼지로 인해 생겼지만 그 후 장시간의 억압과 통제는 스스로 만든 것이다. 마음의 벽은 오랫동안 사람들을 만나지 못했기 때문에 나온 결과다. 수안은 인간이 타인과 관계성을 맺지 못하면 어떻게 되는지 잘 보여준다. 오늘날의 현실 속 소외, 고독, 외로움 등은 그것들과 닮았다. 지구환경의 변화는 인간들의 관계성마저도 단절시킬 수도 있다.

인간이 가진 고유한 속성인 의지에는 결정을 내리는 능력뿐만 아니라 상황을 변화시키는 능력도 포함한다. 인간의 의지는 자연의 힘과 달리 행사되기도 하지만 억제되기도 한다. 인간은 자연을 오염시키고 기후위기를 맞고 있지만 이 상황을 종료시킬 수 있는 능력도 갖고 있다. 인류세의 새로운 인간 중심주의, 즉 '신인간중심주의'는 인간이 그 어느 때보다도 큰 힘을 갖게 된 것을 인정하지만 궁극적으로는 인간이 살고 있는 자연에서 벗어날 수 없음을 분명히 한다. 지구의 기후위기에 대한 인간의 태도에 의미 있고 실천적인 변화가 오기를 기대한다. 그 기대는 결코 포기할 수 없는 생명과 자유, 포기하지 않는 사랑의 모습으로 다가온다. 이는 디스토피아도 유토피아도 아니고 인간이 기본적으로 지향하는 감각적이며 본능적인 삶이다. 누군가는 이를 "인간이 가진 원초적인 의지"[190]의 일부로 본다.

기후변화는 결국 인간의 행동이라는 변수에 상당 부분 좌우된다. 극적인 개입이 이루어지지 않는 한 지구상의 생명체가 겪을 수밖에 없는 극적인 변화를 회피하거나 예방하려는 이유가 언제 어떤 행동을 취할지가 매우 중요하다. 인간의 의식과 행동이 지구의 미래를 좌우할 것이라는 사실은 인류세 시대에 너무나 자명하기 때문이다. 현재 인류는 기후위기 시대를 살아가고 있다. 이것을 바꿀 수 있는 것도 인간이고 이것을 악화시킬 수 있는 것도 인간이다. 어떤 것을 선택할지는 순전히 인간의 몫이 되었다. 그 선택을 하는데 문학은 일정 부분 중요한 역할을

---

190) 남진숙, 앞의 글, 95쪽.

수행할 수 있다. '나무의사' 우종영의 혜안과 통찰로 이 두서없는 글을 갈무리한다.

"지구가 아름다운 건 우리가 잠시 머물다 가기 때문이다. 유한한 삶을 무한한 자연에 비교하면 덧없다. 우리가 짧은 시간 동안에 아름다운 풍경을 아름답게 보려면 세상을 인식하는 감각기관에 대해 알아야 한다."[191]

---

[191] 우종영, 『나무의사 우종영의 바림』, 자연과생태, 2018, 318쪽.

불안과 환멸의 낮과 밤

2024년 12월 13일 초판 1쇄 발행

지은이   윤정용
펴낸이   유정환
펴낸곳   도서출판 고두미
        등록 2001년 5월 22일(제2001-000011호)
        충북 청주시 상당구 꽃산서로8번길 90
        Tel. 043-257-2224 / Fax. 070-7016-0823
        E-mail. godumi@naver.com

ⓒ윤정용, 2024
ISBN 979-11-91306-67-5   03810

※ 이 책은 충청북도, 충북문화재단의 후원을 받아 예술창작활동 지원사업의 일환으로 발간되었습니다.
※ 책값은 뒤표지에 표시하였습니다.
※ 잘못 된 책은 구입한 곳에서 바꾸어 드립니다.